多元发展
个性潜能

幼儿多元选择
课程构建与研究

佟桂香 主编

中国发展出版社
CHINA DEVELOPMENT PRESS

图书在版编目（CIP）数据

多元发展 个性潜能：幼儿多元选择课程构建与研究 / 佟桂香主编 . —北京：
中国发展出版社，2022.7

ISBN 978-7-5177-1304-3

Ⅰ . ①多… Ⅱ . ①佟… Ⅲ . ①学前教育—教学参考资料 Ⅳ . ① G613

中国版本图书馆 CIP 数据核字（2022）第 108697 号

书　　　名：多元发展 个性潜能：幼儿多元选择课程构建与研究
著作责任者：佟桂香
责 任 编 辑：郭心蕊
出 版 发 行：中国发展出版社
联 系 地 址：北京经济技术开发区荣华中路 22 号亦城财富中心 1 号楼 8 层（100176）
标 准 书 号：ISBN 978-7-5177-1304-3
经 销 者：各地新华书店
印 刷 者：北京市密东印刷有限公司
开　　　本：889mm×1194mm　1/16
印　　　张：23.5
字　　　数：420 千字
版　　　次：2022 年 7 月第 1 版
印　　　次：2022 年 7 月第 1 次印刷
定　　　价：89.00 元

联 系 电 话：（010）68990630　68990692
购 书 热 线：（010）68990682　68990686
网 络 订 购：http://zgfzcbs.tmall.com
网 络 电 话：（010）88333349　68990639
本 社 网 址：http://www.develpress.com
电 子 邮 件：370118561@qq.com

编委会

主　　编　佟桂香

副主编　王　爽　刘　珺　于凤杰

编　　委　（排名不分先后）

马振燕　李　怡　辛　楠　陈童胜　郝　羽

赵　洋　白楠楠　叶　晔　赵愉曼　穆彬桦

李琳艺　刘兆辉　王　冬　尹　平　叶　华

杨　童　闫雪毓　刘晓璇　张　静

前言

幼儿园教育是基础教育的重要组成部分，是学校教育和终身教育的奠基阶段。幼儿园应珍视每一名幼儿的发展，不断加强对幼儿多元化和社会性发展的重视和投入。

北京市石景山区八角北路幼儿园提出了"同心圆文化"的教育主张，确立了"以同心润童心"的办园理念，并将"童心生长教育"作为幼儿园的办园特色，建立了"做童心最美的钻石宝贝"的培养目标。

在幼儿发展方面，我们为幼儿创设了适宜个性化发展的系列园本课程，为未来核心素养发展奠定基础；在课程建设方面，我们探索幼儿混龄课程，建立适宜的课程目标、组织形式及评价方式；在教师专业发展方面，我们发挥教师特长，充分实现职业价值。

我们注重为幼儿提供多种可选择的课程，满足幼儿发展多样兴趣的需求，同时也为幼儿今后的发展创造无限可能。经过多年的研究积累，园所已经摸索出适合幼儿游戏学习的多种美术教育形式，并充分利用多种教学资源为幼儿提供可选择的课程，包括绘画、编织、剪纸、泥工、扎染、舞蹈、科学、儿童潜能发展（CPM）等内容。

园所对幼儿的社会性发展非常重视，为幼儿精心打造三层户外角色小屋，目前已开设摄影、美发、烘焙、体检、超市、小吃、警察局和木工坊等特色小屋，在一定程度上促进了幼儿社会性交往，使他们理解并践行社会规则，提升语言表达能力和解决问题能力。

本书共分为两部分，第一部分是"优势多元 特色课程"，第二部分是"乐于交往 共享成长"。我们提出了"习惯奠基人生，爱心陪伴成长，探究发现世界，美育浸润心灵"的文化建设理念，培养目标是"习惯好、有爱心、乐探究、会审美"，为园本课程建设指明了方向。这些都为多元选择课程的建设提供了现实可能性。

目录

第一部分 优势多元 特色课程

第一章 多元课程形式分类

第二章 多元课程相关论文

第三章 多元课程相关学习故事

第二部分 乐于交往 共享成长

第一章 北路照相馆

第二章 木工坊

第三章 美发屋

第四章 北路体检屋

第五章 小超市

第六章 烘焙屋

第七章 北路警察局

第八章　小吃店

第一部分
优势多元　特色课程

多元课程形式分类

第一节　多元课程：绘画

一、幼儿绘画活动的概念与分类

1. 绘画活动的概念

绘画活动是指儿童运用色彩、线条和构图，在一个平面上创造出直接可感的，具有一定形状、体积、空间感的艺术形象。幼儿绘画活动是学前美术教育活动的重要内容之一。

2. 绘画活动的类型

（1）命题画活动：是指教师确定集体绘画的主题和要求，幼儿按照绘画主题和要求作画。命题画是幼儿园绘画活动的一种重要形式。根据内容和习惯的不同，又可分为物体画活动与情节画活动。

（2）意愿画活动：是幼儿根据自己的生活经验，由自己独立确定绘画主题和内容，运用所掌握的美术知识和技能，自由表达自己情感、愿望的一种绘画形式。意愿画可分为记忆画和想象画两种。

（3）装饰画活动：是指幼儿运用各种花纹、色彩或材料在各种不同的纸型上对称地、和谐地、有规则地进行美化、装饰的一种绘画形式。

二、幼儿绘画活动的特点

（1）幼儿的绘画活动过程是多感官参与其中的整体过程。

（2）幼儿的绘画活动过程是一个不断建构、不断生成的过程。

（3）幼儿的绘画活动过程是在模仿的基础上进行创造和自我表达的过程。

三、幼儿绘画活动的实施原则和实施方法

1. 实施原则

（1）适宜性原则：保证选材对绘画活动的适宜性和对活动主题的适宜性。教师要筛选出触手可及、方便利用的资源，要适当利用绘画形式进行表现或能够对幼儿的美术活动给予支持。

（2）目标性原则：利用多种资源开展绘画活动时，教师要围绕设计的活动目标进行绘画活动。把握活动的核心，让幼儿获得最大的发展。目标的设定要具有导向性（目标明确）、激励作用（调动幼儿积极性）和标准作用（为教学评价提供标准）。

（3）层次性原则：在绘画活动互动交流过程中，教师能对幼儿的个体差异提供有针对性、指向性、目的性的指导与支持。

（4）整合性原则：把周边资源与幼儿园五大领域课程进行整合，将这些资源有机地融入幼儿园一天的生活中。

（5）趣味性原则：根据幼儿年龄特点、心理发展规律、兴趣、喜欢熟悉的事物等，设计各种趣味性的教学内容，促进幼儿的全面发展，体验绘画活动的乐趣。

（6）创造性原则：教师鼓励幼儿富有个性的表达，支持幼儿以不同形式和方法进行大胆表现，为幼儿提供自由创作的时间、空间及丰富的材料，让幼儿体验创作的快乐。

（7）自主性原则：幼儿有意识地、根据自己的意愿进行活动，通过积极互动获得相应的发展。教师要调动幼儿自主探索、观察发现、参与活动的积极性，鼓励幼儿按照自己的意愿表达与表现，增强其自信心。

（8）审美性原则：幼儿感受周围环境的美，丰富其感性经验和审美情趣，激发他们表现美、创造美的能力。

（9）安全性原则：在活动前和幼儿一起了解常用工具的安全使用方法，对幼儿进行安全教育，增强自我保护意识。

2. 实施方法

（1）现场活动法：带领幼儿到活动场地中，让他们身临其境，直接感知，进行现场活动。这种方法具有形象性、直观性、具体性和真实性的特点。

（2）感受体验法：让幼儿利用各种感官直接感知环境和事物。运用感知体验法可以激发幼儿对美术活动的兴趣，对其所感知的事物认识得更加清晰。

（3）观察引导法：教师通过带领幼儿对事物进行细致观察，引导幼儿对事物进行表现创造的艺术表达方法。让幼儿运用各种感官，看一看、摸一摸、听一听、闻一闻、尝一尝，在观察过程中了解有关知识。教会幼儿观察的方法，即从里到外、从左到右、从前到后等顺序，从而进行表现。

（4）材料支持法：教师根据幼儿现阶段的发展水平、活动内容及目标达成，有效引导和支持幼儿与材料互动的方法。材料是幼儿建构知识的依托，也是美术活动的物质基础，幼儿在不断主动操作材料的过程中，获取信息、积累经验，从而获得发展。材料可分为购买的材料、半成品材料、自制材料、玩具材料、废旧物材料等。

（5）资源引入法：教师和幼儿、家长共同收集的周边资源，以实物、图片、视频等方式，引入幼儿园活动中的教育教学手段。这些资源可以帮助幼儿回忆、积累经验，引导幼儿在充分认知的基础上进行美术创造活动。

四、幼儿绘画活动的内容和目标

小班绘画活动的内容和目标

绘画活动内容	绘画活动目标
感受与欣赏	1. 喜欢新奇的事物，愿意用多种感官感受观察的事物 2. 关注事物的特征 3. 喜欢联系自己的生活展开想象
表现与创造	1. 对提供的不同材料感兴趣，喜欢利用多种形式表现 2. 创作兴趣逐渐浓厚，表现内容逐渐明确

中班绘画活动的内容和目标

绘画活动内容	绘画活动目标
感受与欣赏	1. 了解家乡的民俗文化，感受其中的美 2. 欣赏周边的环境，感受其特征与四季的变化，发现其色彩、形态的美 3. 乐于表达自己对所发现事物的美的感受 4. 能够专心观看喜欢的事物或艺术品，有模仿和参与的意愿 5. 能够发现周围建筑物的特征，感受与欣赏它的美 6. 能够欣赏同伴的作品，并初步尝试客观评价同伴的作品
表现与创造	1. 能利用自然物，大胆用自己喜欢的方式进行模仿和创作 2. 能用绘画的形式表现自己观察到的事物 3. 能自主选择不同的材料，尝试设计、制作有特色的事物 4. 能够积极参与美术活动，在活动中富有个性地表达自己的体验

大班绘画活动的内容和目标

绘画活动内容	绘画活动目标
感受与欣赏	1. 喜欢亲近大自然，能主动寻找和观察周围环境中美的事物，丰富美的体验 2. 能仔细观察事物的特点，观察有一定顺序性和层次性 3. 喜欢收集自然物，对有生命的事物感兴趣，能用多种感官去体验 4. 积极参与绘画活动，有愉悦的情绪体验 5. 有一定的好奇心和探究欲望，能对感兴趣的事物进行交流和提问
表现与创造	1. 能积极主动地参与利用周边资源开展的各种绘画活动，在活动中有愉快丰富的情绪体验 2. 能大胆联想，利用收集的自然物进行绘画创作 3. 能用自己喜欢的方式表达感受，并对事物做出简单的评价 4. 能观察和描述事物的特征，并进行事物细节的表现，有一定的空间感和层次性 5. 能大胆创作，画面更丰富、细腻，有主题和情境 6. 能用自己的绘画作品布置环境，美化生活

五、幼儿绘画活动所需材料

材料	材料
丙烯颜料	水粉颜料
水彩颜料	刷子
水粉纸	毛笔
调色盘	毡子
水彩笔	油画棒
黑色记号笔	刮画纸

园本课程实施计划

小班园本课程活动内容

课程名称	小班绘画课程		
课程目标	1. 运用看看、做做、玩玩的方法，激发幼儿学画的兴趣 2. 通过多种材料，激发幼儿绘画的兴趣 3. 掌握正确的绘画姿势，包括坐姿、执笔姿势、绘画姿势，手眼保持一定的距离，握笔自然 4. 从无目的涂鸦向有目的涂鸦过渡，体验色彩的美感 5. 认识常见颜色并能说出名称，学习使用水彩笔、油画棒 6. 能初步学习涂色方向，涂满画面，提高力度 7. 会灵活地变化点、线、面、色块作画 8. 学习辨别和感受直线、曲线、折线及各种线条的变化 9. 培养儿童对绘画活动的兴趣，能愉快大胆地作画 10. 学习用圆形、正方形、长方形、三角形等简单图形表现物体的轮廓特征		
实施安排	课次	课程内容	游戏材料
	1	棒棒糖	图画纸、水彩笔、油画棒等
	2	小蜗牛	黑色粗细水彩笔、油画棒等
	3	毛毛虫	水彩笔、黑色记号笔、油画棒、毛毛虫图片等
	4	给小金鱼吹尾巴	PPT、颜料、水粉纸、抹布等
	5	有趣的蝌蚪人	范例《有趣的蝌蚪人》、图片《蝌蚪人》、故事《有趣的蝌蚪人》、刷子、棉棒、棉签、调好的颜料、绘画色纸、抹布等
成果展示			
课程评价	小班的绘画活动主要以兴趣为主，以涂色、添画、画线条等活动开展，通过小班整学年的绘画活动，幼儿得到了绘画知识和经验的积累，部分幼儿有了初步的创新意识。 　　在活动中，教师给幼儿充分观察和欣赏的时间，引导幼儿细致地观察，使事物在幼儿脑海里留下清晰的印象，帮助幼儿积累具体的经验，同时教师还应注意充分发挥幼儿的想象力和创造力，帮助幼儿在自我表现和所表现的事物之间建立联系，让幼儿在绘画时大胆下笔，通过游戏的形式，丰富他们的感性经验。		

园本课程教学案例

小班园本课程教学设计（一）

课程名称	棒棒糖	
课程目标	1. 学习用封闭的圆形表现棒棒糖的外形特征 2. 在绘画过程中，愿意大胆表现自己的想法，体验各种颜色的作画乐趣	
课程重难点	重点：能用圆形画出棒棒糖的外形 难点：用封闭的线条画圆形，并进行色彩装饰	
所需准备	知识经验准备	幼儿吃过棒棒糖、画过圆形物体
	物质准备	水彩笔、油画棒、图画纸、棒棒糖实物、图片等

活动过程

1. 口袋猜物，引导幼儿大胆表达

提问：老师藏了一个东西，你猜猜是什么？摸一摸什么形状？是硬的还是软的？圆圆的、硬硬的可能是什么？你吃过棒棒糖吗？它是什么形状的？它有哪些味道？

2. 出示棒棒糖

说一说棒棒糖的样子。

3. 欣赏各种各样的棒棒糖

提问：看看是什么样子、什么颜色、什么味道的？

4. 教师示范作画，幼儿尝试画棒棒糖

（1）先画一个点，再慢慢画成一个圆圈，然后再画一条竖线表示棒棒，要把圆形和竖线连起来。

（2）棒棒糖有大有小，也有各种颜色。

5. 作品展示

提问：你的棒棒糖是什么颜色、什么形状的？哪个棒棒糖最大、最圆？你最喜欢谁画的棒棒糖？为什么？

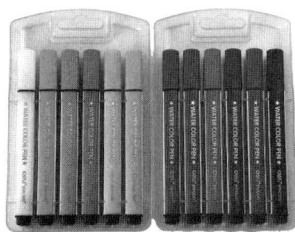

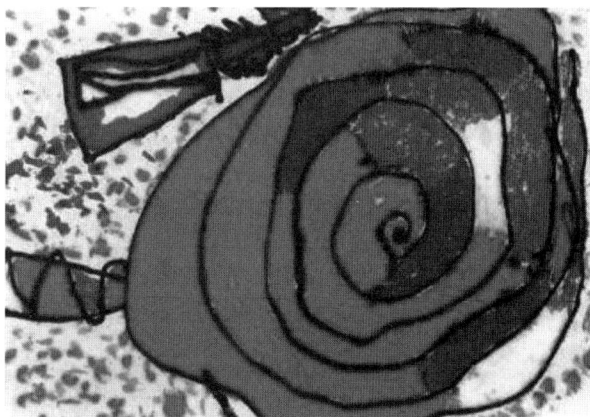

小班园本课程教学设计（二）

课程名称	小蜗牛	
课程目标	1. 认识小蜗牛身体各部分的形态 2. 能用线条的方法为蜗牛设计各种各样的壳	
课程重难点	重点：能完整地画出蜗牛的形态 难点：能用流畅、丰富的线条设计和装饰蜗牛的壳	
所需准备	知识经验准备	幼儿见过蜗牛
	物质准备	黑色勾线笔，粗细不同的水彩笔、油画棒

活动过程

1. 回忆经验

提问：小朋友们，你们见过真实的蜗牛吗？它们长什么样子？

2. 观察欣赏

提问：蜗牛的壳是什么样的？（螺旋形）

蜗牛的壳都很漂亮，我们一起帮它打扮一下吧。

3. 教师边示范边唱儿歌

圆圆的外壳螺旋形，软软的身体连住壳，一对触角真可爱，各种花纹真漂亮。

4. 幼儿作画，教师指导，提出创作要求

（1）蜗牛的头部方向不同。

（2）每个蜗牛壳画多种花纹。

（3）最后添加背景。

5. 交流欣赏

提问：哪只蜗牛最漂亮？为什么？

小班园本课程教学设计（三）

课程名称	毛毛虫	
课程目标	1. 能连续画出圆形，表现毛毛虫不同的动态特征 2. 鼓励幼儿大胆作画，体验绘画活动的乐趣	
课程重难点	重点：能完整地画出毛毛虫的外形 难点：能用连续的圆形表现毛毛虫不同的动态特征	
所需准备	知识经验准备	幼儿见过毛毛虫
	物质准备	水彩笔、黑色记号笔、油画棒、毛毛虫图片等

活动过程

1. 出示毛毛虫图片，引出活动内容

（1）观察毛毛虫有什么特点。

（2）和幼儿一起讨论怎样画出毛毛虫。

2. 幼儿尝试连续画圆形

画出毛毛虫的外形。

3. 讨论毛毛虫都有哪些动态特征

怎样画出这些不同的动态特征？

4. 教师简单画出一只爬行的毛毛虫，引导幼儿观察

（1）这只毛毛虫和刚才小朋友画的有什么不同？哪里不一样？

（2）毛毛虫还有哪些动态特征？

5. 幼儿尝试画出不同动态特征的毛毛虫

6. 展示作品，与同伴分享

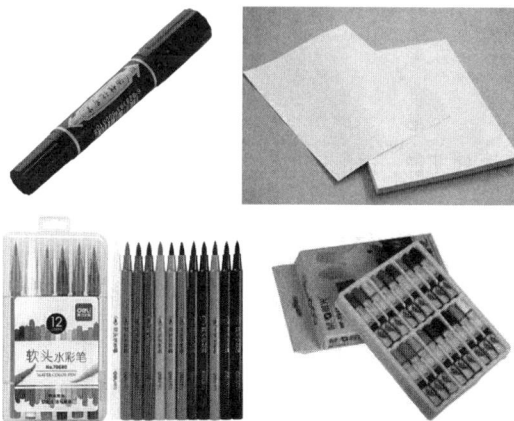
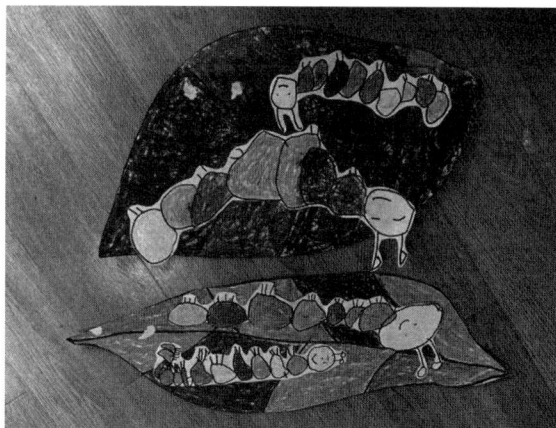
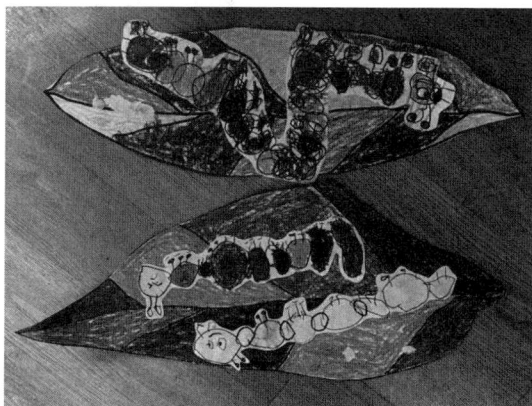
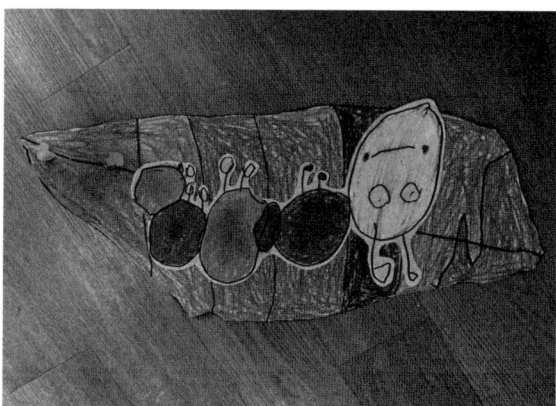

小班园本课程教学设计（四）

课程名称	给小金鱼吹尾巴	
课程目标	1.愿意帮助小金鱼，对吹画活动感兴趣 2.通过观察，重点感知小金鱼尾巴的特征	
课程重难点	重点：能仔细观察小金鱼尾巴的特征 难点：把颜料滴在身体的末端，并从小金鱼头的方向吹气	
所需准备	知识经验准备	观察过各种小金鱼，了解小金鱼的大致特征
	物质准备	PPT、颜料、水粉纸、抹布等
活动过程		

1.随情节播放PPT，请幼儿猜测小金鱼发生了什么事情

提问：老师今天带来了一位特别的金鱼朋友，它非常难过，发生什么事了？

提问：哦！原来小金鱼的尾巴不见了。没有小鱼愿意和它做朋友，它真的好难过呀！

提问：你们想不想帮小金鱼找找尾巴？

2.请幼儿进行观察

（1）游戏猜尾巴。请小朋友们猜一猜哪一条才是小金鱼的尾巴。为什么觉得它是小金鱼的尾巴？（幼儿大胆猜测）

（2）欣赏。请幼儿欣赏不同小金鱼的尾巴。（记忆重现）其实，小金鱼的尾巴有很多种，它们的颜色、大小、形状都不一样。

提问：你最喜欢哪种尾巴？为什么？（大小、形状、颜色）

（3）探索。

提问：这些尾巴可真漂亮呀！如果我们能帮小金鱼吹出一条这么漂亮的尾巴，它一定会非常高兴。

提问：那我们要怎么吹呢？我们要把颜料滴在哪里呢？为什么？嘴巴对着哪里吹？为什么？（请幼儿示范。同伴间互相学习）

提问：小金鱼的尾巴长在哪里？想一想，颜料滴在哪里才能让尾巴和身体连在一起？（利用提问提示本节活动的重难点）吹的时候，要先想一想从哪个方向吹才能让尾巴长在身体的后面。

3.创作

请幼儿自由取纸创作。（播放轻音乐）

重点指导有困难、胆小的幼儿，给予支持。

4.参与评价

小朋友们吹的尾巴可真漂亮，小金鱼一定特别喜欢。请3~4名幼儿说一说他们是怎么吹的。谁想主动和小朋友们说说自己的画？你是怎么吹的？

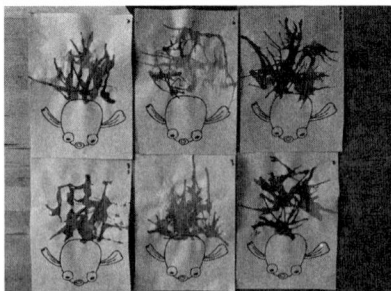

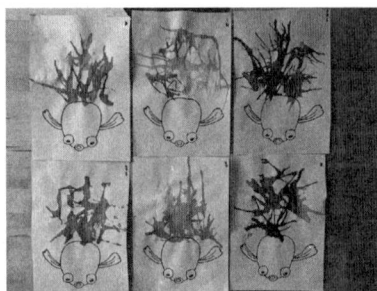

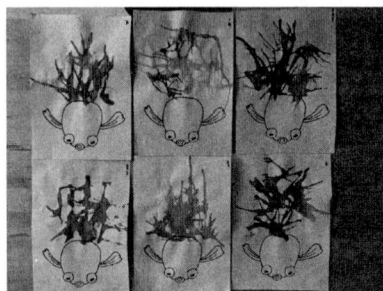

小班园本课程教学设计（五）

课程名称	有趣的蝌蚪人	
课程目标	1. 体验用原色或间色表现蝌蚪人的乐趣 2. 大胆尝试使用棉棒、刷子等工具，知道用完之后放回指定的地方	
课程重难点	重点：大胆使用棉签、颜料进行绘画活动 难点：能用棉签表现出蝌蚪人的样子	
所需准备	知识经验准备	幼儿对人体结构有初步的了解、欣赏过作品《蝌蚪人》
	物质准备	范例《有趣的蝌蚪人》、图片《蝌蚪人》、故事《有趣的蝌蚪人》、刷子、棉棒、棉签、调好的颜料、绘画色纸、抹布等

活动过程

1. 以故事导入活动，激发幼儿参与活动的积极性

教师：今天我们班来了一位小客人，我们和它打招呼吧。（出示蝌蚪图片，与幼儿互相问好。）

教师讲述故事，并依次出示图片和范例。

2. 与幼儿共同观察范例，了解表现的步骤

教师：你喜欢这些蝌蚪人吗？它们穿什么颜色的衣服？（幼儿回答）在故事里，蝌蚪人是怎么变出来的？教师引导幼儿了解故事内容，并从故事中了解表现蝌蚪人的步骤，激发幼儿已有的绘画经验（如圆、人体的基本结构等）。

教师：这些蝌蚪人在一起是怎样跳舞的？

幼儿用动作模仿蝌蚪人的各种动态。

教师与幼儿共同小结：蝌蚪人的手和脚动一动，换不同的位置就能做出不同的动作了。

3. 幼儿操作，教师巡视指导

教师：你们想不想也来变一变有趣的蝌蚪人？我们可以用什么材料变一变呢？

教师与幼儿认识材料：棉棒木版画、刷子墙板画、棉签彩纸画。

（1）变出的蝌蚪人要大，画好后帮助他找朋友，要找穿不同颜色衣服的朋友；也可以说一说自己找的是什么颜色的蝌蚪人。

（2）用过的棉棒、刷子等放在盒子旁边，不要把颜料弄脏。

幼儿操作，教师巡视指导。鼓励能力强的幼儿表现出不同动态的蝌蚪人；帮助能力弱的幼儿大胆表现蝌蚪人，提醒幼儿遵守操作规范。

4. 展示幼儿作品，集体评价，结束活动

（1）展示幼儿作品，幼儿互相欣赏，请幼儿模仿画中的动作。

（2）教师针对使用操作材料和运用色彩方面进行评价。

附：故事《有趣的蝌蚪人》

有一只小蝌蚪，大大的脑袋、长长的尾巴，每天在小河里游来游去。它很想到岸上去玩。有一位小仙女，用魔法棒一指，小蝌蚪尾巴没有了，变成了长长的身体，接着又长出了两只小膀子，最后，长出了两条小腿。它动了动，呀！能走又能跑了！变成一个有趣的蝌蚪人了！它可真高兴啊！蝌蚪人向前走，看见了许多蝌蚪人，有穿黄衣服的，有穿蓝衣服的……他们在一起唱歌、跳舞，和小仙女一起做游戏真开心啊！

园本课程实施计划

中班园本课程活动内容

课程名称	中班绘画课程		
课程目标	1. 学习选择相似的颜色进行涂色，提高涂色的力度 2. 运用深浅对比颜色配色，使作品色彩鲜明 3. 能用形状、大小、位置与颜色的不同，表现物体的各种主要特征 4. 学习运用深浅间隔的方法有规则地选配颜色 5. 变化动物与人物、图形组合的位置，表现其细节特征，使图像更生动 6. 喜欢用自己独特的绘画语言，表达自己的想法和感觉 7. 会选择与物体相似的颜色，初步有目的地设色、配色 8. 能准确地把握形状的基本架构，理解符号的象征意义，按自己的意愿大胆作画 9. 能画出主体色和背景色，培养幼儿的审美情趣 10. 在初步理解美术作品的基础上，尝试创造性地进行美术表征活动		
实施安排	课次	课程内容	游戏材料
	1	我的妈妈	妈妈的照片、水彩笔、纸等
	2	仙人掌	水粉颜料、刷子、仙人掌图片等
	3	大公鸡喔喔啼	公鸡图片、儿歌、纸、笔等
	4	七星瓢虫	七星瓢虫图片、纸、笔等
	5	小甲虫	图画纸、水彩笔、黑色记号笔、油画棒、甲虫图片等
成果展示			
课程评价	在中班绘画教学过程中，教师从幼儿的兴趣入手，让幼儿对有兴趣的事物充分表达，运用多媒体手段提高幼儿的感性认知，让幼儿自由想象与发挥，以开放的提问形式，激发幼儿创作的愿望。 　　根据幼儿的能力不同，教师在活动中多采用同伴间的示范，这样对能力稍弱的幼儿是一个及时的暗示性指导，让幼儿在同伴间相互学习中对绘画活动产生兴趣。在展示评价环节，教师多以肯定、欣赏的眼光看待幼儿的每一幅作品，让幼儿能在绘画活动中感到成功的喜悦，也能更好地激发其艺术创作的潜能。		

园本课程教学案例

中班园本课程教学设计（一）

课程名称		我的妈妈
课程目标		1. 能画出妈妈的外形特征，尝试画出人物半身像 2. 能抓住妈妈的突出特点，进行细致绘画，并添加适当背景
课程重难点		重点：能用绘画的方式画出自己的妈妈 难点：能抓住特点，画出妈妈的外形特征
所需准备	知识经验准备	幼儿非常了解自己的妈妈
	物质准备	图画纸、妈妈的照片、黑色记号笔、水彩笔、油画棒、人物肖像画等
活动过程		

1. 教师和幼儿一起讨论，说一说自己的妈妈长什么样子
（1）请个别幼儿介绍妈妈的样子。
（2）幼儿分组，向同伴介绍自己的妈妈。
2. 出示妈妈的照片，请幼儿介绍妈妈的喜好、装扮等
3. 讨论绘画内容和要求
（1）先画哪里？为什么？用什么方式进行装饰？用什么颜色？
（2）五官位置、表情、动作可以有哪些变化？
（3）画面构图需要注意些什么？
4. 幼儿选择材料，画自己的妈妈
5. 教师巡视指导，提示幼儿注意画面布局
6. 展示幼儿作品，向同伴介绍自己的妈妈

中班园本课程教学设计（二）

课程名称	仙人掌	
课程目标	1. 尝试运用手掌印画的形式，画出仙人掌特征 2. 愿意参加绘画活动，体验活动的乐趣	
课程重难点	重点：能用手掌印画的形式画仙人掌 难点：能根据仙人掌的特征进行细致添画	
所需准备	知识经验准备	幼儿见过仙人掌
	物质准备	图画纸、水粉颜料、刷子、黑色记号笔、仙人掌图片等

活动过程

1. 教师和幼儿一起看图片，了解仙人掌的外形特征

提问：这是什么？它长什么样子？

2. 教师出示手掌印画仙人掌图片，引导幼儿观察

提问：猜猜怎样画仙人掌？

3. 介绍手掌印画作画步骤

（1）用刷子将绿色颜料刷在手掌上，摆好造型，印在纸上。

（2）等颜料干了，用黑色记号笔画出仙人掌的刺。

（3）可以添画背景。

4. 幼儿选择材料，开始作画

5. 教师提示：使用颜料慢慢刷，想好位置再印

6. 展示并交流幼儿的仙人掌印画

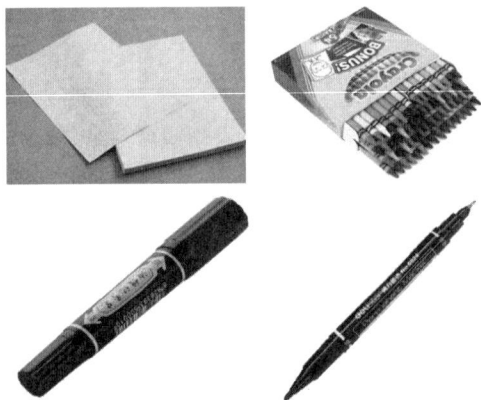

中班园本课程教学设计（三）

课程名称	大公鸡喔喔啼	
课程目标	1. 尝试根据儿歌内容，画出不同的大公鸡 2. 运用色彩、线条等方式，对画面进行装饰	
课程重难点	重点：画出大公鸡的不同姿态 难点：根据儿歌内容细致装饰大公鸡	
所需准备	知识经验准备	幼儿见过大公鸡图片
	物质准备	图画纸、水彩笔、油画棒、黑色记号笔、公鸡图片等

活动过程

1. 说儿歌，引出活动

大公鸡喔喔叫，身穿五彩花外衣，走路挺胸又抬头，每天喊我早早起。

2. 教师和幼儿一起讨论大公鸡的样子

提问：大公鸡长什么样子？有什么特点？鸡冠和尾巴是什么样的？可以怎样装饰？

3. 幼儿作画，注意布局和细致添加情节

4. 教师提示幼儿

画出公鸡的不同姿势，根据公鸡打鸣的特征进行细致绘画。

5. 展示交流幼儿作品，向同伴介绍

中班园本课程教学设计（四）

课程名称	七星瓢虫
课程目标	1. 能用圆形组合的方法，画出正面和侧面的七星瓢虫 2. 了解七星瓢虫的外形特征，体验绘画创作的乐趣
课程重难点	重点：用圆形组合的方式画出七星瓢虫 难点：能按规律画出七星瓢虫的背部特征

所需准备	知识经验准备	幼儿见过七星瓢虫
	物质准备	图画纸、水彩笔、黑色记号笔、油画棒、七星瓢虫图片等

活动过程

1. 出示图片，引导幼儿讨论

（1）这是什么虫子？背上有什么？有几个？都在哪儿？

（2）七星瓢虫有几种颜色？什么地方是黑色？什么地方是红色？

2. 讲解作画步骤

（1）画身体——头部——触角——背部。

（2）装饰涂色。

3. 引导幼儿根据瓢虫的位置、大小，布局整个画面，并适当添加背景

4. 幼儿开始作画，教师巡视指导

提示幼儿画出不同方向的七星瓢虫、正面和侧面的七星瓢虫等。

5. 展示幼儿作品

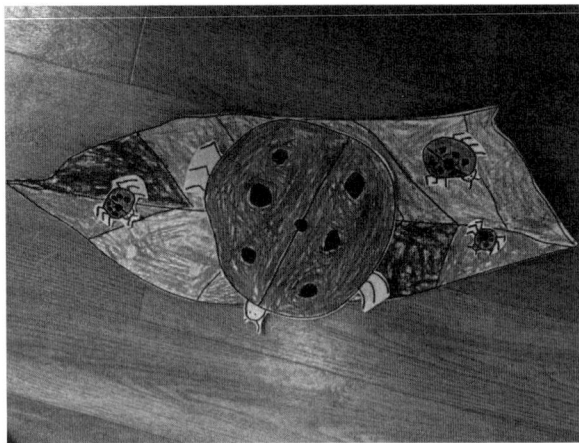

中班园本课程教学设计（五）

课程名称		小甲虫
课程目标		1. 知道甲虫的外形特征，尝试运用绘画的方式画出不同的甲虫 2. 能为画面添加适宜的背景，丰富画面内容
课程重难点		重点：画出甲虫的外形特征 难点：为甲虫画面添加适宜的背景
所需准备	知识经验准备	幼儿知道什么是甲虫
	活动准备	图画纸、水彩笔、黑色记号笔、油画棒、甲虫图片等

活动过程

1. 出示甲虫图片，引出活动内容

这是什么？你见过吗？在哪里见过？

2. 讨论画甲虫的步骤

先画什么？再画什么？画时注意什么？最后画什么？

3. 请个别能力强的幼儿上前示范，提示幼儿注意画面构图和布局

4. 幼儿自选材料，开始绘画甲虫

5. 教师巡视，提示幼儿注意为画面添画背景：树枝、树叶……

6. 鼓励幼儿精细装饰甲虫的花纹

7. 提示幼儿涂色时注意按一定方向涂满、涂匀

8. 展示幼儿作品

同伴间相互点评。

园本课程实施计划

大班园本课程活动内容

课程名称	大班绘画课程		
课程目标	1. 启发幼儿利用多种绘画工具和材料，运用不同技能表现自己独特的思想和感受，体验创造的乐趣 2. 引导幼儿用色彩和线条表现感受过或想象中的物体的动态结构或简单情节 3. 培养幼儿对色彩的敏感性，学习根据画面需求，恰当地运用各种颜色表达自己的情感，注意深浅、冷暖颜色的搭配 4. 提示幼儿学习在画面上主体突出，合理布局 5. 喜欢参加绘画活动，激发幼儿创造性的表现 6. 引导幼儿欣赏感兴趣的绘画作品，培养幼儿初步发现周围环境和绘画作品中的美的能力 7. 引导幼儿欣赏作品的造型、色彩、构图，感受对称美、均衡美，初步学会正确评价美 8. 能根据自己的经验和想象解释他人的绘画作品，交流自己的感受和理解，并学习用绘画等多种形式表达自己的感受和想象 9. 进一步引导幼儿利用多种绘画工具和材料，运用不同技能表现自己独特的思想和感受，体验创造的乐趣 10. 能根据一定的主题，用丰富的色彩和线条来构思、组织，表现出一定的内容和情节 11. 进一步引导幼儿学习根据画面需求，恰当地运用各种颜色，并学习色彩的搭配，表现画面的深浅、冷暖关系 12. 幼儿能合理安排画面，主体突出，并注意均衡和对称的关系		

实施安排	课次	课程内容	游戏材料
	1	苗族姑娘	苗族服饰图片、画纸、水彩笔等
	2	天安门	PPT课件（天安门）、图画纸、油画棒等
	3	美人鱼	一张大美人鱼背景图，教师示范画（鱼鳞），水彩笔等绘画工具，半圆形图画纸若干
	4	遨游外太空	油画棒、记号笔、水彩笔、颜料、信件、太空图等
	5	夸张的画	夸张画、水彩笔、油画棒、图画纸等

成果展示	

课程评价	教师根据大班幼儿的年龄特点，在选择活动内容时，要抓住幼儿的好奇心和兴趣点。大班幼儿已经积累了较多的绘画经验，大班教师在此基础上，选择了更多题材、风格的作品，供幼儿创作与表达；在幼儿完成绘画作品后，还要充分发挥幼儿的语言表达能力，请幼儿将画面内容进行讲述与分享，实现领域活动间的互动，把绘画、表达的自主权交给了幼儿，让幼儿充分打开自己的思路去完成绘画作品。 　　在绘画创作过程中，教师不再强调绘画技巧，而是鼓励幼儿大胆想象，发挥创造力，丰富画面内容，追求开放式教学，让幼儿在合作中学会探究、在合作中得到发展。

园本课程教学案例

大班园本课程教学设计（一）

课程名称	苗族姑娘	
课程目标	1. 初步了解苗族的特点，尤其是特有的服饰，培养对少数民族的兴趣 2. 尝试装饰自己心目中的苗族服饰 3. 喜欢参与绘画活动	
课程重难点	重点：了解苗族服饰 难点：学习装饰苗族服饰	
所需准备	知识经验准备	认识几个常见的少数民族服饰
	物质准备	苗族服饰图片、画纸、水彩笔等
活动过程		

1. 观看视频，引起幼儿兴趣，了解少数民族——苗族

（1）教师播放芦笙舞视频，请幼儿观赏，提问：画面上的人在干什么？（跳舞、演奏乐器）

（2）大家看看跳舞的人的穿着与我们有什么不同？（色彩鲜艳、包头饰等）教师指出这是苗族。

2. 教师拿出苗族服饰图片，让幼儿观察其服饰特点

分别从样式、色彩、头饰、首饰等方面引导幼儿观察。

（1）教师引导幼儿从色彩上了解苗族服装特点：苗族五色衣裳（红、黄、蓝、绿、黑）。

（2）从样式上观察：苗族女性上身一般穿窄袖、大领、对襟短衣，下身穿百褶裙，男子服装样式简单，一般上身穿对襟短衣，下身穿长裤，束大腰带，头裹长巾。

（3）教师让幼儿了解苗族头饰以银饰为主，戴头钗，手部饰品一般以银镯为主。

3. 教师示范绘画苗族姑娘的服饰

4. 请幼儿尝试绘画和涂色

5. 作品展评，收拾美术材料

大班园本课程教学设计（二）

课程名称	天安门	
课程目标	1. 根据天安门三层梯形的主体结构，初步掌握建筑物由下往上画的基本方法 2. 引导幼儿对称、均衡地安排画面，并尝试添画 3. 加深对我国首都北京的认识，激发幼儿热爱祖国的情感	
课程重难点	重点：学画天安门三层梯形的主体结构，初步掌握建筑物由下往上画的方法 难点：能够对称、均衡地安排画面，并尝试添画	
所需准备	知识经验准备	见过天安门
	活动准备	PPT 课件（天安门）、图画纸等
活动过程		

1. 导入播放歌曲《我爱北京天安门》引入活动

2. 出示天安门图片

引导幼儿观察天安门的结构，了解天安门这一建筑物的对称关系。加深幼儿对首都的认识，激发其热爱祖国的情感。

3. 讲解天安门的主体结构

天安门的主体建筑分为上下两层。

教师讲解：上层是黄琉璃瓦顶，下层是朱红色楼台，5 个拱形门洞，中间的门洞最大。

4. 教师有重点地示范绘画

突出画面布局，教幼儿由下往上画的方法。

5. 欣赏 PPT 课件，提出绘画要求

（1）注意绘画的步骤，表现出天安门城楼的主要特征。

（2）提醒用勾线笔。

6. 幼儿绘画，教师巡视指导

7. 作品展览，师生共同讲评

大班园本课程教学设计（三）

课程名称	美人鱼
课程目标	1. 能用不同的线条、间隔图案来装饰鱼鳞 2. 初步了解左右对称的装饰方法 3. 通过活动，让幼儿体验相互关心、相互帮助的快乐 4. 能在活动中感受成功的喜悦
课程重难点	重点：能用不同的线条、图案装饰鱼鳞 难点：尝试对称的线条装饰方法
所需准备	知识经验准备	幼儿掌握线条画的画法，已有装饰画的经验
	活动准备	一张大美人鱼背景图，教师示范画（鱼鳞），水彩笔等绘画工具，半圆形图画纸若干

活动过程

1. 情景导入

教师：今天，我给小朋友们带来了一个故事，你们想听吗？

教师：我要看看谁听得最认真哦！

故事：海里住着一群可爱的小鱼和一条漂亮的美人鱼。有一天，小鱼们要去参加一场盛大的舞会，可是它们没有漂亮的裙子。美人鱼姐姐便把自己美丽的鳞片送给了它们，小鱼们变得很漂亮，就开心地去参加舞会了。可是美人鱼姐姐却变得光秃秃的了。你们说，怎么办呀？小朋友们，你们有什么好办法吗？（教师一边讲故事一边出示图画）

幼儿回答。

教师：小朋友的这些办法都很好，你们都和美人鱼姐姐一样，是有爱心、喜欢帮助别人的好孩子。今天，我们不如用自己能干的小手画一些漂亮的鱼鳞送给美人鱼姐姐，你们觉得好吗？

2. 教师出示鱼鳞示范画，引导幼儿进行想象

教师：小朋友，我早就准备了一些鱼鳞，看，这些鱼鳞是什么形状的呢？（教师依次出示三张示范画）

教师：这些鱼鳞都是半圆形的，你们再用明亮的小眼睛观察一下，这些花纹是什么样的呢？（引导幼儿说出这些鱼鳞是用不同的线条、图案间隔来进行装饰的）

教师：你们太棒了！我们请了许多不同的线条宝宝和图案宝宝来排队，还用上了许多漂亮的色彩，把鱼鳞装饰得美美的。

教师：瞧，美人鱼姐姐知道小朋友们都在热心地帮她想办法，于是就来到了我们教室里，现在我要把为美人鱼姐姐装饰好的鳞片给她穿上，你们看看漂亮吗？（教师将鱼鳞图片给美人鱼贴上）

3. 幼儿创作，教师指导

教师：美人鱼姐姐也觉得很漂亮，心里可高兴了！可是，你们觉得这样就好了吗？

幼儿回答。

教师：对了，还没有穿完呢！我发现小朋友们都已经等不及了，很想马上帮美人鱼姐姐穿上新裙子，别急，瞧，老师已经帮你们准备好了半圆形的图画纸，待会我们就来比一比谁装饰的鱼鳞花纹最特别、最美，颜色最鲜艳，好吗？

4. 幼儿创作，教师巡视指导

5. 展示幼儿作品

将幼儿作品贴在美人鱼身上，让幼儿感受成功的喜悦。

教师：小朋友们真棒，用你们能干的双手为美人鱼姐姐穿上了漂亮的裙子，我们一起来欣赏欣赏吧！

大班园本课程教学设计（四）

课程名称	遨游外太空	
课程目标	1.能运用绘画的方式，创造性地想象太空中的各种物体 2.鼓励幼儿大胆合作，培养解决问题和相互合作的能力 3.体验创作的快乐与成功	
课程重难点	重点：能用绘画的方式画出外太空 难点：创造性地画出外太空中的各种物品	
所需准备	知识经验准备	幼儿知道什么是外太空
	物质准备	油画棒、记号笔、水彩笔、颜料、信件、外太空图等

活动过程

1. 谈话

看夜色，你们喜欢外太空吗？知道杨利伟叔叔吗？

2. 以读信的方式激发想象并进行创作

教师：告诉你们一个喜讯，今天我收到杨利伟叔叔寄给小朋友的一封信，你们想不想听听？

教师读信：小朋友，你们好！我是杨利伟，"神舟五号"是由我国航空设计师自行设计的载人飞船，我乘着它遨游外太空，实现了中华民族千年的飞天梦想。你们想不想也上外太空玩呢？想不想坐着自己设计的飞行器去呢？你想设计什么飞行器，它是什么样的？能不能给它起个好听的名字？把你的想法告诉小朋友。

3. 请小朋友想一想

你想怎样画出外太空？你想设计什么样的飞行器？

4. 幼儿绘画，教师巡视指导

5. 绘画结束，请幼儿把自己的奇思妙想讲给小朋友和老师听

6. 作品展示

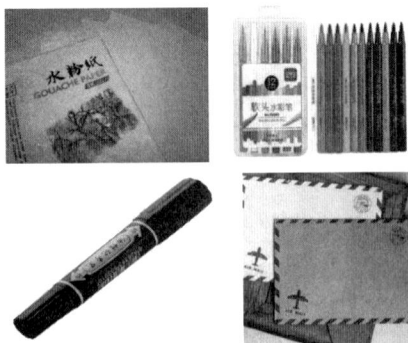

大班园本课程教学设计（五）

课程名称	夸张的画	
课程目标	1. 通过欣赏、感知画面中人物表情与形态的夸张，初步理解画面中的夸张绘画所表达的意义 2. 通过欣赏，初步尝试夸张画的练习	
课程重难点	重点：理解夸张的意义 难点：能运用夸张的方法画出人物的表情	
所需准备	知识经验准备	幼儿理解夸张的意义
	物质准备	夸张画、水彩笔、油画棒、图画纸等

活动过程

1. 引入环节

（1）出示夸张画 1

提问：你看到了什么？他怎么了？启发幼儿从画面寻找原因，并进行猜想。

（2）出示夸张画 2

提问：他怎么了？出什么事了？鼓励幼儿猜想事情的原因及夸张画 1 和夸张画 2 的联系。

2. 请幼儿讲一讲这两幅画，并引导幼儿给故事起名字

3. 教师介绍夸张画，引导幼儿再次寻找画面的夸张之处

提问：他们为什么把嘴画得这么大？他们想要告诉我们什么呢？

4. 创作环节

（1）启发幼儿回忆生活中一些情节中的人物的特点，并找到可以夸张的因素，引发幼儿想一想自己要创作一幅什么样的夸张画。

（2）鼓励幼儿大胆绘画。

5. 分享作品：讲一讲我的故事

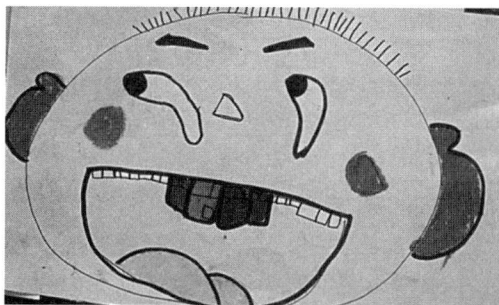

第二节　多元课程：编织

一、幼儿编织活动的概念与分类

1.编织活动的概念

编织是中国民间具有悠久历史的民族文化瑰宝，源远流长，已形成了融合整个中华民族独特的文化素养、审美意识、思维方式、思想哲学观念的完整艺术体系。作为中国民间的一项代表性艺术，编织也在不断发展。近年来，编织活动在幼儿园的美术教学中逐渐开展，倡导以幼儿的积极情绪去推动认知学习。

2.编织活动的类型

（1）编辫：是草编中最普遍的技法，它没有经纬之分，将麦秸、玉米皮等原料边编边搓转，编成3～7股的草辫，通常作为草篮、草帽、地席的半成品原料。

（2）平纹编织：是草编、柳编、藤编普遍运用的技法。它以经纬为基础，按一定规律互相连续挑上（纬在经上）、压下（纬在经下），构成花纹。

（3）花纹编织：是在平纹编织的基础上再予以变化，编织出链子扣、十字扣、梅花扣等花纹。

（4）绞编：类似平纹编织，但结构紧密，不显露经。

（5）编帽：是以呈放射状的原料互相掩压、旋转而编成圆形的帽子。

（6）勒编：是柳编的常见技法。它以麻线为经，以柳条为纬，编织时将麻线和柳条勒紧，所以结构坚固，质地紧密。

二、幼儿编织活动的特点

（1）小班幼儿年龄小，对编织动作有兴趣，但是手部小肌肉群的发育尚未完全，动手能力较差。

（2）中班幼儿经过小班阶段的锻炼，认知能力和动作技能都有了一定的提高，有的幼儿经过教师的帮助已经能够进行立体的构造。

（3）大班幼儿更多的是让他们自己动手，充分调动幼儿学习的积极性，发挥幼儿的创造力。

三、幼儿编织活动的实施原则和实施方法

1.实施原则

（1）愉悦性原则：我们从内容选择到组织形式上都首先考虑让孩子从玩中学，在玩的过程中以趣味化的活动为基本组织形式和方法，从而使幼儿身心愉悦地发展。

（2）发展性原则：编结活动不仅是技能技巧的训练，而且是旨在发展幼儿综合智能、全面素质的

活动，是促进幼儿提高知识迁移能力、不断发展的综合训练。

（3）整体性原则：我们在活动的安排上充分考虑到在材料的选择到内容组织及教学方法相互间的协调性，把它纳入幼儿园整个教育教学活动中。

（4）层次性原则：根据幼儿生理、心理特点，以及小肌肉群的发育成熟度的不同，我们在各年龄段选择的材料、形式、方法有区别，难易度也不同。

2. 实施方法

（1）现场活动法：带领幼儿到活动场地中，让幼儿进行现场活动，身临其境，直接感知。这种方法具有形象性、直观性、具体性和真实性的特点。

（2）感受体验法：让幼儿利用各种感官直接感知环境和事物。运用感知体验法可以激发幼儿对美术活动的兴趣，能对所表现的事物认识得更加清晰。

（3）观察引导法：教师通过带领幼儿对事物进行细致观察，引导幼儿对事物进行表现创造的艺术表达方法。让幼儿运用各种感官，看一看、摸一摸、听一听、闻一闻、尝一尝等，在观察过程中了解有关知识，教会幼儿按照从里到外、从左到右、从前到后等顺序观察，从而进行表现。

（4）材料支持法：教师根据幼儿现阶段的发展水平、活动内容及其目标达成，有效引导和支持幼儿使用材料。材料是幼儿建构知识的依托，也是美术活动的物质基础，幼儿在不断主动地操作材料过程中获取信息、积累经验，从而获得发展。材料可分为购买的材料、半成品材料、自制材料、玩具材料、废旧物材料等。

（5）资源引入法：教师和幼儿、家长共同收集的周边资源，以实物、图片、照片、视频等方式，引入幼儿园活动中的教育教学手段。这些资源可以帮助幼儿回忆、积累经验，引导幼儿在充分认知的基础上进行美术创造活动。

四、幼儿编织活动的内容和目标

小班编织活动的内容和目标

编织活动内容	编织活动目标
感受与欣赏	认识编织的材料和工具，培养幼儿对手工编织的兴趣
表现与创造	1. 尝试初步学习打结的技能 2. 初步学习用搓、编、绕等方法塑造简单物象 3. 培养幼儿良好的手工活动习惯 4. 促进幼儿小肌肉群的发育和手眼协调能力的发展

中班编织活动的内容和目标

编织活动内容	编织活动目标
感受与欣赏	激发幼儿对编织活动的兴趣，帮助他们正确使用编织材料和工具
表现与创造	1. 引导幼儿学习较为复杂的打结及纸瓣的编织与连接 2. 巩固已学过的编织方法，引导学习用平面的结表现简单物象 3. 培养幼儿在编织过程中双手控制编织材料、工具的能力

大班编织活动的内容和目标

编织活动内容	编织活动目标
感受与欣赏	引导幼儿较熟练地使用和选择编织工具、材料，创造性地表现自己的认识和感受
表现与创造	1. 进一步学习用线状、带状材料编织、制作物象 2. 学习用编、结、盘、拼插等多种方法塑造物象 3. 引导幼儿综合利用各种材料、工具和技法来布置环境，制作教具、玩具、礼品等

五、幼儿编织活动所需材料

材料及图片	材料及图片
纸条	茅草
编织绳	毛线
冰条线	丝带
麻绳	模具
珠子	一次性筷子
剪刀	打火机

园本课程实施计划

小班园本课程活动内容

课程名称	小班编织课程		
课程目标	1.引导幼儿初步学习打结的技能 2.鼓励幼儿学习用搓、编、绕等方法塑造简单物象 3.培养幼儿良好的手工活动习惯 4.促进幼儿小肌肉群的发育和手眼协调能力的发展		
实施安排	课次	课程内容	游戏材料
	1	小雪花	教师自制吸管雪花模型、彩色丝带等
	2	包糖果	大张彩色包装纸、各色毛根若干等
	3	五彩鱼	小鱼硬卡纸模型、彩色纸条等
	4	长颈鹿的围巾	长颈鹿硬卡纸模型、彩色纸条、毛根、彩色毛线等
	5	毛线球转转	圆形泡沫球、彩色毛线、小猫模型等
成果展示			
课程评价	结合小班幼儿的年龄特点，重点以幼儿生活中的动物和人物形象作为媒介，通过搓、绕、上下交替穿插的方式进行简单的编织，以游戏化的情境创设，让幼儿在操作中能比较有兴趣地参与活动，能够比较好地掌握搓、绕等方式；但是对于上下穿的方式不能做到很熟练，需要在区域活动中增加更适宜的操作材料进行练习，并且注重针对不同能力的幼儿提供不同层次的操作材料。		

园本课程教学案例

小班园本课程教学设计（一）

课程名称		小雪花
课程目标		1. 能够利用一上一下有序缠绕的方式装饰小雪花 2. 尝试在立体材料上进行有序缠绕，坚持完成作品，体验成功的快乐
课程重难点		重点：能够利用一上一下有序缠绕的方式表现雪花 难点：能够在立体的材料上有序缠绕
所需准备	知识经验准备	有初步的有序缠绕经验
	物质准备	教师自制吸管雪花模型、彩色丝带等

活动过程

1. 欣赏雪花图片，鼓励幼儿用简单的语言表达自己对雪花特征的了解

教师：这是什么？我们怎么才能让它变得更漂亮？（提示幼儿装饰小雪花）

2. 师生共同总结雪花的特征，并结合教师提供的材料大胆猜测如何利用编织的方式表现小雪花

教师：我们的丝带怎么才能缠到小雪花的轴上？

3. 教师示范用丝带一上一下有序缠绕的方式装饰雪花，幼儿认真观察

教师：老师是怎么让丝带缠绕上去的？需要注意什么？（要一上一下有序缠绕）

4. 请动手能力比较强的幼儿进行尝试，教师引导其他幼儿进行观察

5. 幼儿自选材料操作，教师根据幼儿能力进行适宜指导

指导要点：能够根据自己的能力选择不同大小的雪花轴及粗细不同的丝带。

6. 展示幼儿作品，装饰教室

  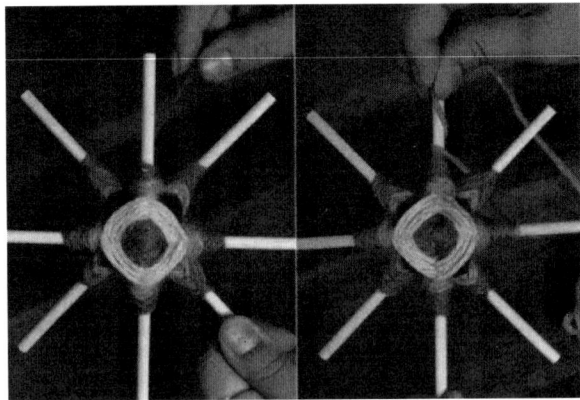

小班园本课程教学设计（二）

课程名称	包糖果	
课程目标	1. 能够利用两根线绳相互扭转缠绕的方式包装糖果 2. 尝试绳结扭转缠绕的编织方式，体验编织的乐趣	
课程重难点	重点：尝试扭转缠绕的编织方法 难点：能朝向一个方向连续扭转缠绕	
所需准备	知识经验准备	有初步使用毛根编织的经验
	物质准备	大张彩色包装纸、半成品糖果、毛根若干、嘴巴镂空的立体老虎一只

活动过程

1. 故事情景引入

教师：我们上次听过一个故事——《没有牙齿的大老虎》，大老虎最喜欢吃什么食物？我们也一起给大老虎送一些糖果吧！

2. 教师引导幼儿观察半成品的糖果和包装纸、毛根，引出包装糖果的任务

教师：我们怎么把糖果包装起来？引导幼儿尝试扭转缠绕的方法。

3. 教师选择材料，示范如何进行连续地扭转缠绕，重点引导幼儿发现如何进行连续地扭转缠绕（重点是需要幼儿一只手固定打结的位置，另外一只手连续扭转缠绕）

4. 请动手能力较强的幼儿尝试操作，教师有针对性地指导

5. 幼儿自选材料操作，教师针对能力较弱的幼儿给予适宜的帮助和引导

6. 情景创设：给大老虎送糖果

请幼儿将包装好的糖果投入大老虎的嘴里，体验成功感。

小班园本课程教学设计（三）

课程名称	五彩鱼	
课程目标	1. 能够用连续一上一下有序穿插的方式为小鱼穿新衣 2. 愿意参与编织游戏活动，体验成功感	
课程重难点	重点：掌握一上一下有序穿插的编织方式 难点：能够有序穿插	
所需准备	知识经验准备	已经初步了解有序穿插方式
	物质准备	小鱼硬卡纸模型（大小不同、间隔距离不同）、彩色纸条、编织好的成品小鱼等

活动过程

1. 教师出示半成品小鱼并提问

教师：小鱼身上少了什么？我们可以为它穿上什么样子的衣服？

2. 教师引导幼儿观察成品小鱼，发现小鱼身上的格子花纹

教师：怎么样能制作出格子花衣服？（引导幼儿回忆已有经验，一上一下有序穿插的方法）

3. 师生共同回忆有序穿插编织的方法，教师再次示范正确方法，重点强调一上一下的顺序性

4. 幼儿选择适宜自己的材料进行操作游戏，教师适时给予指导和帮助

5. 情景创设：将格子小鱼送回大海，体验操作的成功感

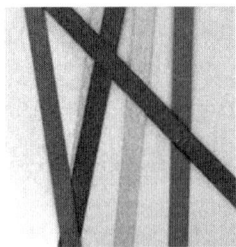

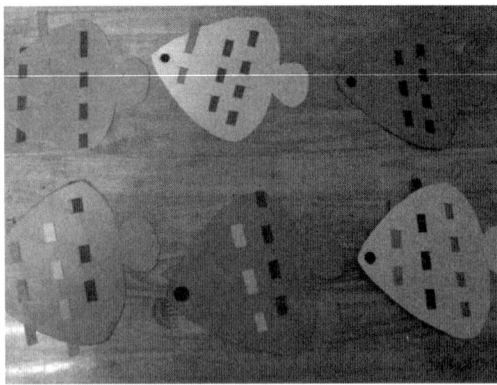

小班园本课程教学设计（四）

课程名称	长颈鹿的围巾	
课程目标	1. 能够用连续缠绕的方式为长颈鹿编织围巾 2. 愿意参与编织游戏，体验成功感	
课程重难点	重点：掌握连续缠绕的编织方式 难点：能够连续缠绕不打结	
所需准备	知识经验准备	有一定的缠绕经验
	物质准备	长颈鹿硬卡纸模型、彩色纸条、毛根、彩色毛线等

活动过程

1. 出示长颈鹿的卡纸模型，提出为长颈鹿织围巾的任务

教师：你可以为长颈鹿编织一条围巾吗？她最喜欢的是条纹围巾，我们可以怎么帮助她？

2. 和幼儿一起观察操作材料，鼓励幼儿结合已有经验大胆讲述自己想法

教师：这里有什么材料？怎么用它变成条纹围巾？（鼓励幼儿利用连续缠绕的方式为长颈鹿编织围巾）

3. 教师示范连续缠绕的方法，引导幼儿重点观察如何能够做好不打结

4. 幼儿自己选择材料为长颈鹿编织条纹围巾，教师引导幼儿选择适宜自己的材料进行操作

5. 幼儿展示自己作品，尝试与同伴分享自己的方法

  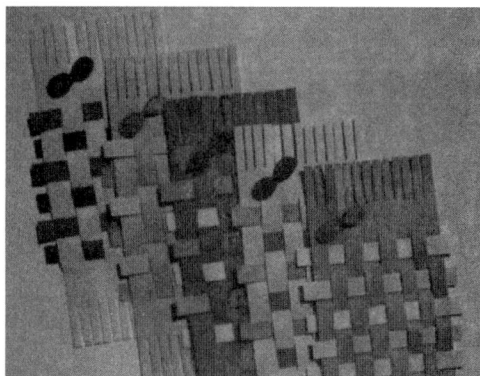

小班园本课程教学设计（五）

课程名称		毛线球转转
课程目标		1. 能够在立体圆形上进行有序缠绕 2. 体验立体缠绕的方法，提高小肌肉群灵活性
课程重难点		重点：尝试立体缠绕的编织方法 难点：能够在球体上有序缠绕不脱线
所需准备	知识经验准备	有初步的缠绕经验
	物质准备	圆形泡沫球若干、彩色毛线、小猫模型等

活动过程

1. 寻哭声，找原因

教师：小朋友们快听一听这是什么声音？（小猫的毛线球丢了）我们该怎么帮助她？（帮她重新绕一个）

2. 教师和幼儿一起使用泡沫球进行初步缠绕。教师注意观察幼儿操作中的方法和问题

3. 教师和幼儿共同讨论：怎么才能不脱线

指导要点：要绕一个方向，绕的时候要拉紧线绳不松手。

4. 幼儿再次操作，教师适时给予能力较弱的幼儿指导

5. 请幼儿展示自己成功的毛线球，并且送给小猫，获得成功的快乐

园本课程实施计划

中班园本课程活动内容

课程名称	中班编织课程		
课程目标	1.通过尝试、体验，获得对编织活动学习的持久兴趣；学习对编织的欣赏和评述的方法，丰富视觉、触觉和审美经验，体验编织活动的乐趣，有尝试编织活动的欲望 2.了解基本的编织方法，尝试用编织的方式表达自己对美术的理解，美化环境与生活；在编织学习的过程中，激发创造精神，发展编织实践能力，形成基本的美术素养 3.选择适合自己的编织方法、材料、模具表现事物，发展具有个性的创造能力，传递自己的思想和感情。 4.学会迁移同伴的经验，在原有的基础上有所创新，提高幼儿的编织技能		
实施安排	课次	课程内容	游戏材料
	1	缠绕毛球	毛线、硬纸板、剪刀等
	2	缠绕蝴蝶	毛线、冰棒棍、毛根等
	3	缠绕捕梦网	毛线、一次性筷子等
	4	编织渔网	实物渔网、麻绳等
	5	编织三股辫	彩色编织绳、绳结图片等
成果展示			
课程评价	在编织活动中，幼儿不仅养成了耐心细致和自始至终操作的良好习惯，同时他们的观察力、想象力、创造力、动手能力、审美能力及交往合作能力也得到明显提升。我们不断吸收编织艺术的精髓，充分挖掘家庭、幼儿园和社区的教育资源，多形式、多渠道地在幼儿园内构建起编织艺术教育课程，并将编织活动融入环境创设、主题活动、游戏活动中，探索编织特色艺术教育。我们尊重幼儿发展的个体差异性，因人施教，提出不同层次的目标，提供不同层次的材料，让每个幼儿都尝到成功的滋味、体验成功的喜悦，从而培养幼儿对编织的兴趣，激发再次动手操作的欲望。在实践中，我们深深地体会到编织活动给幼儿和教师们带来的乐趣和收获，可以毫不夸张地说，教幼儿学会编织，从而培养和训练他们具有敏感的观察力、丰富的想象力以及娴熟的动手能力，促进各方面的发展，将是幼儿园送给幼儿们的一份丰厚的礼物！		

园本课程教学案例

中班园本课程教学设计（一）

课程名称	缠绕毛球		
课程目标	1. 尝试做毛线球的方法 2. 有耐心完成缠绕、整理等步骤，不怕困难		
课程重难点	重点：会用彩色毛线独立制作毛球 难点：能够克服制作中的困难		
所需准备	知识经验准备	幼儿有基本的编织常规	
	物质准备	硬纸板模具、彩色毛线、剪刀等	
活动过程			

1. 出示做好的毛线球，引起幼儿自制毛线球的兴趣

2. 请幼儿观察毛线球并猜一猜毛线球是怎么做的

3. 教师出示 PPT 过程图，并示范毛线球的做法

（1）两个硬纸板模具圈放在一起，把准备好的毛线紧密地缠绕，注意用一个手指压着线头，防止脱落。

（2）开始顺序紧密地缠绕毛线：细毛线按四股三米长来缠；如果是较粗的或者更细的，可以适当调节。

（3）在任意一边顺着顶端把毛线剪开，注意按着圈内的毛线，防止脱落。

（4）用同样的毛线在两个纸圈中间缠两圈，然后系紧。

4. 幼儿自主尝试制作毛线球，教师巡视指导

5. 将幼儿做好的毛线球展示在美工区

 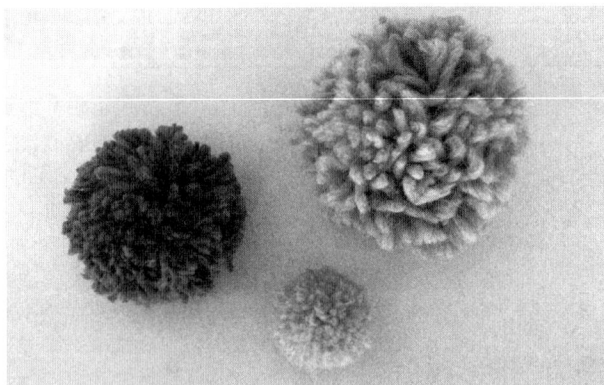

中班园本课程教学设计（二）

课程名称		缠绕蝴蝶
课程目标		1. 尝试毛线缠绕蝴蝶的做法 2. 能有耐心地整齐缠绕，不怕困难
课程重难点		重点：会用彩色毛线独立制作蝴蝶 难点：能够克服制作中遇到的困难
所需准备	知识经验准备	幼儿有做毛球的经验
	物质准备	彩色毛线、冰棒棍、毛根等

活动过程

1. 出示做好的毛线蝴蝶，请幼儿欣赏，激发幼儿自主制作的兴趣

2. 请幼儿观察毛线蝴蝶，猜一猜是用什么做的、怎么做的

3. 教师出示 PPT 步骤图并示范毛线蝴蝶的做法

（1）先把两根冰棒棍交叉成一个不规则的"X"形，用毛线在交叉点固定缠绕。（这个步骤可以请老师来制作）

（2）交叉点固定好后，依次从中心向两侧开始缠绕毛线，缠到两端的 1/3 处即可，此时可以换另一种颜色的毛线接着缠。

（3）注意：毛线不用缠绕到冰棒棍的尽头，留出一部分会更容易固定。

（4）利用毛根做蝴蝶的身体和触角，可以上下穿上小串珠固定一下。

（5）用毛根卷出蝴蝶触角的造型。

4. 幼儿自主制作毛线蝴蝶，教师巡视指导

5. 将幼儿制作的毛线蝴蝶展示在美工区

中班园本课程教学设计（三）

课程名称	缠绕捕梦网
课程目标	1. 尝试用毛线制作捕梦网 2. 能有耐心地整齐缠绕，不怕困难
课程重难点	重点：尝试制作捕梦网 难点：能够解决制作过程中遇到的困难

所需准备	知识经验准备	幼儿有做缠绕的经验
	物质准备	彩色毛线、一次性筷子等

活动过程

1. 出示做好的捕梦网成品，请幼儿欣赏，激发幼儿自主制作的兴趣

2. 请幼儿观察捕梦网，猜一猜是用什么做的、怎么做的

3. 教师出示 PPT 步骤图并示范捕梦网的做法

（1）将两根一次性筷子交叉固定一下。

（2）将毛线的一端固定在交叉点上，接着用毛线一圈一圈有规律地缠绕在一次性筷子上。全部缠绕完毕后，在毛线的末端固定。

（3）换一种颜色的毛线，将一端固定在上一根毛线的末端。

（4）将毛线继续一圈一圈有规律地缠绕在一次性筷子上。

4. 幼儿自主制作捕梦网，教师巡视指导

5. 将幼儿制作的捕梦网展示在美工区

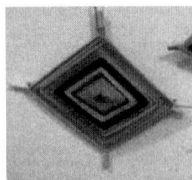

中班园本课程教学设计（四）

课程名称	编织渔网	
课程目标	1. 尝试利用麻绳大胆地编织渔网 2. 培养幼儿的合作意识，体验编织活动的乐趣	
课程重难点	重点：发展幼儿的动手能力 难点：引导幼儿与同伴合作编织疏密、大小不同的渔网	
所需准备	知识经验准备	幼儿有编织的经验
	物质准备	实物渔网一张、麻绳若干
活动过程		

1. 谈话导入

播放捕鱼撒网的 PPT。

教师：小朋友，这些人在干什么？他们是用什么来捕鱼的？你知道渔网是怎么做出来的吗？

2. 引导观看各种渔网的图片

教师：捕鱼要用到各种各样的渔网，今天我们就要一起来织渔网。

3. 启发幼儿用麻绳编织各种疏密、大小不同的渔网

4. 学习织渔网的方法

出示实物渔网，引导幼儿观察。

教师：快来看看，老师这里有一张网，是怎么织出来的？请一名小朋友和老师合作织渔网。先把麻绳的一端用手拿住，任意将每根麻绳打结，距离大小差不多。等第一层全部打完后，接下来的每一层也要交叉两两打结，直至全部打完。最后打开就是渔网的形状了。

5. 鼓励幼儿利用麻绳合作进行编织活动，帮助个别动手能力弱的幼儿

6. 作品展示在特色区墙面上，将事先画好的各种水里的动植物用回形针别在渔网上，引导幼儿相互欣赏

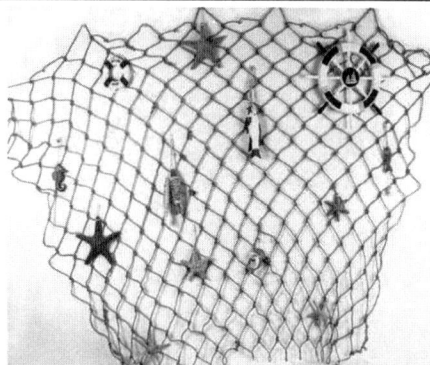

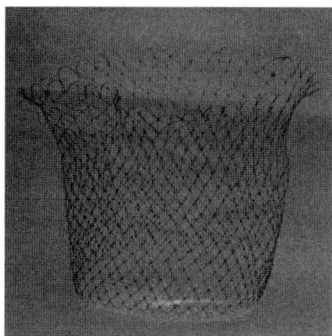

中班园本课程教学设计（五）

课程名称	编织三股辫	
课程目标	1. 通过三股辫的编织学习，掌握简单的编绳技术 2. 尝试自主搭配颜色，培养幼儿的审美情趣	
课程重难点	重点：通过三股辫的编织学习，掌握简单的编绳技术 难点：尝试合作完成作品，有一定的自主学习能力	
所需准备	知识经验准备	幼儿有基本的编织经验
	物质准备	彩色编织绳、绳结图片等
活动过程		

1. 出示一些绳结编织的图片

从两根绳的绳结到三根绳的绳结，再到复杂的中国结。朗读学习书上的顺口溜：一根绳，两根绳，左右反复来交换，变出一根花样绳；三根绳，四根绳，连续不断来交叉，编出七彩辫子绳。根根绳子手中编，编出绳结小天地。

2. 教师：今天我们就来尝试编织中国绳结中比较简单的编织方法——三股辫。编织之前我们先得学好基本功：压、挑（结合图片讲解）。知道了这些基本技法，我们就来试着学学编织过程，"三股辫"顾名思义肯定需要三根绳，三根绳的颜色搭配有几种情况呢？这就因编织者的喜好而定了

3. 播放视频，巩固编织方法

4. 幼儿实践

现在我们来试着比一比，看看哪位小朋友能既快又好地编织三股辫。行动之前请看看比赛要求：请大家从资料袋里取出三根绳子，颜色自己搭配，试着编一段三股辫。

5. 展示幼儿编织的三股辫

园本课程实施计划

大班园本课程活动内容

课程名称	大班编织课程		
课程目标	1.幼儿以个人、小组或集体的方式参与编织活动，尝试基本的编织技能，学习编织作品的欣赏和评述方法，丰富视觉、触觉和审美经验，体验编织活动的乐趣，获得对编织学习的持久兴趣 2.在欣赏优秀作品及观察图片或实物的基础上，尝试自主编织图案，注意合理搭配色彩。在编织学习过程中，激发创造精神，发展编织实践能力，形成基本的美术素养 3.学习不同的编织方法，尝试根据不同载体的特征进行大胆创作；鼓励迁移同伴经验，在原有的基础上创新提高幼儿的编织能力，大胆、自由、自主地进行各种编织活动，激发想象力与创造愿望，体验编织活动的乐趣 4.在尝试自主进行编织活动的基础上，鼓励幼儿大胆想象，能根据不同主题创作与众不同的编织作品，尝试进行主题创作编织作品，发展具有个性的创造能力，传递自己的思想和感情		
实施安排	课次	课程内容	游戏材料
	1	编织围巾	冰条线、自制模具等
	2	平结旋转编法	编织绳、手链成品、黑板、彩色粉笔等
	3	编织平结	编织绳、手链成品、黑板、彩色粉笔等
	4	旋转结编织方法	编织绳、手链成品、PPT等
	5	方块结编织方法	编织绳、手链成品、PPT等
成果展示			
课程评价	在编织区中，我们将生活中的一些内容和状态纳入教育中，为幼儿营造一个亲近自然的环境。有的孩子说："围巾编好了我要送给妈妈。"可见，选择内容时所蕴含的情感特点，不仅增加了幼儿参与活动的兴趣，也大大丰富了幼儿的情感，促进了他们的社会性发展。游戏材料作为幼儿游戏活动的操作对象，不仅蕴含教育的意义，传递教育对幼儿的期待和鼓励，更是幼儿体验、建构、发展的媒介。因此，选择、制作游戏材料应是教师切实关注的环节，教师需要不断思考、深入研究材料的投放策略，以挖掘材料使用的潜力，为幼儿的发展提供最大的支持。幼儿始终保持着浓厚的兴趣，在快乐中积极参与，并乐意把自己在编织中获得的经验感受与老师和同伴分享，想象力、动手能力、语言表达能力和与人合作的能力都得到了一定程度的发展。在活动开展中，教师关注到了幼儿的经验、兴趣和需要，将幼儿生成的内容与教师的预设有机结合起来，在动态中不断调整，使活动更激发幼儿继续创作的兴趣。		

园本课程教学案例

大班园本课程教学设计（一）

课程名称	编织围巾	
课程目标	1. 尝试用模具编织围巾的方法 2. 引导幼儿重复动作完成围巾的编织，培养幼儿做事的耐心	
课程重难点	重点：尝试用模具编织围巾 难点：能够解决编织过程中的问题	
所需准备	知识经验准备	幼儿了解基本的编织知识
	物质准备	冰条线、自制模具等

活动过程

1. 出示编织好的围巾，激发幼儿兴趣
2. 请幼儿观察围巾，猜一猜围巾是怎样制作的
3. 出示 PPT，教师讲解编织围巾的方法
4. 出示模具和冰条线，教师再次边示范边讲解围巾的编织方法
（1）将长线放在短线上。
（2）将短线越过长线翻到模具后面。
（3）重复动作，直到编完整条围巾。
5. 幼儿自主编织围巾，教师巡视指导
6. 将幼儿没编织完的围巾放在美工区，供幼儿在业余时间继续编织

大班园本课程教学设计（二）

课程名称		平结旋转编法
课程目标		1.尝试平结旋转的编法，自己编织手链 2.积极参与编织活动，体验成功的乐趣
课程重难点		重点：学习平结旋转的编法 难点：尝试自己编织手链
所需准备	知识经验准备	幼儿有基本的编织常识
	物质准备	编织绳、手链成品、黑板、彩色粉笔等

活动过程

1. 出示手链成品，激发幼儿想编织的意愿

2. 出示编织绳，请幼儿观察哪一根绳比较长、哪一根绳比较短

3. 通过黑板和彩色粉笔边画边讲解编织方法，并进行反复示范，请幼儿仔细观察

（1）右边的编织绳压住中间的编织绳。

（2）左边的编织绳压住伸过来的右边的编织绳。

（3）中间的编织绳压住伸过来的左边的编织绳。

（4）左边的编织绳穿入右边编织绳留下的线圈里。

（5）重复动作，直至编织完成。

4. 请幼儿自己试一试编织方法，教师巡视指导

5. 教师帮助幼儿进行收尾和中途改错的步骤，让幼儿获得成功的体验

6. 请幼儿互相欣赏同伴的作品，体验成功的喜悦

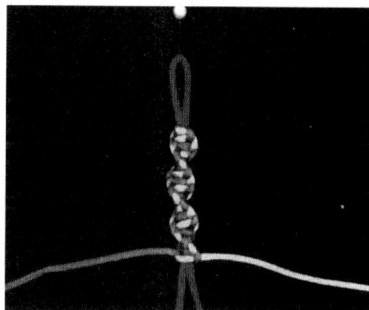

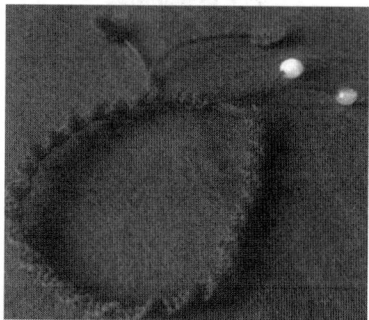

大班园本课程教学设计（三）

课程名称	编织平结	
课程目标	1. 尝试平结的编法，自己编织手链 2. 积极参与编织活动，体验成功的乐趣	
课程重难点	重点：尝试平结的编法 难点：尝试自己编织手链	
所需准备	知识经验准备	幼儿有基本的编织常识
	物质准备	编织绳、手链成品、黑板、彩色粉笔等

活动过程

1. 出示手链成品，激发幼儿想编织的意愿

2. 出示编织绳，请幼儿观察哪一根绳比较长、哪一根绳比较短

3. 复习平结旋转结的编织方法

（1）右边的编织绳压住中间的编织绳。

（2）左边的编织绳压住伸过来的右边的编织绳。

（3）中间的编织绳压住伸过来的左边的编织绳。

（4）左边的编织绳穿入右边编织绳留下的线圈里。

（5）重复动作，直至编织完成。

4. 讲解平结和平结旋转结的不同之处

平结旋转结是重复一样的动作，而平结是左边编织一次、右边编织一次。

5. 请幼儿试一试编织方法，教师巡视指导

6. 教师帮助幼儿进行收尾和中途改错的步骤，让幼儿获得成功的体验

7. 请幼儿互相欣赏同伴的作品，体验成功的喜悦

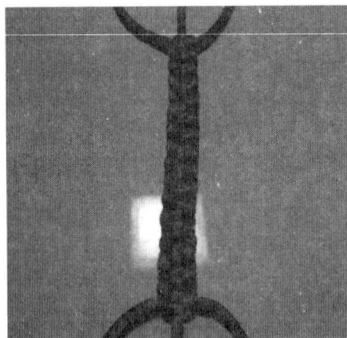
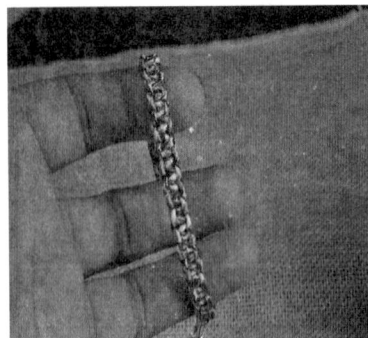

大班园本课程教学设计（四）

课程名称		旋转结编织方法
课程目标		1. 尝试旋转结的编法，自己编织手链 2. 积极参与编织活动，体验成功的乐趣
课程重难点		重点：学习旋转结的编法 难点：尝试自己编织手链
所需准备	知识经验准备	幼儿有基本的编织常识
	物质准备	编织绳、手链成品、PPT 等

活动过程

1. 出示手链成品，激发幼儿想编织的意愿

2. 出示编织绳，请幼儿观察哪一根绳比较长、哪一根绳比较短

3. 出示 PPT，讲解旋转结的编织步骤

4. 教师再次边示范边讲解旋转结的编织步骤，并反复示范

（1）左手握住短绳，右手握住长绳。

（2）左手食指从下面钩过长绳，形成一个线圈。

（3）右手将长绳从上面穿入线圈内系紧。

（4）重复动作，直至编织完成。

5. 请幼儿试一试编织方法，教师巡视指导

6. 教师帮助幼儿进行收尾和中途改错的步骤，让幼儿获得成功的体验

7. 请幼儿互相欣赏同伴的作品，体验成功的喜悦

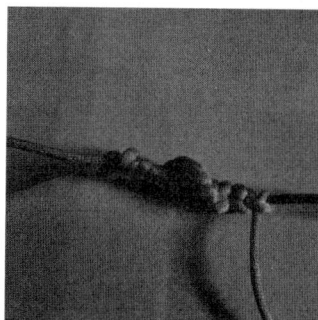

大班园本课程教学设计（五）

课程名称	方块结编织方法	
课程目标	1. 尝试方块结的编法，自己编织手链 2. 积极参与编织活动，体验成功的乐趣	
课程重难点	重点：尝试方块结的编法 难点：尝试自己编织手链	
所需准备	知识经验准备	幼儿有足够的编织经验
	物质准备	编织绳、手链成品、PPT 等

活动过程

1. 出示手链成品，激发幼儿编织的意愿

2. 出示编织绳，请幼儿观察哪一根绳比较长、哪一根绳比较短

3. 出示 PPT，边示范边讲解方块结的编织步骤

（1）将两条颜色不同的编织线呈十字形交叉摆放。

（2）将四个方向的线按逆时针方向相互挑压。

（3）挑压完成后，将四条线拉紧。

4. 请幼儿试一试编织方法，教师巡视指导

5. 教师帮助幼儿进行收尾和中途改错的步骤，让幼儿获得成功的体验

6. 请幼儿互相欣赏同伴的作品，体验成功的喜悦

第三节　多元课程：剪纸

一、幼儿剪纸活动的概念与分类

1. 剪纸活动的概念

剪纸是我国古老的民间艺术之一，起源于民间的美术活动，具有特殊的审美情趣和魅力，能充分表现当地独特的民俗文化风貌，也是幼儿园美术教育的有机组成部分。

2. 剪纸活动的类型

第一类：单色剪纸，就是用一种色纸来剪。可细分为两类：折剪类，即将纸折叠后再剪，放开后可得一种图案或字形；迭剪类，即将数张纸重叠在一起，钉牢后再依稿剪，一次可得数张作品。

第二类：复色剪纸，又称彩色剪纸，是以数张彩纸分剪后拼贴成图；或以白纸依稿剪成，再染填上各种颜色；或先剪成主版，衬以白纸后再染填上各种颜色。可细分为五类：衬色类，先用单色剪纸的方法剪成图，再以彩纸为衬；套色类，以单色剪纸的方法剪成主版和次版的形象，再另剪色纸贴裱在主版需要的部位上，或将画稿所需的各色色纸重叠在一起钉牢，再沿稿线依次剪成，择取一张为主版，贴裱在衬底上，再将其余的部分贴在主版之上；拼色类，即分别用色纸剪成各部分形象，再依图样贴裱在衬纸上，或将各色纸重叠在一起钉牢，再依稿剪成，拼贴于衬纸上；染色类，即用易于浸渍的白纸或浅色纸剪成各种形象，再逐次染成所需的颜色，或先将纸染色，再剪成形象；填色类，即先用黑色纸或深色纸剪出主版，裱贴在白纸上，再依稿填涂各种颜色，或用白纸剪成主题形象，裱贴后再填染所需颜色，也有先填色而后剪的。

二、幼儿剪纸活动的特点

（1）幼儿最初的剪纸活动只是仿剪，主要以教授为主：教师先示范剪，幼儿模仿教师的步骤来剪。

（2）幼儿的剪纸过程是掌握折叠对称技能技巧的过程，应鼓励幼儿自主随意剪。

（3）幼儿的剪纸过程是在模仿的基础上进行创造和自我表达的过程。

三、幼儿剪纸活动的实施原则和实施方法

1. 实施原则

（1）实践性原则：我们的剪纸活动强调的是幼儿生活和社会生活的紧密结合，帮助幼儿从自己已有的生活经验中选出自己感兴趣的内容，注重幼儿的感受与体验，引导幼儿热爱民间剪纸，着重强调幼儿的动手操作和亲身体验。

（2）循序渐进原则：根据幼儿的身心发展规律，由浅入深、由易到难，有目的、有系统、循序渐进地不断提出新的要求，使幼儿逐渐提高剪纸的技能和审美情趣。

（3）趣味性原则：教学设计力求符合幼儿的心理特点，创设欢乐的情景，形成愉悦的氛围，让幼儿乐于积极参加。在活动中求知、求乐，享受成功带来的喜悦，既增长幼儿的技能，又丰富幼儿的学习生活。

2. 实施方法

（1）共同讨论法——让幼儿在互动交流中创造性地表达自己的想法。

（2）游戏情境法——让幼儿在情境化的剪纸活动中乐于表现。

（3）感官参与法——让幼儿在看看、听听、想想中体验剪纸的乐趣。

（4）整合教学法——让幼儿在各领域的融合中大胆参与剪纸。

（5）环境互动法——在作品欣赏中提高幼儿感受美的能力。

（6）欣赏评价法——让幼儿在师生互动、生生互动中体验成功的快乐。

四、幼儿剪纸活动的内容和目标

小班剪纸活动的内容和目标

剪纸活动内容	剪纸活动的目标
感受与欣赏	1. 能有序取放剪刀工具，体验规则的作用，初步养成遵守规则的意识 2. 能够尝试正确使用剪刀，剪刀口不对人 3. 喜欢操作剪刀和胶棒等工具材料，初步尝试和探索它们的用法，进行自我表现
表现与创造	1. 能够专注于剪纸，不受外界干扰，保持注意力 5 ~ 10 分钟 2. 能根据生活中的事物进行初步联想，并剪出自己喜欢的富有个性的作品

中班剪纸活动的内容和目标

剪纸活动内容	剪纸活动的目标
感受与欣赏	1. 能有序摆放和使用材料，节约用纸，尝试废纸收集分类 2. 在剪纸过程中保持安静，能认真倾听他人讲话，做到不打扰他人 3. 能熟练使用胶棒进行粘贴，并保持画面干净、整洁、布局合理 4. 愿意将自己的剪纸作品与他人交流和分享，能大胆说出自己的见解
表现与创造	1. 能大胆地进行想象和创作，有初步的创新意识 2. 能用剪纸的形式表现自己观察到的事物特征 3. 能够积极参与美术活动，在活动中富有个性地表达自己的想法

大班剪纸活动的内容和目标

剪纸活动内容	剪纸活动的目标
感受与欣赏	1. 能灵活地使用剪刀，根据需要选择纸张的大小，不浪费，能对废纸进行再利用 2. 感受、尝试多种不同的剪纸方法，灵活运用并创作不同的剪纸作品。喜欢收集自然物，对有生命的事物感兴趣，能用多种感官去体验 3. 能够利用不同材料进行创作，使画面更加有层次感和美感 4. 热爱剪纸，乐于根据自己的想法和思路进行剪纸创作 5. 乐于与同伴一起交流、分享创作成果
表现与创造	1. 在剪纸活动中，教师对幼儿给予恰当的评价，肯定幼儿的进步，从情感常规、技能技巧等方面进行点评。与幼儿一起整理作品，进行归档，帮助幼儿不断提升自信心，勇敢地面对所遇到的困难 2. 利用美工区的展示栏、主题活动墙、活动室的挂饰，轮流展示每名幼儿的剪纸作品。请小作者介绍自己的作品，为他们创造展示自我、表现自我的机会，使每个人都能获得成功的喜悦

五、幼儿剪纸活动所需材料

材　　料	作品图片

园本课程实施计划

小班园本课程活动内容

课程名称	小班剪纸课程		
课程目标	1. 能够通过撕纸活动使幼儿产生安全感和信赖感，初步体验成功的喜悦 2. 初步尝试安全使用剪刀，培养幼儿的自主探究能力		
	课次	课程内容	游戏材料
实施安排	1	好吃的"薯条"	大小软硬不一的黄色纸张、薯条包装纸袋图片若干、胶棒、托盘、废纸筐等
	2	有趣的头发	人物头像背景纸、大小不一的彩纸、胶棒、各种发型的图片等
	3	小斑马	剪刀、画有斑马轮廓的纸、黑色纸等
	4	圆圆的太阳	太阳图片、彩纸、白纸、胶棒、托盘等
	5	可爱的小瓢虫	瓢虫图片、白纸、胶棒、托盘等
成果展示			
课程评价	循序渐进地在教学中开展剪纸活动。小班幼儿五指张力小，使用剪刀有些困难，在活动初期，教师提供给幼儿报纸，以撕纸作为突破口，尝试通过自由撕纸的方式表现面条、雪花等生活中常见的物体。幼儿在练习撕纸的过程中，有效地感受和练习双手的协调性，同时也锻炼了小肌肉群的灵活性。在活动的后期，为幼儿提供相对安全的剪刀，从任意剪纸活动开始，与幼儿一起尝试剪刀一张一合的基本使用方法，尝试用剪刀表现基本线条——直线和曲线等；等幼儿有了一定的使用剪刀的基础，动手能力较强的幼儿可以尝试剪简单的图形，并且尝试初步的拼贴和为作品命名。通过循序渐进的活动，孩子们对剪纸活动会产生浓厚的兴趣。我们将继续开展多种形式和内容的剪纸游戏活动，启发幼儿大胆地创造与表现。		

园本课程教学案例

小班园本课程教学设计（一）

课程名称	好吃的"薯条"	
课程目标	1. 能够尝试两手交替地撕出薯条形的纸条，感受撕纸活动的乐趣 2. 能够通过撕纸游戏活动初步体验自己动手的快乐 3. 能够初步养成有意识地保持桌面、地面整洁的撕纸游戏活动习惯	
课程重难点	重点：能够双手交替、协调地撕出有长度的薯条形纸条 难点：撕出的薯条形纸条粗细比较均匀	
所需准备	知识经验准备	幼儿已有初步的撕纸经验，会正确使用胶棒
	物质准备	大小软硬不一的黄色纸张、薯条包装纸袋图片若干、胶棒、托盘、废纸筐等

活动过程

1. 导入

教师和幼儿一起观察和讲述薯条的特征，激发幼儿兴趣。

（1）出示薯条的图片，了解薯条的基本特征——长条形状、直直的。

（2）鼓励幼儿发挥想象，大胆说出薯条像什么。

2. 教师出示材料，请幼儿大胆讲述材料的使用方法

（1）引导幼儿说一说薯条的基本特征，教师进行撕纸示范，重点是要求左右手交替，一上一下地协调进行。

教师：怎么能让薯条变得长长的呢？（撕纸时要尽量保持粗细均匀）

（2）幼儿认真观察，了解双手交替一上一下地撕纸方法。

（3）最后将"薯条"粘贴到盒子里，掌握胶棒的使用方法。

3. 幼儿操作，教师根据幼儿情况进行个别指导

（1）教师请个别幼儿操作，其余幼儿认真观察，大胆说出自己的发现。

（2）全体幼儿选择材料，教师根据幼儿情况有针对性的指导。

（3）作品交流展示和评价：你的薯条是什么样子的？你是怎么制作的？

4. 常规培养

鼓励幼儿整理桌面、地面的碎纸，将工具放回原处。

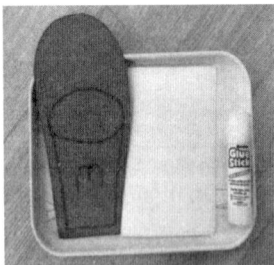

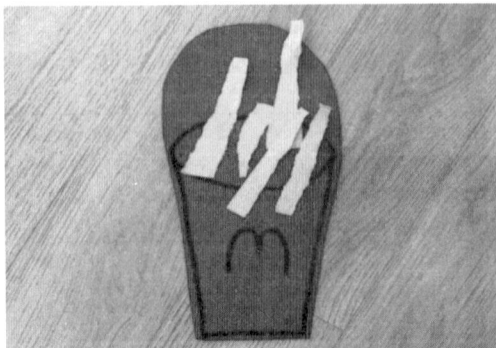

小班园本课程教学设计（二）

课程名称	有趣的头发	
课程目标	1. 能够通过剪直线的方式表现人物的头发 2. 能够较好地控制手里的剪刀，剪出粗细均匀的直线条	
课程重难点	重点：能用剪刀剪出直线 难点：能够剪出长短不一、粗细均匀的直线	
所需准备	知识经验准备	幼儿已有初步使用剪刀的经验
	物质准备	人物头像背景纸、大小不一的彩纸、胶棒、各种发型的图片等

活动过程

1. 导入

出示发型图片，请幼儿认真观察长发、短发的区别。

（1）提问：小朋友们，看一看他（她）们的发型有什么不一样？

（2）教师请两名幼儿，其他幼儿对它们的发型进行比较。（长短、粗细不同）

2. 教师和幼儿一起回忆剪刀的使用方法

（1）通过唱儿歌的方式，和幼儿一起回忆剪刀的正确使用方法。

（2）教师带领幼儿小手变成小剪刀进行剪纸，感受剪直线的方法。

3. 教师使用剪刀剪出长线和短线，并粘贴，请幼儿认真观察

（1）教师示范用剪纸的方式表现长短粗细不同的直线，请幼儿认真观察

（2）教师请个别幼儿示范，其余幼儿认真观察，感受剪直线的方法。

4. 幼儿操作，教师根据幼儿情况进行有针对性的指导

（1）幼儿自由选择材料进行操作。

（2）教师引导幼儿根据自己的想法剪出长短粗细不同的直线条，为头像粘贴发型。

5. 作品展示交流，鼓励幼儿表达自己的想法

6. 常规培养

幼儿整理桌面、地面的卫生，将工具放回原处。

小班园本课程教学设计（三）

课程名称	小斑马	
课程目标	1. 能够利用剪直线的方式表现小斑马的外形特征 2. 愿意向他人介绍自己的剪纸作品，感受剪纸活动的快乐	
课程重难点	重点：掌握正确的剪直线的方法 难点：能够正确地使用剪刀剪长短不一的直线	
所需准备	知识经验准备	幼儿已有初步的使用剪刀剪直线的经验
	物质准备	剪刀、画有斑马轮廓的纸、黑色纸、胶棒、大草原背景等

活动过程

1. 出示小斑马图片，激发幼儿兴趣

教师：小朋友，今天咱们班来了一位特殊的朋友，我们一起来请出它吧！小客人遇到了一个大麻烦，它说自己睡了一觉以后发现自己身上的斑马纹不见了，特别伤心，所以它想请小朋友来帮帮它。我们可以怎么帮助小斑马呢？（鼓励幼儿回忆剪直线的方法）

2. 教师出示剪条纹的方法，引导幼儿初步了解剪条纹的方法，掌握正确使用剪刀的方法

（1）教师示范剪条纹的方法，请幼儿认真观察。（重点提示幼儿要剪出长短不一的直线，尝试使直线粗细均匀）

（2）尝试将自己剪出的条纹粘贴到斑马身上，引导幼儿粘贴时隔开一定的距离，体验成功的快乐。

3. 作品展示

孩子们，快来看一看小朋友的作品吧，看看你喜欢他人的作品吗？为什么？

4. 幼儿整理桌面、地面的碎纸，将工具放回原处

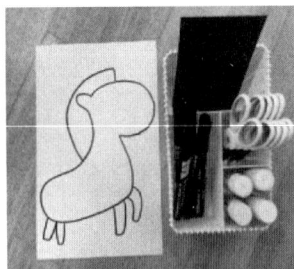

小班园本课程教学设计（四）

课程名称	圆圆的太阳	
课程目标	1. 能认真观察太阳的图片，大胆说出自己的发现，剪出太阳的基本特征 2. 喜欢参与剪纸活动，感受剪纸活动的趣味性	
课程重难点	重点：初步尝试并探索剪圆形的方法 难点：能够在剪圆形的基础上进行添画	
所需准备	知识经验准备	幼儿已有使用剪刀的经验
	物质准备	太阳图片、彩纸、白纸、胶棒、托盘等

活动过程

1. 出示太阳图片，请幼儿用简单的语言说出太阳的形状
2. 了解太阳的基本特点，感受圆形的特征
（1）教师示范，请幼儿认真观看，初步了解剪圆形的方法。
①引导幼儿尝试转纸，尝试两手协调地剪圆形。
②能够在活动中自主探索剪太阳的方法。
提问：怎样才能把太阳剪圆？圆形上面有没有尖尖的角？怎么才能把尖尖的角去掉？
③教师针对幼儿情况进行个别指导。
④请幼儿之间交流自己的方法。
（2）展示交流自己作品。
播放剪纸音乐，请幼儿按照要求取纸、拿剪刀剪太阳，教师巡视指导。
3. 欣赏作品
（1）请幼儿把自己的作品放在展台上，同伴之间互相欣赏。
（2）教师和小朋友一起说一说太阳对人类的好处，教育幼儿热爱大自然。

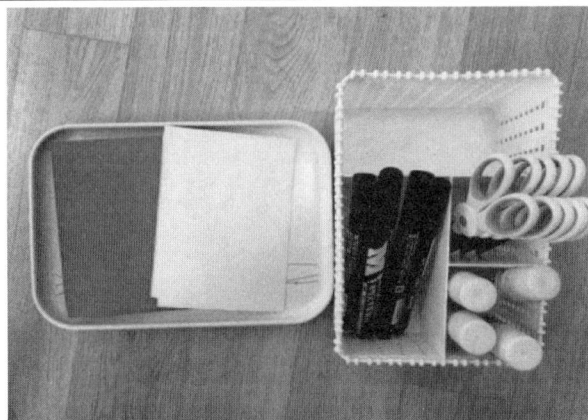
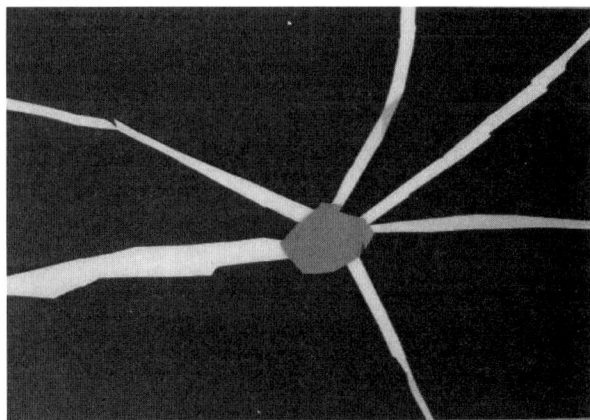
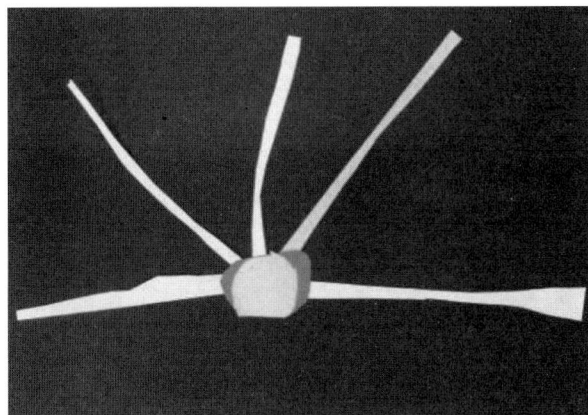
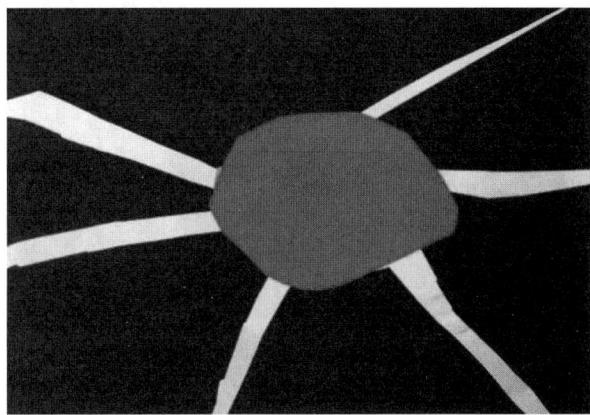

小班园本课程教学设计（五）

课程名称		可爱的小瓢虫
课程目标		1. 初步尝试绕圆剪，感受剪纸活动的趣味性 2. 了解瓢虫的外形特征，尝试剪出瓢虫的特点，并进行简单的填画 3. 喜欢参与剪纸活动，能够在活动中有初步的整理材料的意识
课程重难点		重点：会转圈剪瓢虫的壳 难点：能够剪出瓢虫的圆形壳的光滑边缘
所需准备	知识经验准备	有初步剪圆形的经验
	物质准备	瓢虫图片、白纸、胶棒、托盘等
活动过程		

1. 出示瓢虫图片，引导幼儿观察瓢虫的特点

教师：小朋友们，这是什么？瓢虫长什么样？它的壳是什么形状的？

2. 教师出示材料，请幼儿认真观察，认识材料并了解材料的使用方法

（1）引导幼儿尝试并探索剪瓢虫的壳，充分巩固剪圆形的方法。

教师：小朋友，小瓢虫的壳是圆形的，你们还记得怎么剪圆形吗？圆形的特点是什么？怎么才能剪出光滑的圆呢？

（2）幼儿进行添画，感受美术活动的趣味性。

3. 引导幼儿灵活运用剪刀剪出瓢虫的壳，并进行简单的填画

带领幼儿说出小儿歌，感受剪刀的使用方法。

4. 幼儿作品展示，喜欢在同伴面前介绍作品

（1）幼儿之间互相欣赏。

（2）大胆讲述自己的作品。

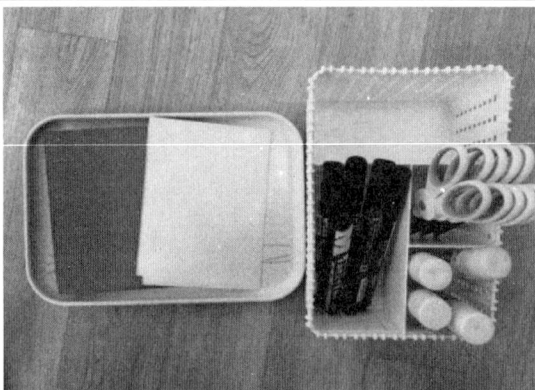

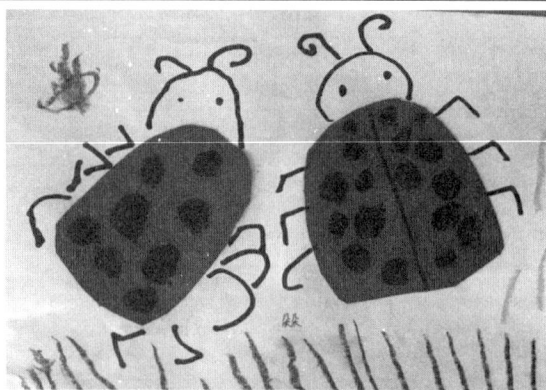

园本课程实施计划

中班园本课程活动内容

课程名称	中班剪纸课程		
课程目标	1. 观察各种常见事物的基本特征，并尝试用剪纸的形式表现出来，愿意与同伴分享 2. 能够自主选择纸张的大小和颜色，尝试简单的掏空方法，感受剪纸的多种形式 3. 较熟练地使用剪刀，运用剪纸进行创作		
实施安排	课次	课程内容	游戏材料
	1	美丽的树叶	各种叶子若干、剪刀、彩纸、胶棒、树干图片等
	2	分指手套	各种各样的巴掌手套实物及图片、各种颜色的彩纸、托盘、白纸、胶棒等
	3	小兔子乖乖	各种颜色的彩纸、托盘、白纸、胶棒等
	4	可爱的小鸡	各种颜色的彩纸、托盘、白纸、胶棒等
	5	可爱的蜗牛	各种颜色的彩纸、托盘、白纸、胶棒等
成果展示			
课程评价	剪纸是一种民间艺术，它的题材都来源于生活、来源于大自然。当幼儿在创作剪纸时，他们首先需要有生活经验，这就需要幼儿在平时生活中学做一个有心人，要学会观察、善于观察。在教学中，我们注重引导幼儿，通过积极参与感受，发现剪纸作品中的形式美和内容美。在剪纸的过程中，教师逐渐教授一些技巧。例如，在剪圆形的时候，可以将正方形的纸对折，然后剪出半圆形，打开后即成为一个圆形；通过多次折纸，一刀就可以剪出五角星等。整个教学进程的难度逐渐增加，十分适合幼儿的发展水平。经过两个学期，孩子们将会掌握对边折剪、左右对称剪、对边二折剪等一些基本方法。		

园本课程教学案例

中班园本课程教学设计（一）

课程名称		美丽的树叶
课程目标		1. 观察各种叶子的大小、形状等，并用自己的语言表述出来 2. 尝试剪出常见的叶子的基本轮廓，部分幼儿能够剪出叶脉 3. 喜欢大自然中美的事物，能用多种感官探索周围环境
课程重难点		重点：尝试剪出常见的叶子 难点：剪出叶子的特点
所需准备	知识经验准备	掌握简单使用剪刀的方法
	物质准备	各种叶子若干、剪刀、彩纸、胶棒、树干图片等

活动过程

1. 自主操练，感知体验

教师：小朋友，你们知道现在是什么季节吗？你们喜欢秋天吗？为什么？因为秋天到了，大树上的叶子像蝴蝶一样飞落下来，美丽极了。老师收集了一些秋天落叶的照片，想让小朋友们看一看。（出示图片）

2. 互助合作，点拨引领

（1）引导幼儿观察树叶的形状、颜色、大小等，说一说自己捡的树叶是什么样子的。

教师小结：小朋友们观察得真仔细，说出了自己喜欢的树叶的颜色（绿色、红色等）、形状（椭圆形、圆形等）。

教师：小朋友们看一看，树叶上面还有什么？（叶脉）小朋友们都很聪明，能够观察出树叶的很多特点，既然你们这么喜欢树叶，那就用我们的小剪刀把自己喜欢的树叶剪出来吧？

幼儿边观察边剪。

（2）展示交流，表达表现。

教师评价：你剪出的叶子是什么样子的？它上面还有什么部分？你是怎么剪出来的？（教师或者幼儿示范）

分组评价。（出示一组幼儿的作品，找出几幅有特点的树叶）

请小朋友说一说你喜欢哪片树叶？为什么？

3. 幼儿整理桌面、地面的碎纸，将工具放回原处。同伴间相互欣赏和分享作品

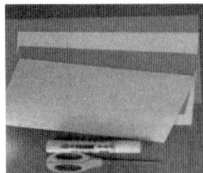

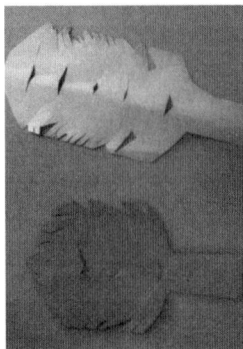

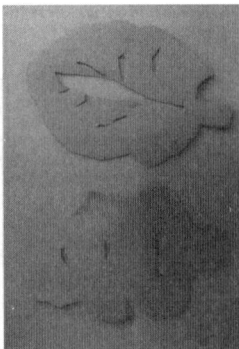

中班园本课程教学设计（二）

课程名称	分指手套	
课程目标	1. 能够发现分指手套的特点 2. 尝试剪出分指手套，巩固 5 以内的数量和点数 3. 为自己喜欢的人设计手套，懂得要关爱身边的人	
课程重难点	重点：剪出 5 个手指套 难点：尝试剪出 5 个长短不一的分指手套	
所需准备	知识经验准备	幼儿在生活中见过、用过分指手套
	物质准备	各种各样的分指手套实物及图片、各种颜色的彩纸、托盘、白纸、胶棒等

活动过程

1. 谈话导入

教师：你们见过分指手套，还见过什么样的手套？它们有什么区别？

教师：分指手套就是每个手指套入手套里都有其独立的空间的手套，可与其他手指分隔开来，每个手指都可以独立活动。

2. 互助合作，点拨引领

（1）请幼儿说说分指手套的样子。欣赏分指手套。

讨论：分指手套与巴掌手套哪里不一样？

（2）幼儿尝试剪分指手套，教师进行巡视指导。

选择自己喜欢的彩纸，大胆地创作，尝试剪出自己喜欢的手套并设计出漂亮的花纹或图案。

（3）教师巡视并关注幼儿的创作过程和需要，激发幼儿创作的欲望。

①引导动手能力较强的幼儿剪出长短不同的手指，并在手套上进行装饰。

②鼓励动手能力弱的幼儿继续进行观察，引导幼儿剪出分指手套的基本轮廓。

③提醒幼儿注意保持桌面和地面整洁。

3. 欣赏、点评作品

（1）逐一出示幼儿的剪纸作品。

（2）请大家欣赏，说一说你喜欢哪副手套？你喜欢这副手套的哪个部位？

（3）教师点评：作品比较有个性的、能抓住手套特征的、剪纸时桌面和地面比较整洁的等。

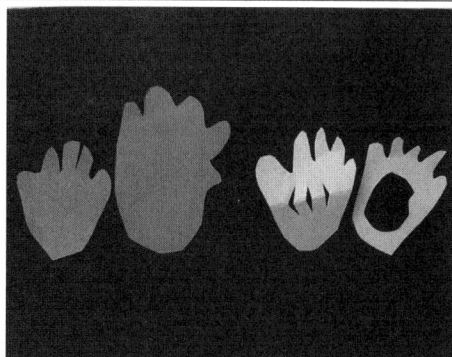

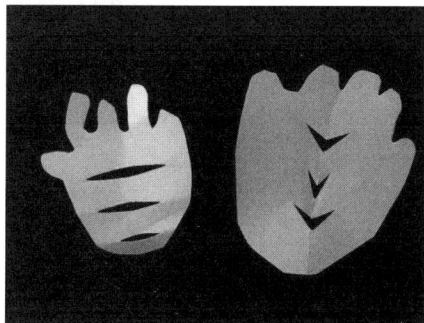

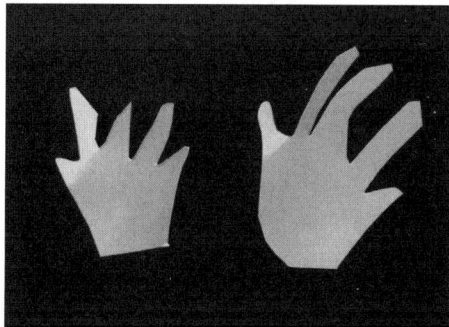

中班园本课程教学设计（三）

课程名称	小兔子乖乖	
课程目标	1. 通过仔细观察，主要了解小兔子的外形特征 2. 尝试剪出小兔子的主要外形，体验创作的乐趣	
课程重难点	重点：尝试剪出小兔子的主要外形 难点：敢于表现出小兔子的外形特点	
所需准备	知识经验准备	教师带领幼儿观看小兔子的视频或图片，了解小兔子的外形特征
	物质准备	各种颜色的彩纸、托盘、白纸、胶棒等

活动过程

1. 展示小兔子的视频或图片，激发幼儿兴趣，了解小兔子的特点

提问：小兔子长什么样？（从头、眼睛、耳朵、身上、尾巴、腿去观察。）

小兔子哪里跟其他动物不一样？（引导幼儿充分说出小兔子的特点。）

2. 互助合作，点拨引领

（1）请幼儿充分观察小兔子的外形特征，尝试画小兔子长长的耳朵和四条腿，激发幼儿创作的兴趣。

（2）幼儿尝试操作，选择喜欢的彩纸，剪出自己看到的小兔子的明显外形特点。

①提问：你们会从小兔子的哪个部位开始剪，剪的时候我们需要注意什么？怎么才能剪出一个完整的小兔子呢？

②幼儿选择材料，教师根据幼儿情况进行个别指导。

（3）完成作品的小朋友将剪好的小兔子贴到展示栏里，用剩余的小纸可以剪一些小兔子爱吃的胡萝卜，来装饰画面。粘贴的小朋友互相说一说：你剪的小兔子在干什么？

重点指导：

①剪出小兔子的基本外形。

②小兔子的头部和腿应怎样剪？

③个别指导：鼓励动手能力弱的幼儿抓住特征去剪。对于动手能力强的幼儿不断进行引导，让他们根据自己的想象剪出不一样的小兔子。

3. 欣赏、讲评作品

（1）幼儿自评：你最喜欢哪只小兔子？你的小兔子在干什么，为什么喜欢它？

（2）教师评价：

①从兔子的不同形态、神态等特征方面进行评价。

②引导幼儿相互欣赏、分享作品，发现同伴作品的优点。

中班园本课程教学设计（四）

课程名称	可爱的小鸡	
课程目标	1. 通过仔细观察，主要了解小鸡的外形特征 2. 尝试剪出自己观看的小鸡的形象，体验创作的乐趣	
课程重难点	重点：尝试剪出小鸡的特点 难点：敢于大胆想象，剪出自己喜欢的小鸡形象	
所需准备	知识经验准备	教师带领幼儿观看小鸡的视频或图片，了解小鸡的外形特征
	物质准备	各种颜色的彩纸、托盘、白纸、胶棒等

活动过程

1. 观看小鸡视频或图片，激发幼儿参加活动的兴趣，鼓励幼儿介绍自己喜欢的小鸡的外形

2. 互助合作，点拨引领

（1）教师带领幼儿观察小鸡的外形特点，大胆与同伴沟通，充分感受小鸡与其他动物的不同之处。

提问：小鸡长什么样？它的身体是什么样的？嘴巴呢？它有几条腿？

（2）请幼儿画小鸡的形象，感受小鸡的特征。

（3）幼儿选择喜欢的彩纸进行创作，剪出自己喜欢的小鸡的形象。教师巡视指导。

提问：你会从小鸡的哪个部分开始剪？剪的时候还需要注意什么？

引导幼儿关注小鸡的结构，尝试剪出小鸡的基本结构，感受剪纸活动的趣味性。

3. 完成作品的小朋友将剪好的鸡粘贴到背景图里，使幼儿获得成功感。

重点指导：

①剪出鸡的基本外形。

②鸡的头部和腿部应该怎样剪？

③个别指导：鼓励动手能力弱的幼儿抓住特征进行剪纸，对于动手能力强的幼儿及时给予肯定和鼓励，让他们大胆发挥想象。

4. 欣赏、点评作品

（1）作品展示，鼓励幼儿对自己的作品进行简单讲述。

（2）幼儿互评：你最喜欢哪幅小鸡作品，为什么喜欢它？

（3）教师评价：从鸡的不同形态、神态等特征进行评价。

中班园本课程教学设计（五）

课程名称	可爱的蜗牛	
课程目标	1. 通过仔细观察，了解蜗牛的生活习性，学习基本的观察方法 2. 尝试剪出蜗牛的外形特征，体验创作的乐趣 3. 愿意将自己的剪纸作品与他人交流和分享，能大胆说出自己的见解	
课程重难点	重点：尝试剪出蜗牛的外形 难点：运用剪纸符号为作品进行装饰	
所需准备	知识经验准备	教师带领幼儿观察蜗牛，了解蜗牛的生活习性
	物质准备	各种颜色的彩纸、托盘、白纸、胶棒等
活动过程		

1. 谈话导入

提问：小朋友们，今天我们看到了很多蜗牛，你看到的蜗牛是什么样子的？请你来介绍一下蜗牛的外形。

2. 互助合作，点拨引领

（1）教师带领幼儿回忆蜗牛的基本轮廓，并大胆说出来。

提问：你还知道有关蜗牛的什么故事？故事中的蜗牛长什么样？它的触角长在哪里？眼睛呢？它的壳是什么形状的？还有什么样的蜗牛呢？

（2）教师带领幼儿观看不同种类蜗牛的图片，大胆发现蜗牛的共同之处。

提问：每一种蜗牛都有自己的特点，但是它们都有硬硬的壳。你想用剪刀剪出哪种蜗牛？先从哪里剪呢？

（3）请幼儿选择喜欢的彩纸，尝试剪出自己喜欢的蜗牛的特征及形态。

（4）幼儿剪纸，教师根据幼儿情况进行一一指导。

重点指导：

①剪出蜗牛的主要外形，包括蜗牛的身体、外壳和触角。

②教师个别指导：鼓励幼儿动手去剪，对于幼儿的作品要及时给予肯定和鼓励。

③完成作品的小朋友将剪好的蜗牛贴到背景图上，感受画面的丰富性。

粘贴时鼓励小朋友互相说一说：你剪的是什么样的蜗牛？

3. 评价

你最喜欢哪幅作品，为什么？

小朋友们还可以查阅一下资料，了解蜗牛的更多知识。

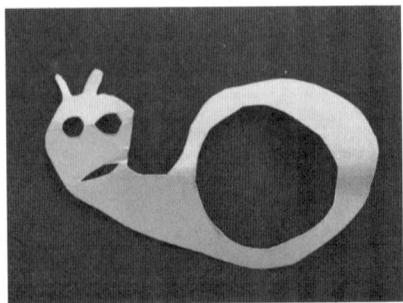

园本课程实施计划

大班园本课程活动内容

课程名称	大班剪纸课程		
课程目标	1. 正确、灵活地使用剪刀，能够根据需要选择纸张的大小，不浪费，能对废纸进行再利用 2. 运用多种不同的剪纸方法，灵活运用并创作不同的剪纸符号。喜欢收集自然物，对有生命的事物感兴趣，能用多种感官去体验 3. 能够利用不同材料进行创作，使画面更加有层次感和美感 4. 热爱剪纸，乐于根据自己的想法和思路进行剪纸创作 5. 乐于与同伴一起交流、分享创作成果		

	课次	课程内容	游戏材料
实施安排	1	剪窗花	课件、彩色纸、剪刀、托盘等工具和材料若干。
	2	美丽的小鱼	小鱼图片、不同大小颜色的卡纸、剪刀、胶棒、轻音乐等
	3	可爱的小燕子	小燕子图片、不同大小颜色的卡纸、剪刀、胶棒、轻音乐等
	4	可爱的老鼠	老鼠图片、不同大小颜色的卡纸、剪刀、胶棒、轻音乐等
	5	老鼠嫁女	不同大小颜色的卡纸、剪刀、胶棒、轻音乐等

成果展示	

课程评价	到了大班，就要让幼儿掌握连续剪纸。通过一段时间的折剪，孩子们已经能够在已有的基础上自己创作出各种有趣的作品了。 　　幼儿剪纸是一项实用性强、表现力丰富、流行广泛的民间艺术，它历史悠久，在我国有着深厚的传统基础，体现了中华民族最基本的审美观念和生活情趣，具有鲜明的本土艺术特点。我们需要找到剪纸艺术与现实教育理论和实践的结合点，用现代教育方法和手段来传授剪纸艺术知识和技能，使剪纸教育穿越时间，取得更好的成效。 　　幼儿剪纸要求幼儿在掌握一定剪纸技巧的基础上，自己开动脑筋，克服困难，剪出各种不同图案的物体。每一件作品往往需要幼儿经过多次实践、反复推敲才能成功，这就要求幼儿有不怕困难、迎难而上的精神和意志力。

园本课程教学案例

大班园本课程教学设计（一）

课程名称	剪窗花	
课程目标	1. 初步感受中国剪纸艺术的美，体验表现美的快乐 2. 引导幼儿探索剪窗花的方法，培养幼儿的探索精神，激发幼儿对民间艺术的热爱之情	
课程重难点	重点：感受和表现窗花对称的特点 难点：体验对折剪窗花的方法	
所需准备	知识经验准备	欣赏窗花
	物质准备	课件、彩色纸、剪刀、托盘等

活动过程

1. 引导幼儿欣赏环境布置和课件《美丽的窗花》，初步感受剪纸艺术的美，激发对剪纸的兴趣

2. 幼儿第一次探索剪窗花

（1）提问：你知道窗花是怎样做出来的吗？

（2）幼儿自由讨论制作方法。

（3）我想和小朋友们一起剪窗花来装扮教室。

（4）请小朋友们欣赏这些美丽的窗花吧！

（5）小朋友们仔细观察一下这些窗花，你发现了什么？

小结：剪窗花是我国劳动人民的智慧结晶，是我国的传统艺术，它的左边和右边的图案大小、样子都是相同的。

3. 学习剪窗花

（1）你们想不想学习剪窗花，想剪什么？

（2）下面小朋友们就跟老师学习剪窗花。（教师示范并讲解剪窗花的方法。幼儿学习尝试剪窗花。）

4. 幼儿制作窗花

小朋友们除了刚才剪的窗花，你还想剪什么？下面就让我们的小手、小脑动起来，看一看、比一比谁剪的窗花最漂亮。

幼儿制作，教师放《新年好》音乐。

5. 幼儿展示作品，并示范、讲述制作方法

教师：小朋友们，你是不是认为自己剪的窗花最漂亮啊？

谁想展示一下自己剪的窗花？请问，你是怎么做出来的？

把幼儿作品贴在前面，同时奖励小笑脸。

6. 互评窗花

教师：下课后，将窗花贴在后面的展示区，大家也可以为你喜欢的窗花画上小笑脸。

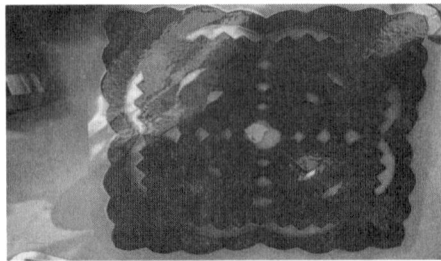

大班园本课程教学设计（二）

课程名称	美丽的小鱼	
课程目标	1.带领幼儿观察小鱼，了解小鱼游动时的不同姿态，积极参与探究活动 2.通过继续与小鱼接触，培养幼儿爱护小动物的情感	
课程重难点	重点：敢于大胆想象，剪出自己喜爱的小鱼形象 难点：能剪出小鱼的花纹	
所需准备	知识经验准备	教师带领幼儿观看小鱼视频，了解不同姿态的鱼的外形特征
	物质准备	小鱼图片、不同大小颜色的卡纸、剪刀、胶棒等

活动过程

1.谈话导入

教师：小朋友们，今天我们一起来看小鱼视频，观察小鱼是怎样游的？

教师：小鱼游泳有什么样不同的姿势？（从鱼鳍、鱼尾来说）小朋友们可真棒，又发现了这么多小鱼的秘密，赶快用你们灵巧的小手剪一条可爱的小鱼吧！

2.幼儿创作，教师巡视指导

（1）重点指导：剪出小鱼的基本外形；小鱼的头部和尾巴应怎样剪？个别指导，引导幼儿剪出小鱼的主要特征。

（2）鼓励动手能力弱的幼儿，敢于动手去剪；对于有创新能力的幼儿，及时给予肯定和鼓励，使其在原有基础上有更大的进步。

教师：完成作品的小朋友将剪好的小鱼贴到它的家里，用剩余的纸可以剪一些水草等来装饰画面。

3.小朋友互相说一说：你剪的小鱼在干什么

4.评价

说一说，你最喜欢哪条小鱼，为什么喜欢它？幼儿说出自己的想法。

小鱼这么可爱，我们也可以在班里养几条小鱼。

大班园本课程教学设计（三）

课程名称	可爱的小燕子	
课程目标	1. 通过仔细观察，了解不同姿态的小燕子的特征，积极参与探究活动 2. 剪出自己喜爱的小燕子形象，体验创作的乐趣	
课程重难点	重点：剪出自己喜爱的小燕子形象 难点：敢于大胆想象，剪出自己喜爱的不同姿态的小燕子	
所需准备	知识经验准备	教师带领幼儿观看小燕子的视频，了解小燕子的外形特征
	物质准备	小燕子图片、不同大小颜色的卡纸、剪刀、胶棒、轻音乐等

活动过程

1. 观看图片，谈话导入

（1）小朋友们，咱们已经观看了不同姿态的小燕子，谁来介绍给大家听！

幼儿介绍自己看到的小燕子形象。

（2）小燕子长什么样？（从头、眼睛、身体、尾巴来说）你还见过什么样的小燕子，它长什么样子？

（3）小朋友们的眼睛真亮，能够发现这些小燕子的秘密。咱们班小朋友的小手十分灵巧，请你们赶快拿起小剪刀剪一只可爱的小燕子吧！

2. 幼儿创作，教师巡视指导

（1）重点指导：剪出小燕子的基本外形；小燕子的头部和尾巴应怎样剪？（引导幼儿剪出燕子的主要特征。）

（2）鼓励动手能力弱的幼儿，手眼协调地剪纸；对于动手能力强的幼儿，教师要给充分展示的空间，让他们大胆地自由发挥。

完成作品的小朋友将剪好的小燕子贴到家庭动物园里，用剩余的小纸可以剪一些小燕子喜欢吃的食物来装饰画面。

3. 小朋友互相说一说：你剪的小燕子在干什么

4. 评价

说一说，你最喜欢哪只小燕子，为什么喜欢它？

你们还见过什么样的小燕子？它们是什么样的？你们仔细观察一下，把它们剪出来。

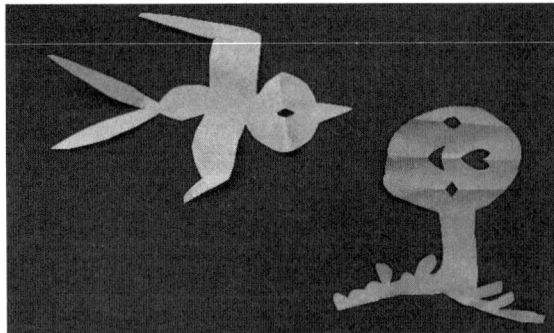

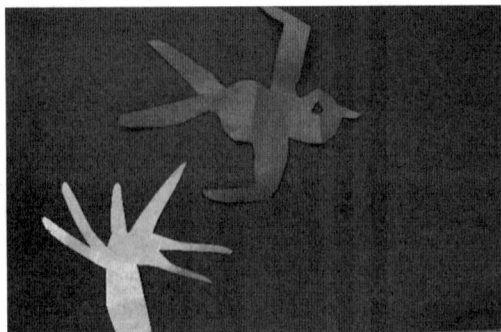

大班园本课程教学设计（四）

课程名称	可爱的老鼠	
课程目标	1. 仔细观察，了解不同姿态老鼠的外形特征，积极参与探究活动 2. 剪出不同姿态老鼠的外形特征，体验创作的乐趣 3. 通过观看老鼠，体验快乐，培养幼儿爱护动物的情感	
课程重难点	重点：剪出不同姿态老鼠的外形特征 难点：抓住不同姿态老鼠的外形特征去剪	
所需准备	知识经验准备	教师带领幼儿观察老鼠，了解老鼠的外形特征
	物质准备	老鼠图片、不同大小颜色的卡纸、剪刀、胶棒、轻音乐等

活动过程

1. 谈话导入

小朋友们，今天我们见到一只可爱的老鼠，它是什么样的？谁来介绍给大家听？

（1）幼儿介绍老鼠的外形。

你还知道有关老鼠的什么事？

（2）引导幼儿充分去说。教师简单介绍老鼠。

小朋友们，今天咱们观看了很多不同姿态的老鼠，谁来给大家介绍一下，它们都是什么样的？

（3）幼儿介绍不同姿态老鼠的外形特征。

你还知道老鼠的哪些知识？（从生活习性去说）引导幼儿大胆表达。

你们可真棒，知道老鼠的这么多知识，赶快拿起小剪刀剪一只可爱的老鼠吧！

2. 幼儿创作，教师巡视指导

（1）选择喜欢的彩纸，剪出自己喜欢的老鼠。

（2）重点指导：剪出老鼠的外形特征；吹喇叭的老鼠、拿红旗的老鼠和拿礼物的老鼠怎样剪？身上的花纹怎样剪？

（3）鼓励动手能力弱的幼儿，敢于动手去剪；对于有创新能力的幼儿，应及时给予肯定和鼓励。

完成作品的小朋友将剪好的老鼠贴到白纸上，用剩余的小纸剪一些喜欢的作品来装饰画面。

小朋友互相说一说：你剪的是什么样的老鼠？

3. 评价

说一说，你最喜欢哪只老鼠，为什么喜欢它？

教师评价幼儿作品，拿出一幅粘贴完整的作品进行表扬；拿出一幅画面干净的作品进行评价，给予支持；拿出一幅经过教师帮助的作品进行评价和鼓励。

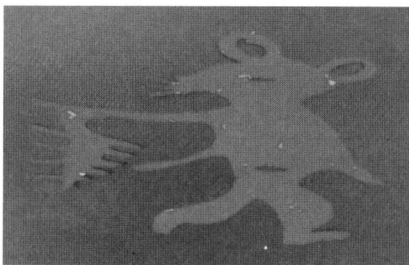

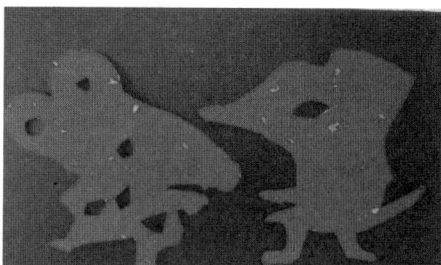

大班园本课程教学设计（五）

课程名称		老鼠嫁女
课程目标		1. 引导幼儿学会观察，感受老鼠嫁女的热闹场景，体验创作的快乐 2. 能够剪出不同姿态的老鼠，培养幼儿剪出老鼠基本形态的技能技巧 3. 通过画面整理粘贴，培养幼儿的审美能力
课程重难点		重点：剪出老鼠嫁女的热闹场景 难点：敢于大胆想象，剪出自己喜爱的老鼠嫁女形象
所需准备	知识经验准备	幼儿已有剪老鼠的经验
	物质准备	不同大小颜色的卡纸、剪刀、胶棒等

活动过程

1. 情境导入

小朋友们，你们已经剪出了不同形态的老鼠，并为他们设计了美丽的花轿，赶快让老鼠的女儿出嫁吧！谁来给大家介绍一下？

（幼儿回答，教师指导说完整话。）

2. 幼儿剪纸（播放欢快的歌曲）

（1）注意：选纸要合适，不要浪费纸，把老鼠女儿出嫁的热闹场景剪出来，可以再多剪一些其他景物。

（2）教师巡视指导，告诉幼儿一定要认真剪，这样剪出来的才漂亮。

（3）剪得好的幼儿要及时鼓励，并逐渐增加难度，剪其他的景物，增强幼儿求知欲。

3. 个别指导，独立讲述

4. 拼贴整理

小朋友们都剪了什么呢？自己选择作品贴到纸上。幼儿将自己剪好的作品贴在纸上。教师及时指导和帮助。

看看你们自己贴的画面，谁愿意当一当小老师，给大家说一说（教师指导说完整话）。

5. 总结

小朋友们一定还想向大家介绍自己的作品，一会儿咱们放到快乐书屋去介绍给小朋友们听。大家还可以再充分发挥想象力，剪出更加丰富的画面，创编出童话故事讲给小朋友们听。

第四节　多元课程：扎染

一、幼儿扎染活动的概念与分类

1.扎染活动的概念

扎染古称扎缬、绞缬、夹缬和染缬，是汉族民间传统而独特的染色工艺，是织物在染色时部分结扎起来使之不能着色的一种染色方法，是中国传统的手工染色技术之一。

2.扎染活动的类型

（1）捆扎活动：指对织物进行捆绑扎结，然后进行染色。

可根据不同的折叠方法进行捆扎染色。

（2）揪扎活动：指对织物按照预先的设想，或揪起一点，或顺成长条，或做各种折叠处理后，用棉绳或麻绳捆扎。

（3）板夹活动：利用圆形、三角形、六角形等形状的木板、竹片、竹棍将折叠后的织物夹住，然后用绳捆紧形成防染，夹板之间的织物产生硬直的"冰纹"效果，与折叠方式相比，黑白效果更分明，且有丰富的色晕。

（4）包豆子花活动：将扎染面料中包入豆子、硬币或小石子之类不会被染也不会被破坏的小物体，再如同自由塔形一样把其扎紧。

二、幼儿扎染活动的特点

（1）幼儿的扎染活动过程是多感官参与其中的整体性过程。

（2）幼儿的扎染活动过程是一个不断建构、不断生成的过程。

（3）幼儿的扎染活动过程是在模仿的基础上进行创造和自我表达的过程。

三、幼儿扎染活动的实施原则和实施方法

1. 实施原则

（1）感受性原则：能够感受生活，在理解感受生活的基础上，感受扎染在生活中的运用与表现。使幼儿在扎染环境中感受扎染艺术所表现出的独特的艺术的美。

（2）目标性原则：利用多种资源开展扎染活动时，教师要围绕扎染活动设计的目标进行扎染活动。把握活动的核心，让幼儿在游戏活动中获得最大的发展。

（3）层次性原则：在扎染活动过程中，能对幼儿的个体差异提供有针对性、指向性、目的性的指导与支持。

（4）趣味性原则：根据幼儿年龄特点、心理发展规律、兴趣、喜欢熟悉的事物等，设计各种趣味性的教学内容，促进幼儿的全面发展，体验扎染活动的乐趣。

（5）创造性原则：教师鼓励幼儿富有想象的表达，支持幼儿用不同材料和方法大胆进行扎染创作。

（6）自主性原则：幼儿有意识地、根据自己的意愿进行活动，通过积极互动获得相应的发展。教师要调动幼儿自主探索、观察发现、参与活动的积极性，鼓励幼儿按照自己的意愿表达与表现，增强其自信心。

（7）审美性原则：幼儿在欣赏、观察民间扎染艺术的同时，丰富其感性经验和审美情趣，激发他们表现扎染的独特美、创造美以及对扎染艺术审美的能力。

（8）安全性原则：在保障活动成功开展的前提条件下，为幼儿创设安全的环境，准备安全的工具，在活动前和幼儿一起了解常用工具的安全使用方法，对幼儿进行安全教育，增强其自我保护的意识。

2. 实施方法

（1）现场活动法：带领幼儿到活动场地中，让幼儿身临其境，直接感知，进行现场活动。这种方法具有形象性、直观性、具体性和真实性的特点。

（2）趣味游戏法：用根据幼儿的年龄特点，将扎染的方法用游戏的形式有趣地展示给幼儿，让幼儿体会扎染的趣味，在游戏当中学习扎染的方法。

（3）感知体验法：让幼儿利用各种感官直接感知环境和事物。运用感知体验法可以激发幼儿对扎染活动的兴趣，能对所表现的事物认识更加清晰。

（4）观察引导法：教师通过带领幼儿对扎染进行细致观察，从而引导幼儿对扎染进行表现创造的艺术表达方法。让幼儿通过看一看、比一比的方法，在观察过程中了解有关扎染的知识。

（5）材料支持法：教师根据幼儿现阶段的发展水平，活动内容及其目标达成，有效引导和支持幼儿与材料互动的方法。材料是幼儿建构知识的依托，也是扎染活动的物质基础，幼儿在不断主动操作材料过程中，获取信息、积累经验，从而获得发展。材料可分为：购买的材料、半成品材料、自制材

料、玩具材料等。

（6）环境熏陶法：在幼儿制作扎染前，带幼儿创设与扎染有关的环境，让幼儿在美的扎染环境当中进行扎染，激发幼儿再次创作的兴趣。

四、幼儿扎染活动的内容和目标

小班扎染活动的内容和目标

扎染活动内容	扎染活动的目标
感受与欣赏	1. 感受扎染作品鲜艳的色彩及美丽的图案，喜欢染纸活动。 2. 通过欣赏扎染作品，激发幼儿对扎染活动的兴趣。 3. 愿意与同伴分享自己收集的各种扎染元素，加深对扎染的认识。
表现与创造	1. 尝试进行有目的的点染，能够通过点染的方法装饰手绢。 2. 能够正确使用各种扎染工具和材料。 3. 对扎染的创作兴趣逐渐浓厚，表现内容逐渐明确。

中班扎染活动的内容和目标

扎染活动内容	扎染活动的目标
感受与欣赏	1. 了解民间传统美术扎染的文化，感受民间艺术的美。 2. 欣赏、感受扎染艺术的独特美。 3. 能够发现周围生活中扎染的物品，感受与欣赏它的美。 4. 能够欣赏同伴的作品，并初步尝试客观评价同伴的扎染作品。 5. 培养幼儿对扎染活动的观察、操作、表达的能力，提高幼儿对扎染的审美情绪以及创新意识。
表现与创造	1. 能自主选择不同的材料，尝试设计制作有特色的扎染。 2. 能够积极参与扎染活动，在活动中富有个性地表达自己的体验。 3. 尝试根据自己的想法进行扎染活动。

大班扎染活动的内容和目标

扎染活动内容	扎染活动的目标
感受与欣赏	1. 了解扎染工艺的制作过程及方法。 2. 能仔细观察事物特点，观察有一定顺序性和层次性。 3. 通过欣赏进一步感受图案与扎染方法之间的关系，体验制作的乐趣。 4. 积极参与扎染活动，有愉悦的情绪体验。 5. 有一定好奇心和探究欲望，能对感兴趣的事物进行交流和提问。
表现与创造	1. 能根据自己的想法进行扎染制作。 2. 能够选择不同的材料进行大胆的操作，感受扎染的奇妙。 3. 能运用多种方法及材料进行扎染创作。 4. 能够积极参与扎染活动，在活动中富有个性地表达自己的体验。

五、幼儿扎染活动所需材料

材料	材料
扎染颜料	方巾布
皮筋	罩衣
塑料桶	夹子
一次性手套	白 T 恤
靠垫套	染料粉

续表

材料	材料
白围巾	纽扣
形状木板	长木板
一次性筷子	宣纸
玻璃珠	滴管

园本课程实施计划

小班园本课程活动内容

课程名称		小班扎染课程	
课程目标		1. 通过欣赏扎染作品，激发幼儿对扎染活动的兴趣 2. 初步认识扎染的方法和材料	
实施安排	课次	课程内容	游戏材料
	1	美丽的扎染	各种扎染作品图片或实物、穿着扎染风格衣服的娃娃若干
	2	滴一滴	滴管、各种颜色的颜料、白纸等
	3	花手绢	颜料、调色盘、纸巾等
	4	比一比	颜料、调色盘、各种幼儿收集的纸张、大记录表等
	5	长围巾	颜料、调色盘、纸巾、通过对边折浸染的作品范例等
成果展示			
课程评价		在小班的活动中，通过关于颜色的游戏，引导幼儿感知颜色的浸染过程和变化，感受晕染的美。初步了解、感知扎染艺术。在游戏中，引导幼儿滴一滴、蘸一蘸，感受扎染艺术中颜色晕染的变化；观察它们形成的花纹，感受民间艺术的独特美。 　　在活动中，准备的材料方便操作，颜色多，可创造搭配的花纹变化也丰富，因此幼儿积极性高，活动完成效果好，幼儿容易掌握。幼儿已基本掌握初步的扎染方法，从而进一步感受、理解扎染艺术。	

园本课程教学案例

小班园本课程教学设计（一）

课程名称		美丽的扎染
课程目标		1. 通过欣赏扎染作品，激发幼儿对扎染活动的兴趣 2. 初步认识扎染的方法和材料
课程重难点		重点：尝试用扎染方法创作 难点：掌握扎染方法
所需准备	知识经验准备	幼儿见过扎染的布料
	物质准备	1. 各种扎染作品图片或实物 2. 穿着扎染风格衣服的娃娃若干

活动过程

1. 教师通过谈话导入活动，激发幼儿兴趣

今天咱们班来了几位小客人，我们一起请他们进来吧！

2. 出示穿有扎染风格衣服的娃娃，请幼儿认真观察

教师提问：

（1）他们穿的衣服一样吗？

（2）什么地方看起来一样？哪里看起来不一样？

3. 教师简单介绍扎染的名称和起源

扎染有着悠久的历史，是一种古老的民间艺术，在古代，人们会用这种方法来染布做衣服。扎染分为扎和染两部分，扎的方法不一样，染出来的花纹也不一样。

4. 请幼儿欣赏各种不同的扎染作品

今天我们一起来欣赏一些美丽的扎染作品吧！

5. 感知扎染的制作

播放扎染过程的小视频，通过观看由扎到染的过程，感受扎染的魅力。

6. 教师小结，活动自然结束

在我们的生活中，扎染无处不在，小朋友们可以寻找一下生活中的扎染作品，记录下来，我们下次一起分享。

小班园本课程教学设计（二）

课程名称	滴一滴	
课程目标	1. 了解滴管的使用方法，尝试利用滴管进行点染活动 2. 初步感知色彩在纸张上晕染的变化	
课程重难点	重点：能用滴管进行点染活动 难点：掌握滴管的使用方法	
所需准备	知识经验准备	幼儿认识红、黄、蓝、绿等基础的颜色
	物质准备	滴管、各种颜色的颜料、白纸等

活动过程

1. 教师通过谈话导入活动，激发幼儿参与活动的兴趣

今天我们请来了一位新朋友，让我们一起来认识一下吧！

2. 教师出示并介绍滴管的名称和使用方法

小朋友们好，我叫滴管，有一个大大的肚子，还有长长的脖子，如果你想将我的肚子里装满水，就要在水里捏一捏我的大肚子；如果你想把水分成一滴一滴的，就要轻轻捏一下我的肚子。

教师边叙述边操作，便于幼儿理解。

3. 请幼儿尝试操作滴管，教师个别指导

我们一起把水分成一滴一滴的吧。

4. 尝试利用滴管进行滴染

请你试一试，把吸满颜料的滴管放在纸巾上，看看能不能滴出一滴颜料染纸？

5. 展示幼儿滴染的作品，请幼儿互相观赏

6. 教师小结并个别评价

重点针对幼儿滴管的使用情况进行评价。

物质准备材料	幼儿作品

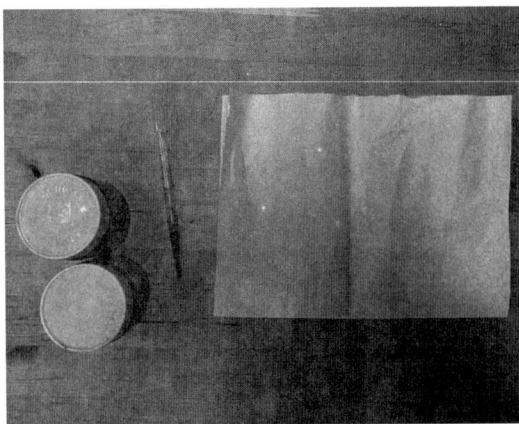

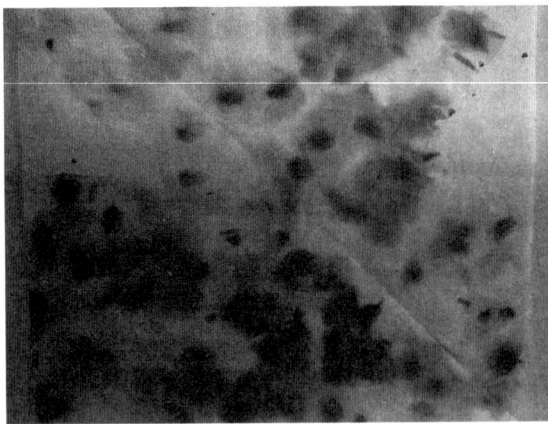

小班园本课程教学设计（三）

课程名称	花手绢	
课程目标	1. 初步尝试浸染，了解浸染染纸的方法 2. 喜欢参与扎染活动，敢于大胆尝试	
课程重难点	重点：尝试通过浸染的方法进行扎染活动 难点：掌握浸染染纸的方法	
所需准备	知识经验准备	幼儿已经欣赏过浸染的图片，对浸染有一定的了解
	物质准备	颜料、调色盘、纸巾等

活动过程

1. 出示浸染作品，激发幼儿参与活动的兴趣

小朋友们是否还记得，上次我们欣赏的这种扎染方式叫什么？

2. 回顾浸染染纸的步骤和顺序，帮助幼儿梳理浸染的方法

请小朋友们说一说，浸染的步骤是什么？我们要先做什么？

3. 教师示范浸染的方法，请幼儿认真观察

（1）重点提示幼儿在扎染过程中要注意将纸的一角放入颜料中，观察纸巾慢慢吸入颜料并染色的过程。

（2）引导动手能力较强的幼儿通过折纸的方式进行浸染。

4. 幼儿操作，教师个别指导

（1）提示幼儿注意保持桌面和衣物的整洁。

（2）鼓励幼儿大胆操作，在染纸的过程中注意放入颜料的纸张不要太多，避免整张纸都沾满颜料。

5. 展示幼儿的扎染作品，请幼儿相互欣赏

6. 个别评价幼儿的作品

重点针对幼儿浸染的方法进行评价。

物质准备材料	幼儿作品
	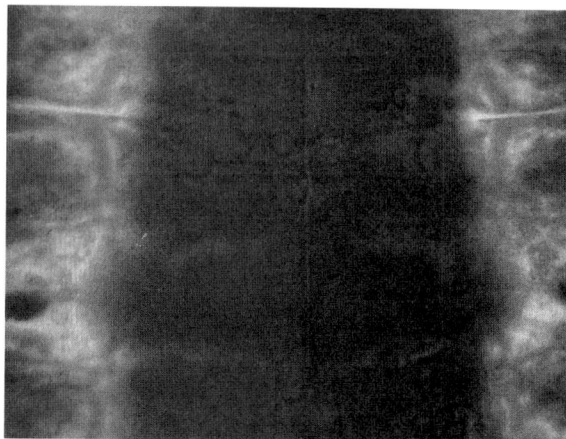

小班园本课程教学设计（四）

课程名称	比一比	
课程目标	1. 探索不同纸张浸染出的效果的不同，寻找适宜浸染的材料 2. 喜欢扎染活动，在活动中能获得自信和成就感	
课程重难点	重点：熟悉浸染步骤 难点：通过实验对比，寻找适宜浸染的材料	
所需准备	知识经验准备	1. 幼儿已经欣赏过浸染的图片，对浸染有一定的了解 2. 请幼儿收集身边各种不同的纸张
	物质准备	颜料、调色盘、各种幼儿收集的纸张、大记录表等

活动过程

1. 出示幼儿上次浸染的作品，请大家探讨

通过提问，请幼儿说一说浸染的方法是什么。

帮助幼儿熟悉并巩固浸染的方法和步骤。

教师提问：我们上次用纸巾来进行浸染，那么其他的纸可不可以染呢？今天让我们一起来试一试吧！

2. 出示幼儿收集的各种纸张，请幼儿与大家分享自己所带纸的名称

请幼儿说一说自己带的是什么纸，它之前是做什么用的。

3. 请大家猜测哪种纸最适合浸染，教师进行记录

鼓励幼儿大胆进行猜测，教师用简笔画的形式进行记录。

4. 通过实验验证幼儿的想法

（1）提示幼儿保持桌面和衣物的整洁。

（2）鼓励幼儿大胆选择自己认为适宜浸染的纸张进行尝试，验证自己的猜想。

5. 依次展示幼儿利用不同纸张浸染的结果，请幼儿通过对比选择出最适宜浸染的纸张

6. 将幼儿选出的最适宜浸染的纸张放在美工区，鼓励幼儿继续进行扎染活动

物质准备材料　　　　　　　　　　　　　幼儿作品

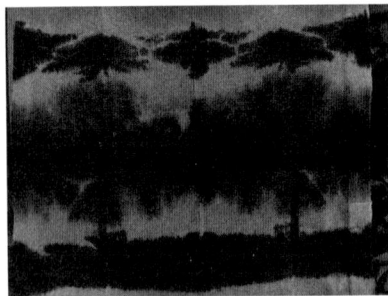

小班园本课程教学设计（五）

课程名称	长围巾	
课程目标	1. 了解不同的折叠方法浸染出的效果各不相同 2. 尝试利用对边折的方法进行浸染活动	
课程重难点	重点：了解对边折的方法 难点：利用对边折的方法进行浸染	
所需准备	知识经验准备	幼儿已经熟练掌握浸染的步骤和方法
	物质准备	颜料、调色盘、纸巾、通过对边折浸染的作品范例等

活动过程

1. 教师通过谈话导入活动，激发幼儿参加活动的兴趣

天气冷了，长颈鹿的脖子很冷，想请小朋友们用浸染的方法来为她做一条花围巾，小朋友们能帮助她吗？

2. 教师出示对边折浸染出的作品，请幼儿认真观察

请小朋友们说一说，这件浸染出的作品和之前小朋友们随意浸染出的作品有什么不同之处呢？

鼓励并引导幼儿说出作品左右两边的图案是对称的。

3. 教师示范对边折的方法，请幼儿认真观察

重点提示幼儿在折的过程中要注意边角对齐，染的过程中不要将颜色染得过多，避免全部染上颜色。

4. 幼儿操作，教师个别指导

（1）提示幼儿注意保持桌面和衣物的整洁。

（2）引导幼儿将边角对齐后再进行扎染。

5. 展示幼儿的绘画作品，请幼儿之间相互欣赏

6. 个别评价幼儿的作品

重点针对幼儿折叠的方法进行评价。

物质准备材料	幼儿作品
	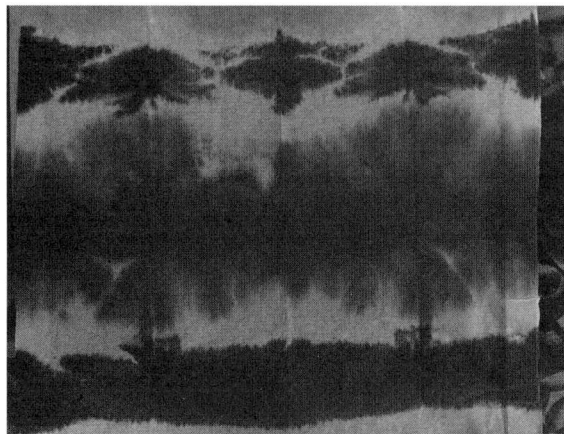

园本课程实施计划

中班园本课程活动内容

课程名称	中班扎染课程		
课程目标	1. 通过欣赏扎染作品，激发幼儿对扎染活动的兴趣 2. 初步认识扎染的方法和材料		
实施安排	课次	课程内容	游戏材料
	1	捆扎扎染——不同的折叠	白手绢、染料、盆、橡皮筋、罩衣、一次性手套、剪刀、对角扎染成品两幅等
	2	板夹扎染	白手绢、染料、盆、小木夹子、木板、橡皮筋、夹扎成品围巾一条等
	3	捆绑扎染	扎染染料、橡皮筋、白手绢、一次性手套、罩衣、缠绕扎染成品两幅、盆等
	4	抓揪扎染	手绢、染料、盆、一次性手套、罩衣、橡皮筋、一次性筷子、剪刀、扎染成品两幅等
	5	围巾扎染创作	围巾、染料、盆、一次性手套、罩衣、橡皮筋、小木夹子、木板、一次性筷子、剪刀等
成果展示			
课程评价	中班幼儿在扎染活动中，通过学习已基本掌握了几种基本的扎染方法，能够大胆尝试，并根据自己的想法进行创作，感受民间扎染艺术的独特美；通过不同的扎染方法，感受不同的花纹美。 　　在活动中，通过材料的操作与使用，激发幼儿的兴趣；在活动中，使用引导语鼓励幼儿，激发幼儿大胆尝试不同的扎染，体验扎染活动的乐趣。		

园本课程教学案例

中班园本课程教学设计（一）

课程名称	捆扎扎染——不同的折叠	
课程目标	1.学习捆扎的扎染方法，体验扎染活动的乐趣。 2.学习对角、对边折的方法，感受对角折叠扎染作品的美。 3.对民间扎染活动感兴趣，有初步的扎染活动经验。	
课程重难点	重点：学习捆绑对角、对边折的方法，进行扎染体验制作。 难点：能尝试不同的折叠方法，进行捆绑扎染制作。	
所需准备	知识经验准备	有过折纸的经验，知道对角、对边折的含义。
	物质准备	白手绢、染料、盆、橡皮筋、罩衣、一次性手套、剪刀、对角扎染成品两幅等。
活动过程		

1. 教师出示成品对角扎染，请幼儿欣赏

今天老师带来了两块非常漂亮的扎染手绢，咱们一起看看是什么图案的。

2. 进行对角、对边扎染介绍及示范

（1）向幼儿示范如何制作对角扎染。

引导幼儿学习不同的对角折能染出不同的花纹。

（2）向幼儿示范如何制作对边扎染。

引导幼儿学习不同的对边折能染出不同的花纹。

提示幼儿在捆绑的过程中要将橡皮筋扎紧。

3. 体验制作

发给幼儿材料，请幼儿进行扎染制作，体验对角、对边折扎染。

4. 教师巡视幼儿制作情况

个别幼儿完成作品，及时提示幼儿要将橡皮筋扎紧。

完成后，如果解不开橡皮筋可选择将其剪断。

5. 幼儿作品

扎染没有完全相同的，每一个都是独特的。

6. 分享

引导幼儿观察为什么有的图案很明显（扎紧了），有的却不明显或没有花纹（橡皮筋松了）。

7. 教师总结

不管是什么扎染方法，都要注意扎紧橡皮筋。对角和对边时要对齐，可以尝试不同方向折叠，折叠的次数越多花纹越多。

物质准备材料　　　　　　　　　　　　　　幼儿作品

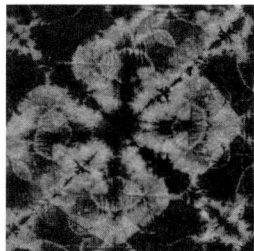

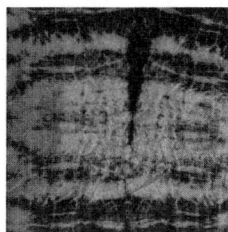

中班园本课程教学设计（二）

课程名称	板夹扎染	
课程目标	1. 初步学习并体验扎染活动 2. 学习并掌握板夹扎染的方法 3. 对民间扎染活动感兴趣，有初步的扎染活动经验	
课程重难点	重点：学习板夹扎染的方法，进行扎染体验，感受不同扎染的美 难点：能大胆尝试不同的板夹方法	
所需准备	知识经验准备	有过夹扎经验
	物质准备	白手绢、染料、盆、小木夹子、木板、橡皮筋、一次性筷子、夹扎成品围巾一条等

活动过程

1. 出示材料，请幼儿思考怎么运用这些材料进行扎染

教师出示木板、小木夹子、橡皮筋等材料，请幼儿观察。

2. 讨论

请幼儿说一说自己想怎么运用这些材料。

引导幼儿用不同的折法利用木板和小木夹子进行板夹扎染。

3. 幼儿体验并制作

教师发放材料，请幼儿进行板夹扎染制作。

鼓励幼儿尝试用不同的板夹方法进行扎染。

（1）折；

（2）板夹；

（3）染；

（4）空；

（5）晾拆。

4. 教师巡视幼儿制作情况

帮助个别幼儿完成作品，提示幼儿要将橡皮筋扎紧。

作品完成后，如果解不开橡皮筋可选择将其剪断。

5. 展示幼儿作品

感受板夹扎染不同的花纹效果，体验扎染活动的乐趣。

6. 经验分享

请幼儿分享自己是怎么折、怎么夹的。

物质准备材料

幼儿作品

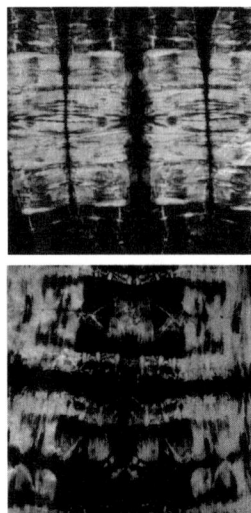

中班园本课程教学设计（三）

课程名称	捆绑扎染	
课程目标	1. 初步学习用捆绑缠绕的方法进行扎染活动体验 2. 掌握捆绑缠绕的方法，感受不同方法扎染的美 3. 对民间扎染活动感兴趣，有初步的扎染活动经验	
课程重难点	重点：初步学习用捆绑缠绕的方法进行扎染体验 难点：掌握捆绑缠绕的方法	
所需准备	知识经验准备	学习过捆扎、板夹扎染法
	物质准备	扎染染料、橡皮筋、白手绢、一次性手套、罩衣、捆绑扎染成品两幅、盆等

活动过程

1. 教师出示捆绑扎染成品，幼儿欣赏，激发幼儿的兴趣
重点引导幼儿观察捆绑扎染法染出的花纹。
2. 请幼儿说一说捆绑扎染法的花纹是什么样子的？与之前的扎染花纹有什么不同
通过观察、讨论，引导幼儿感受捆绑扎染法的花纹的美。
3. 教师示范捆绑扎染法
引导幼儿认真观察教师的制作方法。
4. 捆绑扎染法学习
（1）请幼儿说一说老师是怎么做的。
引导幼儿回忆老师的制作步骤及方法，在回忆中学习并掌握捆绑扎染的方法。
（2）请幼儿说一说还可以怎么缠绕。
鼓励幼儿想一想还有什么缠绕方法？还可以扎染出什么样的花纹。
5. 幼儿尝试捆绑缠绕法扎染
发放白手绢，请幼儿练习捆绑缠绕法扎染。
鼓励幼儿尝试不同的缠绕方法。
6. 染色
请幼儿先浸湿已捆绑好的白手绢，再进行浸泡染色。
7. 成品欣赏
展示幼儿作品，互相欣赏，并鼓励幼儿向同伴介绍自己的捆绑缠绕方法，一起感受捆绑缠绕扎染花纹的美。

物质准备材料	幼儿作品

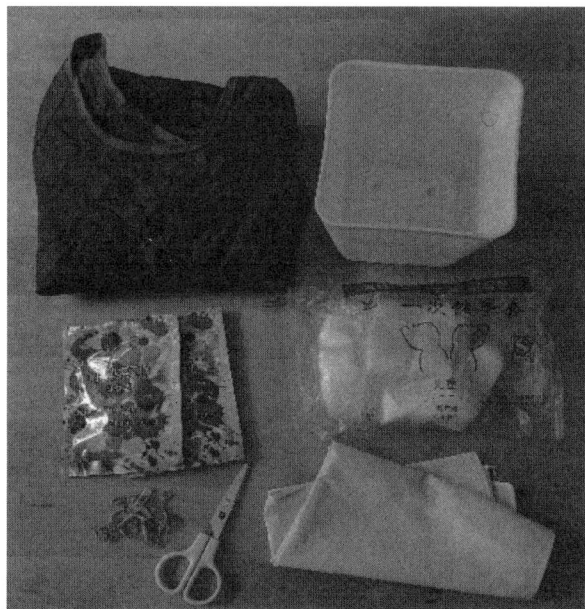

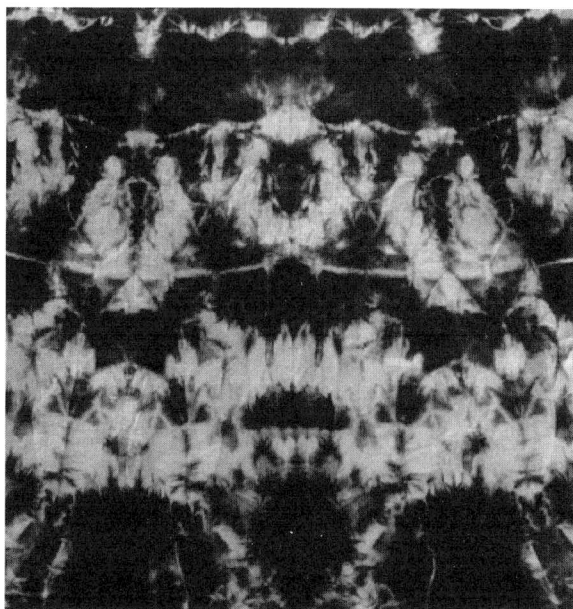

中班园本课程教学设计（四）

课程名称	抓揪扎染	
课程目标	1. 学习抓揪的扎染方法，进行扎染活动创作 2. 体验扎染活动的乐趣，感受抓揪扎染花纹的美 3. 激发幼儿的创造力，提高幼儿对扎染艺术美的理解	
课程重难点	重点：学习抓揪的扎染方法，进行扎染活动创作 难点：在抓揪捆绑时能用力捆绑	
所需准备	知识经验准备	有使用橡皮筋捆绑的经验
	物质准备	白手绢、染料、盆、一次性手套、罩衣、橡皮筋、剪刀、成品扎染两幅等

活动过程

1. 出示成品扎染

教师出示扎染成品请幼儿欣赏，引导幼儿观察抓揪法扎染的花纹，感受它与其他扎染方法不同的花纹美。

2. 请幼儿说一说自己的感受

请幼儿在观察后说说自己的感受，引导幼儿进一步感受抓揪扎染法出来的花纹。

3. 抓揪扎染法

教师示范抓揪扎染法，重点是抓揪的捆绑，幼儿要将橡皮筋捆紧，花纹才能显示出来。

4. 发放幼儿材料，请幼儿创作

5. 教师巡视幼儿创作情况

教师帮助个别幼儿完成作品，感受不同的抓揪花纹。

6. 染色

提示幼儿要将整个白手绢进行浸泡染色。

7. 作品展示

请幼儿互相欣赏，并向同伴介绍自己的作品。

8. 收材料

培养幼儿良好的美术习惯，有初步的责任意识。

物质准备材料

幼儿作品

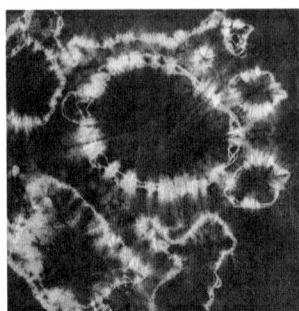

幼儿作品

幼儿作品

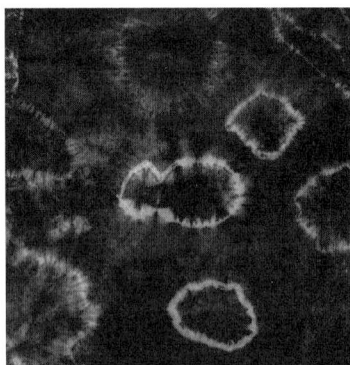

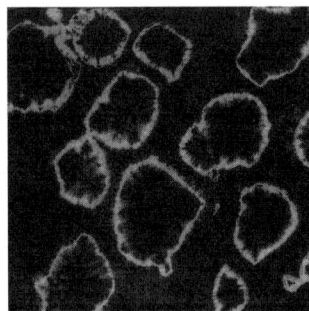

中班园本课程教学设计（五）

课程名称		围巾扎染创作
课程目标		1. 鼓励幼儿运用扎染的方法进行围巾装饰创作 2. 体验扎染活动的乐趣，感受扎染艺术的美 3. 激发幼儿的创造力，提高幼儿对扎染艺术美的理解
课程重难点		重点：能运用扎染的方式装饰围巾 难点：能根据自己的想法进行捆扎或板夹制作
所需准备	知识经验准备	学习过随意折叠捆绑扎染法
	物质准备	围巾、染料、盆、一次性手套、罩衣、橡皮筋、小木夹子、木板、一次性筷子、剪刀等

活动过程

1. 教师向幼儿展示围巾，介绍材料，激发幼儿的兴趣

2. 讨论：如何扎染围巾

请幼儿说一说自己的想法。鼓励幼儿大胆创作，运用多种方法扎染。

3. 幼儿扎染创作

幼儿根据自己的想法进行捆扎和板夹，注意要扎紧。

4. 上色

（1）请已捆绑好的幼儿先进行浸湿。

（2）提示幼儿要将围巾全部浸泡在染料盆里。

5. 取出成品进行控水晾干

幼儿收拾自己的工具，养成良好的美术操作习惯。

6. 拆绑并展示成品

请幼儿拆绑作品，并进行展示，幼儿互相欣赏。

7. 经验分享

请幼儿互相说一说，哪个扎染比较好，并请幼儿分享自己的折叠方法，鼓励幼儿互相学习。

物质准备材料

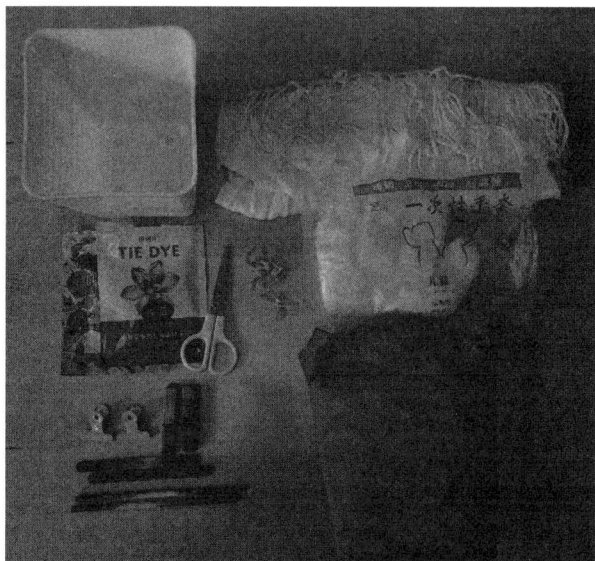

幼儿作品

园本课程实施计划

大班园本课程活动内容

课程名称	大班扎染课程		
课程目标	1. 通过欣赏扎染作品，激发幼儿对扎染活动的兴趣 2. 初步认识扎染的方法和材料		
	课次	课程内容	游戏材料
实施安排	1	扎染方法学习——包豆子花	扎染染料、橡皮筋、手绢、罩衣、扎染成品、玻璃珠、各种形状的扣子、木片等
	2	板夹创意扎染	白手绢、染料、盆、一次性手套、罩衣、橡皮筋、不同形状的木板等
	3	彩染制作	白手绢、染料、盆、橡皮筋、罩衣、一次性手套、剪刀、彩染成品两幅等
	4	抱枕扎染创作	抱枕、染料、盆、一次性手套、罩衣、橡皮筋、玻璃珠、小木夹子、木板、一次性筷子、剪刀、扎染设计图样等
	5	创意扎染	服装秀图片、扎染饰品图片、白T恤、染料、盆、小木夹子、木板、橡皮筋、玻璃珠、各种形状的扣子、纸、笔等
成果展示			
课程评价	在大班的扎染活动中，幼儿积极性强，能主动参与到活动中。扎染知识与技巧掌握快，并能大胆尝试。在制作过程中，幼儿通过练习能掌握基本扎染技巧，并能尝试各种方法的创作，表达自己对扎染艺术的了解。幼儿在制作过程中，能根据自己的想法进行花纹创作，通过各种扎染方法进行扎染制作，感受扎染艺术的美。 　　通过大班的扎染学习，幼儿了解了扎染在生活中的作用。在生活中运用扎染艺术，提高了幼儿对艺术的理解和认识。		

园本课程教学案例

大班园本课程教学设计（一）

课程名称	扎染方法学习——包豆子花	
课程目标	1. 掌握包豆子花的扎染方法，感受包豆子花的独特花纹美 2. 尝试运用不同的材料，制作包豆子花方法的扎染 3. 喜欢艺术扎染活动，积极参与活动	
课程重难点	重点：掌握包豆子花的扎染方法，感受包豆子花多变的花纹 难点：尝试多种材料进行包豆子花扎染	
所需准备	知识经验准备	能熟练使用橡皮筋进行扎染
	物质准备	扎染染料、橡皮筋、白手绢、罩衣、扎染成品、玻璃珠、各种形状的扣子、木片等。

活动过程

1. 教师出示包豆子花扎染成品，请幼儿观察

教师向幼儿介绍包豆子花作品，引导幼儿观察它们的区别，重点引导幼儿发现它们不同的花纹。

2. 教师示范包豆子花扎染方法

教师向幼儿演示包豆子花的方法，提示幼儿不同的包裹物可扎染出不同的图案和花纹。（不同材料的包裹方法也不一样，重点要捆紧。）

不同形状的木片可将橡皮筋捆绑于边角。

3. 幼儿操作

在操作过程中，教师提示幼儿尝试用不同材料进行包裹。

4. 教师巡视幼儿操作

及时帮助个别幼儿完成作品。

5. 染色

提示幼儿要先浸湿，然后浸泡染色。

成品不要急于解掉橡皮筋。

6. 展示幼儿作品，分享经验

请幼儿互相欣赏，感受不同包豆子花的花纹美。

鼓励幼儿向同伴介绍自己的作品，包括用了什么材料等。

7. 收拾工具，养成良好的操作习惯

物质准备材料　　　　　　　　　　　　　　　幼儿作品

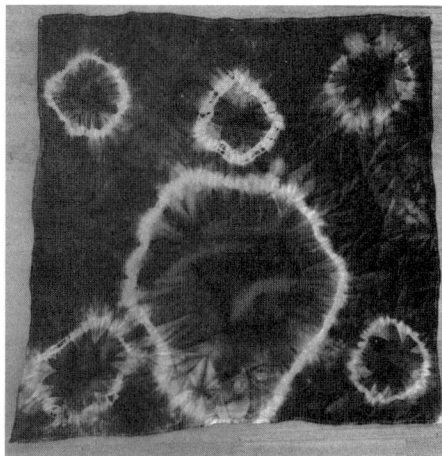

大班园本课程教学设计（二）

课程名称	板夹创意扎染
课程目标	1. 运用板夹的多种方法进行扎染 2. 激发幼儿的创造力，提高幼儿对扎染艺术美的理解 3. 对扎染活动感兴趣，能大胆创作
课程重难点	重点：运用板夹的多种方法进行扎染 难点：能运用不同的折叠方法和木板进行板夹扎染

所需准备	知识经验准备	已掌握基本抓揪方法
	物质准备	白手绢、染料、盆、一次性手套、罩衣、橡皮筋、一次性筷子、木板等

活动过程

1. 教师带领幼儿复习板夹方法，巩固板夹技巧

2. 教师出示各种形状的木板，请幼儿观察

引导幼儿发现不同形状木板的特点。

3. 教师出示成品扎染，请幼儿观察

引导幼儿发现不同的扎染花纹。

4. 教师示范

（1）提问：可以怎样进行板夹扎染？

通过提问，激发幼儿尝试不同的板夹材料和折叠方法，感受不同的扎染花纹的美。

教师可进行示范，帮助幼儿积累经验。

（2）教师示范

在示范的过程中，引导幼儿重点注意板夹方法时一定要捆紧。

5. 幼儿创作

幼儿根据自己的需求选择材料进行制作。

6. 教师巡视幼儿操作情况

指导个别幼儿，帮助他们完成作品。

7. 展示幼儿作品

感受扎染是没有重复的，每一个都是独立的美。

8. 经验分享

引导幼儿观察同伴作品，虽然都是板夹，但是材料木板不一样时花纹也不一样。

幼儿分享自己的板夹扎染方法。

9. 教师总结

不管用什么扎染方法，都要注意扎紧橡皮筋；不同的材料和折叠方法呈现不同的花纹。

物质准备材料	幼儿作品

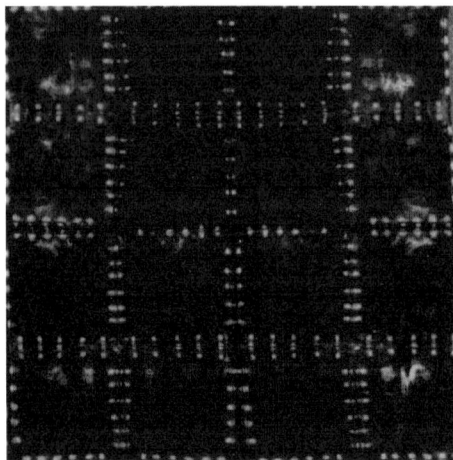

大班园本课程教学设计（三）

课程名称	彩染制作	
课程目标	1.能运用多种颜色进行彩染制作，感受扎染带来的美 2.能运用不同的扎染方法进行扎染制作，体会扎染活动的乐趣 3.有初步的扎染活动经验	
课程重难点	重点：运用多种颜色进行扎染活动制作 难点：在同一扎染位置用不同颜色浸染	
所需准备	知识经验准备	有使用滴管的经验
	物质准备	白手绢、染料、盆、橡皮筋、罩衣、一次性手套、剪刀、彩染成品两幅等

活动过程

1. 教师出示材料

重点引导幼儿观察彩染颜料。

2. 教师示范

教师向幼儿示范如何进行彩染。

重点引导幼儿观察在同一个位置进行两种及以上颜色怎样染。

3. 幼儿体验制作

请幼儿选择自己喜欢的材料进行扎染制作，体验彩染制作的乐趣。

4. 教师巡视幼儿制作情况

帮助个别幼儿完成作品，提示幼儿颜色要由里向外染。

5. 展示幼儿作品

请幼儿互相欣赏、感受不同颜色的美。

6. 经验分享

请幼儿说一说自己用了什么方法、怎样扎染。

鼓励幼儿互相学习。

物质准备材料

幼儿作品

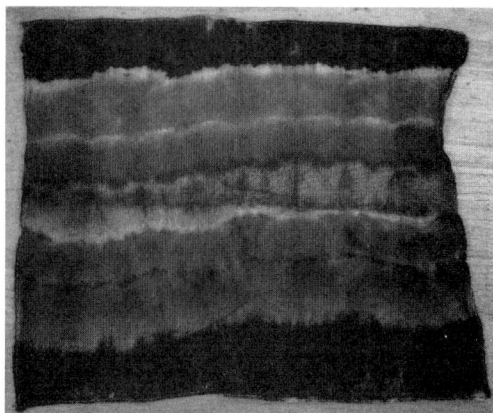

幼儿作品

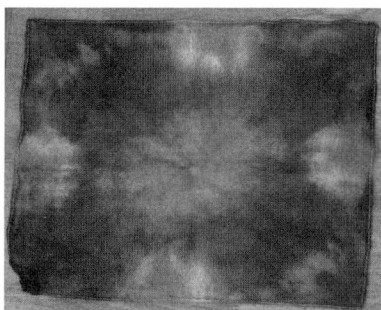

幼儿作品

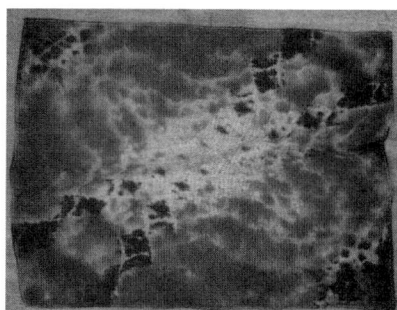

大班园本课程教学设计（四）

课程名称	抱枕扎染创作	
课程目标	1. 能根据自己设计的花样进行扎染制作 2. 体会扎染活动的乐趣，感受成功的喜悦	
课程重难点	重点：根据自己设计的花样进行扎染 难点：根据花样进行有目的的扎染	
所需准备	知识经验准备	提前设计了扎染花纹图样
	物质准备	抱枕、染料、盆、一次性手套、罩衣、橡皮筋、玻璃珠、小木夹子、木板、一次性筷子、剪刀、扎染设计图样等

活动过程

1. 复习基本扎染方法，为扎染做准备

2. 发放幼儿设计图样，选择自己喜欢的材料

幼儿根据自己设计的图样选择相应的扎染材料。

3. 教师进行操作，常规讲解

幼儿分组进行操作，并根据自己选择的材料扎染；保持扎染活动的日常卫生，养成良好的艺术操作习惯。

4. 幼儿扎染创作

5. 教师巡视幼儿扎染情况

教师指导个别幼儿，帮助幼儿按照自己的设计图样完成扎染作品，体验扎染活动的乐趣，争取获得成功。

（1）按照扎染图样制作。

（2）染色。

引导幼儿根据自己的设计进行彩染或蓝染。

6. 展示幼儿作品，请幼儿互相欣赏，体会成功的喜悦

幼儿分组介绍自己的作品。引导幼儿介绍自己的扎染方法，并感受不同的扎染花纹的美。

物质准备材料	幼儿作品

大班园本课程教学设计（五）

课程名称	创意扎染	
课程目标	1. 能运用扎染的方法进行扎染制作，体验扎染活动的乐趣 2. 大胆设想自己的扎染图样，激发创造力和想象力 3. 对扎染活动感兴趣，有初步的扎染活动经验	
课程重难点	重点：运用已学过的扎染方法进行扎染制作 难点：根据自己的想法尝试多种扎染方法装饰	
所需准备	知识经验准备	掌握捆扎、揪扎、板夹、包豆子花等扎染方法
	物质准备	服装秀图片、扎染饰品图片、白T恤、染料、盆、小木夹子、木板、橡皮筋、玻璃珠、各种形状的扣子、纸、笔等

活动过程

1. 引入

教师：小朋友们，过两天咱们要开一场扎染服装秀。上次我们制作了扎染的衣服，今天我们还要扎染一块布，可以继续制作我们服装秀需要的其他饰品。

2. 讨论：你还需要什么

引导幼儿讨论在服装秀中还需要什么样的物品，让自己成为最棒的模特。

例如，头饰、衣服上的装饰物、其他衣服等。

（1）出示服装秀图片请幼儿观察，引导幼儿发现模特还需要一些其他的装饰品。

（2）教师出示扎染饰品图片，引导幼儿认真观察图片中的扎染饰品，讨论还可以将半成品的扎染布制作成什么。

（3）引导幼儿说一说自己在服装秀中还需要什么物品。

在幼儿讨论中，教师进行记录并分类，如发卡花、领结花、装饰穗等。

3. 制作装饰品

请幼儿说一说怎样制作这些装饰品，都需要什么材料。在讨论中引导幼儿知道：一要准备一块扎染成品布；

二要有辅助材料，如卡子、弹力绳、胶棒等。（教师在幼儿讨论中记录幼儿所需材料。）

4. 复习

今天我们先将成品布扎染出来，晾干后我们再进行下一步的制作。

教师引导幼儿复习已学过的扎染方法。

5. 幼儿自由创意扎染

根据自己喜欢的扎染方式选择相应的材料进行制作。

6. 教师巡视幼儿制作情况

帮助个别幼儿完成作品。

7. 染色

幼儿分组进行染色，并进行晾晒。

8. 展示幼儿作品

展示幼儿作品，请幼儿欣赏，体验成功的喜悦。

物质准备材料　　　　　　物质准备材料　　　　　　　　　　　　　　幼儿作品

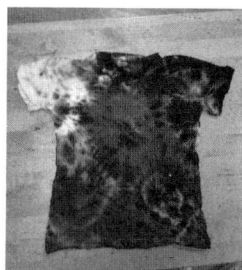

第五节　多元课程：泥工

一、幼儿泥工活动的概念与分类

1. 泥工活动的概念

泥工活动是以泥、陶土、橡皮泥、超轻黏土等为主要材料，用双手借助一些简单的工具，通过团、揉等泥工技能将泥塑造成半立体或者立体形象的一种手工造型活动。

2. 泥工活动的类型

从材料种类来分，泥工活动主要包括超轻黏土创作、普通橡皮泥创作、软陶泥创作、黄泥创作等类型；从主题来分，泥工活动主要包括主题塑造类活动、角色塑造类活动、欣赏类活动、社会交往类活动等类型。

二、幼儿泥工活动的特点

1. 小班

小班幼儿在塑造技能上处于原始性体验、感知泥的阶段。由于这个年龄段的幼儿手部小肌肉群的发育不够成熟，认识能力也很有限，在塑造时并没有明确的目的，只是漫无目的地玩儿，在任意拍打、摆弄的过程中，偶尔发现自己塑造的形象与生活中的一些物品相像，于是给予命名。例如，有的幼儿会说"我捏了一块饼干"；也有的幼儿看着自己捏的作品说"我这个是蛋糕"；还有的幼儿整个活动中始终在揉泥、分泥、再揉泥……在幼儿快乐的玩耍中，他们看到彩泥不断地变化：揉圆、拉长、压扁，还可将它们卷起来。幼儿在这种单纯的玩耍活动中，喜欢上彩泥塑造活动。

经过更多的摆弄、操作后，在小班的后期，幼儿由无目的的动作逐渐呈现有意识的尝试。他们常常在塑造前就宣称要做个什么，然后才开始着手塑造。他们会对日常生活中观察到的实物和游戏中玩耍的小玩具产生塑造的兴趣，可以有目的地设计一些简单的物体形象。但塑造的是"蝌蚪人"式的作品，因为他们手的动作发展不够成熟，还不能很好地表现物体的细节。例如，幼儿塑造的"小朋友"只有头和身体，"小兔子"只有头和一对长长的耳朵……只要经过一段时间的边玩边做，就能初步锻炼幼儿的思维，发展手的小肌肉群，提高手的灵活性和协调性。

2. 中班

中班幼儿在小班塑造的基础上，已经初步具有了立体造型的意识，在黏土造型方面，4岁左右的幼儿就有了较好的有意造型的倾向。中班初期，幼儿还不了解立体的东西。他们还是多以图画式的半立体形式去表现事物，可以说是浮雕式作品。例如，儿童塑造的小飞机、小动物、蝌蚪人等，虽然已经具有了较完整的结构，但还是用棒状组成的平面图，虽然用棒状结合并有了连接，但是还不能立起来。

在教师的引导下，幼儿通过观察实物、玩具，能意识到要让自己塑造的人或动物站立起来，就必须在腿部多加泥，慢慢地尝试将塑造的人或动物的下部塑造得较粗大，逐渐体会到上轻下重的道理，让作品立起来。

中班后期的幼儿泥塑中，由于幼儿对事物的观察、了解、概括能力的提高，以及幼儿的手部精细肌肉群的发育和手眼协调能力增强，同时又学会了一些基本的手工工具和材料的使用方法，他们会用合成的方式组合一些复杂的物体，如各种式样的汽车和不同的小动物。他们开始能运用泥塑的方式，表达自己所感悟的事物的突出特征，例如把自己看到的"顽皮的狗""睡觉的狗""贪吃的狗"等活灵活现地表现出来。但是由于幼儿认知能力、思维水平所限，此时还不能充分地、自如地再现自己对客观事物的内在特征的认识。

3. 大班

大班幼儿塑造的主题、表现的技能，随着年龄的增长和知觉的发育而提高，其造型能力、对客观事物的概括能力、立体性的表现能力都逐步发展起来，运用泥塑表现情感的能力也大大增强。这一时期，由于儿童手部精细肌肉群的发育，手眼协调能力增强，能熟练地掌握一些基本的手工工具和材料的使用方法，因而他们表现的欲望很强烈，喜欢用泥塑来表达自己的意愿和情感体验。他们所塑造的人物不仅精细，而且已经有动作和神态，有的还反映了他们对人物职业的理解，例如解放军的威武、小朋友过生日时的快乐等。

大班后期，经过教师的引导，幼儿在生活上比以前丰富，大脑功能不断趋向成熟，手部的小肌肉群得到进一步发育，因此他们能够比较完整地表现物体的主要部分，例如"猫捉老鼠""开心的小朋友""小猪的一家"等；或者针对卡通人物等不同的性格和神态进行较精细的塑造，同时反映出自己的情感和体会，例如"勇敢的葫芦兄弟""神奇的海宝""黑猫警长"等。

三、幼儿泥工活动的实施原则和实施方法

1. 实施原则

（1）适宜性原则：选材对泥工活动的适宜性和对活动主题的适宜性。教师要筛选出触手可及、方便利用的资源，要适合利用泥工形式进行表现或对幼儿的泥工活动能够给予支持的资源。

（2）目标性原则：利用多种资源开展泥工活动时，教师要围绕设计的活动目标进行泥工活动，把

握活动的核心，让幼儿获得最大的发展。目标的设定要具有导向性（目标明确）、激励作用（调动幼儿积极性）和标准作用（为教学评价提供标准）。

（3）层次性原则：在泥工活动互动交流过程中，能对幼儿的个体差异提供有针对性、指向性、目的性的指导与支持。

（4）整合性原则：周边资源与幼儿园五大领域课程的整合，将这些资源有机地融合到幼儿园一日的生活中。

（5）趣味性原则：根据幼儿年龄特点、心理发展规律、兴趣、喜欢熟悉的事物等，设计各种趣味性的教学内容，促进幼儿的全面发展，体验泥工活动的乐趣。

（6）创造性原则：教师鼓励幼儿富有个性的表达，支持幼儿以不同形式和方法大胆表现，为幼儿提供自由创作的时间和空间以及丰富的材料，为幼儿的创作带来快乐。

（7）自主性原则：幼儿有意识地根据自己的意愿进行活动，通过积极互动获得相应的发展。教师要调动幼儿自主探索、观察发现、参与活动的积极性，鼓励幼儿按照自己的意愿表达与表现，增强其自信心。

（8）审美性原则：幼儿接触周围环境的美，丰富其感性认识和审美情趣，激发他们表现美、创造美以及审美的能力。

（9）安全性原则：在保障活动成功开展的前提下，为幼儿创设安全的环境、准备安全的工具，在活动前和幼儿一起了解常用工具的安全使用方法，对幼儿进行安全教育，增强其自我保护意识。

2. 实施方法

（1）现场活动法：带领幼儿到活动场地中，让幼儿身临其境，直接感知，进行现场活动。这种方法具有形象性、直观性、具体性和真实性的特点。

（2）感知体验法：让幼儿利用各种感官直接感知环境和事物。运用感知体验法可以激发幼儿对泥工活动的兴趣，能让他们对所表现的事物认识得更加清晰。

（3）观察引导法：教师通过带领幼儿对事物进行细致观察，从而引导幼儿对事物进行表现创造的艺术表达方法。让幼儿运用各种感官，看一看、摸一摸、听一听、闻一闻、尝一尝等，在观察过程中了解有关知识，教会幼儿观察的方法，按从里到外、从左到右、从前到后等顺序观察，从而进行表现。

（4）材料支持法：教师根据幼儿现阶段的发展水平、活动内容及其达成目标，有效引导和支持幼儿与材料互动的方法。材料是幼儿建构知识的依托，也是泥工活动的物质基础，幼儿在不断主动操作材料的过程中，获取信息、积累经验，从而获得发展。材料可分为：购买的材料、半成品材料、自制材料、玩具材料、废旧物材料等。

（5）资源引入法：教师和幼儿、家长共同收集的周边资源，以实物、图片、视频等方式，引入幼儿园活动中的教育教学手段。这些资源可以帮助幼儿回忆、积累经验，引导幼儿在充分认知的基础上进行泥工创造活动。

四、幼儿泥工活动的内容和目标

小班泥工活动的内容和目标

泥工活动内容	泥工活动的目标
感受与欣赏	1. 喜欢新奇的事物，愿意用多种感官感受观察的事物 2. 关注事物大体特征 3. 喜欢联系自己的生活展开想象
表现与创造	1. 对提供的不同材料感兴趣，喜欢利用多种形式表现 2. 创作兴趣逐渐浓厚，表现内容逐渐明确 3. 认识彩泥制作的材料和工具，知道其名称及简单用法 4. 喜欢玩彩泥，能运用搓圆、压扁、分泥等方法进行简单的造型 5. 尝试运用泥及辅助材料塑造简单的物体，初步培养幼儿良好的学习习惯 6. 锻炼幼儿手部的小肌肉群，培养幼儿的想象力、创造力、观察力

中班泥工活动的内容和目标

泥工活动内容	泥工活动的目标
感受与欣赏	1. 了解家乡的民俗文化，感受其中的美 2. 欣赏周边的环境，感受其特征与四季的变化，发现其色彩、形态的美 3. 乐于表达自己对所发现事物的美的感受 4. 能够专心观看喜欢的文艺演出或艺术品，有模仿和参与的愿望 5. 能够发现周围建筑物的特征，感受与欣赏它的美 6. 能够欣赏同伴的作品，并初步尝试客观评价同伴的泥工作品
表现与创造	1. 能利用自然物，大胆用自己喜欢的方式进行模仿和创作 2. 能用美术、手工制作、剪纸、泥工等多种形式表现自己观察到的事物 3. 能自主选择不同的材料，尝试设计制作有特色美的事物 4. 能够积极参与泥工活动，在活动中富有个性地表达自己的体验 5. 认识常用泥工材料并掌握其使用方法 6. 尝试借助一些辅助工具（泥工刀、模具、牙签、火柴梗、吸管等）来进行造型 7. 学习一些简单的泥工技能，从手掌动作的掌握逐步过渡到五指协调动作，用搓、团、压、拧、黏合等方法塑造一些简单的物体，并能按自己的意愿塑造 8. 在泥工创作活动中，培养孩子创造能力、动手能力和对色彩的辨别能力

大班泥工活动的内容和目标

泥工活动内容	泥工活动的目标
感受与欣赏	1. 喜欢亲近大自然，能主动寻找和观察周围环境中美的事物，丰富美的体验 2. 能仔细观察事物特点，有一定顺序性和层次性 3. 喜欢收集自然物，对有生命的事物感兴趣，能用多种感官去体验 4. 积极参与泥工活动，有愉悦的情绪体验 5. 有一定好奇心和探究欲望，能对感兴趣的事物进行交流和提问
表现与创造	1. 尝试运用已掌握的按压、拍打、搓、团、捏、盘泥条等多种技能方法，以及能灵活选择各种辅助工具进行创造、表现 2. 能大胆想象，并且大胆尝试、创造，发展想象力、动手操作能力及与同伴的合作能力 3. 制作整幅泥塑作品

五、幼儿泥工活动所需材料

材料	材料
超轻黏土	软陶泥
普通橡皮泥	黄泥
常用泥工工具（压花棒）	泥工压花工具

园本课程实施计划

小班园本课程活动内容

课程名称	小班泥工课程		
课程目标	1.喜欢参与泥工活动，通过捏泥培养幼儿想象力、创造力，有基本的捏泥技能，培养初步的创造技能，体验泥工活动的快乐 2.尝试观察日常生活中常见的动物、植物及生活用品，塑造出事物的基本特点，愿意在同伴面前讲述自己的作品 3.尝试制作出部分物体的精细部位，例如眼睛、鼻子、嘴巴等，通过操作感受泥工活动的乐趣 4.对提供的不同材料感兴趣，喜欢利用多种形式表现 5.创作兴趣逐渐浓厚，表现内容逐渐明确 6.认识彩泥制作的材料和工具，知道其名称及简单用法 7.喜欢玩彩泥，能运用搓圆、压扁、分泥等方法进行简单的造型 8.尝试运用泥及辅助材料塑造简单的物体，初步培养幼儿良好的学习常规 9.锻炼幼儿的手部小肌肉群，培养幼儿的想象力、创造力、观察力		
实施安排	课次	课程内容	游戏材料
	1	小蝌蚪	池塘的场景、黑色橡皮泥和白色橡皮泥等
	2	毛毛虫	彩色橡皮泥、毛毛虫爬行的视频、棉签、纸折的叶子等
	3	小蜗牛	蜗牛图片、不同颜色的超轻黏土、制作好的户外小场景等
	4	小刺猬	刺猬图片、剪刀、超轻黏土等
	5	蘑菇	彩色橡皮泥、木桩、小兔拿篮子的场景等
成果展示			
课程评价	在每次活动开展前，教师能够为活动提供情景和操作的物质支持，吸引幼儿主动投入到活动的操作中。在操作活动中，教师注重对幼儿的观察和重难点的把握，根据幼儿的个体差异，有针对性地给予帮助和支持，尽可能让每名幼儿在快乐游戏中有所学、有所悟，不断提升操作技能，敢于大胆尝试与创造。 　　从开始的揉圆、搓长条，到后期根据需求取泥、分泥，按比例做出大小适宜的操作，以及在操作中注重色彩的搭配，幼儿获得了经验，提升了技能，也收获了成功和自信。在辅材的运用上，幼儿懂得了巧妙运用辅材能够支撑作品和美化作品，在尝试辅材运用上以及工具刀的使用上，幼儿有了主动性和创造性，也为泥工活动增添了趣味性。 　　大部分幼儿的作品展示都能达到幼儿乐于帮助他人或是美化班级环境的效果，幼儿体会到了自己的操作有价值，感受到了作品认真完成的效果，对作品非常珍惜也非常自豪。这会激励幼儿不断学习新的技能，尝试更多的创作。在作品创作前，教师都会带领幼儿对活动主题进行观察，了解其特点，这样不仅丰富了幼儿对事物的认知，也端正了幼儿关注周围事物的态度。在操作中，幼儿也认识到只有不断思考和坚持才能有所收获。		

园本课程教学案例

小班园本课程教学设计（一）

课程名称		小蝌蚪
课程目标		能用揉圆、搓长条的方法制作小蝌蚪，感受泥工操作的乐趣
课程重难点		重点：制作圆脑袋、细尾巴的小蝌蚪 难点：制作尾巴时前面粗后面细
所需准备	知识经验准备	了解蝌蚪的外形特征，有揉圆、搓长条的经验
	物质准备	池塘的场景、黑色橡皮泥和白色橡皮泥等

活动过程

1. 教师出示青蛙伤心的图片，激发幼儿参与活动的兴趣

教师："青蛙妈妈怎么了？它为什么这么伤心呢？原来它的宝宝游走了。你们愿意帮助青蛙妈妈找到它的宝宝吗？"

2. 教师出示池塘的场景，鼓励幼儿用自己的语言描述小蝌蚪的特征

教师："青蛙妈妈的宝宝是谁？它的孩子长什么样？"

3. 教师出示小蝌蚪的图片和视频，加深幼儿对小蝌蚪外形的认识

教师："小蝌蚪的头是什么样儿？尾巴呢？游的时候尾巴和头是怎样的呢？"

教师："小蝌蚪的头圆圆的，尾巴又细又长，游泳时，它的尾巴弯弯的，摆来摆去。你们愿意帮助青蛙妈妈找到蝌蚪宝宝吗？今天我们就来试一试用橡皮泥做小蝌蚪吧！"

4. 制作小蝌蚪

（1）教师请幼儿尝试运用揉圆的方法制作小蝌蚪的头部，用比头部少一点的泥搓长条做小蝌蚪的尾巴（小蝌蚪的尾巴前面粗后面细，所以我们要将尾巴的末端搓得更细）。

（2）最后将做好的头和尾巴连接起来，一只可爱的小蝌蚪就做好了。

（3）小蝌蚪要睁大眼睛去找妈妈，记得帮小蝌蚪做出明亮的眼睛。

（4）幼儿制作小蝌蚪，教师鼓励幼儿做出细细的尾巴、摆来摆去的尾巴。在连接头部和尾巴时尽量不要破坏圆形头部，可以用食指轻摁一下连接部位。

5. 请幼儿将制作好的小蝌蚪放到池塘里，去找青蛙妈妈

教师："小朋友们，青蛙妈妈谢谢你们帮她找到了宝宝，夸你们是乐于助人的好孩子。"

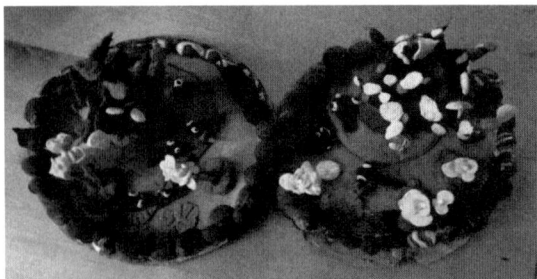

小班园本课程教学设计（二）

课程名称	毛毛虫	
课程目标	1. 学习运用揉圆连接以及运用辅材制作触角的方法，尝试使用橡皮泥制作毛毛虫 2. 初步了解毛毛虫的外形特点，感受玩泥的乐趣	
课程重难点	重点：通过揉圆、捏、连接的方法表现毛毛虫 难点：能够团的比较均匀，表现出拱起身子扭动的毛毛虫	
所需准备	知识经验准备	知道毛毛虫的身体可以扭动
	物质准备	彩色橡皮泥、毛毛虫爬行的视频、棉签、纸折的叶子等

活动过程

1. 教师通过对话的方式，激发幼儿对毛毛虫的兴趣

教师："月光下那颗小小的卵是谁呀？你知道毛毛虫长什么样子吗？我们一起来看看视频中的毛毛虫吧！"

2. 幼儿通过看视频、讲述、模仿等方式了解毛毛虫的外形特征

（1）幼儿观看毛毛虫爬行的视频。

教师："毛毛虫是什么颜色的？它的身体是什么样子的，爬起来的时候身体是什么样子的？"

教师："原来毛毛虫的身体是一节一节的，它们有不同的色彩，爬起来的时候是拱着身体的。"

（2）请幼儿模仿毛毛虫爬行时的动作，感受拱起身子的样子。

3. 激发幼儿制作毛毛虫的兴趣

教师："我也想用彩泥制作一个可爱的毛毛虫，怎么才能做出一节一节的身体呢？拱背时揉好的圆球要怎么粘呢（像个小山坡先向上、再一点一点向下粘）？毛毛虫的触角可以用什么来做呢？它的眼睛长在哪里呢？"

4. 幼儿制作毛毛虫，教师巡视指导

（1）教师："毛毛虫发现了美味的树叶，呼唤朋友们一起来。好吃的只有大家一起吃才美味。你们愿意帮忙制作出毛毛虫的好朋友吗？"

（2）在幼儿的操作中，教师鼓励幼儿将橡皮泥多次揪长合拢，使用转圈的方法揉圆，通过向上、向下粘的方式做动态的毛毛虫。

5. 将幼儿制作完成的毛毛虫放到大树下的草地上，让毛毛虫去寻找食物

教师："大树下的树叶刚刚落下，有许多的汁液，毛毛虫们快来品尝吧！"

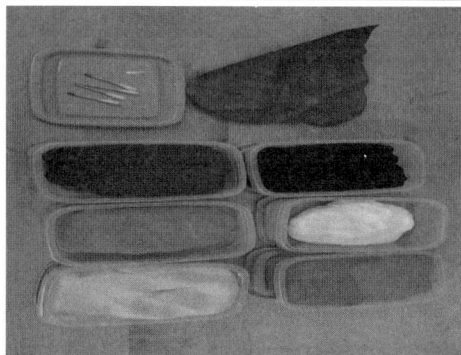

小班园本课程教学设计（三）

课程名称	小蜗牛	
课程目标	1.学习运用捏、团、搓、卷的方法用橡皮泥制作小蜗牛 2.初步了解小蜗牛的外形特点，感受泥工操作中的乐趣	
课程重难点	重点：通过搓、卷、捏的方式制作小蜗牛 难点：根据所需取大小适宜的彩泥进行制作，用卷的方法制作蜗牛壳	
所需准备	知识经验准备	幼儿已经了解蜗牛的生活习性及外形特点
	物质准备	蜗牛图片、彩色橡皮泥，制作好的户外小场景、毛根、棉签等

活动过程

1.通过猜谜的方式引出小蜗牛，激发幼儿兴趣

教师："个子不大力气不小，拖着房子到处跑，爱吃树叶走路慢慢。你们猜猜这是谁呀？"

2.出示蜗牛的图片，观察蜗牛什么样

教师："我们一起来看一看，小蜗牛长成什么样子呢？"

教师小结：蜗牛身体上面有个壳，壳下有细细长长的柔软的身体，能爬行，下面有黏液能粘住物体，头上有对小触角碰到危险缩回去。

3.教师操作小蜗牛的制作方法

（1）请幼儿发现小蜗牛壳像棒棒糖，用搓长条的方法制作小蜗牛的房子。（老师用橡皮泥来变出一座"小房子"：搓成长条卷一卷，从里到外卷一卷，卷成棒棒糖，变成"小房子"。）

（2）教师在小蜗牛旋转房子的接口处询问幼儿："可以用什么制作小蜗牛的触角？小蜗牛的眼睛长在哪里？"根据幼儿的讲述，完善小蜗牛的触角和眼睛。

4.幼儿制作小蜗牛，教师巡视，提示幼儿做触角和眼睛时取适量的泥，对动手能力弱的幼儿辅助卷的动作。

5.请幼儿根据自己的想法，将制作完成的小蜗牛放到喜欢的地方

教师："这里有青草、大树、高墙，小蜗牛喜欢去哪里玩呢，快带它去找个自己喜欢的地方吧！"

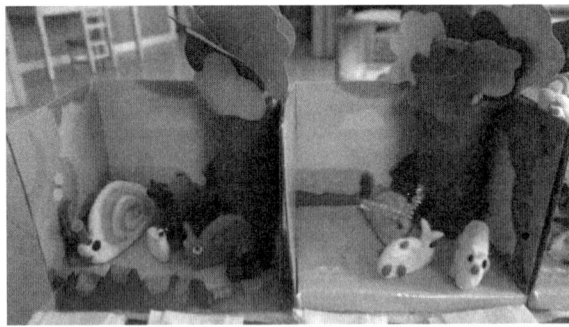

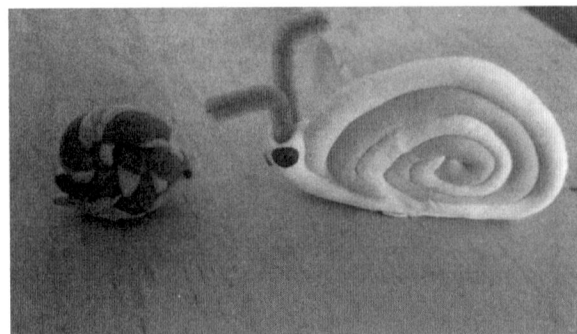

小班园本课程教学设计（四）

课程名称	小刺猬	
课程目标	运用搓水滴形的方法捏出小刺猬的外形，尝试用剪刀剪的方法制作刺猬的刺，感受泥工操作的乐趣	
课程重难点	重点：用搓水滴形和剪刀剪的方式制作刺猬 难点：将圆形搓成水滴形	
所需准备	知识经验准备	了解小刺猬的外形特点
	物质准备	刺猬图片、剪刀、超轻黏土等

活动过程

1. 故事导入，激发幼儿参与活动的兴趣

教师："果园的果子成熟了，体弱多病的奶奶看着果子却不能运回家，请小朋友思考哪只小动物能帮奶奶把果子运回家呢？"

教师："小刺猬能帮助奶奶运果子，我们一起来捏小刺猬帮奶奶运果子好不好？"

2. 教师出示自制的小刺猬，请幼儿说一说小刺猬的样子，思考怎么做出小刺猬

教师示范并小结：可以通过圆形搓一头或是揪圆的一头的方式制作出小刺猬的鼻子，使用剪刀制作小刺猬的刺，最后为刺猬加上眼睛。

3. 幼儿操作制作小刺猬，教师巡视指导

（1）幼儿操作制作小刺猬，教师指导幼儿通过揪或搓一头的方式制作小刺猬的外形，或辅助幼儿操作搓一头的方法搓出水滴形。

（2）幼儿利用小剪刀操作剪刺的方法时，教师要关注幼儿使用剪刀时的安全。

4. 将制作好的小刺猬放到大树下，为小刺猬扎上小果子，帮助奶奶背果子

教师："来了这么多的小刺猬，奶奶好开心，果子都可以运回家了。感谢小朋友们的热心帮助！"

小班园本课程教学设计（五）

课程名称	蘑菇	
课程目标	运用揉圆、戳洞的方法制作蘑菇伞，学习制作蘑菇柄，感受组合制作蘑菇的乐趣	
课程重难点	重点：运用蘑菇伞和蘑菇柄组合的方法制作蘑菇 难点：感知蘑菇柄的粗细能够支撑蘑菇伞	
所需准备	知识经验准备	了解蘑菇的外形特点
	物质准备	彩色橡皮泥、木桩、小兔拿篮子的场景等

活动过程

1. 教师出示小兔拿篮子的场景，提问："兔妈妈和兔宝宝在森林里找蘑菇，你想帮助他们种出蘑菇吗？"

2. 观察蘑菇的图片，了解蘑菇的外形特点

（1）请幼儿说一说蘑菇是什么样子的。

教师："蘑菇都有什么呢？你喜欢什么颜色的蘑菇呢？"

（2）教师带领幼儿发现蘑菇的特点。

教师："蘑菇像什么？为什么蘑菇上的点点颜色很漂亮？"

教师小结：蘑菇就像一把伞，它有大伞和伞柄，大伞就是蘑菇伞；伞柄就是蘑菇柄；大伞上还有点点的装饰，点点和伞的颜色差别很明显，所以蘑菇颜色就特别漂亮。

3. 教师用彩泥制作蘑菇，幼儿在观察中了解制作方法

（1）教师："怎样用彩泥制作出蘑菇伞呢？"

教师通过圆球变化的方式用手指头在圆球中戳洞，通过向外捏出伞边的方法制作出蘑菇伞。

（2）教师："怎样才能让蘑菇伞的颜色和蘑菇点的颜色搭配在一起更漂亮呢？"

教师通过两种颜色的搭配让幼儿发现颜色差别明显的放在一起，才能让蘑菇颜色更鲜艳。

（3）教师："蘑菇柄为什么能够支撑住蘑菇伞呢？"

请幼儿观察发现蘑菇柄下粗上细的特点。

4. 幼儿尝试制作蘑菇，教师巡视指导

（1）教师鼓励幼儿在制作中注意选择对比鲜明的色彩装饰蘑菇。

（2）在制作蘑菇柄中感受粗细的支撑效果，制作出结实粗壮的蘑菇柄。

（3）在制作中引导幼儿发现蘑菇伞不能太重，避免蘑菇柄支撑不住。

5. 将幼儿制作的蘑菇作品拼凑在一起，投放到兔妈妈和小兔的树桩上，完成制作场景。

教师："兔妈妈和兔宝贝感谢小朋友们帮它们种出了美丽香香的大蘑菇，这下它们可以吃得饱饱的了。"

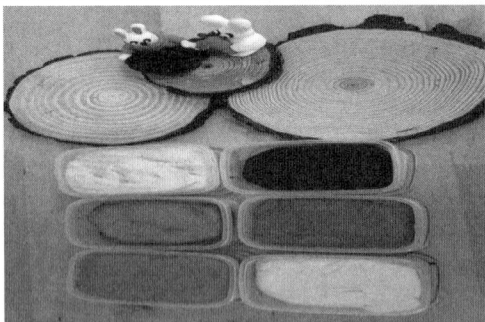

园本课程实施计划

中班园本课程活动内容

课程名称	中班泥工课程		
课程目标	1. 喜欢新奇的事物，愿意用多种感官感受观察的事物 2. 关注事物大体特征，喜欢联系自己的生活展开想象和制作 3. 能够运用揉圆、压扁、搓条、连接等泥工方法表现生活中常见的事物，对泥工活动感兴趣 4. 了解家乡的民俗文化，感受其中的美 5. 欣赏周边的环境，感受其特征与四季的变化，发现其色彩、形态的美 6. 乐于表达自己对所发现事物的美的感受 7. 能够专心观看喜欢的文艺演出或艺术品，有模仿和参与的愿望 8. 能够发现周围建筑物的特征，感受与欣赏它的美 9. 能够欣赏同伴的作品，并初步尝试客观评价同伴的泥工作品 10. 能利用自然物，大胆用自己喜欢的方式进行模仿和创作 11. 能用美术、手工制作、剪纸、泥工等多种形式表现自己观察到的事物 12. 能自主选择不同的材料，尝试设计制作有特色的美的事物 13. 能够积极参与泥工活动，在活动中富有个性地表达自己的体会 14. 认识常用的泥工材料并掌握其使用方法 15. 尝试借助一些辅助工具（泥工刀、模具、牙签、吸管等）来进行造型 16. 学习一些简单的泥工技能，从手掌动作的掌握逐步过渡到五指协调动作，用搓、团、压、拧、粘等方法塑造一些简单的物体，并能按自己的意愿塑造 17. 在泥工创作活动中，培养孩子创造能力、动手能力和对色彩的辨别能力		
实施安排	课次	课程内容	游戏材料
	1	雪人	堆雪人的视频、白色和彩色的橡皮泥、雪人的图片、创设雪天的泥工小情景等
	2	小茶壶	茶壶图片、喝茶的场景、褐色彩泥等
	3	葫芦娃	超轻黏土、葫芦娃图片、葫芦娃场景等
	4	好玩的软陶泥切片	小型圆柱擀制工具、安全泥工刀、软陶泥、软陶泥切片等
	5	布老虎	布老虎图片、彩泥若干
成果展示			
课程评价	本学年的泥工活动以比较容易塑形的超轻黏土和相对易于操作的软陶泥为主。幼儿在参与泥工活动的过程中，能够仔细观察生活和游戏中的事物，并大胆发挥想象，积极运用泥工揉圆、搓条、压扁、连接等制作方法，组合完成多样的泥工作品，在活动中收获了成就感，发展了幼儿的艺术审美，锻炼了幼儿的精细运动，促进了幼儿的多元化发展。 　　本学年的泥工作品种类丰富，贴近幼儿生活，幼儿和教师能够结合制作的作品创设丰富有趣的泥工活动背景，例如小企鹅的家在冰山上、葫芦娃的家在大山中等，让幼儿的作品展示更富有艺术气息，更能激发幼儿的创作欲望。 　　随着幼儿泥工创作水平的逐渐提升，教师可以引导、支持幼儿尝试制作完整的泥工活动场景以及更加精细复杂的事物造型，满足幼儿动手制作泥工作品的愿望；泥工活动材料可以增加黄泥等多样的材料，丰富幼儿对泥工活动材料的认识。		

园本课程教学案例

中班园本课程教学设计（一）

课程名称	雪人	
课程目标	运用揉圆、搓条组合的方法制作雪人，感受泥工制作的快乐	
课程重难点	重点：运用所学技能制作雪人 难点：对小雪人进行装饰	
所需准备	知识经验准备	了解雪人的样子
	物质准备	堆雪人的视频、白色和彩色的橡皮泥、雪人的图片、创设雪天的泥工小情景等

活动过程

1. 幼儿欣赏雪天堆雪人的视频场景，激发幼儿对雪人的兴趣

教师："小朋友们这是什么季节，你在雪天喜欢做什么呢？雪人是什么样子的呢？"

2. 观看雪人图片，丰富幼儿对雪人的认识

教师："看一看图片上的雪人，它们都是什么样子的呢？"

教师小结：雪人的头和身体都是圆圆的，有树杈做的手，有眼睛、鼻子和嘴巴，有些人在堆雪人时还会给它戴上小帽子和围巾。

3. 了解制作雪人的方法，激发幼儿制作雪人的兴趣

（1）请幼儿说一说会怎么制作雪人，雪人的帽子怎么做，树杈做的手怎么用泥做出来。

（2）教师示范用掏洞和向上揪的方法做帽子，用长条拼贴或剪刀剪的方法制作树杈手。

（3）想一想还可以为雪人做哪些装饰（帽子、围巾、手套等）。

4. 幼儿制作雪人，教师巡视观察幼儿的表现，对幼儿的创作给予肯定，帮助操作困难的幼儿掌握操作方法

5. 将幼儿制作的作品投放到雪天的小情景中

教师："雪下得好大呀，雪宝宝们快来雪地里做游戏吧！"

中班园本课程教学设计（二）

课程名称	小茶壶
课程目标	1.了解并认识茶壶的外形特征、结构特点，运用揉圆、搓条、戳洞组合的方法使用橡皮泥制作小茶壶。 2.在泥工活动中感受操作的乐趣
课程重难点	重点：通过组合制作茶壶 难点：能够比例合理地取泥制作茶壶的各个部位
所需准备	知识经验准备　了解茶壶的外形特征
	物质准备　茶壶图片、喝茶的场景、褐色彩泥等

活动过程

1.教师以谈话、看图片、做游戏的方式激发幼儿对活动的兴趣，丰富对茶壶的认知

教师："家里来了客人，爸爸妈妈会给客人泡什么喝？"

（1）出示喝茶的场景图片和不同茶壶的图片，让幼儿观察茶壶是什么样子的。

教师："大人们聚在一起的时候会喝茶，给客人倒茶也是礼貌待客的表现。泡茶离不开小茶壶来帮忙，茶壶是什么样子的呢？"

教师小结：茶壶的肚子胖胖的，里面能盛许多水；壶盖盖住壶身上的口，让热气别跑掉；壶把握住倒水用；壶嘴粗细不一样且向上，避免茶水流出来。

（2）教师带领幼儿进行游戏"泡果茶"，巩固幼儿对茶壶构造的认知。

教师："我是茶壶肥又矮呀，这是壶把儿、这是嘴，啦啦啦、啦啦啦泡果茶。你们想不想做个泡果茶的小茶壶，礼貌待客给客人泡果茶呀？"

教师和幼儿用身体动作模仿小茶壶，给客人泡茶倒茶喝。

2.学习用橡皮泥制作茶壶

教师在与幼儿的一问一答中示范用橡皮泥制作茶壶。

教师："你们能帮助我用橡皮泥制作一把茶壶吗？茶壶的壶身怎么做呢？壶盖多大才能盖住壶口呢？壶把儿一头粗一头细应该怎么做呢？是粗的那头还是细的那头粘在壶身上呢？壶把儿怎么做在壶身上呢？"

教师小结：大圆戳洞当壶身；长条拐弯是壶把儿、壶嘴粗细不一样，粗的一头贴壶身，壶嘴一定向上翘；壶盖大小先比较，确认够大再盖上。

3.幼儿动手制作茶壶，教师巡视指导

（1）提示幼儿在操作中要根据需要选取适宜大小的彩泥进行操作。

（2）先做壶身，做完其他部位时在壶身周围比一比，大小合适再安上（壶盖要盖得住壶口、壶把儿要能够握得住）。

4.将幼儿的茶壶摆放到"茶店"，请"顾客"挑选自己喜欢的小茶壶，说一说喜欢这把茶壶的哪个地方。

中班园本课程教学设计（三）

课程名称		葫芦娃
课程目标		1. 了解葫芦娃形象，尝试制作葫芦娃造型 2. 尝试利用分泥、搓条、揉圆、压扁等泥工方法塑造自己喜欢的葫芦娃
课程重难点		重点：尝试利用分泥、搓条、揉圆、压扁等泥工方法塑造自己喜欢的葫芦娃 难点：能够大胆表现出自己喜欢的葫芦娃的造型特点
所需准备	知识经验准备	1. 有揉圆、搓条、压扁等泥工活动经验，有过简单的分泥经验 2. 了解葫芦娃的故事和每个葫芦娃的本领
	物质准备	超轻黏土、葫芦娃图片、葫芦娃场景等

活动过程

1. 通过爷爷被抓了的活动场景激发幼儿的制作欲望

教师：葫芦娃的爷爷被妖精抓走了，需要葫芦娃来救爷爷。你们还记得都有哪些葫芦娃吗？他们长什么样子？本领是什么？

2. 教师和幼儿通过共同观察葫芦娃外形，尝试制作葫芦娃

提问：葫芦娃的身体分为几个部分？身上有什么装饰？

教师重点示范根据不同的身体部位合理分泥，先制作出葫芦娃的头（揉圆）、五官、发型、身体（揉圆结合搓条的方法）、四肢（可以给葫芦娃设计不同的动作），最后结合自己喜欢的葫芦娃进行个性的装饰，如水娃身穿蓝色衣服、头顶的葫芦装饰是蓝色的等。

3. 幼儿自主进行制作，教师随机进行指导

提示幼儿在制作过程中注意合理分配泥量，并熟练运用揉圆、搓条等方法。

4. 让自己制作的葫芦娃进入葫芦娃救爷爷场景中，拯救爷爷

中班园本课程教学设计（四）

课程名称	好玩的软陶泥切片	
课程目标	1.了解软陶泥切片的制作方法，能够大胆想象和尝试多种色彩搭配，利用搓条、擀的方法制作软陶泥切片 2.通过制作感受软陶泥作品从立体到平面的有趣转换过程，喜欢参与泥工活动	
课程重难点	重点：利用搓条、擀的方法制作软陶泥切片 难点：理解软陶泥作品从立体到平面的转换过程并有意识地进行色彩搭配	
所需准备	知识经验准备	具备搓条、擀的泥工经验，具备简单的了解冷暖色搭配审美
	物质准备	小型圆柱擀制工具、安全泥工刀、软陶泥、软陶泥切片等

活动过程

1.出示软陶泥切片，请幼儿观察切片的独特造型，发现切片的制作方法

提问：这些切片可以做些什么？你看到了什么颜色和造型？你最喜欢哪个？这些切片为什么长得一样？猜猜是怎么制作的？

2.播放软陶泥切片制作过程的视频，请幼儿观察并发现切片的制作方法

提问：软陶泥切片是怎么制作出来的？首先需要什么工具和材料？怎样才能搭配出色彩鲜艳的软陶泥切片？如果让你制作，你会选择什么颜色进行搭配？（鼓励幼儿观察并了解冷暖色搭配、同色系搭配等）

3.教师和幼儿共同尝试制作

指导语：老师想要做一个软陶泥切片，做一个小花的形状，你们能告诉我怎么做吗？

请幼儿分步骤回忆制作方法，教师进行范例制作。

4.幼儿进行自主制作，教师随机进行指导

5.教师帮助幼儿将卷好的软陶泥进行切片，感受泥工制作的乐趣和成就感

6.分享自己的软陶泥切片，重点鼓励幼儿向同伴展示自己的色彩搭配以及造型特点

7.将幼儿制作好的软陶泥切片进行烤制

中班园本课程教学设计（五）

课程名称		布老虎
课程目标		1.欣赏布老虎造型、色彩、图案之美，感受民间玩具艺术的魅力，尝试用泥工的形式制作布老虎 2.能大胆表达自己的情感和体验，尝试参与制作，感受泥工活动的乐趣
课程重难点		重点：欣赏布老虎造型，尝试用泥工的形式制作老虎 难点：能感受到布老虎色彩的美并有意识地进行色彩搭配
所需准备	知识经验准备	在生活中对布老虎有一定的了解，具备一定的搓条、揉圆经验
	物质准备	布老虎图片、彩泥若干

活动过程

1.出示布老虎图片，引起幼儿兴趣

出示"神秘礼物"，让幼儿猜猜并打开看看、说说。

提问：你们知道这是什么吗？是用什么材料做的？

介绍与小结：布老虎是中国特有的，是属于小朋友的玩具。在古时候，大人希望也相信布老虎能保护小朋友健康快乐地成长。

2.观看PPT交流、讨论，欣赏布老虎夸张的造型、色彩与图案

教师：老师这里收集了很多布老虎的图片，我们来看看有什么颜色的布老虎。

（1）提问：有没有发现颜色的秘密？什么颜色最多？还有哪些颜色？这些颜色你觉得怎么样？

（2）小结：布老虎身上红色、黄色最多，颜色是一块一块的，而且很鲜艳。

3.播放PPT，从造型角度欣赏布老虎

小朋友们真厉害，发现了布老虎独特的秘密，那布老虎头上会有什么秘密呢？

（1）对比观察布老虎图片和老虎图片。

（2）提问：布老虎和老虎的头一样吗，哪里不一样？眼睛怎样？嘴巴怎样？

（3）小结：布老虎的眼睛特别大，嘴巴特别大，特别夸张。

4.播放PPT，从图案角度欣赏布老虎

（1）提问：布老虎头上两边还有什么特别的地方？

（2）小结：有图形、花草、动物等，头顶上有一个"王"字。（山中之王、林中之王。）

如果从头上中间分开，"王"字一半在左边、一半在右边，图案这边一个或半个，那边一个或半个，两边是相同的，说明什么？说明布老虎头上两边是对称的。

（3）布老虎头上两边是对称的，那身体两边是怎样的？

（4）请小朋友找找、看看布老虎身体两边有没有相同的图案。

（5）小结：身体两边装饰的图案也是对称的。

5.共同探讨如何用彩泥制作布老虎

6.幼儿尝试自主制作布老虎

7.展示作品

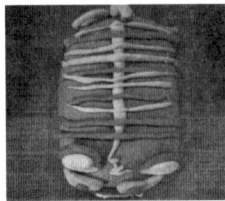

园本课程实施计划

大班园本课程活动内容

课程名称	大班泥工课程		
课程目标	1. 喜欢亲近大自然，能主动寻找和观察周围环境中美的事物，丰富美的体验 2. 能仔细观察事物特点，观察有一定顺序性和层次性 3. 喜欢收集自然物，对有生命的事物感兴趣，能用多种感官去体验 4. 积极参与泥工活动，有愉悦的情绪体验 5. 有一定的好奇心和探究欲望，能对感兴趣的事物进行交流和提问 6. 尝试运用已掌握的按压、拍打、搓、揉、捏、盘等多种泥工技能，以及能灵活选择各种辅助工具进行创造、表现 7. 能大胆想象，大胆尝试、创造，发展想象力、动手操作能力及与同伴的合作能力 8. 制作整幅泥塑作品		
实施安排	课次	课程内容	游戏材料
	1	房子	黄泥、房子图片、泥工板等
	2	小老鼠	超轻黏土、小老鼠图片等
	3	月亮上的畅想	彩泥、中秋节故事图片等
	4	"五毒"	超轻黏土、端午节"五毒"PPT、"五毒"民间绘画等
	5	龙舟	超轻黏土、图片PPT等
成果展示			
课程评价	本学期大班泥工活动中，教师能够结合节气、节日以及幼儿兴趣点创设适宜幼儿游戏的制作内容，如中秋节、端午节，激发幼儿对于传统节日的认识和热爱，增强幼儿的民族自豪感。 　　每一节活动的开展都以幼儿为主体，教师通过引导幼儿观察、探讨和尝试制作等方法，鼓励幼儿独立完成作品的同时，也要注意保护幼儿的想象力和创造力，引导幼儿在制作前进行构思和想象。 　　制作结束后，教师和幼儿通过共同分享作品，介绍作品的制作方法，发展幼儿的语言表达能力，树立幼儿的自信心。		

园本课程教学案例

大班园本课程教学设计（一）

课程名称	房子	
课程目标	1. 了解房子的造型特点，能利用摔、揉、刻、连接的方法制作房子 2. 积极参与泥工制作，感受动手操作的成就感和乐趣	
课程重难点	重点：制作泥工房子 难点：能用摔、揉等方法塑造房子的造型	
所需准备	知识经验准备	知道黄泥与普通橡皮泥的区别，有摔泥、揉泥的相关经验，了解黄泥的连接方法
	物质准备	黄泥、房子图片、泥工板等
活动过程		

1. 谈话导入

提问：你们家都住在哪里？老师家住在平房里，你们想看看老师家的房子吗？

2. 出示图片，引导幼儿观察房子的外形特点及砖块花纹样式

提问：房子由哪几部分组成？你喜欢房子的哪一部分？为什么？房顶是什么样的？房顶的花纹是什么样了的？

3. 出示多种房子图片，引导幼儿观察，并发挥幼儿的想象力，激发幼儿制作房子的欲望。

提问：你喜欢哪种房子？你会用什么样的花纹来装饰你的房子？

4. 出示黄泥，和幼儿共同探讨制作黄泥房子的方法

指导语：老师想用黄泥制作房子的四面墙，房子的四面墙是什么样的形状？怎样才能做出来？（鼓励幼儿利用摔泥的方法制作房子的四面墙。）

5. 共同讨论如何制作花纹

提问：怎样制作花纹？可以用什么工具？

6. 幼儿动手制作房子，教师随机进行指导

7. 作品展示

大班园本课程教学设计（二）

课程名称	小老鼠	
课程目标	1. 能运用泥塑中揉圆、搓条、压扁等技法塑造小老鼠造型并做适当的装饰 2. 大胆想象和制作小老鼠，感受泥工活动带来的乐趣	
课程重难点	重点：运用泥工方法制作小老鼠 难点：能大胆想象，给小老鼠进行适当的装饰	
所需准备	知识经验准备	会简单的搓、揉、捏技巧，对老鼠的外形特点有一定了解
	物质准备	超轻黏土、小老鼠图片等

活动过程

1. 出示小老鼠图片，引出活动主题

（1）小朋友们，今天我们班上来了一位新朋友。你们猜一猜它是谁？

（2）说说它长什么样子？眼睛、鼻子、嘴巴、身体、四肢、尾巴等。

2. 探讨如何用橡皮泥制作小老鼠

今天，老鼠大王家娶新娘，邀请许多小老鼠来参加，但是需要你们的小巧手把小老鼠变出来。你们想不想自己也来做一只小老鼠？

3. 教师通过提问引发幼儿思考和尝试，展示制作小老鼠的方法

（1）小老鼠的头是什么样子的，上面有什么？

（2）小老鼠的身体是什么样子的，身体上有什么？

（3）想一想怎样将小老鼠的头、四肢和身体连在一起。

步骤：将泥先分成3份，取1份揉圆作为老鼠的头；用另1份泥中的一点制作老鼠的两只耳朵，连在老鼠的头上（老鼠的耳朵要大一点）；用泥揉两个小圆，压扁后作为眼睛粘在老鼠脸上，再取一些泥，压扁作为老鼠的鼻子；用泥搓成椭圆形作为老鼠的身体；将第3份泥分成4份，搓长连在身体上（用牙签固定），作为老鼠的四肢；再用牙签将头与身体连起来；最后给小老鼠做一些装饰。

4. 幼儿制作，教师巡回观察并进行个别指导和帮助

5. 展示幼儿的作品并请幼儿向同伴介绍自己制作的老鼠

大班园本课程教学设计（三）

课程名称	月亮上的畅想	
课程目标	1.能借助中秋节主题和月亮的不同形状进行联想，用泥工画的形式表达自己的联想 2.愿意与同伴分享创作成果，体验创造的乐趣	
课程重难点	重点：制作月亮畅想泥工画 难点：尝试用泥工的方法表现作品	
所需准备	知识经验准备	制作泥工画的经验，对中秋节有简单的了解，知道嫦娥的故事，有粗浅的借形想象的经验等
	物质准备	彩泥、中秋节故事图片等

活动过程

1.欣赏《月亮上面荡秋千》
提问：请小朋友仔细看一看，小姑娘在什么地方做什么事情，她把什么当成秋千了？
2.结合欣赏及月亮的图片进行讨论
教师提问：
（1）月亮都有哪些形状？
（2）中秋节的时候谁会在月亮上想念亲人？谁陪着她？
（3）能用不同形状的月亮做不同的事情吗？
（4）如果你有一个小月亮，你可以用它来做什么？月亮上会有什么故事？
3.共同探讨平面泥工画如何创编
提问：老师想制作一个在月亮上跳舞的嫦娥，首先要制作什么？在作画之前要先制作什么？
引导幼儿尽量进行完整构思，并且先制作背景。
4.幼儿将自己的想象画用泥工的方法表现出来
教师巡视指导，鼓励幼儿的创意。
5.作品展示
幼儿互相欣赏，并尝试评价同伴的作品，说出自己最喜欢的作品。

大班园本课程教学设计（四）

课程名称		"五毒"
课程目标		1. 指导幼儿：在端午节要驱除"五毒"，了解"五毒"的外形特点，尝试运用泥工的形式表现"五毒"。 2. 感受传统习俗的有趣，能够大胆参与制作活动
课程重难点		重点：尝试运用泥工的方法制作"五毒" 难点：能准确表现"五毒"的外形特点
所需准备	知识经验准备	对"五毒"有简单的认识和了解，会简单的搓、揉、捏技巧，了解端午节的习俗
	物质准备	超轻黏土、端午节"五毒"PPT、"五毒"民间绘画等

活动过程

1. 谈话导入

通过端午节驱除"五毒"的习俗引出活动内容。

提问：

（1）你们知道"端午节，天气热，'五毒'醒，不安宁"说的"五毒"是什么吗？

（2）为什么说"'五毒'醒，不安宁"？

小结：古时候我国中原地区民间传说中的"五毒"分别是蜈蚣、毒蛇、蝎子、壁虎和蟾蜍。

2. 播放PPT，请幼儿观看"五毒"的图片

（1）通过出示图片，帮助幼儿了解"五毒"的外形特征，为后期创作积累视觉经验。

（2）欣赏"五毒"作品，感受民间艺术的美。

有的地方，人们用彩色纸剪成"五毒"，贴在门、窗、墙上或系在儿童的手臂上，以避诸毒。每到端午节，为预防"五毒"之害，一般在屋中贴"五毒"图，以红纸印画五种毒物，再用5根针刺"五毒"之上，即认为毒物被刺死，再不能横行了；又在衣饰上绣制"五毒"，在饼上缀"五毒"图案，均有驱除之意。

3. 教师和幼儿观察并讨论用黏土制作"五毒"

（1）蜈蚣有什么特点？如果用黏土制作，要体现出蜈蚣身体的什么特点？

（2）蟾蜍长什么样子？制作蟾蜍的时候怎样才能做出它的身体？

（3）蝎子的什么部位最厉害？怎样用黏土制作出蝎子的毒刺？

（4）什么样子的蛇才是毒蛇？制作毒蛇的时候要注意它的身体结构。

（5）壁虎的身体是什么样子的？它最大的特点是什么？

小结：蜈蚣有很多的腿，身体弯弯曲曲；蟾蜍和青蛙有些像，但是蟾蜍很胖，身上有很多毒腺；蝎子有个长长的尾巴，尾巴上有一个尖尖的毒刺；蛇的身体细细长长，弯弯曲曲；壁虎的个头比较小，但是四肢有脚，还带有吸盘。

4. 幼儿选择自己感兴趣的"五毒"进行制作，教师巡视指导

5. 和幼儿一起将"五毒"装饰起来，以避诸毒、保平安

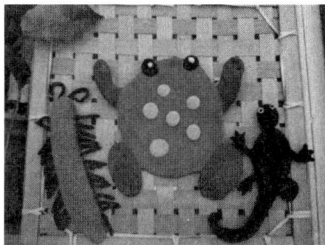

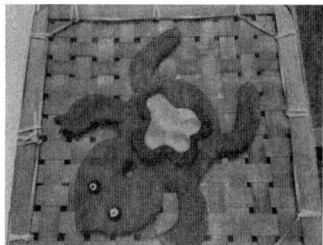

大班园本课程教学设计（五）

课程名称	龙舟	
课程目标	1. 运用揉、搓、捏、切的方法制作龙舟，并能仔细刻画细节 2. 通过传统故事了解赛龙舟的由来，享受制作的乐趣	
课程重难点	重点：通过传统故事了解赛龙舟的由来，运用揉、搓、捏的方法制作龙舟 难点：能用切、压的方法刻画出龙头、龙尾的细节	
所需准备	知识经验准备	会简单的搓、揉、捏技巧、了解端午节的习俗
	物质准备	超轻黏土、图片 PPT 等
活动过程		

1. 谈话导入

（1）端午节都有什么习俗？

（2）人们在端午节时为什么会赛龙舟？

（3）讲故事，介绍赛龙舟的由来。

2. 播放 PPT，请幼儿观看龙舟的图片

通过出示图片，帮助幼儿了解龙舟的主要外形特征，为后期创作积累视觉经验。

3. 幼儿讨论龙舟各部分的组成

小结：龙的身体是小船，龙头是船头，龙尾是船尾。

4. 图片定格在龙舟图，请幼儿观察

教师：龙头、龙尾是什么样子的？它们像是什么形状变成的？

小结：龙头像是一个弯曲的圆柱体，龙尾像是两个三角形。

5. 教师示范并讲解制作步骤

我们该怎样表现龙嘴、龙须、龙角和龙尾呢？

小结：运用切的技能把圆柱体一端切开一部分变成嘴巴，拱起的部分切出小口变成大龙须，用其他泥搓成细长条变成小龙须和龙角。龙尾处捏出两个三角形，将其中一个切出龙尾花纹。

6. 幼儿制作，教师巡视指导

7. 幼儿展示作品，相互讲述故事

第六节　多元课程：舞蹈

一、幼儿舞蹈活动的概念与分类

1.舞蹈活动的概念

指幼儿利用肢体动作，伴随音乐，感受美、表现美，利用自己的动作伴随节奏表现一定的生活情景。幼儿园舞蹈活动是学前艺术教育活动的重要内容之一。

2.舞蹈活动的类型

（1）基本功训练：为了让幼儿能够在舞蹈的时候，按照基本要求，做出压腿、压垮、压脚背等动作，促使幼儿将舞蹈做得更美。基本功训练在活动中非常重要，也是舞蹈美观性、观赏性的关键。基本功训练包括压腿、压胯、压肩、勾脚、绷脚的练习等。

（2）基本舞步练习活动：是幼儿舞蹈训练的重要内容之一，进行舞蹈训练的时候，对于舞步的练习可以为幼儿舞蹈做准备，能够在舞蹈过程中表现不同的形象和动态。基本舞步练习活动包括蹦跳步、膝跳步、娃娃步、秧歌步、踏点步等。

（3）儿童舞蹈活动：主要是指幼儿利用肢体动作伴随音乐和节奏，表现某一种生活情景，表达幼儿对生活的喜爱及欢快的心情。

（4）节奏训练：能够让幼儿根据节奏，表现不同的动作，展示不同的舞蹈，如4/2拍、4/4拍等。

二、幼儿舞蹈活动的特点

（1）幼儿的舞蹈活动过程是循序渐进、不断进步和理解的过程。

（2）幼儿的舞蹈活动过程是一个将生活和艺术相联系的过程。

（3）幼儿的舞蹈活动过程是逐渐熟练、自我表达的过程。

三、幼儿舞蹈活动的实施原则和实施方法

1.实施原则

（1）感受性原则：指的是能够感受生活，在此基础上，表现舞蹈动作。教师要让幼儿能够感受到

舞蹈的美并将舞蹈肢体语言和生活场景相联系，才能够做好舞蹈的基本动作。

（2）目标性原则：利用多种资源开展舞蹈活动时，教师要结合本次活动的目标和当前活动的大目标进行活动，让幼儿通过与教师、音乐的互动，达成学习舞蹈动作的目标。

（3）活动性原则：舞蹈学习和语言、绘画等学习形式不同，是在不断练习中学习的，因此，在舞蹈学习中，要让幼儿不断尝试和锻炼，避免呆板的说教，幼儿在不断体会动作的过程中不断熟练技巧，感受舞蹈的美。

（4）趣味性原则：根据各阶段幼儿的特点，选用幼儿能够接受的音乐和形式，采取有趣味的游戏方式进行舞蹈动作的学习。

（5）表现性原则：在舞蹈学习过程中，要让幼儿能够有机会展示自己，利用情景"小舞台"或者"展示时间到啦"等，大胆表现。

（6）安全性原则：舞蹈学习有一定的危险性，对于基本功训练等，要在保证幼儿安全的情况下进行，为幼儿创设安全的环境，设计幼儿能够接受的舞蹈动作。

2. 实施方法

（1）感受示范法：教师亲身示范，将舞蹈内容直观地展现出来，让幼儿能够有直观的认识。通过教师的示范，让幼儿感受舞蹈动作的美。

（2）亲身体验法：让幼儿利用各种感官直接感受舞蹈的动作、通过看动作、听音乐、做动作，自己体会舞蹈，激发对舞蹈的兴趣，表现舞蹈的主题。

（3）动作纠正法：教师通过带领幼儿做动作，纠正幼儿的动作，用语言、摆动、幼儿之间的互相纠正，让幼儿知道美的动作的正确做法。

（4）欣赏启发法：教师发起展示活动，让幼儿通过欣赏同伴的舞蹈动作、观看优秀的幼儿舞蹈视频，感受和体会优秀的舞蹈的美，从而自己能够展示舞蹈的动作。

（5）支持鼓励法：幼儿的舞蹈学习特别需要教师和其他人的鼓励，幼儿因性格特点、年龄特点等不同，因此表现和表达的方式及程度也不同，舞蹈的学习特别需要成人的鼓励，更加需要教师的支持与表扬。

（6）道具使用法：幼儿的舞蹈学习可以借助一定的道具进行，通过道具的使用，会激发幼儿学习舞蹈的兴趣。例如，学习汉族舞蹈的时候，扇子、手巾花的使用可以让幼儿更加愿意去参与舞蹈的练习和学习。

四、幼儿舞蹈活动的内容和目标

小班舞蹈活动的内容和目标

舞蹈活动内容	舞蹈活动的目标
感受与欣赏	1. 喜欢舞蹈，愿意跟随教师进行舞动 2. 尝试按照节拍进行舞蹈动作的学习 3. 体会到舞蹈的美，愿意用肢体动作体会和感受
表现与创造	1. 对儿童舞有一定的兴趣，能够尝试做基本舞步 2. 乐于在小组内进行表现，感受音乐的动感和节拍

中班舞蹈活动的内容和目标

舞蹈活动内容	舞蹈活动的目标
感受与欣赏	1. 了解不同民族的舞蹈的特点 2. 欣赏不同民族舞蹈的美，发现它们的不同 3. 乐于表达自己对所发现的舞蹈美的感受 4. 能够专心观看喜欢的文艺演出，有模仿和参与的愿望 5. 能够欣赏同伴的舞蹈作品，并初步尝试客观评价同伴的舞蹈作品
表现与创造	1. 能利用绸子、皱纹纸条、动物头饰等进行大胆的模仿和创作 2. 能用娃娃步、小碎步、鸭走步等多种形式表现自己观察到的舞蹈 3. 能自主听音乐，尝试进行美的动作的表达 4. 能够积极参加舞蹈活动，在活动中富有个性地表达自己的体验

大班舞蹈活动的内容和目标

舞蹈活动内容	舞蹈活动的目标
感受与欣赏	1. 喜欢并且能够表现出不同民族舞蹈的美，能够说出它们的基本特点 2. 能仔细观察傣族舞蹈、维吾尔族舞蹈的主要特征，比较精准地用动作和表情来表现 3. 喜欢用多种感官去体验各种舞蹈动作和基本舞步 4. 积极参与舞蹈活动，有愉悦的情绪体验 5. 有一定好奇心和探究欲望，能对感兴趣的事物进行交流和提问
表现与创造	1. 愿意当众进行表演，用肢体表达对事物和美的认知 2. 能够基本合拍、准确地表现对舞蹈的理解

五、幼儿舞蹈活动所需材料

材料	材料
录音机 	红绸子
垫子 	动物头饰
铃鼓 	大鼓
小狗头饰 	维吾尔族头饰

园本课程实施计划

小班园本课程活动内容

课程名称	小班舞蹈课程		
课程目标	1. 愿意参与舞蹈活动，对舞蹈感兴趣 2. 喜欢和教师一起舞蹈，学习基本舞步 3. 能够在音乐的伴随和教师的口令下学习基本步伐小碎步、蹦跳步等		
实施安排	课次	课程内容	游戏材料
	1	可爱的玩具	不倒翁玩具、垫子等
	2	小狗汪汪	音乐《小狗汪汪》、小狗头饰等
	3	小兔和大灰狼	音乐《小兔和大灰狼》、小兔子头饰等
	4	甜蜜的梦	舞蹈服、音乐《甜蜜的梦》等
	5	大家都很棒	舞蹈服、青蛙头饰、音乐《大家都很棒》等
成果展示			
课程评价	小班幼儿比较喜欢舞蹈，而且在跳舞的时候表现可爱，动作生动有趣。但是，小班幼儿由于小肌肉群发展不够灵活，节奏感也不是很强，因此在选择舞蹈种类和舞蹈步伐的时候，要注意幼儿的年龄特点和接受能力。在游戏中学习舞蹈，在选择音乐方面不宜过快，否则容易让幼儿跟不上音乐，从而会让小班幼儿有一种挫败感，因此在选择内容和音乐时，我们就采用活泼的、节拍明显的音乐。在学习过程中，采取游戏、示范和分组表演的形式，让幼儿有所收获、感受快乐、热爱舞蹈。 　　反思：通过进行小班的舞蹈活动，可以看出小班阶段幼儿的舞蹈指导要结合他们的特点进行，而且不要进行太多的枯燥训练，多以游戏的形式轻松活泼地进行。幼儿喜欢和老师一起跳舞，不喜欢单独放着音乐起舞，因此在进行活动的时候，就要结合这个特点，教师多和幼儿一起舞蹈。		

园本课程教学案例

小班园本课程教学设计（一）

课程名称	可爱的玩具	
课程目标	1. 喜欢做头部动作，感知节奏，表达对音乐的感受 2. 能够做出点头、摆头、立腰的基本动作	
课程重难点	重点：尝试做摆头、点头等基本动作 难点：跟随音乐和节奏做出摆头、点头等动作，注意合拍	
所需准备	知识经验准备	听过《可爱的玩具》歌曲
	物质准备	不倒翁玩具、垫子等

活动过程

1. 播放《咖喱咖喱》音乐入场，激发幼儿参与活动的兴趣

教师：请小朋友们用优美的动作分散站好。

教师引导幼儿注意节奏，进行节奏训练。

2. 教师与幼儿一起听音乐《可爱的玩具》

（1）教师引导幼儿做动作，强调头部的节奏。

提问：看一看老师的头部是怎么做的呢？你们来学一学？

（2）教师示范做点头、摆头、立腰的动作，幼儿欣赏。

（3）教师和幼儿一起来学习动作，教师进行个别指导。

（4）教师和幼儿一起听音乐感知节奏。

教师：谁想来单独表演呀？

（5）教师和幼儿一起表演，感受舞蹈的快乐。

3. 教师和幼儿一起进行基本功训练

教师鼓励幼儿勾绷脚并做示范。

4. 延伸

回家为爸爸妈妈表演基本律动《可爱的玩具》。

地面动作：双脚并拢，两手放两旁，左摆头

地面动作：双脚并拢，两手放两旁，右摆头

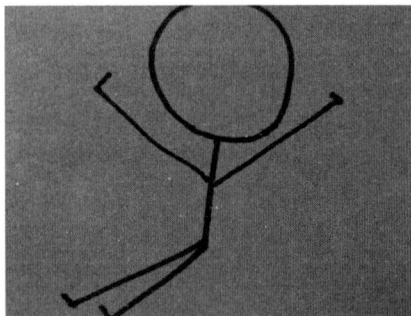

地面动作：双手举高，左右交替摆头

小班园本课程教学设计（二）

课程名称	小狗汪汪	
课程目标	1. 能够做出蹦跳步的基本动作 2. 感受跳的节奏，能够在老师的鼓励和示范下做出有节奏的蹦跳步	
课程重难点	重点：能够做出蹦起来的动作并且轻轻落地 难点：能够在老师的鼓励和示范下做出有节奏的蹦跳步	
所需准备	知识经验准备	在生活中有过蹦跳的经验
	物质准备	音乐《小狗汪汪》、小狗头饰等

活动过程

1. 教师带领幼儿做基本功，进行下腰训练

（1）基本功训练：下腰，锻炼幼儿的柔韧性。

（2）注意幼儿下腰的安全。

2. 教师与幼儿一起做基本动作——蹦跳步《小狗汪汪》

（1）教师听音乐做完整动作。

（2）蹦跳步的基本要领：两脚并拢，双手叉腰，起跳时轻轻落地，双膝弯曲；注意下蹲后再次起跳，配合音乐进行练习。

提问：你们看看老师的脚像不像一对好朋友？他们是怎么挨在一起的呢？

你们做的时候膝盖要像小矮人一样蹲下去，试一试吧。

（3）幼儿和教师一起进行《小狗汪汪》的练习。

（4）幼儿做动作，教师个别纠正，注意鼓励幼儿按照节奏蹦跳。

3. 小舞台环节

幼儿分组进行表演。注意表现蹦跳步时落地要稳。

4. 延伸

幼儿回家表演给爸爸妈妈看。

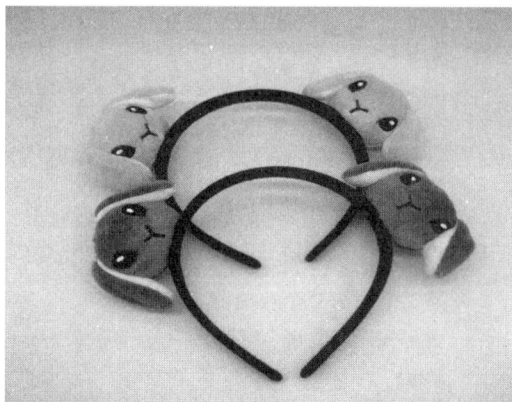

第1个和第2个八拍：双脚并拢做跳的动作

第3个和第4个八拍：一手叉腰，一手抬起

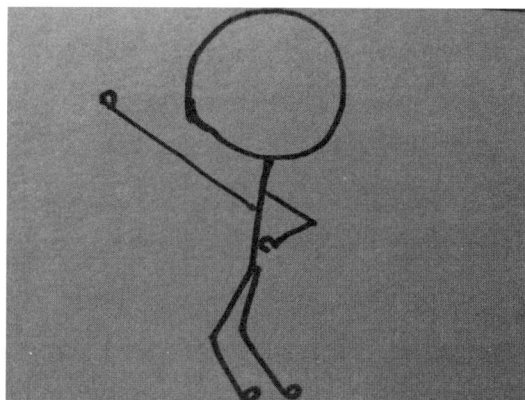

反方向再做一次

小班园本课程教学设计（三）

课程名称		小兔和大灰狼
课程目标		1. 在教师的带动下感知音乐，做出蹦跳步，感受舞蹈的有趣 2. 能够用动作、表情表现歌曲内容，知道按节奏进行蹦跳步
课程重难点		重点：感知音乐做蹦跳步，按不同节奏进行练习 难点：用动作和表情表达出歌曲并且做出蹦跳步
所需准备	知识经验准备	了解蹦跳步的做法
	物质准备	音乐《小兔和大灰狼》、兔子头饰等
活动过程		

1. 播放《咖喱咖喱》入场，激发幼儿参与活动的兴趣

教师：你喜欢这段音乐吗？

引导幼儿用有节奏的动作来表现。

2. 教师与幼儿一起学习舞蹈《小兔和大灰狼》，将蹦跳步融入舞蹈

（1）教师以森林情景导入，引导幼儿发现歌词的意义。

（2）教师完整演唱歌曲，表演舞蹈，注意蹦跳步的动作要领。

（3）教师和幼儿一起学习动作。蹦跳步动作要领：落地要轻，双脚要并拢，注意动作的节奏。

（4）教师和幼儿一起感受旋律，感受歌曲的欢快。幼儿跟着老师做蹦跳步的动作。

（5）幼儿自己做动作。教师纠正动作，个别指导。

3. 结束部分

（1）教师带领幼儿复习头部节奏训练《可爱的玩具》。

（2）自然结束。

4. 延伸

在过渡环节表演舞蹈《小兔和大灰狼》。

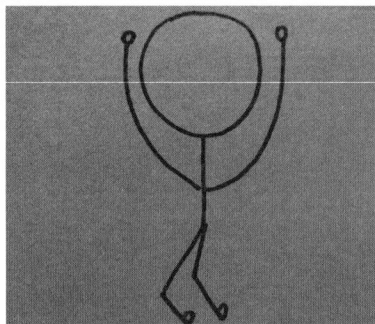

第1个和第2个八拍：双手向上举起

第3个和第4个八拍：右手抬起放在头边

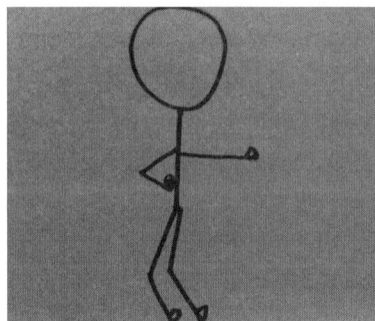

第5个和第6个八拍：右手伸平做小狗叫动作

小班园本课程教学设计（四）

课程名称	甜蜜的梦	
课程目标	1. 喜欢做脚部动作，感知节奏，表达对音乐的感受 2. 学习双勾脚和双绷脚的基本动作	
课程重难点	重点：学习双勾脚和双绷脚的动作 难点：能根据节奏变化勾脚和绷脚的动作	
所需准备	知识经验准备	欣赏过舞蹈节目
	物质准备	舞蹈服、音乐《甜蜜的梦》等

活动过程

1. 对舞蹈有初步的了解

教师：你们看见过别人跳舞吗？那你知道什么是舞蹈吗？

教师：舞蹈的动作优美，还要配上适合的音乐，听着音乐翩翩起舞。

2. 站姿的训练

动作要领：抬头、挺胸、收腹。

3. 学习基本功——勾绷脚

（1）学习勾脚的动作。

双勾脚：双脚脚尖最大限度地勾起，脚跟往远蹬，双脚与腿部形成勾曲式造型。

（2）学习绷脚的动作。

双绷脚：双脚脚腕伸展，脚背向上拱，脚尖向下压，与腿部形成一个流线造型。

注意：双勾脚和双绷脚均要做到最大限度。

4. 教师喊节奏

跟着节奏变换勾绷脚的练习，注意勾脚和绷脚的变化。

5. 尝试跟着音乐完整地进行组合练习

6. 放松练习，轻轻地拍打双腿和双脚

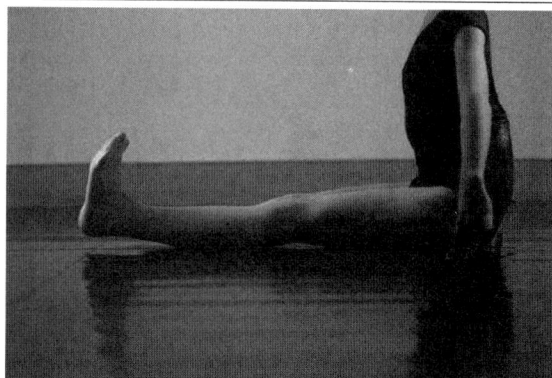

小班园本课程教学设计（五）

课程名称		大家都很棒
课程目标		1. 学习"青蛙趴"的动作，锻炼胯的灵活性和柔韧度 2. 学习振胯的动作
课程重难点		重点：能够尝试"青蛙趴"的练习 难点："青蛙趴"的练习能够坚持一定的时间
所需准备	知识经验准备	知道小青蛙的特征
	物质准备	舞蹈服、青蛙头饰、音乐《我们都很棒》等

活动过程

1. 巩固勾绷脚基本动作

双勾脚、双绷脚、勾绷交替脚继续巩固练习。

2. 巩固压腿基本动作

掌握呼吸、绷脚夹紧、后背保持平整。

3. 分解学习舞蹈动作

（1）学习"青蛙趴"，锻炼胯的柔韧度。

提问：青蛙是什么样子的？青蛙趴着的时候，它的身体和腿是什么样子呢？

教师请一名幼儿进行动作示范，引导幼儿理解"青蛙趴"的动作要领。

（2）能够坚持一段时间的"青蛙趴"，动作标准。

（3）尝试进行胯部动作的练习。

（4）振胯的学习。鼓励幼儿按照节拍有节奏地颤腿，进行胯的练习。

要求：掌握动作要领，每个动作做到位。

4. 跟着音乐完整地进行组合练习

5. 放松练习

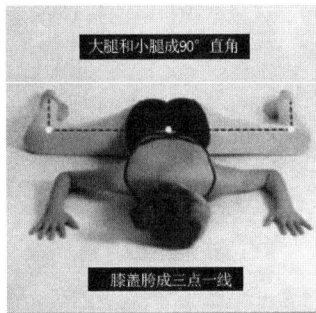
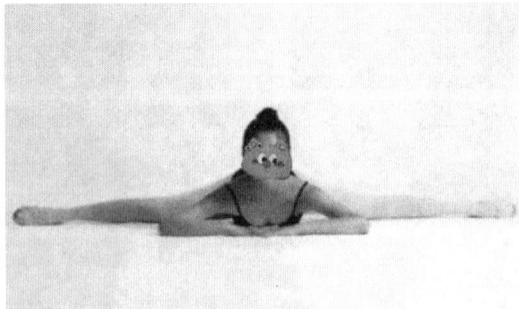

园本课程实施计划

中班园本课程活动内容

课程名称	中班舞蹈课程		
课程目标	1. 愿意参与舞蹈的学习和表演，体会舞蹈表演的乐趣 2. 尝试在教师的带领下跟着音乐模仿动作 3. 敢于当众表演，动作优美，节奏基本正确，体会美感和节奏感		
实施安排	课次	课程内容	游戏材料
	1	咙咚呛	音乐《咙咚呛》、红绸子等
	2	尝葡萄	音乐《尝葡萄》等
	3	美丽的草原我的家	音乐《美丽的草原》等
	4	摘果子舞（一）	音乐《摘果子》、小篮子等
	5	摘果子舞（二）	音乐《摘果子》、小篮子等
成果展示			
课程评价	中班幼儿比较活泼，学习舞蹈的，多数都是女孩，她们天生喜爱舞蹈，能够感受舞蹈的美。在学习中能够比较积极地参加动作的练习和学习，基本掌握了蹦跳步、小碎步、娃娃步、膝跳步等动作，能够进行两人合作的双人舞蹈，体会了舞蹈的美，体会了舞蹈的快乐。但是，由于个体差异，在学习过程中，有的幼儿掌握速度很快，有的幼儿在学习中存在节奏感不好、动作不太协调等问题，我们保持鼓励、表扬的态度，我们培养的不是小舞蹈家，只要幼儿能够感受到舞蹈的美、体会到舞蹈的美就足够了。未来的学习中，要继续鼓励幼儿大胆表演，鼓励幼儿在众人面前表演，给他们创造机会，促进幼儿的舞蹈动作和舞蹈能力的发展。 　　反思：在指导中班舞蹈的过程中，我们发现中班幼儿非常喜欢参与舞蹈活动，而且在动作协调性方面有一定的提升，他们能够比较合拍地跟教师一起做动作，但是需要提示，如果单独表演还是有一定的难度，需要能力较强的幼儿或者教师带领。		

园本课程教学案例

中班园本课程教学设计（一）

课程名称	咙咚呛	
课程目标	1. 在教师的带动下感受新年一起舞蹈的快乐 2. 能够结合道具表现新年敲鼓、甩绸子等动作	
课程重难点	重点：知道舞蹈咙咚呛的大致动作并且表现出来 难点：能够跟随音乐，表现汉族舞蹈热烈的场面	
所需准备	知识经验准备	了解咙咚呛的意思，见过敲锣打鼓的场面
	物质准备	音乐《咙咚呛》、红绸子等
活动过程		

1. 播放《新年好》，引入活动

教师带领幼儿入场，让幼儿参与音乐活动。

教师：你知道这是什么歌曲吗？

教师引导幼儿用动作、歌声表现新年的热烈场面。

2. 教师与幼儿一起复习歌曲《咙咚呛》，感受歌曲的欢快节奏

（1）教师和幼儿一起演唱歌曲，说一说可以做什么动作来表现打鼓。

（2）教师和幼儿一起看舞蹈视频，了解新年舞蹈的多种形式。

（3）幼儿欣赏教师表演舞蹈《咙咚呛》。

（4）教师和幼儿一起学习舞蹈《咙咚呛》，鼓励幼儿大胆表现。

3. 教师请幼儿重点学习动作：甩绸子

4. 教师和幼儿一起加上皱纹纸条表现动作

5. 教师带幼儿拉开距离，进行舞蹈表演

6. 教师录像，请幼儿一起欣赏，激发幼儿的表演欲

7. 延伸

在新年联欢会上表演。

第 1 个和第 2 个八拍：双手举高舞动绸子

第 3 个和第 4 个八拍：双手放在一侧舞动绸子

第 5 个和第 6 个八拍：双手交替在头上舞动，双脚并拢

中班园本课程教学设计（二）

课程名称	尝葡萄	
课程目标	1. 在教师的带动下感受维吾尔族舞蹈的欢快和有趣 2. 能够用动作表现摘葡萄等舞蹈动作，感受和同伴一起跳舞的乐趣	
课程重难点	重点：知道歌曲的含义，能根据歌曲学习舞蹈动作 难点：能够和同伴一起表现出舞蹈的有趣和欢快	
所需准备	知识经验准备	见过摘葡萄的人和动作
	物质准备	音乐《尝葡萄》等
活动过程		

1. 基本功"压腿组合"

教师带领幼儿入场，激发幼儿参与活动的兴趣。

教师引导幼儿将腿部抬高，注意节奏，鼓励幼儿坚持基本功的训练，用动作表现舞蹈的基本特点。

2. 教师与幼儿一起演唱《尝葡萄》，再次感受歌词的意义

（1）教师用小小旅游团的形式，创设葡萄架的情景，引导幼儿复习歌曲。

（2）教师引导幼儿说出歌词的含义，知道新疆维吾尔自治区盛产葡萄。

（3）幼儿欣赏教师表演舞蹈《尝葡萄》。

（4）教师和幼儿一起学习舞蹈《尝葡萄》，鼓励幼儿大胆表现。

（5）教师请幼儿分组表演，男孩女孩拉圈，分别表演不同尝葡萄的动作。

（6）教师鼓励幼儿大胆表现。

3. 教师带幼儿进行踏点步练习

4. 延伸

在表演区表演《尝葡萄》。

第1至第4个八拍：双手兰花指做摘葡萄的动作

第5至第8个八拍：做移动颈部动作

做尝葡萄典型动作，一拍一动

中班园本课程教学设计（三）

课程名称	美丽的草原我的家	
课程目标	1. 在教师的带动下初步感知蒙古族舞蹈的美 2. 能够基本做出蒙古族舞蹈中压腕、提腕的动作	
课程重难点	重点：能够用动作、语言等表现和感受蒙古族音乐的美 难点：学习提腕、压腕的动作	
所需准备	知识经验准备	了解蒙古族人生活在草原
	物质准备	音乐《美丽的草原》等

活动过程

1. 教师带领幼儿听音乐，看教师完整表演《美丽的草原》

（1）教师：你们见过草原吗？你们喜欢草原吗？

（2）教师表演，激发幼儿学习的兴趣。

2. 教师与幼儿一起学习律动《美丽的草原》

（1）教师引导幼儿感受音乐的一部分，发现蒙古族舞蹈的美。

（2）教师和幼儿用语言表达蒙古族舞蹈的感受。

（3）教师和幼儿一起学习提腕、压腕等基本动作。

（4）教师和幼儿一起表演提腕、压腕，跟着音乐表演。

3. 为爸爸妈妈表演《美丽的草原》，感受表演的乐趣

踏点步下蹲：双手交替提腕、压腕

弓箭步，侧方提腕、压腕

左腿绷脚，一手高，一手低，提腕、压腕

双手向2点方向举起，拍手后放下

双脚并拢起跳，按照节奏做两个八拍

中班园本课程教学设计（四）

课程名称	摘果子舞（一）	
课程目标	1. 能随乐曲的节拍做手腕转动的动作 2. 能用表情和动作表现出摘果子的愉快心情	
课程重难点	重点：能用表情和动作表现出摘果子的愉快心情 难点：能随乐曲的节拍做手腕转动的动作	
所需准备	知识经验准备	有过采摘的经验
	物质准备	音乐《摘果子》、小篮子等

活动过程

1. 观看果农摘果子的图片，激发幼儿产生摘果子的兴趣

教师：小朋友们，秋天来了，果园里的果子都成熟了啦！农民伯伯们忙不过来，想请小朋友们去帮忙摘果子！你们愿意吗？让我开着火车去摘果子吧！

2. 鼓励幼儿大胆尝试摘果子的动作

（1）交流学习摘果子的动作。（幼儿边说边做摘果子的动作，鼓励幼儿伸出手臂、转动手腕，学习摘果子的动作。）

教师：拧一下果子很容易就摘下来了，我们一起来试一试。摘下的果子可以放在什么地方呢？一手做抱着篮子的动作，一手摘果子。

（2）引导幼儿摘不同位置的果子，认识方位。

教师：我们除了可以摘前面的果子，还可以摘哪里的果子？根据不同方位，边哼唱边摘果子。

教师：篮子挎在手上好累啊，让我们把篮子放在地上吧。我们就可以两只手来摘果子了。教师哼唱，幼儿做动作。

3. 播放《摘果子》乐曲，带领幼儿随乐曲节奏做摘果子、放果子的动作

教师：小朋友们这么快就学会摘果子了，让我们一起跟着音乐来摘果子好不好？

4. 幼儿合作摘果子

培养幼儿的合作意识，增加游戏的趣味性。

5. 学习舞蹈动作，丰富表现

教师主要强调汉族舞蹈俏皮、活泼、可爱的特点。

6. 创设果园的场景，体验采摘的乐趣

教师：我们都出汗了，看来劳动真不是一件容易的事情。

手腕向上翻动，表示摘上面的果子

手腕向下翻动，表示摘下面的果子

双手交替摘果子做两个八拍

中班园本课程教学设计（五）

课程名称	摘果子舞（二）	
课程目标	1.感受乐曲活泼、欢快的节奏，初步学习摘果子的动作和小跑步 2.通过观察教师的示范动作，总结并归纳出与动作相一致的语言提示，并根据语言提示学习舞步	
课程重难点	重点：初步学习摘果子的动作和小跑步 难点：将小跑步配上音乐，表现摘果子的欢快	
所需准备	知识经验准备	看过果园丰收视频，学过相关舞蹈动作
	物质准备	音乐《摘果子》、小篮子等
活动过程		

1.复习上次的摘果子动作，引起活动兴趣

（1）幼儿围成半圆，教师带领幼儿复习。

（2）教师请动作标准的幼儿示范表演。

2.学习、掌握小跑步的动作要领，能跟着音乐节奏合拍地表现踵趾小跑步的动作

（1）教师示范踵趾小跑步，幼儿说一说、学一学。

（2）出示图谱，看图谱分析动作。

（3）教师小结：原来是脚跟、脚尖、跑、跑、跑，跑着去的，一共跑3下。

（4）一起看图谱练习踵趾小跑步。

3.听音乐练习做小跑步

（1）一起听音乐练习做踵趾小跑步。

（2）请两名幼儿上前做一做踵趾小跑步，再次播放音乐，重复练习。

4.学习拿篮子、找果树、摘果子的动作

5.听音乐练习拿篮子、找果树、摘果子的动作

6.学习展示成果

（1）学习转一圈展示成果、擦汗的动作。

（2）学习跑去送果子的动作。

7.延伸

给班里其他幼儿表演舞蹈《摘果子》。

园本课程实施计划

大班园本课程活动内容

课程名称	大班舞蹈课程		
课程目标	1. 喜欢并且能够表现出不同民族舞蹈的美，能够说出它们的基本特点 2. 喜欢用多种感官去体验各种舞蹈动作和基本舞步 3. 积极参与舞蹈活动，有愉悦的情绪体验		
实施安排	课次	课程内容	游戏材料
	1	娃哈哈	新疆小花帽、音乐《娃哈哈》等
	2	欢乐秧歌（一）	舞蹈视频、十字步图谱等
	3	欢乐秧歌（二）	音乐《手绢花》，手绢花每人两个
	4	竹竿舞	竹竿四根、竹竿舞音乐等
	5	多幸福	水袖、音乐《多幸福》等
成果展示			
课程评价	大班幼儿在表现舞蹈的时候，能够尝试基本按照教师和幼儿一起学习的动作进行练习。在进行舞蹈的过程中，幼儿能够按照节拍和节奏进行舞动，但是缺乏表情，于是，我们在进行舞蹈的时候加强幼儿对舞蹈的理解，了解民族舞的特点是在劳动者中产生的，了解很多民族的舞蹈表达了各民族人民欢庆、丰收、采摘、过年等不同的生活场景。幼儿就会理解更多，也在做动作时有一定的表情了。在此过程中，我们和幼儿一起观摩同伴的作品、观摩教师的表演、观摩PPT中的视频，知道了更加准确地表现舞蹈。因此，在学习舞蹈中，我们也感受到了幼儿对于舞蹈的特殊表达和喜爱。 　　反思：从幼儿的兴趣出发，创设各种情景，引导他们进行想象和联想，并在这样的情境中不断愉快地重复练习某些基本动作，直到练得比较到位。 　　抓住幼儿的兴趣，通过教师的语言引导，并创设良好的情境，让幼儿感受到舞蹈很美，学跳舞是件很好玩的事，让他们的情绪一直保持在兴奋的状态下，学习效果就会事半功倍，收获意想不到的好效果。		

园本课程教学案例

大班园本课程教学设计（一）

课程名称	娃哈哈	
课程目标	1. 在感受音乐的基础上激发幼儿学习舞蹈的兴趣 2. 探索学习舞蹈动作踏点步、翻手腕和托帽，感知队形变化 3. 初步培养幼儿自由探索动作的能力，体验成功的喜悦	
课程重难点	重点：学习踏点步、翻手腕、托帽的舞蹈动作 难点：初步感知队形变化	
所需准备	知识经验准备	学过歌曲《娃哈哈》
	物质准备	新疆小花帽、音乐《娃哈哈》等
活动过程		

1. 通过出示帽子激发幼儿的兴趣

教师：小朋友戴的帽子真漂亮？它是哪个民族的帽子？

2. 复习歌曲，感知歌曲节奏

3. 学习舞蹈动作

教师示范踏点步、翻手腕、托帽，请幼儿模仿。

4. 引导幼儿根据音乐学习完整的舞蹈组合动作

（1）教师分小节示范，请幼儿模仿。

（2）幼儿掌握不好的动作要多加练习。

（3）先分解练习，再完整地练习。

5. 引导幼儿感知舞蹈队形

（1）出示队形图片，引导幼儿理解队形的变化。

教师：这个圆代表我们小朋友的头，从圆形变成四排的队形。每排由一位小朋友带队。

（2）请小朋友变队形。

大班园本课程教学设计（二）

课程名称	欢乐秧歌（一）	
课程目标	1. 学习秧歌的基本步伐 2. 知道秧歌是一种传统的民间活动，感受秧歌热闹、喜悦的特性	
课程重难点	重点：学习秧歌的基本步伐 难点：通过十字步图谱学习秧歌的基本步伐	
所需准备	知识经验准备	听过东北地区秧歌的欢乐歌曲
	物质准备	舞蹈视频、十字步图谱等

活动过程

1. 观看录像"东北秧歌"，引出活动

（1）这是什么舞蹈？你在视频中看到了什么？

（2）小结：秧歌最早流行在东北地区，人们在喜庆的日子里就会用扭秧歌的形式来庆祝，后来人们把秧歌改变成地方秧歌，手里的道具用得最多的是阿姨们的手绢花和叔叔们的绸带。

2. 学习秧歌十字步

今天我们也来学一学秧歌的基本步伐。它有一个好听的名字：秧歌十字步。（出示秧歌十字步大图，为幼儿讲解，并让幼儿试着看图自己先走一走。）

3. 老师示范秧歌步

秧歌步：第一拍，左脚起步向前交叉方向走；第二拍，右脚向前交叉方向走；第三拍，左脚向后交叉方向走；第四拍，右脚向后交叉方向走。准备的时候，双脚站在小脚印上，走步时，可以根据图谱上的口令提示走，注意脚步和颜色的对应。

4. 幼儿学习十字步

（1）幼儿人手一块十字步图谱进行练习。教师观察并辅导。

（2）鼓励幼儿跟着音乐边唱边练习秧歌十字步。教师个别辅导。

大班园本课程教学设计（三）

课程名称	欢乐秧歌（二）	
课程目标	1.学习手绢舞的基本动作，复习秧歌十字步 2.能根据音乐旋律模仿手绢花的舞蹈动作 3.激发对民间舞蹈的热爱	
课程重难点	重点：学习简单的手绢花的舞蹈动作 难点：学习捏绢的动作，尝试将手绢花甩起来	
所需准备	知识经验准备	知道秧歌这种舞蹈，学过秧歌十字步
	物质准备	音乐《手绢花》，手绢花每人两个
活动过程		

1. 幼儿随音乐与老师一同入场

2. 复习秧歌十字步

3. 出示手绢花，激发幼儿的学习兴趣

教师：你们看这是什么？（手绢花）

教师：手绢花可以做什么动作呢?

请个别幼儿尝试用手绢花做出各种动作。

4. 学习手绢花的基础动作

教师示范动作，引导幼儿观察和模仿。

（1）学习拿手绢花的方法。

（2）学习手绢花的舞蹈动作。

5. 将十字步和手绢花的手部动作结合，进行组合练习

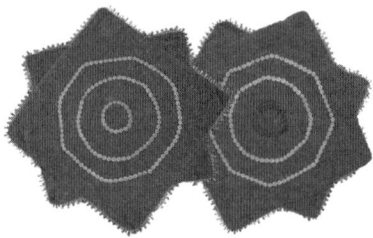

大班园本课程教学设计（四）

课程名称	竹竿舞	
课程目标	1. 了解竹竿舞的基本练习方法，掌握敲竹竿的节奏 2. 初步了解跳竹竿舞的基本步骤，提高协调、弹跳等运动能力 3. 培养细心观察、团结合作的精神，体验跳舞的乐趣	
课程重难点	重点：掌握敲竹竿的节奏 难点：有节奏地跳跃，正确地跳进跳出	
所需准备	知识经验准备	有四二拍的节奏感
	物质准备	竹竿四根、竹竿舞音乐等
活动过程		

1. 欣赏介绍，激发兴趣

播放歌曲《跳起来》。

老师：小朋友们，刚刚听到的歌是《跳起来》，是彝族的民歌。山峦和笑声真的很热闹，男人、女人和孩子都很快乐，知道为什么这么热闹吗？他们聚在一起跳竹竿舞。

2. 学习竹竿舞

（1）熟悉音乐节奏，掌握出入时机。

教师：根据敲竹的节奏感和规律性，舞者不仅可以敏捷地跳进跳出，而且还能做各种优美的动作。

教师播放音乐并提问：谁能告诉我这是几拍的节奏？

教师：你可以用脚的开合来模拟竹竿的开合吗？

教师：小朋友们考虑一下。当你要在开闭的竹竿之间跳进跳出时，你会做什么？

（2）一组两名幼儿，一名用手指模拟竹竿的打开和关闭，一名用两只脚的打开和关闭跳入和跳出

（3）练习敲竹竿的方法，结合跳入跳出练习。

3. 敲竹竿练习

教师：谁愿意和我一起敲竹竿？我们需要注意什么？

请小朋友们配合示范敲竹竿，指导小朋友用竹竿发出有节奏的声音，强调敲竹竿时两个人的动作是相同的，两根竹竿必须有明显的开合，不建议将竹竿抬得过高。

4. 学习基本动作

（1）欣赏竹竿舞。我们已经掌握了敲竹竿的方法以及进出竹竿的时间，接下来，我们学习竹竿舞的基本动作。观看视频，学习他们是怎么跳的。

（2）结合不动的竹竿练习技巧。

5. 尝试配合活动的竹竿舞，两组轮流尝试

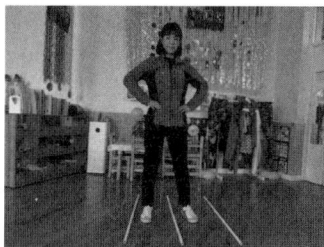

大班园本课程教学设计（五）

课程名称	多幸福	
课程目标	1. 有进退步、甩袖等动作初步表现藏族舞蹈的特点和欢乐情绪 2. 在舞蹈活动中体验自我表达的快乐	
课程重难点	重点：学习进退步等藏族舞蹈的基本舞步 难点：掌握藏族舞蹈的节奏重心	
所需准备	知识经验准备	在日常生活中，欣赏藏族服饰，了解其特点
	物质准备	水袖、音乐《多幸福》等

活动过程

1. 欣赏歌曲《多幸福》

（1）理解歌词内容，感受歌曲欢乐的情绪。

（2）跟着歌曲合拍地拍手或轻轻地踏步，重复欣赏 2 ~ 3 遍。在欣赏过程中，可自由地轻声跟着唱。

（3）说一说、学一学歌里最有兴趣的"一呀二呀三三"。

2. 学跳舞蹈

（1）教师简单装饰成藏族姑娘，示范跳 1 ~ 2 遍。

（2）幼儿说说自己最喜欢舞蹈中的哪个动作，每说一个，教师重复表演一次，并带领大家进行练习。

（3）跟着音乐，练习手部的甩袖动作。

（4）跟着音乐练习舞步（垫步，三步一靠）。

（5）手、脚动作合起来随音乐练习。

3. 完整舞蹈

逐步做到边唱歌边舞蹈。

4. 自由选择一种自制的藏族服饰

打扮自己，初步表现藏族朋友能歌善舞的特点和快乐情绪。

第七节　多元课程：科学

一、幼儿科学活动的指导思想

要尽量创造条件让幼儿参加探究活动，使他们感受科学探究的过程和方法，体验发现的乐趣。大自然千变万化，社会生活丰富多彩，在幼儿的眼里形成了一个充满疑问的世界。就是在这些大大小小的探索行为中，他们逐渐获得关于世界的经验，理解周围的世界。正如杜威所说：儿童有调查和探究的本能，好奇、好问、好探究是儿童与生俱来的特点，也是使他们的认识活动得以维持和获得成功的首要前提。

让幼儿参加探究活动，首先要引起他们对知识的强烈渴求感。尽量设计一些幼儿觉得新鲜有趣的问题或安排一些新奇有趣的实验，使幼儿产生强烈的好奇心和求知欲，这样就能在最短的时间里，把幼儿的注意力吸引过来，帮助他们高度集中地进入探求新知识的情境中，提高教学新知识的效果。

二、课程目标与教学活动的实施

1.课程目标

（1）对周围的事物、现象感兴趣，有好奇心和求知欲。

（2）能运用各种感官，动手动脑，探究问题。

（3）能用适当的方式表达、交流探索的过程和结果。

（4）能从生活和游戏中感受事物的数量关系并体验到数学的重要和有趣。

（5）爱护动植物，关心周围环境，亲近大自然，珍惜自然资源，有初步的环保意识。

2.教学活动的实施

（1）巧设科学悬念：在教学过程中设计一定的悬念，既能吸引住幼儿的眼球，使幼儿的注意力较快集中，又能充分激发幼儿的求知欲，为教学活动的成功开展创设有利条件。

（2）合理利用多媒体：利用多媒体技术，可以创设虚拟的科学实验，化复杂为简单，化抽象为具体，化静止为运动，使幼儿在多媒体的引导下，积极思维。

（3）引入儿歌故事：教师要善于用言语来表达教学内容的情感，引起幼儿的共鸣。教师在教学过程中可适当运用谜语、故事、儿歌等方法，以提高幼儿的兴趣。

（4）营造动手空间：科学是实践性很强的一门学科，只有通过实践探究，才能做到学以致用，既能巩固知识，又能发现知识。在科学教学中，教师要想方设法通过探究体验，让幼儿的双手动起来，在探究中升华知识。为了帮助孩子们理解这一抽象的概念，教师根据由易到难、由简到繁的认知规律精心设计各活动环节，有递进性的幼儿动手操作活动，充分调动了幼儿主动探索的积极性。

（5）及时记录获得的信息：记录获得的信息，能使幼儿关注探究过程和事物的变化，把抽象的信息变成具体的图表；尽管幼儿的记录结果极为幼稚，他们只会用一些简图或符号，但是这些都是幼儿获取知识的过程，有助于幼儿原有认识与当前操作结果相比较，调整原有认识，主动建构新经验。教师应针对不同年龄的幼儿选择适当的记录方式，保证幼儿探索的积极性。

三、幼儿科学活动的内容和目标

小班科学活动的内容和目标

科学活动内容	科学活动目标
1. 亲近自然，喜欢探究	（1）喜欢接触大自然，对周围的很多事物和现象感兴趣 （2）经常问各种问题，或好奇地摆弄物品
2. 具有初步的探究能力	（1）对感兴趣的事物能仔细观察，发现其明显特征 （2）能用多种感官或动作去探索物体，关注动作所产生的结果
3. 在探究中认识周围事物和现象	（1）认识常见的动植物，能注意并发现周围的动植物是多种多样的 （2）能感知和发现物体和材料的软硬、光滑和粗糙等特性 （3）能感知和体验天气对自己生活和活动的影响 （4）初步了解和体会动植物对人类的贡献
4. 初步感知生活中数学的有用和有趣	（1）感知和发现周围物体的形状是多种多样的，对不同的形状感兴趣 （2）体验和发现生活中很多地方都用到数学
5. 感知和理解数、量及数量关系	（1）能感知和区分物体的大小、多少、高矮等方面的特点，并能用相应的词表示 （2）能通过一一对应的方法比较两组物体的多少 （3）能手口一致地点数5个以内的物体，并能说出总数，能按数取物 （4）能用数词描述事物或动作
6. 感知形状与空间关系	（1）能注意物体较明显的形状特征，并能用自己的语言描述 （2）能感知物体基本的空间位置与方位，理解上下、前后、里外等方位词

中班科学活动的内容和目标

科学活动内容	科学活动目标
1. 亲近自然，喜欢探究	（1）喜欢接触新事物，经常问一些与新事物有关的问题 （2）常常动手动脑探索物体和材料，并乐在其中
2. 具有初步的探究能力	（1）能对事物或现象进行观察比较，发现其相同与不同 （2）能根据观察结果提出问题，并大胆猜测答案 （3）能通过简单的调查收集信息 （4）能用图画或其他符号进行记录 （5）在探究中能与他人合作与交流
3. 在探究中认识周围事物和现象	（1）能感知和发现动植物的生长变化及其基本条件 （2）能感知和发现常见材料的溶解、传热等性质或用途 （3）能感知和发现简单物理现象，如物体形态或位置变化等 （4）能感知和发现不同季节的特点，体验季节对动植物和人的影响 （5）初步感知常用科技产品与自己生活的关系，知道科技产品有利也有弊

续表

科学活动内容	科学活动目标
4.初步感知生活中数学的有用和有趣	（1）在指导下感知和体会有些事物可以用形状来描述 （2）在指导下感知和体会有些事物可以用数来描述的，对环境中各种数字的含义有进一步探究的兴趣
5.感知和理解数、量及数量关系	（1）能感知和区分物体的粗细、长短、厚薄、轻重等量方面的特点，并能用相应的词语描述 （2）能通过数数比较两组物体的多少 （3）能通过实际操作理解数与数之间的关系，如5比4多1、2和3合在一起是5 （4）会用数词描述事物的顺序和位置
6.感知形状与空间关系	（1）能感知物体的形体结构特征，画出或拼搭出该物体的造型 （2）能感知和发现常见几何图形的基本特征，并能进行分类 （3）能使用上下、前后、里外、中间、旁边等方位词描述物体的位置和运动方向

大班科学活动的内容和目标

科学活动内容	科学活动目标
1.亲近自然，喜欢探究	（1）对自己感兴趣的问题总是刨根问底 （2）能经常动手动脑寻找问题的答案 （3）在探索中有所发现时感到兴奋和满足
2.具有初步的探究能力	（1）能通过观察、比较与分析，发现并描述不同种类物体的特征或某个事物前后的变化 （2）能用一定的方法验证自己的猜测 （3）在成人的帮助下能制定简单的调查计划并执行 （4）能用数字、图画、图表或其他符号记录 （5）在探究中能与他人合作与交流
3.在探究中认识周围事物和现象	（1）能察觉到动植物的外形特征、习性与生存环境的适应关系 （2）能发现常见物体的结构与功能之间的关系 （3）能探索并发现常见的物理现象产生的条件或影响因素，如影子、沉浮等 （4）感知并了解季节变化的周期性，知道变化的顺序 （5）初步了解人们的生活与自然环境的密切关系，知道尊重和珍惜生命，保护环境
4.初步感知生活中数学的有用和有趣	（1）能发现和体会到按一定规律排列的物体比较整齐、美观 （2）能发现生活中许多问题都可以用数学的方法来解决，体验解决问题的乐趣
5.感知和理解数、量及数量关系	（1）初步理解量的相对性 （2）借助实际情景和操作（如合并或拿取）理解加和减的实际意义 （3）能通过实物操作或其他方法进行10以内的加减运算 （4）能用简单的图表表示简单的数量关系
6.感知形状与空间关系	（1）能用常见的几何形体有创意地拼搭和画出物体的造型 （2）能按语言指示或根据简单示意图正确取放物品 （3）能辨别自己的左右

园本课程实施计划

小班园本课程活动内容

课程名称	小班科学课程		
课程目标	1. 喜欢接触大自然，对周围很多事物和现象感兴趣 2. 能用多种感官或动作去探索物体，并关注动作所产生的结果 3. 能感知和发现物体及材料的软硬、光滑和粗糙等特性 4. 能感知和区分物体的大小、多少、高矮等量方面的特点，并能用相应的词表示 5. 在实验中愿意大胆猜想并和小伙伴一起讨论问题，学习持续耐心地观察实验变化 6. 鼓励幼儿运用比较的方法来进行感知活动		
实施安排	课次	课程内容	游戏材料
	1	颜色变变变	调色盘1个、棉签6根、小勺3把、滴管1个、画刷1个、红黄蓝颜料各1瓶、盛水杯、12色水彩笔；为幼儿准备人手1份的记录表
	2	制作彩虹瓶	塑料瓶1个、红黄蓝颜料若干、画刷1把、餐巾纸2张、涮笔筒
	3	水彩爬高	颜料碗3个、水彩颜料3瓶、餐巾纸1张、图画纸1张、牛皮纸1张、水
	4	盛开的花	彩纸2张、红色太阳花纸1张、黄色花瓣纸1张；水、水盆和剪刀若干
	5	轻轻告诉你	杯底有孔的纸杯2个、彩线1段、曲别针2个
课程评价	小班幼儿生活经验少，注意力不够稳定，活动中情绪波动大，所以教育幼儿热爱科学并逐渐形成科学的意识意义重大。首先，内容的选择要生活化。教学过程中，往往会出现教师从自己的经验、兴趣出发来选择内容，造成教师费了力、幼儿不感兴趣的现象。小班幼儿活动范围、知识经验相对中班、大班幼儿贫乏，他们对发生在身边的有趣内容最有好奇心，所以教师选择内容时要贴近幼儿的生活，以"儿童化的思维"去理解幼儿。其次，在活动中要突出"动"。小班幼儿有注意时间短、注意力易转移的特点，所以在小班科学活动中一定要让幼儿真正地"动"起来，材料要满足每位幼儿充分探索的需要。最后，教师要善于维持幼儿的兴趣。我们一般比较注意活动开始的兴趣激发，随着活动的开展、时间的延长，小班幼儿的注意力特别容易转移，去关注一些无关事项。教师此时要把握好幼儿的特点，适时地用多种方法，调动、维持幼儿对活动的兴趣。		

园本课程教学案例

小班园本课程教学设计（一）

课程名称	颜色变变变
课程目标	1. 感知、体验三原色作为基色可以通过搭配混合形成其他颜色的特点 2. 探索简单的颜色搭配规律 3. 在操作中细心并有秩序，学习做简单的实验记录
课程重难点	重点：认识三原色，通过实验能够了解混合颜色可以产生其他颜色 难点：能够做简单的实验记录

所需准备	知识经验准备	有涂画的经验并认识红、黄、蓝、橙、绿、紫等颜色
	材料准备	调色盘 1 个、棉签 6 根、小勺 3 把、滴管 1 根、画刷 1 把、红黄蓝颜料各 1 瓶、盛水杯若干、12 色水彩笔；为幼儿准备人手 1 份的记录表

活动过程

1. 说一说自己知道的颜色

参考提问：你都认识什么颜色？

2. 提出任务并认识实验材料

告诉幼儿实验的主题是"颜色变变变"，通过用红、黄、蓝这三个颜色进行搭配而变出其他的颜色。请幼儿逐一认识实验材料。

3. 猜想并记录

请幼儿用 12 色水彩笔通过涂色的方式记录自己的猜想，参见记录表。其中，"猜想"以幼儿自己的猜想为准。

记录表

颜色组合	猜想	结果
红 + 黄		
红 + 蓝		
黄 + 蓝		

指导重点：引导幼儿有序地记录自己的猜想。

4.验证猜想，记录实验结果

（1）用一小勺取一勺蓝色颜料放在调色盘中的一个小格子里，再用另一把小勺取一勺黄色颜料加入其中；用滴管吸一些水并滴进颜料中；用一个棉签搅一搅这两种颜色，观察会出现什么颜色（见图1）。

（2）取一勺蓝色颜料，放在调色盘中的小格子里；再用剩余的一把小勺取一勺红色颜料加入其中；用滴管吸一些水并滴进颜料中；用一个新的棉签一搅这两个颜色，观察会出现什么颜色（见图2）。

（3）请用上面的方法，把黄色颜料和红色颜料混合搅拌，观察会出现什么颜色（见图3）。

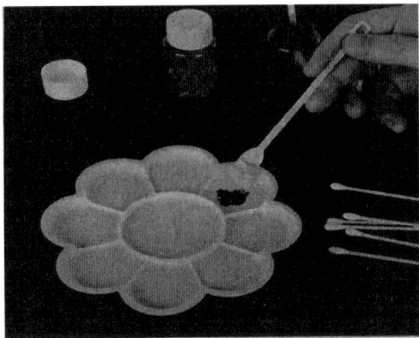  

图1　　　　　　　　　　图2　　　　　　　　　　图3

（4）请将自己的实验结果记录在表格中（也可让幼儿边操作边记录）。指导重点：请幼儿按照表格中猜想的顺序有序操作。在操作中尽量避免将小勺和棉签混用而造成实验结果不准确。

5.和幼儿共同梳理实验中的经验与发现

参考提问：

（1）今天我们做实验用了几种颜色？都是什么颜色？

（2）在实验中你有什么发现？

（3）在操作中你遇到困难了吗？你是怎么做的？

（4）在操作中你有什么好的做法？你有什么好的建议告诉其他小朋友。

6.活动延伸：

师幼共读绘本《小蓝和小黄》。请幼儿结合自己的调色经验仿编或续编故事。

科学原理：

红、黄、蓝是三原色。所谓原色，又称第一次色或基色，即用以调配其他色彩的基本色。原色的色纯度最高、最纯净、最鲜艳，可以调配出绝大多数颜色，而其他颜色不能调出三原色。

两种不同颜色的光同时入射到眼睛中时，眼睛反映的颜色会是一种完全不同的颜色。把红色与黄色调配，眼睛看到的是橙红色；把黄色与蓝色调配，眼睛看到的是绿色；把蓝色与红色调配，眼睛看到的是紫色。电视、计算机显示用的颜色都是三原色，即红（波长最长）、黄（波长居中间）、蓝（波长最短），然后根据不同比例配成其他颜色。

三原色的混合亦称减色混合，是光线的减少。两色混合后，光度低于两色各自原来的光度，混合色越多，被吸收的光线越多，就越接近黑。

小班园本课程教学设计（二）

课程名称	制作彩虹瓶	
课程目标	1. 运用三原色混合搭配的简单规律涂色，感知体验颜色在纸瓶上相互渗透混合变化的现象 2. 在操作活动中耐心、乐于探索，学习有序操作并收拾整理自己的操作材料	
课程重难点	重点：感知体验颜色在纸瓶上相互渗透混合变化的现象 难点：在涂色时能够一个颜色一个颜色地涂，避免混色	
所需准备	知识经验准备	在活动前对三原色的调色规律有一定的感知经验
	物质准备	塑料瓶1个、红黄蓝颜料若干、画刷1把、餐巾纸2张、涮笔筒

活动过程

1. 说一说彩虹的颜色

请幼儿结合自己的经验说一说彩虹包含哪些颜色。

参考提问：

（1）你见过彩虹吗？彩虹是什么样子的？

（2）彩虹都有哪些颜色？

2. 提出任务并熟悉材料

请幼儿观察自己的操作材料，分别说一说每种材料的用途。

参考提问：

（1）你手里的颜料是什么颜色？

（2）如果用这些颜料画彩虹，你会用什么办法混出你需要的颜色？

（3）猜猜餐巾纸在这里做什么用？

（4）猜猜塑料瓶在这里做什么用？

（5）我们要在瓶子上画出彩虹的颜色，你能想到的方法是什么？

3. 了解操作方法和注意事项

教师通过边操作边讲解的方式向幼儿演示操作过程。

操作方法：

（1）先将餐巾纸沾上水，然后用湿餐巾纸将瓶子逐渐包裹，最后用手按压瓶身，挤出多余的水分，让餐巾纸紧紧地贴在瓶身上（见图1）。

（2）用画刷依次在瓶身上涂红、黄、蓝三个颜色（见图2）。

（3）将瓶子放置一会，仔细观察颜色之间的变化，像不像彩虹的颜色（见图3）。

图1　　　　　　图2　　　图3

注意事项：

（1）提醒幼儿在用同一把画刷涂不同颜色时，应该先把画刷上的颜料用水涮掉，再换一种颜色。

（2）由于颜色很容易弄到衣服上，幼儿操作时要小心（最好给幼儿穿上罩衣）。

4. 制作彩虹瓶

鼓励引导幼儿制作出不一样的彩虹瓶。例如，可以顺着瓶身纵向向下涂色，也可以顺着瓶身涂色，还可以从瓶子的一个局部向外涂同心圆圈，等等。

5. 和幼儿共同梳理操作中的经验与发现

参考提问：

（1）你的彩虹瓶上出现了什么颜色？是怎么变出来的？

（2）你在操作中是否遇到了困难？你是怎么解决的？

（3）你有什么好的方法和大家分享？

科学原理：本实验的原理同上一个实验"颜色变变变"是一样的，三原色在瓶子上实现混合，混合出的颜色和三原色结合在一起很绚丽，就像彩虹的颜色。

小班园本课程教学设计（三）

课程名称	水彩爬高	
课程目标	1. 感知毛细现象，观察、比较不同纸张的吸水性 2. 在实验中愿意大胆猜想并和小伙伴一起讨论问题，学习持续耐心地观察实验变化	
课程重难点	重点：知道纸有吸水的特性，通过操作能够发现不同的纸有不同的吸水性 难点：能够将不同材质的纸卷成纸卷	
所需准备	知识经验准备	在生活中有使用纸张的经验
	物质准备	颜料碗 3 个、水彩颜料 3 瓶、餐巾纸 1 张、图画纸 1 张、牛皮纸 1 张、水等

活动过程

1. 认识实验材料

引导幼儿认识实验材料，重点介绍三种纸张：餐巾纸、图画纸、牛皮纸，并通过看、摸等方式感知三种纸张的不同。

参考提问：

（1）餐巾纸、图画纸、牛皮纸看起来有哪些不同？

（2）这三张纸摸起来有什么不同？

（3）在生活中你经常用这些纸做什么？

2. 结合水彩爬高进行猜想

教师介绍实验任务：今天要用餐巾纸、图画纸、牛皮纸来做一个水彩爬高的实验。将每张纸卷成长筒放进装有颜料的碗里，我们要观察水彩在每张纸上的爬高情况。

参考提问：

（1）猜一猜你手里的这三张纸，哪张纸可帮助水彩爬得最高？

（2）哪张纸可以帮助水彩爬得最快？

3. 实验过程

（1）分别将三张纸卷成筒状，使其能够立在颜料碗里（见图1）。

（2）取出纸卷，向三个颜料碗里注入水彩颜料并加入适量的水（见图2）。

（3）将三个纸筒分别放入颜料碗，观察哪种材质的纸筒可以帮助水彩快速爬高（见图3）。

（4）过 10 分钟之后，给水彩爬高的顺序排个队。

 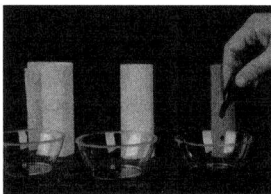 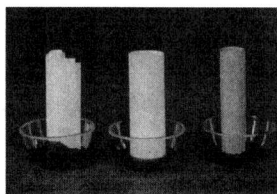

图1　　　　　　　　图2　　　　　　　　图3

4. 和幼儿共同梳理小实验中的经验与发现，引导幼儿结合自己的直观感受说一说发现

参考提问：

（1）小实验的结果和你的猜想一样吗？

（2）这三张纸帮助水彩爬高（吸收水彩的速度）有什么不同？

（3）你观察到的最后结果是什么？它们之间有什么明显的不同吗？

（4）在实验中你遇到了什么问题？你的问题解决了吗？你是怎样解决问题的？还有谁对这个问题有不同的解决办法？

5. 活动延伸

（1）请幼儿收集更多不同材质的纸张，探索这些纸张的吸水性。

（2）可组织"水彩爬高"小比赛。

科学原理：本实验体现了生活中常见的毛细现象。纸的主要成分是纤维素，纸张中的纤维交错呈网状，其间有很多的空，这些空可以含住水分。由于餐巾纸、图画纸和牛皮纸的纤维结构不同，与水的界面能不同，因此吸水能力也不同。

小班园本课程教学设计（四）

课程名称	盛开的花	
课程目标	1. 乐于动手操作，感受纸"开花"现象的有趣 2. 观察折成不同形状的纸在水里"开花"的速度快慢 3. 初步了解纸的"开花"是因为纸吸水后具有张力	
课程重难点	重点：能够将纸折成不同的形状进行实验 难点：通过实验感受纸能吸水，吸水后的纸具有张力	
所需准备	知识经验准备	知道纸在水里会湿
	物质准备	彩纸 2 张、红色太阳花纸 1 张、黄色花瓣纸 1 张；水、水盆、剪刀若干等

活动过程

1. 活动导入

教师播放花儿开放的视频或出示花朵的图片，和幼儿讨论关于花朵开放的话题来引入活动。

参考提问：

（1）小朋友，你家里种花吗？是什么花？

（2）你见过它开花的样子吗？现在我们来欣赏一段花儿开放的视频。

（3）你看到了哪些花在开？是不是很神奇？它们是怎样开放的呢？（外层花依次打开，然后全部盛开。）

（4）那你猜猜纸会"开花"吗？我们今天就来玩一个纸"开花"的游戏。

2. 认识实验材料

教师出示实验材料：2 张彩纸、1 张红色太阳花纸、1 张黄色花瓣纸，请幼儿讨论。

参考提问：

（1）看看这几张纸长得一样吗？哪里一样（厚度相同，三张都是正方形，两张没图案，两张有图案）？哪里又不一样（颜色、形状、图案）？

（2）如果把纸折成不同的形状，放在水里，你觉得什么样的形状能"开花"？

3. 折叠纸花并观察纸花的"开花"状态

（1）教师请幼儿取出一张彩纸，剪掉半张，用半张纸折成自己想要的形状，然后将纸放在水里，观察它是否会"开花"。

（2）待幼儿充分探索后，教师引导幼儿将余下的半张纸揉成一团（见图 1），先猜想它能否在水中"开花"，然后再实验操作。

小提示：纸团也会"开花"的，只是速度会比较慢。请幼儿仔细观察纸团刚放入水中的状态和过一段时间后的状态，进行对比观察。

参考提问：请你将纸揉成一团，猜猜它能在水里"开花"吗？请你将它放在水里，仔细观察它的变化，还可以过一段时间后再继续观察。

（3）请幼儿取出另外一张彩纸，在教师示范下将纸从四边往中间折（见图 2）。

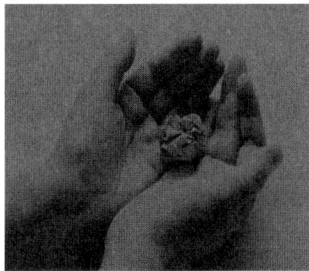 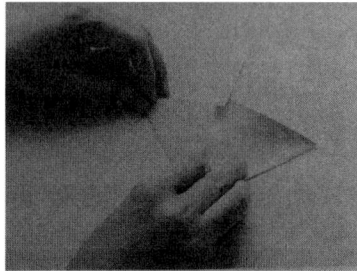

图 1   图 2

参考提问：请你将纸从四边往中间折，折成一朵四角花，猜猜这朵花能在水里"开花"吗？请你将它放在水里，仔细观察它的变化。

（4）请幼儿取出黄色花瓣纸，在教师示范下将花瓣向中心折（见图 3）。

参考提问：请你将五朵花瓣向中心折，折成一朵五瓣花，猜猜这朵花能在水里"开花"吗？请你将它放在水里，仔细观察它的变化。

续表

　　（5）请幼儿取出红色太阳花纸，在教师示范下用剪刀沿着纸上的实线剪出一朵太阳花，把太阳花的5个角向中心折（见图4）。

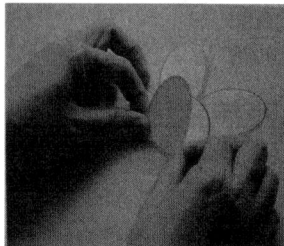

图3　　　　　　　　　　图4

　　参考提问：请你剪出一朵太阳花，猜猜它能在水里"开花"吗？请你将它放在水里，仔细观察它的变化。

4. 交流和分享

参考提问：

（1）开始时你自己折出了什么形的纸花？它在水里"开花"了吗？

（2）揉成一团的纸放在水里"开花"了吗？

（3）四角花、五瓣花、太阳花在水里"开花"了吗？它们是怎样"开花"的？谁"开花"的速度更快一些？

（4）实验的结果与你的猜想一样吗？

（5）小朋友，请你想一想，为什么它们折成不同的形状，有的"开花"慢、有的会很快呢？

原理解释：因为一般的纸都能吸水，纸在吸水后会膨胀、向外展开，在这个过程中，它的平衡状态会改变，所以看起来就像在"开花"一样。四角花、五瓣花、太阳花折页部分比较规则，展开的时候更像是花瓣一样徐徐开放，而小纸团折页部分不太规则，虽然也能"开放"，但速度会比较慢。

5. 活动延伸

教师指导幼儿在活动区用普通白纸折成更多的形状，放在水里，观察并比较哪种形状的纸更容易"开花"。

科学原理：纸具有吸水性，吸水之后会膨胀，向外展开。原先折好的花，处于平衡状态，吸水后，吸水部位的应力（抻、拉的感觉）改变了，则整个纸花的平衡状态也跟着调整，看起来就像纸在开花一样。

小班园本课程教学设计（五）

课程名称	轻轻告诉你	
课程目标	1. 在动手制作、玩纸杯电话的过程中体验快乐 2. 初步感受声音会沿着纸杯等固体传播的现象	
课程重难点	重点：鼓励幼儿按照自己的猜想来制作纸杯电话 难点：知道声音能通过像彩线这样的固体来传播	
所需准备	知识经验准备	有给家人打电话的经验
	物质准备	杯底有孔的纸杯2个、彩线1段、曲别针2个等
活动过程		

1. 活动导入

老师设置情景，用手势假装与幼儿玩打电话的游戏。注意要与幼儿保持一定的距离。

参考提问：

（1）喂，孩子们，我爱你们，我在给你们打电话，你们听到了吗？

（2）如果我站在这里，想对一个小朋友说句悄悄话，又不想让其他的小友听到，有什么好办法吗？

（3）今天老师带来了一些材料，小朋友用灵巧的双手就可以把它们变成可以传悄悄话的玩具，猜猜要怎么做呢？

续表

2. 认识实验材料

教师出示实验材料：两个纸杯和一段彩线，请幼儿猜想如何能制作可以说悄悄话的电话。

参考提问：

（1）这些实验材料都是什么？纸杯上有什么特别的？（各有一个圆孔）彩线可以用来做什么？曲别针可以帮你做什么？

（2）如果用这几样材料来做纸杯电话，你觉得应该怎么做？请你动手试一试。

3. 自主探索制作纸杯电话

教师请幼儿取出实验材料，鼓励幼儿按照自己的猜想来制作纸杯电话。待幼儿探索一段时间后，教师示范纸杯电话的制作步骤。

（1）把彩线的一端从纸杯外面穿进纸杯的小孔中，把穿进去的彩线头缠绕在曲别针上，打好结（见图1）。

（2）把彩线的另一端穿进另一个纸杯的小孔，然后把彩线头缠绕在曲别针上，打好结（见图2）。

 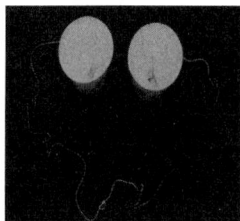

图1 图2

参考提问：

①你想用这几样东西怎样制作可以传悄悄话的纸杯电话呢？请你动手试一试。

②老师也有一个好办法。看看和你想的一样吗？请小朋友们认真观察。

4. 玩纸杯电话

纸杯电话做好后，鼓励幼儿自己寻找玩法，之后教师总结幼儿的玩法。

如果幼儿还不会使用纸杯电话，教师再示范纸杯电话的玩法：两人合作玩，各拿起一个纸杯，拉直彩线，其中一个小朋友对着纸杯轻轻说话，另一个小朋友把纸杯罩在耳朵上。听的小朋友会发现听到的说话声非常清楚，就像在打电话一样。

参考提问：

（1）纸杯玩具已经做好了，想一想什么做话筒、什么做听筒、什么当电话线？

（2）打电话时试一试怎么做能听清楚说话声？请你将想说的话悄悄地说给好朋友吧。

5. 交流与分享

参考提问：

（1）请你说一说自己制作、玩纸杯电话时有什么发现。

（2）把彩线拉直和没有拉直时听到的声音哪个更清楚？

（3）想听清楚对方说的悄悄话，要注意什么？

（4）你知道为什么纸杯和彩线也能做成电话吗？

原理解释：声音能通过像彩线这样的固体来传播，而且通过线绳、铁轨、气球等物体传播的速度要比通过空气传播的速度快。小朋友可以看到，两个纸杯是用彩线连接着的，所以当一个小朋友对着其中的一个纸杯说话时，声音就会通过彩线迅速地传播到另一个纸杯，于是另外一个小朋友就能通过纸杯听到声音了。

科学原理：声音可以通过空气传播，也可以通过线绳、铁轨、气球等固体传播。声音在不同物质中传播的速度不一样，传播的距离也不一样。一般来说，声音在固体里比空气里传播得更快。

在本实验中，声音沿着连接两个纸杯之间的线绳传播，因而传播的速度较快。当对着一个纸杯说话时，纸杯底部就会振动起来，振动被线绳迅速传播到另一个纸杯，于是就在另一个纸杯中听到了声音。同样，声音在钢铁等致密物体中传播得也很快，所以在距离火车还很远的时候，只要趴在铁轨上听一听，就可以知道火车要来了。

园本课程实施计划

中班园本课程活动内容

课程名称	中班科学课程		
课程目标	1. 喜欢接触新事物，经常问一些与新事物有关的问题 2. 能根据观察结果提出问题，并大胆猜测答案 3. 在指导下感知和体会有些事物可以用形状来描述 4. 在实验过程中喜欢动手动脑，并愿意表达自己的想法和发现 5. 能用图画或其他符号进行记录		
实施安排	课次	课程内容	游戏材料
	1	溜冰的小人	纸卡小人1个、圆形磁铁3块、曲别针2个、彩色圆片3个、圆形塑料盒1个（小冰场）、音乐《溜冰圆舞曲》
	2	营救小动物	塑料瓶1个、圆形磁铁2块、曲别针4个、小动物贴画2个
	3	连接小火车	彩色卡纸4张、圆形磁铁8块、条形磁铁1块、胶棒若干
	4	魔幻书镜	镜子2面、小动物玩偶1个、胶布2段
	5	转身踢球的小人	透明塑料瓶1个、图卡4张
课程评价	在课程选择上，我们选择了课程比较新颖、有趣的活动。幼儿从"教师示范，幼儿学样"的旧的教学模式中摆脱出来，真正成为科学活动的主人。在活动中我们为幼儿提供了多种材料，鼓励幼儿直接操作材料，去观察、去发现、去思考，满足了幼儿的好奇、探索、希望尝试的欲望，充分调动了他们的主动性、积极性，培养了幼儿动手能力，发展了直观思维能力。同时在活动中幼儿专注投入，为幼儿积极参与活动奠定了良好的基础，在幼儿活动中我们给予肯定、鼓励，使幼儿体验到成功的喜悦。		

园本课程教学案例

中班园本课程教学设计（一）

课程名称	溜冰的小人	
课程目标	1. 在操作中感知并体验磁力具有一定穿透性的现象 2. 在实验过程中喜欢猜想与动手探索，学习做简单的实验记录	
课程重难点	重点：通过操作感知磁力具有穿透性 难点：尝试做简单的实验记录	
所需准备	知识经验准备	有一定玩磁铁的经验；观察或体验过溜冰（轮滑也可以）
	物质准备	纸卡小人1个、圆形磁铁3块、曲别针2个、彩色圆片3个、圆形塑料盒1个（小冰场）、音乐《溜冰圆舞曲》

活动过程

　　1. 认识实验的材料

　　参考提问：

　　（1）黑色圆形的东西叫什么？共有几个？

　　（2）磁铁的好朋友是谁？共有几个？

　　（3）数一数你手里有所有的材料，猜一猜今天用这些材料做什么？

　　2. 制作溜冰的立体小人

　　请幼儿将制作卡中的小人取出并对折，然后把下面的方形部分重叠并粘贴在一起，作为纸卡小人的底部，溜冰的纸卡小人就做好了（见图1）。

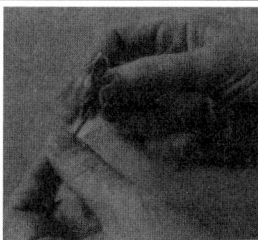

图 1

3. 猜想并尝试让纸卡小人溜冰的方法

参考提问：

（1）如果用圆形塑料盒作为溜冰场，怎么让纸卡小人随着美妙的音乐动起来？

（2）曲别针别在纸卡小人的什么位置最合适？

待幼儿找到正确的方法后，播放音乐《溜冰圆舞曲》，请幼儿随着音乐的旋律操作纸卡小人，体验让纸卡小人溜冰的乐趣（见图 2）。

图 2

4. 观察比较磁力的穿透性，学习记录自己的猜想和验证结果

请幼儿只用 1 块磁铁带动纸卡小人溜冰。一次向圆盒内加 1 个彩色圆片，直到加至 3 层，观察磁力最多可以穿透几个彩色圆片，进而带动纸卡小人运动。请幼儿先猜想再验证（见图 3）。

图 3

结合记录表给幼儿讲解做记录的方法：在"猜想"栏下记录猜想，在"结果"栏下记录验证结果。用笑脸表示磁力可以穿透彩色圆片并带动纸卡小人溜冰，用哭脸表示磁力不能穿透彩色圆片而不能带动小人溜冰（见图 4）。

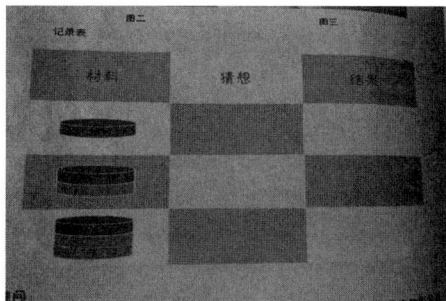

图 4

参考问题：

（1）磁铁的力量可以穿透塑料盒带动小人溜冰，那它能穿透有一定厚度的彩色圆片吗？

（2）放 1 个彩色圆片在圆盒里，磁铁能让纸卡小人溜冰吗？放 2 个呢？放 3 个呢？请你先把猜想记录下来，然后再验证。

续表

（3）随着溜冰场变厚，磁铁的力量是变大了，还是变小了？

操作完成后请幼儿结合记录表说一说自己在操作中的发现。

5. 和幼儿一起梳理小实验中的经验与发现

参考提问：

（1）磁铁是怎样带动纸卡小人溜冰的？（磁铁在冰场下面移动而带动曲别针运动，因为曲别针别在纸卡小人身上，所以纸卡小人也动起来了。）

（2）磁铁可以透过一些物体吸住曲别针，这是为什么？

（3）如果磁铁透过很厚的彩色圆片去吸曲别针，会有什么现象？为什么？

6. 活动延伸

鼓励幼儿自制纸卡小人或小动物卡片，继续此游戏。幼儿可利用班级的桌面、收纳盒或盘子等作为"溜冰场"，继续玩"小人溜冰"的游戏。

科学原理：磁铁会吸引磁性物质（如铁、镍、钴等金属），而且具有穿透性，可以隔物吸铁。在本实验中，纸卡小人被夹了曲别针，而曲别针是铁制的，属于磁性物质，因此当磁铁在塑料盒子下面移动时，带动夹了曲别针的纸卡小人移动。磁铁移动速度快时，纸卡小人也随之移动得快，看起来就像溜冰一样。磁铁尽管可以隔物吸铁，但是其磁场强度会随距离的增加而变弱。

中班园本课程教学设计（二）

课程名称	营救小动物	
课程目标	1. 感知并体验磁铁吸铁和磁力具有穿透性的现象 2. 运用磁铁吸铁和磁力穿透性来"营救"掉落在"陷阱"里的小动物 3. 在实验过程中喜欢动手动脑并愿意表达自己的想法和发现	
课程重难点	重点：在操作过程中感受磁力具有穿透性 难点：当把瓶子里的小动物吸到瓶口处时需要慢慢移动才能将小动物顺利救出	
所需准备	知识经验准备	对磁铁吸铁和磁力的穿透性有一定的操作经验
	物质准备	塑料瓶1个、圆形磁铁2块、曲别针4个、小动物贴画2个

活动过程

1. 认识材料，猜想玩法

请幼儿熟悉一下实验材料并试着玩一玩，然后说说可以有哪些玩法。

参考提问：

（1）今天的材料里有大家已经熟悉的磁铁和曲别针，猜一猜接下来要做什么呢？

（2）塑料瓶在这里是做什么用的？

（3）小动物贴纸做什么用？

2. 在问题情境中猜想解决问题的方法并通过操作验证

问题情境一：假设塑料瓶是个"陷阱"，将小动物投入到陷阱里，想一想、试一试，借助手中的材料能否救出小动物（见图1）？

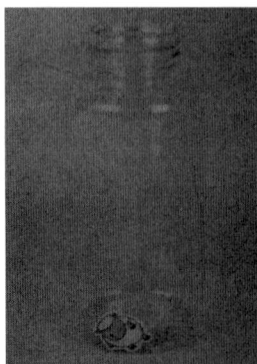

图1

参考提问：

（1）小动物需要帮助才能逃出陷阱，你想怎样帮助它？

（2）你认为曲别针在这里可以做什么？为什么？

（3）你认为磁铁在这里可以做什么？为什么？

解决问题的方法：将1个曲别针别在小动物贴画上，然后用磁铁在瓶子的外面吸住曲别针，这样小动物就得救了（见图2）。

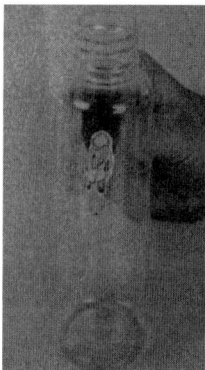

图2

如果幼儿想不到借助曲别针营救小动物的办法，可引导幼儿将曲别针投入"陷阱"里，然后想办法"营救"曲别针。

问题情境二：试一试给小动物身上别2个、3个或4个曲别针（见图3），用1块磁铁去营救它，猜猜会有什么问题产生？解决问题的办法是什么？

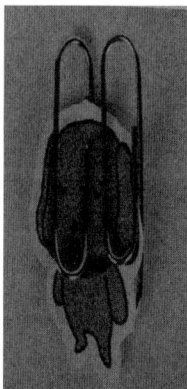

图3

参考提问：

（1）小动物身上增加了几个曲别针后，用1块磁铁营救时会怎样？

（2）曲别针增多了，用一块磁铁吸着会遇到困难，为什么？

（3）用1块磁铁营救时，可以顺利帮助别几个曲别针的小动物逃出陷阱呢？

（4）用2块磁铁营救时，可以顺利帮助别几个曲别针的小动物逃出陷阱呢？

解决问题的方法：一是减少曲别针，让小动物变轻；二是再加一块或者两块磁铁，增强磁力。

3. 和幼儿一起梳理实验中的经验与发现

参考问题：

（1）营救小动物的方法是什么？

（2）在你用磁铁吸着曲别针向瓶子外面移动的过程中，遇到了什么问题？原因是什么？

（3）当小动物身上别的曲别针多的时候，它的重量会有什么变化？

（4）当小动物变重了的时候，用磁铁去吸小动物身上的曲别针会遇到什么样的问题？你是如何解决的？

4. 活动延伸

给幼儿提供铁质的瓶子或者盒子，请幼儿尝试能否继续玩"营救小动物"的游戏。

科学原理：在实验中，小动物之所以能被营救上来，是因为磁铁可以吸铁、镍、钴等金属，而且磁铁还具有穿透性，可以隔物吸铁，曲别针是铁制的，所以小动物被别上曲别针后，就可以随着磁铁的移动，逃出塑料瓶做的陷阱。

中班园本课程教学设计（三）

课程名称		连接小火车
课程目标		1.感知并体验磁铁有两极，且异极相吸、同极相斥 2.喜欢探究并学习运用磁极特性玩"小火车"的游戏
课程重难点		重点：在操作中感知磁铁有两极且异极相吸、同极相斥 难点：能够通过同极相斥的原理拉动小火车
所需准备	知识经验准备	具有初步的折纸和粘贴的经验；有一定玩磁铁的经验
	物质准备	彩色卡纸4张、圆形磁铁8块、条形磁铁1块、胶棒若干

活动过程

1. 自主探索条形磁铁和圆形磁铁

向幼儿介绍条形磁铁和圆形磁铁的名称，并请幼儿自主探索；之后，请幼儿说一说自己玩条形磁铁和圆形磁铁的感受。

参考提问：

（1）磁铁之间是相互吸引的，但是什么情况下磁铁不能相互吸引？

（2）当你手持两块磁铁相吸的时候，你感觉到了一种怎样的力量？

（3）当你手持两块磁铁相斥的时候，你感觉到了一种怎样的力量？

2. 提出任务，猜想玩法

任务：今天我们要玩拉小火车的游戏。需要用这些卡纸制作小火车和车厢，并把一节一节车厢连接起来玩，请试着猜一猜玩法。

参考提问：

（1）观察卡纸的形状，先试着折一折、想一想，小火车是怎样折出来的？

（2）圆形磁铁在这里是做什么用的？条形磁铁是做什么用的？

支持幼儿边猜想边操作，验证一下自己的想法是否可行。

3. 制作火车厢，连接小火车

（1）先取一张卡纸制作小火车。将外侧沿虚线向内折，用胶棒涂抹连接部位，然后和紧邻的部位粘贴固定（见图1）。

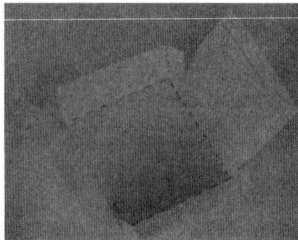

图1

（2）沿实线向外翻折两侧边沿部分，小火车就做好了。依此方法制作其他3个小火车厢（见图2）。

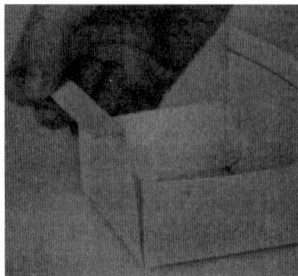

图2

（3）用一对圆形磁铁连接小火车。

4. 尝试拉动小火车

启发幼儿用两块圆形磁铁固定在小火车的一端，然后用条形磁铁吸引圆形磁铁，小火车就可以开动了（见图3）。

续表

图 3

参考提问：如果用条形磁铁拉动小火车，需要怎样改进小火车？

5. 尝试推动小火车

启发幼儿运用磁铁同极相斥的原理，推动小火车

6. 给小火车载物后，继续尝试拉动或者推动小火车移动

请幼儿选择班级里的小物件装进小火车的车厢里，然后继续用条形磁铁拉动或者推动小火车。

参考提问：

（1）如果给小车厢里装东西，你想装些什么？

（2）在给你的小火车装上物品后，用条形磁铁拉动时会有什么现象？用条形磁铁推动小火车时会有什么现象？

7. 和幼儿一起总结操作中的经验与发现

参考提问：

（1）连接小火车的方法是什么？为什么？

（2）拉动小火车前进的方法是什么？为什么？

（3）推动小火车倒退或者移动的方法是什么？为什么？

（4）你的小火车最多可以装多少小物件？

（5）当你给小火车装了过多的物件时，发生了什么现象？为什么？

（6）我们还可以运用今天的方法做其他哪些好玩的游戏？

8. 活动延伸

（1）请幼儿几个人一组，尝试连接更长的小火车，并用条形磁铁拉动，看看最多可以拉动多少个小火车厢。

（2）给幼儿提供圆形的盒子，请幼儿尝试用磁铁连接更多的圆形盒子，并尝试连接成一个环形。

科学原理：磁铁有两个磁极，分别叫作"南极"和"北极"。一块磁铁碎成小块，仍然有"南极"和"北极"。磁极与磁极之间，同极相排斥、异极相吸引。本实验就是利用磁极之间的相互吸引实现小火车的连接。人类发明了许多运用磁性的方式：磁悬浮列车利用同性磁极之间的排斥，形成一个空隙，减少摩擦力，同时又改变磁场强度的分布，实现对列车的驱动。

中班园本课程教学设计（四）

课程名称		魔幻书镜
课程目标		1. 感知并体验书镜在合适角度下反复摄影像而产生多重影像的奇妙现象 2. 在实验过程中喜欢观察、探索并乐于与他人交流自己的发现和经验
课程重难点		重点：能够在探索中发现书镜多重成像的现象 难点：能够通过操作发现实验中书镜成像的规律
所需准备	知识经验准备	有照镜子的生活经验
	物质准备	镜子 2 面、小动物玩偶 1 个、胶布 2 段
活动过程		

1. 观察一面镜子里的影像

谜语引出一面镜子：你哭它也哭，你笑它也笑，脸儿洗干净，对着照一照。

请幼儿通过镜子观察一下自己和周边事物，感知并体验在镜子里看到的自己其实只是自己的影像。

参考提问：

（1）可以从镜子里看到什么？镜子里有几个自己？

（2）镜子可以帮助我们做哪些事？

（3）当你照镜子的时候，可以看到镜子里的自己。但是，当你不照镜子或者你不在镜子面前的时候，镜子里还有你吗？为什么？

2.探索书镜多重成像的现象

提出任务，幼儿猜想。

任务：将两面镜子连接起来，像书的样子，然后用这个书镜给小动物玩偶照镜子。

猜想：可以在镜子里看到多少个小动物玩偶的影像？

教师将幼儿的猜想用直观的方式记录在黑板上。

参考提问：

（1）这个书镜是由几片镜子组成的？

（2）这个书镜的两面镜子可以自由的翻折，猜一猜，你可以看到多少个小动物玩偶的影像？

组装书镜并探索：

请幼儿组装书镜，然后将小动物玩偶摆在镜子面前，尝试变化书镜开口的大小，观察小动物玩偶的影像变化（见图1至图3）。

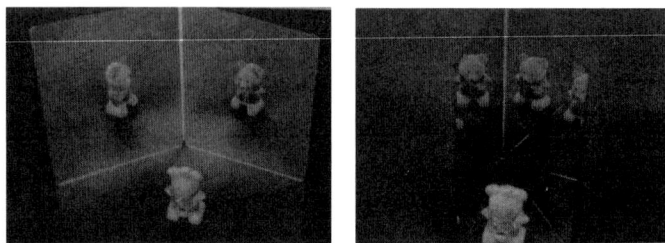

图1　　　　　　　图2

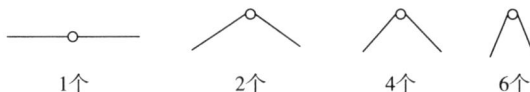

1个　　　2个　　　4个　　6个

图3

总结并归纳书镜成像的规律：幼儿表达自己的想法和发现，教师用直观的方式在黑板上记录。

3. 和幼儿共同梳理实验中的经验与发现

参考提问：

（1）书镜很神奇，它有什么本领？

（2）小动物玩偶放在镜子前面的什么位置，可以让你看到更多的小动物玩偶影像？

（3）书镜开口大和开口小，哪种情况可以让你看到更多的小动物玩偶影像？

（4）书镜开到什么角度时，小动物玩偶的影子最少？

4. 活动延伸

（1）引导幼儿探索利用书镜照自己，观察自己的影像随着书镜的不同角度而变化的现象。

（2）将一面镜子平放并使镜面朝上，将书镜放在这个镜面之上，将小动物玩偶放在书镜的夹角之内，观察小动物玩偶的倒影以及书镜反射的多重倒影。幼儿也可以通过这三面镜子看到自己的倒影，且自己的倒影会随着书镜的角度变化而变化。

科学原理：光的反射是生活中常见的现象。例如，人在照镜子时形成影像、物体在湖面形成倒影等，这些都属于光的反射现象。人们常用的镜子通常由镀银或镀铝的平面玻璃制成。平面反射镜对实物能形成保真的像。如果两个对立的平面镜子角度合适，就可以多次来回反射光，我们就能看到多重的影像。

中班园本课程教学设计（五）

课程名称	转身踢球的小人	
课程目标	1. 感知并体验物体置于凸透镜的不同位置，其成像会有放大、缩小和倒立等有趣的现象 2. 在实验中喜欢操作、观察和表达自己的发现	
课程重难点	重点：通过实验感知凸透镜的有趣现象 难点：理解放大、缩小和倒立的现象与物体位置的关系	
所需准备	知识经验准备	有使用放大镜的经验
	物质准备	透明塑料瓶1个、图卡4张

活动过程

1. 瓶子变成放大镜

方法：给瓶子装满水，将盖子拧紧，就是一个放大镜了（见图1）。

图1

参考提问：

（1）你用过放大镜吗？放大镜是什么样的？它可以帮助我们做什么？

（2）现在我们每个人手里都有一个透明的瓶子，想一想，如何让这个瓶子变成放大镜？

2. 初步探索"瓶子放大镜"的奥秘

请幼儿尝试用这个"瓶子放大镜"观察自己的手、身边的物以及他人，然后说一说自己的发现。

参考提问：

（1）你用"瓶子放大镜"观察到了什么？有什么发现？

（2）怎样才能看到放大镜的图像？你看到图像的方向有变化吗？（将实物贴近瓶子，看到实物的正像；将实物放在离瓶子稍远的位置，看到的是实物的倒像）

（3）你看到缩小的图像了吗？是怎样做的？这个缩小图像的方向有变化吗？（将实物放在更远的位置，看到实物缩小的倒像）

注意：幼儿在使用"瓶子放大镜"时，可能还不够灵活，不能完全找到将实物放大、缩小和成倒像的方法，教师可以通过提问引起幼儿更加深入的探索，但不必急于告诉他们答案。

3. 深入探索"瓶子放大镜"的奥秘

请幼儿按照以下方法操作：

（1）取出"踢球的小人"的卡片，放置在贴近瓶子的后面，透过瓶子观察卡片（见图2）。

（2）逐渐将"踢球的小人"的卡片向瓶子后面移动，使卡片与瓶子离得越来越远，并在移动的过程中透过瓶子观察卡片的变化（见图3）。

图2　　　　　图3

续表

参考提问：

（1）在"踢球的小人"卡片贴着瓶子时，透过瓶子看到的是什么样的图像？（放大的正像）

（2）在向后移动卡片时，你有什么发现？（距瓶子2厘米左右，图像放大并反转；超出2厘米，图像反转并缩小）

4.和幼儿共同梳理实验中的经验与发现

参考提问：

（1）用"瓶子放大镜"观察实物的细节时，应当怎样使用？

（2）用"瓶子放大镜"使实物转身，怎样玩？

（3）实验中，你有什么让自己惊喜或者开心的发现。

科学原理：透明瓶子加水后会成为一个"凸透镜"。当物体放在凸透镜焦距之外时，在凸透镜的另一侧看到的是倒立的实像。如果物体放在凸透镜焦距的1～2倍之间时，产生的倒立实像是放大的；如果物体在凸透镜的2倍焦距以内，产生的倒立实像是放大的；如果物体在2倍焦距以上，产生的倒立实像是缩小的；如果是在1倍焦距以内，看到的是正立且放大的虚像。

园本课程实施计划

大班园本课程活动内容

课程名称	大班科学课程		
课程目标	1.在探索中有所发现时感到兴奋和满足 2.能通过观察、比较与分析，发现并描述不同种类物体的特征或某个事物前后的变化 3.能探索并发现常见的物理现象产生的条件或影响因素，如影子、沉浮等 4.在成人的帮助下能制订简单的调查计划并执行 5.在探究中能与他人合作和交流		
实施安排	课次	课程内容	游戏材料
	1	快乐旋转杯	塑料垫板1块、乒乓球半个、滴管1支、水、水杯
	2	吹不散的乒乓球	乒乓球2个、吸管1根、木棍4根、纸小手1双
	3	小动物拔河	吸管1根、彩线1段、同样大小的毛绒玩具3个、拔河用的绳子1根（中间系有一块红布）
	4	盐水的秘密	塑料杯2个、小勺1把、盐1袋、珠子8个、铃铛2个、塑料石2块、水
	5	变大的气球	气球2个、塑料瓶1个、漏斗1个、小苏打1袋、白醋1瓶
课程评价	幼儿天生具有强烈的好奇心，对周围事物的探索和求知欲望特别强。特别是大班的幼儿，他们正处于具体形象思维为主、抽象逻辑思维开始萌芽的重要时期，对常见的任何事物、现象都喜欢刨根问底。所以我们在活动中更多的是鼓励幼儿在自主操作的过程中进行观察、发现与记录，满足幼儿的好奇心与求知欲。教师要根据幼儿在活动过程中发现的新问题，不断深入、层层递进，极大满足幼儿好奇心的同时，丰富他们对生活的各种经验。我们鼓励幼儿能积极主动、较长时间地参加科学活动，大胆地探索自然界事物，对不懂的事物有强烈的好奇心，能主动探索周围事物并能发现、提出问题，寻求答案；学会运用多种感官感知事物的主要特征，并能对事物进行观察和思考。		

园本课程教学案例

大班园本课程教学设计（一）

课程名称	快乐旋转杯	
课程目标	1.通过操作，体验让乒乓球自由旋转带来的乐趣 2.探索让乒乓球在垫板上旋转的多种玩法 3.体验乒乓球能够长时间旋转与垫板和乒乓球之间有水有关	
课程重难点	重点：通过实验操作，感受到乒乓球在垫板上旋转与水有关 难点：能够掌握好垫板摆动的力度和角度	
所需准备	知识经验准备	在下雨天有过滑倒的经验
	物质准备	塑料垫板1个、乒乓球半个、滴管1个、水、水杯

活动过程

1.活动导入

教师出示塑料垫板、半个乒乓球、滴管、水、水杯，请幼儿观察并表述。

参考提问：

（1）今天我们要做一个非常有趣的实验。实验之前，请你们看看实验的材料，你们都认识吗？

（2）其中一种材料是半个乒乓球，它说它能在塑料垫板上转起来，你们觉得它可以吗？请你用实验中的材料帮帮它吧。

2.幼儿自由探索让半个乒乓球在塑料垫板上转起来的玩法

教师请幼儿取出材料，鼓励幼儿自由探索乒乓球如何在塑料垫板上旋转起来，之后请幼儿探索在不用手直接推动半个乒乓球的情况下，还能怎样让它转起来。

参考提问：

（1）你能让半个乒乓球在塑料垫板上转起来吗？你想到了哪些方法？

（2）如果不用手来帮忙，你还有更好的方法吗？

在幼儿尝试之后，教师总结幼儿的玩法：用嘴吹、用手去转动半个乒乓球、用滴管旋转半个乒乓球、用手去摇塑料垫板等。

3.教师示范快乐旋转杯的玩法

待幼儿充分探索后，教师示范快乐旋转杯的玩法：

（1）把滴管伸到水杯中，轻轻捏一下滴管，滴管中就会有水，然后滴几滴水在塑料垫板上（见图1）。

（2）用滴管尖头处把水滴搅拌均匀，然后把半个乒乓球放在塑料垫板上有水的地方。

（3）双手上下左右来回摇动塑料垫板，半个乒乓球就会旋转起来（见图2）。

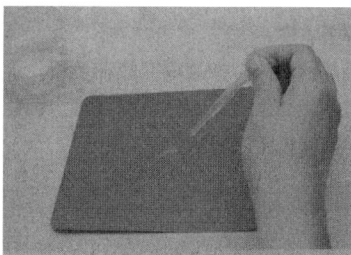 

图1   图2

4.幼儿尝试新玩法

教师请幼儿按照示范的步骤玩乒乓球。在此基础上，请幼儿探索同时玩两个或多个乒乓球、单脚站立玩乒乓球、单手玩乒乓球等；可以单独玩，也可以和小朋友比赛，体验用不同方法玩旋转乒乓球的乐趣。

如果场地有限，教师可让幼儿站起来玩。

参考提问：

（1）请你也用这种方法让乒乓球转动起来吧。请你想一想，用什么办法能让乒乓球转动得更快更稳？

（2）请你和小朋友比赛，你想制订什么样的游戏规则？看谁既遵守游戏规则又能让乒乓球转的时间最长。

续表

5. 交流与分享

参考提问：

（1）塑料垫板上没加水时，半个乒乓球能转动起来吗？如果它能转动起来，转动的时间是长还是短？

（2）塑料垫板上加水之后，半个乒乓球转起来了吗？半个乒乓球的转动出现了什么变化？

（3）怎样做能让半个乒乓球转动得又快又稳呢？

（4）为什么半个乒乓球能在有水的塑料垫板上转得又快又稳呢？

原理解释：半个乒乓球和塑料垫板之间有水，水将半个乒乓球和塑料垫板之间的摩擦力减小了，因而半个乒乓球就能在塑料垫板上转动。这和下雨天小朋友容易摔倒是一样的道理。

科学原理：半个乒乓球随着支撑面（塑料垫板）的高度和角度的改变而转动。

这个实验的关键是半个乒乓球和塑料垫板之间有水。这些水将半个乒乓球和塑料垫板之间的摩擦力减小了，因而乒乓球能够比较容易地在塑料垫板上转动。此外，水滴在半个乒乓球和塑料垫板之间形成一个水桥，从而保证半个乒乓球平稳地在塑料垫板上旋转，不会轻易滑落。

大班园本课程教学设计（二）

课程名称		吹不散的乒乓球
课程目标		1. 体会向两个乒乓球中间吹气和两球靠近之间的关系，感知空气因流速变化而产生气压变化的现象 2. 喜欢探索有趣的科学现象，并愿意和他人分享自己的经验和体会
课程重难点		重点：敢于猜想实验结果，大胆进行探索验证 难点：在吹起的过程中掌握好角度和力度
所需准备	知识经验准备	活动前可让幼儿练习吹乒乓球，尝试用气流控制乒乓球的方向和速度；可组织吹乒乓球比赛
	物质准备	乒乓球2个、吸管1根、木棍4根、纸小手1双
活动过程		

1. 通过猜想引起兴趣

教师将两个乒乓球摆在桌子上，然后引导幼儿猜想。

参考提问：如果你对着两个乒乓球的中间吹气，乒乓球会怎样？

2. 实验并验证自己的猜想

第一步：取两根木棍平行摆放，再取两根木棍交叉摆在上面，四根木棍中间形成一个长方形（见图1）。

第二步：将两个乒乓球放在木棍中间的长方形里，通过调节木棍的位置固定乒乓球，让两个乒乓球保持一小段距离（见图2）。

第三步：用吸管对着两个乒乓球中间吹气，观察两个乒乓球会发生什么变化（见图3）。

第四步：尝试变化两个乒乓球之间的距离，并向两个乒乓球中间吹气，然后说一说自己的发现。

 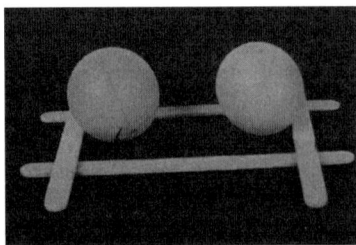 

图1　　　　　　　　　　图2　　　　　　　　　　图3

指导建议：

（1）开始重点指导幼儿用吸管吹气时，要对着两个乒乓球中间的空隙吹，让气流穿过两个乒乓球中间。

（2）待幼儿发现了向两个乒乓球中间吹气可以让两个乒乓球靠近这个现象之后，再引导幼儿进行第四步的探索。

参考提问：

（1）当你向两个乒乓球之间吹气时，两个乒乓球被吹散了吗？

（2）你找到两个乒乓球之间的最佳距离了吗？（指能够通过吹气使两个乒乓球靠近的距离。）

（3）如果两个乒乓球超出了最佳距离，你还能通过吹气让两个乒乓球靠近吗？

3. 尝试探索让纸小手"拍手"的方法

教师出示一双纸小手，请幼儿猜想让纸小手"拍手"的方法；然后，幼儿验证自己的猜想。

参考提问：这是两只纸做的小手，你能想到让纸小手"拍手"的方法吗？

指导建议：

（1）引导幼儿向两只纸小手中间吹气。

（2）请幼儿将纸小手的"手腕"部位向外翻折，使纸小手呈张开状，这样对着纸小手中间吹气会更方便、更省力。

4. 和幼儿共同梳理实验中的经验与发现

参考提问：

（1）两个乒乓球和两只纸小手可以通过什么方法让它们靠近？

（2）在实验中你有什么发现？

（3）在实验中你遇到了什么题？你是如何解决的？

（4）通过吹气的方式还可以让其他哪些物品靠近？说一说你能想到的物品。

5. 活动延伸

请幼儿试一试自己猜想的物品，能否用活动中学到的方法玩起来。模仿吹乒乓球的方法来吹两个玻璃球，试一试能否让两个玻璃球靠近。

科学原理：对于空气这样的流体，流速大的地方气压低。在实验中，当用吸管在两个乒乓球之间吹气时，两个乒乓球之间的气压变低了，旁边的空气就把乒乓球向中间挤，因此，在向两个乒乓球之间吹气的时候，它们就靠近了。

大班园本课程教学设计（三）

课程名称	小动物拔河	
课程目标	1. 体验玩"小动物拔河"游戏的快乐 2. 通过实验感受被绳子拉着的物体快速旋转时会产生一股强大的力量的现象	
课程重难点	重点：能够将绳子快速地旋转起来，感受到旋转时带来的力量 难点：能够自己动手将操作材料组装完成	
所需准备	知识经验准备	见过拔河比赛
	物质准备	吸管1根、彩线1段、同样大小的毛绒玩具3个、拔河用的绳子1根（中间系有一块红布）

活动过程

1. 活动导入

教师播放拔河比赛的视频或图片，请幼儿表述对拔河比赛的感知。

参考提问：

（1）看看图中的人们正在进行什么活动？你看到人们分成了几组？他们在拉着什么？他们的表情是怎样的？说明他们用力还是不用力？

（2）绳子中间有个什么标志？猜猜它起什么作用？你觉得一般情况下，是人多的会赢，还是人少的会赢？

（3）你想不想和小朋友一起玩拔河？

教师请3名幼儿进行拔河比赛，1名幼儿拉着绳子的一端，另2名幼儿拉着绳子的另一端，比赛谁能拉过谁。教师注意提示幼儿拉不动的时候不要猛地松手，以免对方跌倒。

（4）（教师出示3个小动物毛绒玩具）今天有3个小动物玩具也想要参加拔河比赛，也是2个对1个，你猜猜是2个的那组会赢呢，还是1个的那组会赢？

2. 认识实验材料

教师出示实验吸管和彩线，请幼儿观察并讨论材料的名称和用途。

参考提问：

（1）这两个东西你认识吗？哪个能做拔河比赛的绳子？

（2）吸管在我们的实验中经常能见到，今天它要做什么呢？

3. 制作小动物拔河玩具

幼儿在教师示范下，把彩线从吸管中间穿过，然后在彩线一端系1个毛绒玩具，另一端系2个毛绒玩具（见图1、图2）。

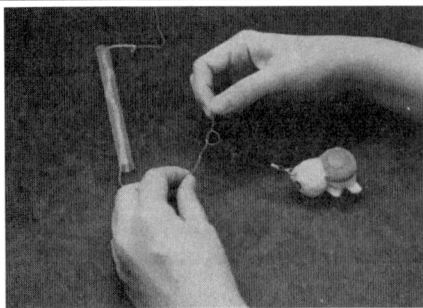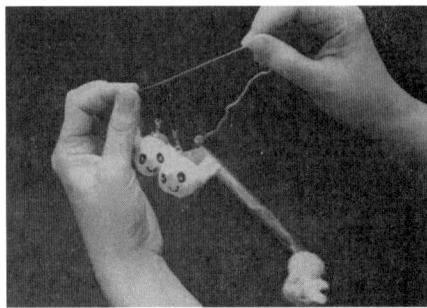

图1　　　　　　　　　　　　图2

如果幼儿还不太会系绳结，教师应注意个别指导或帮助。

4. 让3个小动物玩具进行"拔河比赛"

玩具做好后，请幼儿自主探索玩具的玩法，待幼儿充分探索后，教师再示范小动物拔河的玩法，请幼儿让3个小动物玩具进行"拔河比赛"：把吸管竖着放，让系着1个毛绒玩具的一端朝上，系着2个毛线玩具的一端朝下，手握着吸管，以圆周方式用力甩动彩线，使上端的1个毛绒玩具以吸管为中心转起来，观察1个毛绒玩具能否将2个毛绒玩具带动起来（见图3）。

图3

参考提问：

（1）玩具做好了，你觉得玩具可以怎样玩？请你试试各种玩法。

（2）如果让3只小动物像这样拔河，你觉得是上端的1个会赢，还是下端的2个会赢？

5. 讨论与分享

参考提问：

（1）你发现了几种玩法？和老师的玩法一样吗？

（2）你的猜想和实验结果一样吗？

（3）在转动绳子的时候，上面的小动物玩具是什么状态？下面的小动物玩具是什么状态？

（4）为什么上面的1个小动物玩具会赢下面的2个小动物玩具呢？它们谁的力量大？

原理解释：在转动小动物玩具的时候，会产生一股特别大的力量；上面的小动物玩具转动得越快，这股力量就越大，所以在上面的一个小动物就赢得了比赛。

6. 活动延伸

请幼儿合作，在吸管下端系上更多的小动物玩具，看看上端的1个小动物玩具还能否取得胜利。

科学原理：物体转动的时候，拉住转动物体所需的力同质量成正比，同转动速度的平方成正比，同半径的倒数成正比。当转速越快，而拉住绳子的力其实始终是等于下面所坠物体的重量的，是不变的，所以当上面物体转动越来越快时，要维持转动，只好让半径变得越来越大，效果就是把下面的物体提上去了。从理论上说，只要你能转得足够快，底下坠物不管多重，都能被提上来。

大班园本课程教学设计（四）

课程名称	盐水的秘密	
课程目标	1. 感知并体验沉在水里的塑料珠子经过水中加盐之后逐渐浮起来的有趣现象 2. 探索并观察水中加多少量的盐之后，原本沉在水中的物体会浮到水面 3. 实验过程中能够主动寻找问题的答案并能够表达与分享自己在实验中的感受和发现	
课程重难点	重点：体验水和盐水的不同特性 难点：通过猜想、操作及验证答案，乐于分享自己的发现	
所需准备	知识经验准备	知道有的物体能浮在水面，有的能沉在水底
	物质准备	塑料杯 2 个、小勺 1 把、盐 1 袋、珠子 8 个、铃铛 2 个、塑料石 2 个、水

活动过程

1. 活动导入

教师出示漂亮的珠子（大珠子、圆珠子、小珠子）和装有半杯水的杯子，吸引幼儿的注意力。

参考提问：

（1）老师手里拿的这些亮晶晶的东西是什么？请你摸一摸、看一看，说一说自己玩过吗？是怎么玩的？

（2）这些珠子长得一样吗？哪里不一样？（大小、颜色）这些漂亮的珠子要到水杯里洗个澡，猜猜把它们到杯子里之后，它们会沉在水底还是浮在水面？

教师出示铃铛、塑料石、盐，请幼儿讨论对它们的认识。

参考提问：

（1）这些亮晶晶的东西叫什么？它们和你刚才看到的珠子一样吗？它们谁重谁轻？

（2）如果它们也到杯子里洗澡，它们会浮在水面还是沉在水底？

（3）猜一猜小袋里装的白色粉末是什么？你怎么知道它是盐？

2. 探索珠子等在水中的沉浮状态

教师请幼儿取出实验材料，在教师引导下进行操作。请幼儿将对大珠子、圆珠子、小珠子、塑料石、铃铛等是否能浮在水中的猜想，记录在记录表的猜想栏（见图 1），然后再将它们一一放在水杯里，观察它们在水中的沉浮状态（见图 2）。

图 1　　　　　　　　　　　　　　　　图 2

参考提问：

（1）请小朋友把对这些珠子、石块的猜想记录在表中，认为能浮起来的就画"√"，反之画"×"。

（2）你看到谁在水杯中浮着，谁沉下去了？

3. 探索珠子等在盐水中的沉浮状态

请幼儿探索怎样能让沉在水底的珠子等浮起来，并请幼儿动手试一试自己的想法。

待幼儿探索以后，教师提示幼儿往水里加盐来继续探索：

（1）取一勺盐，加到杯里并搅拌均匀，观察刚才沉在水底的物体是否会发生变化。

（2）继续往杯中加盐，并记录加入多少勺盐时沉在水底的物体开始慢慢浮上来（见图 3）。

（3）继续往杯中加盐，直到无论怎样搅拌盐粒都不能溶解时，观察有哪些物体会浮在水面（见图 4）。

图 3　　　　　　　　　　　　　　图 4

参考提问：
①如果想让这些珠子、石块、铃铛从下沉的状态变为浮在水面上，谁有好办法？
②如果把少量的盐加到水中并搅拌，它们会发生化吗？
③如果继续往水里加很多盐并搅拌，它们会发生变化吗？你加了多少勺盐时它们发生了变化？请你记录下来。
④如果把盐全部倒进去并搅拌，直到盐粒不能溶解，它们还会有变化吗？
4. 探索在盐水中浮起来的珠子等怎样能再沉下去
请幼儿用自己想的办法来实验，随后提示幼儿用加清水的方法来使物体的沉浮状态再次发生变化（见图 5）。

图 5

参考提问：
（1）现在你看到谁浮在水面上了呢？谁还停留在水底？加盐后谁的状态发生了转变？
（2）你能想出办法让刚才浮上来的那些物品再沉下去吗？试一试！
（3）如果往盐水中倒入一些清水。猜猜会出现什么现象？请小朋友继续实验操作。
5. 讨论与分享
参考提问：
（1）在装有清水的杯中，谁是浮着的？谁是沉在水底的？
（2）你想了哪些方法让沉在水底的物体浮上来？你成功了吗？
（3）加很多盐时，谁的沉浮状态发生了变化？当盐无论再怎么搅都不会溶解时，谁仍然没有浮上来？
（4）加盐后浮上来的物体，你又想了什么方法让它们沉下去？加清水的方法起作用了吗？
（5）如果给盐水中再加入清水，为什么又会有珠子往下沉呢？
（6）为什么珠子放在水里会沉？而当把盐溶解到水里后，慢慢地就会有珠子浮在水面上来，为什么？为什么小铃铛始终沉在水里呢？
原理解释：
刚开始珠子之所以在水里会沉下去，是因为珠子的比重比水大，就会沉下去。水加入盐之后，盐水的比重越来越大，珠子的比重比盐水的小时，就会浮起来。反之，往盐水中加水，盐水浓度越来越小，珠子的比重比盐水大时，就会沉下去。
活动延伸：
请幼儿找一找教室中的一些物品，把它们放入清水和盐水中，继续探索沉浮的状态变化。
科学原理：
浮力等于排开液体的重量。如果物体的比重比液体大，就会沉下去。
对于水来说，加入盐之后，溶液的比重越来越大，所以物体所受的浮力越来越大。当浮力大于重力时，就浮起来了。反之，往溶液中加水，溶液越来越稀释，比重越来越小，物体所受的浮力越小，浮力不够时，物体就会沉下去。

大班园本课程教学设计（五）

课程名称	变大的气球	
课程目标	1. 感知体验小苏打和白醋混合后会产生二氧化碳气体从而促使气球变大的奇妙现象 2. 乐于动手做实验并分享实验中的发现	
课程重难点	重点：敢于探索体验小实验 难点：通过实验操作明白小苏打和白醋混合后产生的奇妙现象	
所需准备	知识经验准备	知道气球被吹以后可以变大
	物质准备	气球 2 个、塑料瓶 1 个、漏斗 1 个、小苏打 1 袋、白醋 1 瓶等

活动过程

1. 活动导入

教师提前做实验让气球变大，在活动开始时将变大的气球（见图 1）出示给幼儿，吸引幼儿的兴趣。

图 1

参考提问：

（1）小朋友，猜猜我今天带来的这个有趣的玩具是什么？这个玩具上的哪个地方让你觉得好玩？

（2）你看到这个吃饱了肚子的可爱小兔了吗？你可以过来轻轻捏一捏它哦，猜猜它子里鼓鼓的，装的是什么？

（3）你觉得我是用什么办法让它吃饱肚子的呢？

（4）除了小气球，你还看到他东西了吗？是什么？

请你也来做一只可爱的小兔吧。

2. 实验操作

教师请幼儿取出实验材料，观察实验材料并猜想如何做成吃饱肚子的可爱小兔。待幼儿探索一段时间后，幼儿在教师示范下操作。

（1）将漏斗插进气球口。通过漏斗向气球中加入一袋小苏打（见图 2）。

（2）往塑料瓶中加入一瓶白醋，然后在瓶口上套上装有小苏打的气球，注意套气球口的时候不要将气球底部竖起来（见图 3）。

小提示：在套气球时，为了保证实验效果，一定注意不要让小苏打粉掉入瓶中。

（3）套好气球口以后，将气球的底部竖起，使小苏打倒入塑料瓶中（见图 4）。仔细观察气球的变化，会发现刚才还扁扁的气球开始慢慢鼓起来并变大了。

图 2   图 3   图 4

续表

参考提问：

①你拿到的材料和老师刚才出示的小兔玩具一样吗？请你想想怎样能让小兔的肚子鼓起来？试一试！

②怎样让已经吹鼓的小兔气球套在塑料瓶上？

③这一小瓶液体闻起来是什么味道？它可以用来怎样帮你做实验？这一小袋白色粉末又是什么？想想它要怎么使用？小漏斗用来做什么？

④如果不使用用嘴吹气球的方法让小兔气球变大，你还有其他方法吗？你能让小兔气球自己慢慢变大吗？

⑤请你试一试老师的方法，看看能否让小兔的肚子自己鼓起来。你观察到了什么？

3.讨论与分享

参考提问：

（1）你做成了肚子鼓的小兔玩具吗？你是怎样让小兔的肚子鼓起来的？（吹好气球后套瓶口等。）

（2）用白醋和小苏打混合在瓶中的方法。让小兔气球的肚子鼓起来了吗？小兔气球的变化是什么样的？看看你的小兔气球和别的小朋友的一样鼓吗？当小兔气球变大的时候，瓶子里出现了什么？

（3）为什么白醋和小苏打混合在一起后会产生很多气泡？猜猜这种气泡是什么？

原理解释：当瓶子中放入白醋之后，再加入小苏打，白醋就会与小苏打就会发生化学反应，也就是会产生一种神奇的变化，变化的结果就是产生了很多小气泡。这种小气泡的名字叫二氧化碳气体，正是这种气体将套在瓶上的小兔气球逐渐吹大的。

4.活动延伸

请幼儿探索加白醋或小苏打的数量，来观察气球大小的变化。

科学原理：小苏打与白醋发生酸碱中和的化学反应，产生二氧化碳气体，足以将套在塑料瓶上的气球逐渐吹大。

第八节 多元课程：C.P.M.

一、C.P.M. 课程的理论依据

C.P.M. 是 Children's Potential to be Motivated 的缩写，即儿童潜能发展。C.P.M. 共包括四个项目：儿童玩具图书馆、鼓舞音体演艺馆、儿童品格教室课程、父母课程。我园主要引进了儿童玩具图书馆项目。儿童玩具图书馆是由中国台湾 C.P.M. 教育联盟于 20 世纪 80 年代末期开创的，融合了近现代幼儿教育家、心理学家的教育理念，根据幼儿的发展特点研发，是一套系统地、循序渐进地激发幼儿主动学习的操作性学习课程，我们称之为 C.P.M. 课程。在儿童玩具图书馆里，书架上摆放的是一个个内容丰富、系列化的玩具宝盒，每个玩具宝盒内都装有不同的学具材料，涉及健康与体能、社会与科学、自然与科技、人文素养与艺术、语文、数学六大学习领域，共有近 50 个学习系列，总计千余个玩具宝盒。

《幼儿园教育指导纲要（试行）》（以下简称《纲要》）中指出："幼儿园教育应尊重幼儿身心发展的规律和学习特点，充分关注幼儿的经验，引导幼儿在生活和活动中生动、活泼、主动地学习。"《3~6岁儿童学习与发展指南》（以下简称《指南》）中也提出"教育应该遵循幼儿的发展规律和学习特点"的原则。因此，教育应该建立在幼儿能接受的基础上。那么幼儿是怎样认识事物的？不同年龄的幼儿身心发展水平有何不同？作为教育工作者，应该了解和掌握这些问题，只有这样才能科学地实施教育。

1. 皮亚杰的认知发展阶段理论

皮亚杰用"同化""顺应""平衡"三个概念阐述了认知发展的规律，指出认知发展的实质就是外界刺激经过同化、顺应几个互补历程，不断打破旧平衡、建立新平衡的过程，即不断达到"平衡—不平衡—平衡"的过程。在对认知发展规律的研究中，根据各个时期儿童的认知特点，皮亚杰把儿童的认知发展分为四个连续的阶段：感知运动阶段（0~2岁）、前运算阶段（3~6岁）、具体运算阶段（7~11岁）、形式运算阶段（12~15岁），并对各阶段儿童的思维特征做了系统分析和论述。

（1）感知运动阶段（0~2岁）

这一阶段的儿童凭借着感知觉和运动、动作来发挥个体的图式功能，从初级的、本能性的反射动作发展到具有一定目的性的活动，通过客体的行动和这些行动所产生的结果来认识世界，对物体认识具有物体恒存性概念。

（2）前运算阶段（3~6岁）

这一阶段的儿童开始从具体动作中摆脱出来，凭借象征性格式在头脑里进行表象性思维。但是，由于这一阶段的儿童的心理表象还只是静态的图像，其遇到问题时会运用思维，但在运用思维时常常是不合逻辑的，在很大程度上还受"知觉集中倾向""不可逆性""自我中心主义"三种心理限制。

学前儿童的年龄正好属于前运算阶段范围。针对学前儿童的这种思维特点，C.P.M.课程中设计了多个系列来训练幼儿前运算阶段的思维，帮其逐步摆脱心理限制。例如：C.P.M.课程中的"香蕉系列"的内容是钱币换算，"番茄系列"的内容是数的分解与组合，幼儿在游戏操作中可以学习正向和反向思考，促进思维的发展。

（3）具体运算阶段（7~11岁）

这一阶段的儿童能根据具体经验思维解决问题，能理解可逆性的道理，开始理解守恒的概念。在这个阶段，儿童能进行具体运算，并有了一般的逻辑思维，能在同具体事物相联系的情况下，进行逻辑运算。

（4）形式运算阶段（12~15岁）

这一阶段的儿童能按假设验证的科学法则解决问题，能按形式逻辑的法则思考问题。这时儿童的智慧发展趋于成熟，思维能力已超出事物具体内容或感知的事物，思维具有更大的灵活性。

2. 加德纳的多元智能理论

针对"单一智力说"，加德纳提出了多元智能理论，他认为人的智力不止一种，是由多种智力组成的。加德纳阐述了关于智力的种类及其基本性质的多元智能理论，并把人的智力分成了八种。C.P.M.课程也认同并且非常重视这几种智力的发展，在课程设计中针对这几种智力发展制定了相应的目标和措施。

（1）言语——语言智力

语言智力（verbal-linguistic intelligence）：主要是指听、说、读、写的能力，表现为个体能否顺利、有效地利用语言描述事件、表达思想并与人交流的能力。C.P.M.课程重视幼儿语言发展的特点及重要性，如"法国号"的学习目标是学习《四季歌》，让幼儿一边操作卡片一边学儿歌、仿编儿歌，促进幼儿语言智力的发展。

（2）音乐——节奏智力

节奏智力（musical-rhythmic intelligence）：主要特征是感受、辨别、欣赏、记忆、改编、创作和表达音乐的能力。C.P.M.课程中虽然没有专门体现音乐节奏的系列，但在C.P.M.课程前，设计了听音乐走线的环节，通过静静倾听音乐的旋律节奏，为幼儿营造安静的心理状态，同时培养幼儿的音乐感。

（3）逻辑——数理智力

数理智力（logical-mathematical intelligence）：主要包括数学和思维方面的能力，具体是指推理和运算的能力，主要表现为个体对事物间的各种关系，如类比、对比、因果和逻辑等关系是否敏感，以及能否通过逻辑推理和数理运算等进行抽象思维。C.P.M.课程尤为重视幼儿数理逻辑能力的发展，其中绝大部分系列都紧扣幼儿数学思维特点。例如："西洋梨"系列主要培养幼儿的数字排列能力；"胡萝卜"系列主要培养幼儿的图形认知、颜色与位置对应能力；"哈密瓜"系列主要培养幼儿的计数能力和对数位的概念。

（4）视觉——空间智力

空间智力（visual-spatial intelligence）：主要是指感受、辨别、记忆和改变物体的空间关系，并以此表达情感和思想的能力，表现为对线条、形状、结构色彩和空间关系的敏感，以及通过平面图形和立体造型将它们表现出来的能力。例如，C.P.M.课程设计中的"莲藕"系列主要培养幼儿的观察力与图形组合、几何图形大小对应的能力。

（5）身体——动觉智力

动觉智力（bodily-kinesthetic intelligence）：主要是指运用四肢和躯干的能力，表现为个体能较好地控制自己的身体，并使之对事物做出恰当的身体反应，以及善于利用身体语言表达自己的情感和思想。C.P.M.课程也有锻炼幼儿小肌肉运动能力发展的内容。例如，"巴士"系列的目标是培养幼儿手眼协调、小肌肉运动、打结的能力；"可乐"系列的目标是培养幼儿手眼协调与小肌肉运动的能力。

（6）自知——自省智力

自省智力（self-questioning intelligence）：主要是指自我认知、自我反省的能力，表现为个体能否正确意识和评价自己的情感、动机、欲望、个性和意志等，并在正确的自我意识和自我评价的基础上形成自尊、自律和自制等品质。例如，在C.P.M.课程中，"葡萄"系列的学习目标是钱币换算，通过掷骰子来拿取相应币值（硬币模型）的钱币。当游戏结束时，幼儿通过检查钱币的总数和骰子的点数是否一致来确定自己的游戏操作是否正确，若不一致，则需要幼儿反思自己的游戏操作行为，并加以修正。

（7）交流——交往智力

交往智力（interpersonal intelligence）：主要表现为与他人相处、交流和交往方面的能力。C.P.M.课程设计中的"法国号"系列的目标是诗歌欣赏，力图让幼儿在欣赏诗歌中得到美的感受；"手琴"系列的目标是让幼儿通过合作，按照故事先后排序，锻炼其交流能力。

（8）自然观察智力

自然观察智力（naturalist intelligence）：是指认识世界、适应世界的能力。加德纳的观点提供了一种可能性，即大多数孩子在某一方面是聪明的。我们坚信每个孩子的智力有自己的优势和特点，只要教育方法得当，充分利用孩子的智力能量，就能促进孩子的发展。

3.加涅的信息加工学习理论

信息加工理论诞生于20世纪50年代末60年代初，且在后来的几十年中得到了很大发展。加涅认为，学习是一个有始有终的过程，这一过程可分成若干阶段，每一阶段需进行不同的信息加工。在各个信息加工阶段发生的事件，称为学习事件。信息加工理论系统、科学地阐述了学习发生的过程，以及如何更好地促进幼儿学习，C.P.M.课程的教学也参考了加涅的信息加工学习理论。

（1）学习的信息加工模式

加涅认为，学习的模式是用来说明学习的结构与过程的，对于理解教学和教学过程以及如何安排教学事件具有极大的应用意义，他提出了影响深远的学习的信息加工模式。

　　鉴于幼儿的心理发展特点以及学习过程的复杂性，我们在进行 C.P.M. 课程教学时，努力遵循幼儿学习的规律和特点，有侧重地进行教学设计。学前幼儿的思维正处于前运算阶段，思维具有具体形象性，因此 C.P.M. 课程的学具大多是直观的，幼儿可以触摸、摆弄。学习包括输入和输出两种方式，在输入方面，大脑基于环境刺激，进入感受器进行感觉登记，生成短时记忆和长时记忆。因此，教师在进行 C.P.M. 课程教学时，要注重幼儿的感知、理解，帮助幼儿把知识更好地从短时记忆转化为长时记忆。除了输入以外，输出也是一条重要的学习途径，长时记忆经过反应发生器进入反应器，然后反馈给环境，这也恰好能够反映出幼儿学习的效果。因此，在进行 C.P.M. 课程教学时，我们不仅关注幼儿如何学，还关注幼儿学到了什么。C.P.M. 课程的一大优点就是每个幼儿都能够动手操作，因此我们通过观察幼儿动手操作的结果，来检验幼儿的学习成果，并及时纠正其错误操作，反馈其学习成果。

　　（2）学习阶段和教学设计

　　从学习的信息加工模式中可以看到，学习是学生与环境之间相互作用的结果。学习过程是由一系列事件构成的。加涅认为，每个学习活动可以分解成八个阶段。

　　①动机阶段：有效的学习必须要有学习动机，这是整个学习的开始阶段。动机的形式多种多样，在教育教学情境中，首先要考虑的是激发学生进行学习活动的动机，即学生力图达到某种目的的动机。在 C.P.M. 课程中，每个系列都设计了不同的学具，每一种学具的玩法各不相同，而且难度逐步提高，能吸引幼儿不断参与游戏，激发幼儿学习的动机。

　　②领会阶段：有了学习动机的学生，首先必须接受刺激，即必须注意与学习有关的刺激，而无视其他刺激。当学生把所注意的刺激特征从其他刺激中分化出来时，这些刺激特征就被进行知觉编码，储存在短时记忆中。这个过程就是选择性知觉。在进行 C.P.M. 课程教学时，我们会让幼儿自己触摸、感知材料，通过摆弄材料，让幼儿形成感知，进行短时记忆存储。

　　③习得阶段：当学生注意或知觉外部情境之后，学生就可以获得知识。而习得阶段涉及的是对新获得的刺激进行知觉编码后储存在短时记忆中，然后再把它们进一步编码加工后转入长时记忆中。在 C.P.M. 课程教学中，通过反复练习、同伴互助等方式，帮助幼儿把短时记忆存储到长时记忆中。

　　④保持阶段：对于长时记忆，人类至今了解不深，但有几点目前是清楚的：第一，储存在长时记忆中的信息，其强度并不随时间的流逝而减弱；第二，有些信息因长期不用会逐渐消失；第三，记忆储存可能会因新旧信息的混淆而受到干扰，从而使信息难以提取。在 C.P.M. 课程教学中，"葡萄"系列和"青苹果"系列的学习目标都涵盖了钱币换算的内容，幼儿在游戏中学会了数的加减并进行运用，教师采取不同指导策略帮助幼儿梳理概念。

　　⑤回忆阶段：学生习得的信息要通过作业表现出来，信息的提取是其中必需的一环。在 C.P.M. 课程结束时，我们会设计专门的集体教育活动。在集体教育活动中，幼儿在游戏活动中回忆 C.P.M. 课程活动中习得的经验。

　　⑥概括阶段：学生提取信息的过程并不始终是在与最初学习信息时相同的情境中进行的。同时，教师也总是希望学生能把学到的知识运用到各种类似的情境中去，以达到举一反三的目的。因此，学

习过程必然有一个概括的阶段，也就是知识迁移的问题。在 C.P.M. 课程教学中，我们会注重幼儿知识的迁移。除了在 C.P.M. 课堂上进行迁移，还注重在集体教育活动、生活活动、户外活动中进行迁移。

⑦作业阶段：一个完整的学习过程需要有作业阶段似乎是不言而喻的，因为只有通过作业才能反映学生是否已习得了所学的内容。C.P.M. 课程的作业阶段是融合在活动中的，幼儿在学习如何操作材料以后自主地操作材料，这既是在完成作业，也能体现教学效果。

⑧反馈阶段：当学生完成作业后，马上意识到自己已经达到了预期的目标。这时，教师应给予反馈，让学生及时知道自己的作业是否正确，从而强化其学习动机。在 C.P.M. 课程中，教师在反馈时不仅可以通过"对""错""正确""不正确"等词汇来表达，而且可以使用点头、微笑等许多方式反馈信息。

二、C.P.M. 课程的理念与教育价值

研究者以幼儿的学习特点和年龄特点为前提，以儿童潜能理论、蒙台梭利的关键期理论以及游戏理论为依据，研制了富含教育价值的 C.P.M. 玩具宝盒。幼儿通过操作 C.P.M. 玩具宝盒，不仅能提高数学思维、言语表达、艺术欣赏、科学素养、社会常识等方面的能力，还能培养坚持性、专注性、探索性等良好学习品质。

1. C.P.M. 课程的理念

（1）儿童具有无限潜能

潜能的概念早在古希腊时期就已经提出。亚里士多德认为，潜能就是与现实性相对的"可能性的存在"。人类自身究竟有多大的发展潜能？儿童的潜能是如何发展的？我们究竟能在多大程度上促进儿童潜能的发展？这些问题是当代生理学、脑科学、心理学、教育学、人才学和社会学等众多学科都在关注的问题。儿童的潜能是人类遗传所提供的发展的可能性。这种发展的可能性究竟有多大呢？对此不同的理论有不同的解释。

①潜能相对论：从宇宙、自然、社会和人类的关系来看，个体有生有死，宇宙有生有灭，人的潜能只是生命现象的一种表现形式。从这个意义上讲，人的潜能是有限的。但是，从生命的过程或潜能的具体表现形式，特别是人的智慧潜能的表现内容和形式来看，人的潜能又是无限的。因此，潜能是相对的。

②反应范围论：人的潜能是在遗传和环境的交互作用中发展的。这种交互作用的结果，使人类潜能表现出一定的发展水平，我们把它称为潜能的反应范围。遗传的作用是"规定性"。它规定了人的潜能反应范围到底有多大，而环境则使这种规定变成现实。

③潜能差异论：人类遗传有共性，也有个体差异。有研究发现，某些先天的基因会造成一些不良行为的倾向，如暴力倾向等。美国一所大学的研究团队对单胺氧化酶的基因变异和反社会行为的关系进行了研究，发现具有低活性单胺氧化酶的男性具有暴力倾向或更多的反社会行为。如果他们在幼年

时期受过严重的虐待，这种暴力倾向就更明显。如果成人重视这种差异，就会对这些因遗传而具有不良行为倾向的儿童进行早期关键性的帮助和保护。

（2）抓住幼儿发展的关键期

蒙台梭利最伟大的贡献之一是发现了人的发展存在敏感期。她通过对幼儿自然行为的细致、耐心、系统的观察后指出：儿童在每一个特定的时期都有一种特殊的感受能力，这种感受能力促使他对环境中的某些事物很敏感，对有关事物的注意力很集中、很有耐心，而对其他事物则置若罔闻。这种能力与印刻现象十分相似，蒙台梭利将其称为敏感期。

儿童敏感期是指儿童在连续相接的短暂时间里，会有某种强烈的自然行为。在这期间内，对某一种知识或技巧有着不寻常的感觉。敏感期的出现使幼儿对环境中的某个层面有强烈的兴趣，几乎掩盖了其他层面，并且这期间的幼儿会出现大量的、有意识的活动。在敏感期内施教，事半功倍，能迅速促进幼儿心智的发展。

蒙台梭利认为，幼儿早期数学学习的特点是一种典型的感知经验性学习，幼儿数学教育必须以具体化的抽象来引导幼儿学习数学。幼儿思维的发展需要具体的物体来支持，但同时数学在实践中的经验是抽象的，而 C.P.M. 课程的理念就是让幼儿通过亲手操作数学学具来感知、学习数学。

（3）重视游戏在数学中的作用

《指南》中提出："幼儿的学习就是幼儿通过自己特有的方式与周围环境互动的过程。"幼儿具有强烈的好奇心，他们对周围许多事物，特别是新奇的事物非常感兴趣，总会去看看、去摸摸、去探究，幼儿的发展就是在与环境的互动中实现的。幼儿园要创设适宜的情境性学习环境，合理地运用游戏环境，让幼儿在有意无意间通过各种感觉通道感受来自环境中的种种数学信息，在轻松又自然的情况下，获得数学知识。

在教育学和心理学的研究领域，对游戏的研究总是从三个方面入手：游戏的定义、游戏的属性和游戏的功能。目前，教育学、心理学界对幼儿游戏已经基本取得了共识。在"剩余精力学说"的基础上，运用唯物辩证法及方法论，找出了幼儿游戏的真正原因，即幼儿身心飞速发展以及幼儿的心理特点，需要幼儿参与真正的实践活动，这与幼儿本身实际能力不符，从而认定游戏是幼儿最喜欢的活动，是幼儿生活的主要内容。也就是说，游戏是幼儿成长过程的一种适应性学习，幼儿的所有学习主要是在游戏中完成的。

从游戏活动与学习、劳动的区别来看，游戏具有下列属性和特点：游戏是幼儿主动、自愿的活动。幼儿的主动性是幼儿游戏的主要特点，游戏是为适应幼儿的内在需要产生的，使得幼儿乐于参与游戏并且易于在游戏中受到教育。幼儿的游戏是在假想的情境中开展的，是假想的成人实践活动。在游戏中幼儿能控制所处的环境，表现自己的能力和愿望，从成功和创造中获得愉悦感。虽然课堂中的游戏常带有一定的目的性，但并不需要幼儿在游戏中明确这个目的，所以幼儿的兴趣仍在游戏活动的过程。正因为游戏有这些特点和属性，所以游戏不仅成为幼儿最喜爱、最基本的活动，也成为课堂教学的有效手段，促进了幼儿体、智、德、美多方面的发展。正如陈鹤琴先生所说："游戏从教育方面说是儿童的优良教师，他从游戏中认识环境、了解物性，从游戏中强健身体、锻炼思想、学习做人，游戏是儿童的良师。"

①游戏可以促进幼儿思维的发展。思维是人类认识活动的核心之一，思维的产生是儿童心理发展的重大质变。

数学活动的目标大多是通过游戏来实现的，而此类游戏能促进幼儿思维能力的发展。例如：让幼儿根据物体的某一特征（颜色、大小、形状或者其他特征）进行多种角度的分类，用不同的方法使两排数量相差1的物体变成一样多，进行10以内的加减运算，等等。这些活动均要求幼儿改进思维方式，从多方面、多角度进行观察、思考，加快思维的反应速度，进而促进幼儿思维能力的发展。

②游戏可以促进幼儿分析与综合能力的发展。所谓分析，就是在头脑中把事物的整体分解为各个部分、各个方面或不同特征的过程；综合就是把事物的各个部分、各个方面或不同的特征作为整体。分析与综合是思维的基本过程，在认识发展的不同阶段，分析与综合具有不同的水平。大班幼儿的分析与综合，主要是在实际活动中利用表象思维进行分析与综合。

③游戏增强了幼儿对学习的兴趣。幼儿天生就有好奇心。好奇心驱使他们去注视、观察、摆弄、发现、探索并了解周围的事物和环境。而游戏恰恰给幼儿提供了一个实践的环境，在"玩"的同时学到了知识，可谓一举多得、事半功倍。

总而言之，幼儿游戏就是一种无外在强制目的的、在假想情境中发生的一种假想成人的实践。

2. C.P.M. 课程与《纲要》各领域目标的结合

每个 C.P.M. 课程系列都涵盖了多个领域的学习目标。我园在对 C.P.M. 课程原目标的学习与理解基础上，对《纲要》各领域的目标进行了长期的研究与结合。

活动系列名称	活动目标	与《纲要》各领域目标的结合
1D03 胡萝卜	**数学** 1. 三角形、正方形、圆形之图形基本概念的认知 2. 三种颜色及三种图形位置对应 3. 手眼协调，位置对应与放置	**艺术领域** 感知不同颜色 **语言领域** 有良好的倾听习惯和相应的语言理解能力，学习一页一页地翻阅 **健康领域** 在集体生活中情绪安定、愉快，学习有关图形的体育游戏 **科学领域** 1. 通过与物体的相互作用，引导幼儿感知圆形、正方形、三角形 2. 支持、鼓励幼儿发现环境中图形的相似之处，进行初步而简单的求同和分类活动
1C07 凤梨	**数学** 1. 具体、半具体、抽象三者之间互换关系概念认知 2. 13以内具体、半具体量之计数	**科学领域** 1. 会手口一致点数，认识10以内的数字，理解数的实际意义 2. 能说出物体的数量 **社会领域** 1. 能努力做好力所能及的事，不怕困难，有初步的责任感 2. 感受独立做事的快乐与满足，有自信心

续表

活动系列名称	活动目标	与《纲要》各领域目标的结合
3A01 乌龟	**体能** 1. 触觉感觉运用能力的培养 2. 生活处理能力之串珠练习 3. 手眼协调，视觉与小肌肉联合调整能力与转移 4. 触觉感觉运用能力的培养 5. 生活处理能力之串珠练习 6. 手眼协调，视觉与小肌肉联合调整能力与转移	**社会领域** 1. 能主动参与各项活动，有自信心 2. 能努力做好力所能及的事，不怕困难，有初步的责任感 **健康领域** 锻炼小肌肉动作的协调灵敏性 **科学领域** 1. 在日常生活和游戏中，尝试学习按一个维度或几个维度对常见事物进行分类并计数 2. 能正确理解、辨认空间方位
3A03 青蛙	**体能** 1. 依颜色、形状、异同性分类之视觉感觉运用能力练习 2. 从粗略差异到精细差异之视觉辨别练习 **数学** 从异同性分类到比较分类及分析练习	**健康领域** 锻炼小肌肉动作的协调灵敏性 **社会领域** 1. 能主动参与各项活动，有自信心 2. 能努力做好力所能及的事，不怕困难，有初步的责任感 **科学领域** 1. 能发现环境中图形的相似之处，进行初步而简单的求同和分类活动 2. 在日常生活和游戏中，尝试学习按一个维度或几个维度对常见事物进行分类并计数 3. 能运用感官动手动脑探究问题
1C04 芒果	**数学** 1. 基本买卖应用练习 2. 加法和减法练习 3. 连加与心算运用练习 **科学** 社会文化买卖交易应用练习（买东西能力培养）	**健康领域** 锻炼小肌肉动作的协调灵敏性 **社会领域** 1. 能主动参与各项活动，有自信心 2. 能努力做好力所能及的事，不怕困难，有初步的责任感 **科学领域** 1. 学会对一定数量的事物（20以内）成组地数数及倒数，并会根据生活情境进行简单的口头加减运算 2. 感知、理解事物的整体与部分之间的关系，体会和理解加减的含义，能运用加减方法尝试解决简单的问题
5B01 钢笔	**美术** 1. 色调与彩度的对比分类练习 2. 位置对应及分类	**健康领域** 锻炼小肌肉动作的协调灵敏性 **社会领域** 1. 能主动参与各项活动，有自信心 2. 能努力做好力所能及的事，不怕困难，有初步的责任感 **科学领域** 1. 理解、辨认空间方位 2. 尝试学习按不同维度对常见事物进行分类并计数 **艺术领域** 能观察发现周围事物中对称和重复等美的规律，并能按这些规律进行装饰

续表

活动系列名称	活动目标	与《纲要》各领域目标的结合
2B01 客机	**科学** 动植物形状概念认知 **美术** 色彩与图形之部分与完整关系对应	**健康领域** 锻炼小肌肉动作的协调灵敏性 **社会领域** 1. 能主动参与各项活动，有自信心 2. 能努力做好力所能及的事，不怕困难，有初步的责任感 **科学领域** 1. 理解事物的整体与部分之间的关系，体会和理解加减的含义，能运用加减方法尝试解决简单的问题 2. 初步感知动植物的多样性，体会人与动植物之间的依存关系 3. 感知动物的生活习性，了解小动物的生长变化，有爱动物的情感，懂得珍惜生命
1C35 栗子	**数学** 1. 10 以内的计数练习 2. 数及唱数的对应练习 3. 具体—半具体—抽象（数字）的练习 **体能** 手眼协调，具体及抽象的对应训练	**健康领域** 锻炼小肌肉动作的协调灵敏性 **社会领域** 1. 能主动参与各项活动，有自信心 2. 能努力做好力所能及的事，不怕困难，有初步的责任感 **科学领域** 1. 点数 10 个以内的物体，感知理解 10 个以内物体的量 2. 学会手口一致地点数 10 个以内物体，说出总数 3. 认读 10 以内阿拉伯数字，理解 10 以内数的含义 4. 能运用各种感官，动手动脑探究问题
1B05 吐司	**数学** 1. 数线的概念建立 2. 时钟的结构认知——数线，长针、短针 3. 长针与短针的应用（整点与分）	**健康领域** 锻炼小肌肉动作的协调灵敏性 **社会领域** 1. 能主动参与各项活动，有自信心 2. 能努力做好力所能及的事，不怕困难，有初步的责任感 **数学领域** 1. 能运用各种感官动手动脑探究问题 2. 会看整点、半点，体会钟表的作用和时间的不可逆性，知道应该珍惜时间 3. 能连续观察、探究事物变化的简单原因和规律，尝试学习简单的推理，发展思维能力 4. 能运用数学经验解决实践中的问题
1A06 苹果汁	**数学** 1. 分类概念 2. 单位认知 3. 属性关系对应操作练习 **体能** 1. 属性关系认知及推展 2. 左右手指感官协调抗衡统合练习	**社会领域** 初步知道常见生活物品的用途及与人的关系 **科学领域** 能对常见事物进行分类 **语言领域** 能够初步整理已有感知经验，发现事物之间的关系，并用语言表达出来
1C05 橘子	**数学** 1.5 以内的分解及连加练习 2.10 以内的分解及连加练习 **体能** 1. 手眼协调、小肌肉潜能练习 2. 红色、蓝色、绿色、黄色、橘色之颜色对应	**健康领域** 能专注、有规律地做事情 **数学领域** 1. 理解事物的整体和部分之间的关系 2. 理解加减含义，认识货币，在日常生活中理解买卖关系，运用加减方法尝试学习解决简单的问题

活动系列名称	活动目标	与《纲要》各领域目标的结合
1D15 竹笋	**数学** 1. 图形组合能力建立 2. 几何图形认知 3. 对应概念建立	**健康领域** 在集体生活中情绪稳定、愉快，喜欢拼搭户外自制大积木 **社会领域** 有自信心，能努力做好力所能及的事，不怕困难，有初步的责任感 **科学领域** 能运用各种感官动手动脑，探究问题，有好奇心和求知欲，感知形状和颜色的不同 **艺术领域** 感知不同颜色，对比不同颜色的差异 **语言领域** 能准确地说出颜色、图形。自由拼摆物体并能大胆说出自己的想法
1C13 青苹果	**数学** 1. 20 以内物品的买卖运算练习 2. 以 1 元、5 元、10 元为单位进行 20 以内的买卖运算练习	**健康领域** 能情绪稳定、愉快、有规律地做事情，养成自主、勇敢、不怕困难的良好品质 **社会领域** 1. 理解和遵守与人们关系密切的社会行为规范，做到自律 2. 有初步的责任感，做事有始有终 **科学领域** 1. 能从不同角度对物体进行分类，有初步的概括能力 2. 感知、理解事物的整体和部分之间的关系，体会和理解加减含义 3. 认识货币，理解买卖关系，运用加减方法学习解决简单的问题 **语言领域** 1. 愿意主动发现问题，提出问题，积极回答问题 2. 能整理已有感知经验，发现事物的简单规律，并用语言表达出来
1C08 西洋梨	**数学** 1. 数的顺序关系练习 2. 数的逆序关系练习 3. 100 以内顺序唱数练习 4. 手眼协调，取放、排列	**健康领域** 1. 喜欢参加体育活动，不怕困难 2. 发展小手肌肉的协调性，练习串珠 **社会领域** 发现生活中与数字有关的知识 **数学领域** 1. 探究数的整数、倒数 2. 学会手口一致点数 10 个以内物体 3. 认读 10 以内数的实际意义 4. 理解 10 以内数中相邻数之间的关系 **语言领域** 会用语言表达数的好朋友（相邻数）

C.P.M. 课程除了重视幼儿以上学习领域的发展之外，更注重培养幼儿良好的学习品质。幼儿在操作 C.P.M. 玩具宝盒过程中表现出的积极态度和良好的行为倾向是其终身学习与发展所必需的宝贵品质。教师要充分尊重和保护幼儿的好奇心和学习兴趣，帮助幼儿逐步养成积极主动、认真专注、不怕困难、敢于探究和尝试、乐于想象和创造等良好的学习品质。

（1）了解自我与自信

所谓自信，是指由自我评价引起的自我肯定并期望受到他人、集体和社会尊重的一种积极向上的情感倾向。自信心就是坚信自己有能力克服困难，有取得成功的决心。自信是健康心理的重要支柱，也是良好心理素质的基础标志，可以使幼儿产生积极的学习动机和愉快的情绪，是一件事情成功的开始。《纲要》的社会领域明确指出幼儿的培养目标："能主动参与各项活动，有自信心。"

自信心是人相对稳定的人格特性，同时也会随着环境的变化出现易变的特质，它对于个体的心理健康及人格健全具有重要的影响，幼儿时期是个体建立自信机制的关键时期。

C.P.M.课程中每个系列的难度水平不同，旨在让每个幼儿有充分的动手操作机会，在"跳一跳够得着"中不断挑战自我，使每个幼儿都能通过操作获得自我效能感，通过不断强化自我效能感，进而增强自信。

（2）主动探索与探究

《纲要》指出："要尽量创造条件让幼儿实际参加探究活动，使他们感受科学探究的过程和方法，体验发现的乐趣。"探究能力作为人们探索研究自然规律和社会规律的一种综合能力，通常包括提出问题的能力、收集信息的能力、建立假说的能力、进行调查的能力、科学观察的能力、科学实验的能力、科学思维的能力等。

幼儿的探究能力通常指的是幼儿主动、自愿地参与获得知识的过程，掌握初步探索需要的手段和方法，形成初步的科学概念和萌发探索未知世界的积极态度的一种能力。

C.P.M.课程为幼儿提供的科学操作材料应当是可以物化教育目标和教育内容的材料，这些材料应该能揭示许多现象和事物间的关系，而这些关系正是幼儿期能够获得的。同时，材料应能引起幼儿的探究兴趣，符合该年龄段幼儿的特点。材料应当丰富充足，可供幼儿自主选择，并有多种组合的可能，使幼儿能够进行多种方式的探索，发现不同的现象。

除此以外，C.P.M.课程还注重为幼儿营造安全的心理氛围，这也是幼儿主动探究和学习的前提，没有安全的心理环境氛围，幼儿的主动学习和探究就不可能发生。安全的探究环境是指幼儿的需要得到基本满足，尤其是尊重的需要、归属和爱的需要、认知和理解的需要。

幼儿认识和理解周围世界的需要常常表现出强烈的好奇、乐于动手操作、亲身经历和尝试等特点。在C.P.M.课程中，幼儿经常会表现出对周围环境的好奇和主动探究的热情，这正是引导幼儿进行科学探究的最好时机，这时我们为幼儿提供了探究的氛围，鼓励探究行为的发生。首先，我们给予幼儿出错的权利。错误在幼儿科学学习的过程中具有建设性的意义，我们尊重幼儿，接纳幼儿的错误认识，给予幼儿出错的权利，让自然结果的反馈调整幼儿的认识。其次，我们观察幼儿的真实意图和认识水平，避免误解或伤害幼儿。最后，我们尊重和接纳每一个幼儿的观点、兴趣。

（3）沟通、表达与分享

众所周知，语言是人类交流信息的主要载体，是人类沟通的重要工具，只有具备了优秀语言表达能力的人，才能适应时代发展的需要和社会发展的需求。幼儿期是学习语言的关键期，所以我们要重视对幼儿语言表达能力的培养，对他们进行适当的教育和训练，发展他们的表达能力，最终达到让幼儿敢说、爱说、能说、会说的目的。

研究证明，尽管先天遗传对人的语言表达能力有一定的影响，但对表达能力起决定作用的仍是后天科学而系统的训练。在幼儿期就对幼儿开始进行较正规而专门的表达能力训练，比入学后再开始训练更有好处，因为处于幼儿时期的孩子可塑性和模仿性比较强，训练成果能让他们终身受益。幼儿学习语言要与周围的人、物、大自然、社会现象紧密相连，通过各种感官直接感知，获得周围一切知识，继而发展语言能力。幼儿认识世界离不开语言，而语言不是空洞无物的声音，它与动作、环境、事物密切相关。C.P.M.课程结合幼儿的特点，注意发展语言交流能力。根据幼儿直观感知的特点给幼儿创设条件，丰富其生活内容，帮助其在实践中认识世界，发展语言能力。

（4）动手操作与实践

培养幼儿的动手能力是促进幼儿全面发展的教育目标之一，对幼儿今后的成长有着重要的作用。由于喜爱游戏是幼儿的天性，因此在游戏活动中培养幼儿的动手能力更能激发幼儿动手实践的兴趣，能够有效提高幼儿动手解决问题的能力，进而达到增强幼儿动手能力的效果。C.P.M.课程就是通过游戏的形式使幼儿动手，通过亲手触摸玩具来促进幼儿的发展。

《纲要》中强调："提供丰富的、可操作的材料，为每个幼儿都能运用多感官、多种方式进行探索提供条件。"幼儿来自不同的家庭，他们的兴趣、爱好、动手能力各不相同，所以C.P.M.课程提供的材料必须是丰富的，能引起幼儿兴趣的。就像幼儿看到玩具就想玩一样，幼儿看到自己感兴趣的材料就会产生摸一摸、摆一摆、拼一拼、分一分的愿望。

（5）尊重与合作

陈琴、庞丽娟在《论儿童合作的发展与影响因素》一书中，将幼儿合作定义为：幼儿在游戏、学习等日常生活中，为达到某种目标，能与同伴协调关系、商量解决方法、分工合作，确保活动顺利进行的过程。王美芳等人在《儿童社会技能的发展与培养》一书中，将幼儿合作交往能力定义为：幼儿在游戏、学习等日常生活中能主动配合，分工合作，协商解决问题，协调关系的能力，包括学会分享、共享、合作、交流、等待、轮流、关爱和抚慰等。综上所述，合作即幼儿在游戏、学习等日常生活中，能正确地判断自我以及与他人的合作能力，尊重、信任他人，自愿地与他人协作，通过运用表达、组织、配合、分享及解决问题的能力，认真实现共同的目标，从而体验其中的快乐。

C.P.M.课程不仅为幼儿提供了很多操作机会，还为幼儿提供了很多合作的机会。幼儿合作行为是从合作的需要产生的，丰富的合作情感体验对幼儿积极参与合作活动有着重要的唤醒作用。当幼儿在幼儿园教育阶段的合作活动中，充分体验到积极的情感，如愉快、成功感或者胜任感等，会激发幼儿积极、主动地参加更多的合作活动，这样他就会得到更多的愉快体验，以后他就会更好地合作。

在C.P.M.课程中，创设情境是丰富幼儿合作情感体验的最佳方式，引导幼儿在情境中充分地体验合作的乐趣、分享他人的快乐，会促使幼儿在以后的活动中更加充分地表现自己，主动与伙伴商量游戏的角色。

在C.P.M.课程中，我们还注重培养幼儿对合作活动认真负责的态度，使幼儿形成认真对待自己的活动、保证合作活动顺利进行的良好品质。当活动结束时，引导幼儿感受凭借自己的力量克服困难、坚持完成活动的成就感与愉悦心情充分调动幼儿的积极性，促进幼儿在活动中合作意识的发展和提高。

在 C.P.M. 课程中，教师会帮助幼儿理解表达能力、解决问题能力和分享能力的重要性和有效方法，帮助幼儿提升相关经验，还为幼儿创设更多使用合作技能的情境，使幼儿在 C.P.M. 课程课堂上灵活运用各项合作技能。例如：续编故事，鼓励幼儿自信、勇敢地表达自己对故事结果的讨论；创设困难情境，鼓励幼儿独立思考解决问题的方法，并亲自解决问题。

（6）促进同伴交往能力

我们把同伴交往能力界定为："年龄相同、相近或心理发展水平相当的幼儿在一定的交往情境中，幼儿之间顺利、有效地完成交流和接触所具备的智能品质或能力，具体表现为幼儿在同伴交往过程中的交往态度、交往行为、交往方式以及处理同伴冲突时使用策略的能力，分为幼儿社交主动性、亲社会行为、语言与非语言交往以及社交障碍四个方面。"

同伴交往能力在幼儿的发展中特别重要。马来西亚心理学家、教授玛利亚尼·默德曾讲过："孩子的社会交往能力直接影响到他的学习成绩，优胜的社会交往能力能够提高幼儿的认知能力、感知能力及身体体能的发展。"

同伴交往是个体发展的一种心理需要，即使在婴儿期，个体也总能积极地寻找同龄同伴。另外，不同幼儿都具有强烈的被同伴接纳和认可的归属需要，而这种需要只有通过同伴交往才能得到满足。幼儿在与同伴的交往过程中，能在感情上得到同伴的支持而产生安全感和责任感，而且同伴交往对幼儿调节自我情感的能力及形成健康的情感都大有裨益。C.P.M. 课程也致力于促进幼儿的同伴交往能力，为幼儿创造与同伴交往的氛围。

基于上述三大教育理论，依据 C.P.M. 的课程理论，我们借助 C.P.M. 课程的特有资源，开展一系列研究活动。我们认为 C.P.M. 玩具图书馆主要是培养幼儿进行自主探索、主动思考的习惯，建立逻辑思维能力，在操作中提高幼儿的数学认知能力。它以幼儿喜欢的形象为兴趣点，以幼儿思维模式为依托，以游戏贯穿为途径，自主探究的方式能够更好地帮助幼儿在严谨的操作中形成数学认知的概念，值得我们深入地研究及运用下去。

三、C.P.M. 课程的常规及准备

1. C.P.M. 课程中的常规

C.P.M. 课程中的常规，即 C.P.M. 课程中对幼儿行为的基本规范要求。C.P.M. 课程活动的各个环节都有明确的教育作用，常规要求贯穿 C.P.M. 课程活动的始终，对幼儿学习能力、学习习惯、学习行为等的培养都具有重要意义。

（1）活动前的常规

①洗手。我园根据班级情况安排各班的 C.P.M. 课程活动时间，因为幼儿每天都会接触 C.P.M. 玩具宝盒，为了避免交叉感染，所以严格要求幼儿在 C.P.M. 课程活动前洗手。此外，我园会定期组织教师清洗 C.P.M. 玩具宝盒，确保玩具宝盒的卫生。

②发放进区卡、记录表。进区卡类似成人在图书馆里的借书卡，每张进区卡上都贴有幼儿的照片（中、大班幼儿有进区卡，小班幼儿没有进区卡）。每次 C.P.M. 课程活动之前，教师将进区卡发放给幼儿，幼儿选取宝盒，并将进区卡放在玩具宝盒的位置上，便于幼儿按原位送还宝盒。我园还为中、大班每个幼儿准备了一张记录表，用于记录幼儿操作宝盒的具体进度，包括每次选择的系列、编号等。中班幼儿可以请教师帮忙记录，大班幼儿操作完宝盒后自己填写记录表。

③取宝盒。幼儿根据自己的兴趣选取要操作的宝盒，在取宝盒时也有具体要求。例如，左手夹住宝盒的外侧，右手把进区卡放在宝盒相应的位置上，右手握住宝盒的提把，宝盒的钥匙图标需正对幼儿，左手手心朝上托住宝盒的底部，宝盒放在胸前，距胸前一个拳头的距离。

在操作 C.P.M. 课程学具的过程中，有的幼儿选择宝盒时常选择比较简单的宝盒或超出自己能力范围的宝盒，这样不利于幼儿思维能力的发展，教师要引导幼儿学会观察记录表。

在每次 C.P.M. 课程活动之前，教师应引导幼儿仔细查看自己玩过哪个系列，今天该玩这个系列的第几盒。例如，上次某幼儿玩了"西瓜"系列的第 1 个宝盒，那么这次在选择宝盒时，应建议他选择第 2 个或第 3 个宝盒，这样幼儿在操作宝盒时，就可以将已有经验运用到后面两个宝盒中。

选择同一系列跨度较大的宝盒，随之难度增加，幼儿由于不知如何操作，会产生注意力不集中、东张西望、与同伴说话等行为，这样不利于发展幼儿的思维。如果多次重复选择已玩过的学具，宝盒本身对于幼儿的促进作用就会减弱，教师应适时引导，鼓励幼儿尝试操作新的宝盒系列，勇敢地挑战自我。

④放宝盒。幼儿按照要求取宝盒后，按右行线行走，走到座位后，幼儿站到椅子后面，把宝盒放到桌子上，然后双手搬椅子并放好。幼儿坐到椅子上，双手做"顶呱呱"手势。小班幼儿待教师检查摸头后，方可打开宝盒；中、大班幼儿待完成以上内容后可自行打开宝盒。

⑤魔法儿歌。为小手增加"魔力"。幼儿伸出右手，手心朝上，左手食指在右手手心中间沿顺时针或逆时针方向转圈，小手渐渐就有"魔力"了，以此来增加幼儿的学习兴趣。

⑥打开宝盒。伸出有"魔力"的右手，手心朝下握住宝盒提把，沿顺时针方向将宝盒旋转 180°。此时宝盒有钥匙的图片朝外，然后使宝盒提把（以下称"耳朵"）向自己敬礼（"耳朵"向自己的方向按下），双手扶住宝盒两侧，轻轻将宝盒放倒，此时"耳朵"朝自己，钥匙图片朝上，幼儿双手做"顶呱呱"的动作。中、大班幼儿可以按照具体要求自己打开宝盒，小班幼儿可跟着教师按照步骤依次打开宝盒：摸摸宝盒的"头"（双手手心朝下，分别向两侧摸一摸宝盒的上面），拉开宝盒的右"耳朵"（左手按住宝盒上方，右手用大拇指拉开宝盒的右侧"耳朵"），摸摸宝盒的"头"（双手手心朝下，分别向两侧摸一摸宝盒的上面），拉开宝盒的左"耳朵"（右手按住宝盒上方，左手用大拇指拉开宝盒的左侧"耳朵"），张开宝盒的"大嘴巴"（两只手把宝盒的盖打开），取出神秘的魔毯（右手手心向上用手夹住魔毯放在桌面上），此时幼儿双手做"顶呱呱"的动作。

⑦打开魔毯。打开魔毯时幼儿念儿歌：向右翻呀熨一熨（右手大拇指和食指捏住魔毯左下角向右翻开，并用双手把魔毯铺平）；再向右翻呀熨一熨（方法同上）；向下翻呀熨一熨（分别用双手大拇指和食指捏住魔毯左、右上角的同时向下打开魔毯，并用双手把魔毯铺平）；再向下翻呀熨一熨

（方法同上）。此时魔毯平铺在桌子上，为幼儿的正式操作活动做好准备。要求：魔毯上的小蜗牛图案要向下，魔毯边要对齐桌子边，宝盒放在魔毯的右上方。

⑧取学具。第一步：先将魔毯上的收纳盒（或收纳袋）打开，再将其中的学具拿出进行分类，依次摆放在魔毯上方。第二步：将宝盒中的题卡拿出放在魔毯的左上角，印有红色向下箭头的一面为第一页。如果宝盒里有眼罩，将眼罩也取出放到魔毯的中间位置。第三步：将宝盒中的长尾夹取出，夹在魔毯右上角；数字卡或对应卡也取出来，放在魔毯的右侧。第四步：将操作时不用的材料收回宝盒，如收纳袋等，并将宝盒立在桌面左上角。第五步：学具摆放完毕后，幼儿做"顶呱呱"动作，待教师检查学具摆放情况后，便可操作学具了。

（2）活动中的常规

①将学具放在魔毯相应的位置上。

②在操作过程中，不慎将玩具掉落后，提醒幼儿及时捡起。

③为防止打扰同伴学习，同伴间不交流，若有问题可举手示意求助教师。

④按照题卡上的要求进行操作，不落页。理解题卡的开始与结束。

⑤幼儿按顺序翻看题卡，并按照要求进行操作。待题卡全部完成后，一定要将其翻回第一张，为下一个小朋友提供方便。

（3）活动后的常规

①收宝盒。第一步：将学具按类分别放在收纳盒或收纳袋中。第二步：打开宝盒，按照题卡、数字卡、对应卡的顺序收学具，用长尾夹夹住，并把长尾夹的尾巴折回放到宝盒中。第三步：将收纳盒或收纳袋、小瓶子、小盘等学具放回宝盒中。第四步：把魔毯折叠整齐，并送回宝盒中。做动作时幼儿念儿歌："向上翻呀熨一熨（左右手大拇指和食指捏住魔毯的左、右角下方向上折，对齐魔毯上方边，并用双手把魔毯抚平）；再向上翻呀熨一熨（动作同上）；向左翻呀熨一熨（左手手心朝下按住魔毯中间，右手拿住魔毯右边向左边翻，并用双手把魔毯抚平）；再向左翻呀熨一熨（动作同上，此时右手手心向上将魔毯夹住送回宝盒中）。"第五步：关上宝盒。做动作时幼儿念儿歌："摸摸宝盒的'头'（双手手心朝下，从中间向两边摸一摸宝盒）；关上宝盒的右'耳朵'（左手手心朝下并按住宝盒左上方，右手用大拇指和食指轻轻把右'耳朵'关上）；摸摸宝盒的'头'（双手手心朝下，从中间向两边摸一摸宝盒）；关上宝盒的左'耳朵'（右手手心朝下并按住宝盒右上方，左手用大拇指和食指轻轻把左'耳朵'关上）；起立（左右手分别拿住宝盒的左、右两侧轻轻将宝盒立起）；敬礼（将宝盒手柄立起来）；走出神秘的世界（将右手手心冲下握住宝盒的手柄并向左水平旋转180°，此时宝盒钥匙图片的一面面向自己）。"

②放椅子。幼儿起立，站在小椅子后面，双手搬起椅子两边轻轻将椅子送回桌子下边。

③送宝盒右手手心朝下，握住宝盒提把，左手手心朝下，托住宝盒下端，走右行线，走到柜子前，左手夹住宝盒的外侧，右手使宝盒的提把向自己"敬礼"，左手将宝盒放进柜子中。

④离开教室。幼儿按照右行线走，安静有序地走出教室。

2. C.P.M.课程的准备活动

（1）物质环境准备

①教室。幼儿园准备固定的教室作为C.P.M.课程的专用教室，教室要摆放足够数量的桌椅方便幼儿操作，教室要采光好、干净、整齐。

②柜子。柜子的高度、宽窄、式样要统一，以方便幼儿取放宝盒。柜子整齐摆放在教室侧边。

③学具的摆放。按照宝盒系列摆放在柜子中，同一个系列摆放在一起，并根据编号按顺序依次摆放在柜子中，外侧图标和编号向外摆放。

④检查操作学具是否齐全。在每次上C.P.M.课程之前，教师检查每个宝盒中的学具是否齐全，如发现丢失或损坏，应立即更换或将丢失的补全，以便幼儿能顺利地操作学具。

（2）精神环境准备

①播放音乐。C.P.M.课程教室里配备电脑、录音机等音乐播放设备，每次C.P.M.课程活动时教师为幼儿播放舒缓的音乐，为幼儿营造轻松的学习环境。

②稳定幼儿情绪。教师应调动幼儿的学习积极性，引导幼儿情绪饱满地参与C.P.M.课程操作活动。教师应特别注意观察缺乏自信、遇到困难就不知所措的幼儿，给他们以"爱"的鼓励（伸出大拇指做出"很棒"的动作）。

③了解幼儿发展水平。教师在幼儿操作C.P.M.课程学具时要做到勤观察，了解幼儿在操作中所遇到的问题和困难。如果是心理上畏惧，教师要及时发现、及时疏导，帮助幼儿克服心理障碍、树立自信；如果是操作遇到了困难，教师应耐心地给予指导，并调动、启发幼儿运用已有的经验操作宝盒。教师应根据本班幼儿的现有水平和发展现状选择适宜的宝盒系列，选择较难或较容易的宝盒都不利于幼儿发展。在每次C.P.M.课程活动前，教师还要根据幼儿的发展水平在幼儿C.P.M.课程记录表上填写幼儿当天所要完成的宝盒系列及宝盒个数。例如，教师观察某幼儿需要完成"樱桃"系列的第3个宝盒，就在记录表上填写，幼儿看到后就可以拿"樱桃"系列第3个宝盒进行操作。此操作完成后，幼儿还可以根据自己的兴趣再去选择其他系列的宝盒进行操作（此方法适合中、大班幼儿）。

园本课程教学案例

小班园本课程教学设计（一）

课程名称	青蛙系列
课程目标	1. 能够在老师的带领下自主打开、关闭宝盒及整理材料 2. 能够进行8种颜色的同形或不同形的分类 3. 发展幼儿小肌肉群灵活性及观察能力
课程重难点	重点：发展观察力、发现细微差异，并按颜色、形状进行分类 难点：同形同色分在一起，分类的难度逐步增加

续表

课程名称		青蛙系列
所需准备	知识经验准备	认识宝盒各部分名称，能辨别较明显的颜色、形状
	物质准备	图示、范例、青蛙系列宝盒等

活动过程

1. 欢迎小朋友来到"玩具图书馆"，和宝盒一起做游戏，我们先和小宝盒打个招呼吧！

2. 巩固复习宝盒的基本名称

3. 打开宝盒的步骤，走进"神秘世界"；教师帮忙打开魔毯，摆放整齐

4. 示范操作及讲解玩法

（1）介绍青蛙系列。

（2）请你看一看都有什么玩具呢？

飞机、坦克、吊车、轮船、火车头、出租车，你能把相同的放到一起吗？

（3）大题卡就是停车场，这些交通工具都分别停在各自的停车场里，不能乱停哦。

（4）提醒幼儿将不同颜色不同形状分开放，不同颜色同一形状分开放，同一颜色不同形状也要分开放。

5. 幼儿游戏操作，教师进行个别指导

6. 转圈换座位，进行其他宝盒的游戏操作

7. 依收拾步骤完成操作格式布及宝盒整理

（1）按照正确顺序将操作材料收进宝盒。

（2）按逆时针方向走出 C.P.M. 教室。

小班园本课程教学设计（二）

课程名称		竹笋系列
课程目标		1.能够进行图形、颜色的组合对应 2.能够将比例一致的图形覆盖在题卡上 3.锻炼幼儿群的灵活性，精准性
课程重难点		重点：图形的一一对应 难点：图形组合覆盖
所需准备	知识经验准备	认识常见的图形，玩过拼图
	物质准备	竹笋系列宝盒、范例、题卡放大图

活动过程

1. 欢迎小朋友们来到 C.P.M. 教室，想一想，我们上次玩过哪个系列的宝盒了呢？（青蛙）

2. 介绍竹笋系列

咱们先来看一看大图标，认识它吗？是一种熊猫最爱吃的食物（竹笋）。下面我们一起看一看竹笋系列怎么玩吧！

3. 竹笋系列有什么？

打开宝盒你看到了什么游戏材料呢？印有图形的题卡、不同颜色的图形积木，你猜猜看可以怎么玩呢？（拼图）

4. 请幼儿仔细观察题卡颜色与图形积木有什么秘密？（颜色是对应的）

5. 辨认图形宝宝

三角形▲　　　正方形■　　　平行四边形▰　　　六边形◆　　　梯形▰

6. 讲解正确操作方法

对照大题卡找到颜色相同的图形，并用积木覆盖住题卡图形。

7. 幼儿操作玩具，教师个别指导

8. 依收拾步骤完成操作格式布及宝盒整理

（1）按照正确顺序将操作材料收进宝盒。

（2）按逆时针方向走出 C.P.M. 教室。

小班园本课程教学设计（三）

课程名称	牛奶系列	
课程目标	1. 初步形成简单的统计意识 2. 能够进行基本的分类 3. 掌握 10 以内的具体物计数	
课程重难点	重点：10 以内物体的计数及图数对应 难点：初步的统计意识	
所需准备	知识经验准备	会点数 10 以内的数
	物质准备	范例、牛奶系列宝盒

活动过程

1. 小朋友们，今天咱们玩一个新的宝盒系列，看一看是哪个系列呀？（牛奶）
2. 介绍牛奶系列里的玩具
格式布、活页夹、数字卡、玩具水晶片。
3. 教师示范讲解操作玩法，材料的摆放位置，对应位置
（1）翻开活页夹，找到左下角有下箭头的那一页，是题卡第一页。
（2）根据题卡上的水果，找到水晶片相应的水果，放至格式布第一行，依次翻页操作，直到完成。
（3）此时水晶片已全部分到格式布上了，然后进行统计和点数，将数字卡放到相应的小方格里。
4. 幼儿操作玩具，教师个别指导
5. 依收拾步骤完成操作格式布及宝盒整理
（1）按照正确顺序将操作材料收进宝盒。
（2）按逆时针方向走出 C.P.M. 教室。

小班园本课程教学设计（四）

课程名称	鸭子系列	
课程目标	1. 手眼协调，位置对应的摆放练习，锻炼小肌肉动作的精准性 2. 数量及排列密度大小的感知 3. 培养幼儿细致耐心、有始有终的学习品质	
课程重难点	重点：手眼协调的摆放，动作的精准性 难点：将玩具材料全部摆放到方格里，且方向一致	
所需准备	知识经验准备	玩过拼图及镶嵌类玩具
	物质准备	大图范例、鸭子系列宝盒

活动过程

1. 欢迎小朋友们再次来到 C.P.M. 教室，今天要给大家介绍一个新系列，一起先来看看吧！
2. 认识图标及对应的玩具材料
今天这个新系列的图标是个小动物，爱吃鱼虾，会游泳，走路摇摆，叫声嘎嘎。你们猜出是谁了吗？（鸭子）
3. 介绍玩具材料
格式操作卡、两种颜色的蝴蝶结。
4. 幼儿猜想玩法
请你根据你看到的玩具材料猜猜看，它应该怎么玩？
5. 教师示范操作玩法
将玩具材料放进小格子的操作卡里摆放整齐，且方向一致。
小提示：摆放操作卡时注意看小蜗牛是不是在右下方。
6. 幼儿自主操作，教师巡回指导
7. 依收拾步骤完成操作格式布及宝盒整理
（1）按照正确顺序将操作材料收进宝盒。
（2）按逆时针方向走出 C.P.M. 教室。

小班园本课程教学设计（五）

课程名称	核桃系列	
课程目标	1. 10 以内的计数练习 2. 数数及唱数的对应练习 3. 从具体量到半具体的练习，手眼协调对应摆放	
课程重难点	重点：10 以内的计数练习 难点：数数及唱数的对应练习	
所需准备	知识经验准备	玩过其他系列宝盒的经验
	物质准备	大图范例、核桃系列宝盒

活动过程

1. 欢迎小朋友们再次来到 C.P.M. 教室，我们已经玩过好几种系列的宝盒了，想一想都有哪些呀？

2. 介绍核桃系列宝盒

今天又要开启一个新系列，首先看图标，你们认识这是什么吗？（核桃）可以让我们越来越聪明的一种坚果。

3. 观察操作卡与玩具之间的关系

（1）展示宝盒中的材料、若干个飞机、操作卡。

（2）按要求摆放开，请幼儿再次观察，引导幼儿点数并说出总数。

操作卡上有 6 架飞机
实物飞机模型也是 6 架 ｝所以一样多

（3）幼儿猜测玩法，教师示范。

4. 幼儿自主操作，教师巡回指导

5. 依收拾步骤完成操作格式布及宝盒整理

（1）按照正确顺序将操作材料收进宝盒。

（2）按逆时针方向走出 C.P.M. 教室。

中班园本课程教学设计（一）

课程名称	曲别针系列 1~8 盒	
课程目标	1. 能够对应上物体的形状、轮廓 2. 发展幼儿穿孔能力的精细能力	
课程重难点	重点：发现并通过仔细观察，寻找到物体的轮廓 难点：比较相似的物品，发现细微差别，并进行轮廓的一一对应	
所需准备	知识经验准备	认识生活中常见的物体，有一定观察比较的能力
	物质准备	范例、曲别针系列宝盒

活动过程

1. 欢迎小朋友们再次来到 C.P.M. 教室，今天要给大家介绍一个新系列，是什么呢？一起先来看看吧！

2. 曲别针系列是玩什么的呢？找影子游戏

3. 介绍宝盒里的材料

小盒、皮筋、串扣、题卡。

4. 摆放题卡的要求

将题卡实物图片摆成两竖列，注意蜗牛图标在右下角，然后手拿影子卡片找相对应的实物图片，最后用小串扣将配对好的连接起来。

5. 讲解小串扣的使用方法

把实物图片下方的圆孔与影子图片上方的圆孔重叠在一起，然后用两个小串扣连接。

6. 引导幼儿注意观察细节，幼儿自主操作，教师巡回指导

7. 请完成速度快的幼儿分享自己的方法

8. 依收拾步骤完成操作格式布及宝盒整理

（1）按照正确顺序将操作材料收进宝盒。

（2）按逆时针方向走出 C.P.M. 教室。

中班园本课程教学设计（二）

课程名称	李子系列	
课程目标	1. 学会看标识，圆点与颜色相匹配 2. 发展幼儿小肌肉的精准性，能把圆点叠放在题卡上	
课程重难点	重点：认识 10 以内数字及书写顺序 难点：圆点覆盖在圆形上与之重合	
所需准备	知识经验准备	认识数字、能区分颜色
	物质准备	五角星及箭头大图标、李子系列宝盒

活动过程

1. 欢迎小朋友们再次来到 C.P.M. 教室，今天要给大家介绍一个新系列，是什么呢？一起先来看看吧！
2. 介绍新开启的宝盒李子系列，出示题卡及图片
3. 将题卡的放大图例摆在黑板上，请幼儿仔细观察发现了什么
（1）五角星：表示起点。
（2）向下的箭头：表示方向。
4. 题卡对应摆好，你发现题卡与小圆片之间有什么联系吗？
题卡颜色与圆片颜色对应，红色题卡对应红色圆片。
5. 幼儿自主操作，教师巡回指导，并给正确完成的幼儿填写记录卡
提醒幼儿一定要按照箭头顺序进行拼摆。
6. 按照正确顺序将操作材料收进宝盒
7. 按逆时针方向走出 C.P.M. 教室

中班园本课程教学设计（三）

课程名称	果汁系列	
课程目标	1. 能够对常见物品进行分类 2. 了解常见事物属性关系及两种事物间的联系	
课程重难点	重点：认识常见事物 难点：了解常见事物属性关系及两种事物间的联系	
所需准备	知识经验准备	知道生活中的常见事物并能说出名称及简单用途
	物质准备	大图范例、果汁系列宝盒

活动过程

1. 欢迎小朋友们再次来到 C.P.M. 教室，今天要给大家介绍一个新系列，是什么呢？一起先来看看吧！
2. 介绍果汁系列宝盒
3. 教师按步骤打开宝盒与魔毯，取出里面的玩具材料
4. 将操作卡铺好，共 4 张，请幼儿仔细看图片中有什么
例：第一张筷子、案板、碗、锅。
5. 将对应卡拿出，找到与这四个物品相关的图片，并用串珠连接好（筷子—碗、手套—帽子）
6. 幼儿自主操作，教师巡回指导
7. 依收拾步骤完成操作格式布及宝盒整理
（1）按照正确顺序将操作材料收进宝盒。
（2）按逆时针方向走出 C.P.M. 教室。

中班园本课程教学设计（四）

课程名称	樱桃系列	
课程目标	1. 数量及单位认知、分类 2. 学习点数、数与量之对应	
课程重难点	重点：点数、数与量之对应和分类 难点：数与量之对应，动作的精准性	
所需准备	知识经验准备	认识常见的物品模型，会进行点数
	物质准备	大图范例、樱桃系列宝盒。
活动过程		

1. 欢迎小朋友们再次来到 C.P.M. 教室，今天要给大家介绍一个新系列，是什么呢？一起先来看看吧！

2. 介绍樱桃系列

（1）系列宝盒的位置及大图标识。

（2）看一看玩具材料有哪些。

动物或物品的模型，小熊、爱心、眼镜、冰激凌等。

题卡，每盒 5 张。

（3）通过观察，请幼儿猜测题卡与模型之间的关系。

3. 教师引导幼儿进行宝盒操作

题卡在左侧竖着摆放一列，右侧对应着摆放模型，排列整齐成一排然后进行点数。

4. 幼儿自主操作，教师巡回指导

5. 依收拾步骤完成操作格式布及宝盒整理

（1）按照正确顺序将操作材料收进宝盒。

（2）按逆时针方向走出 C.P.M. 教室。

中班园本课程教学设计（五）

课程名称	西洋梨系列	
课程目标	1. 认识数列，1～10 的顺序和倒序 2. 理解图示意思	
课程重难点	重点：会进行 1～10 以内数的顺序排列及倒序排列 难点：理解倒序排列	
所需准备	知识经验准备	能够进行正数及倒数
	物质准备	大图范例、西洋梨系列宝盒
活动过程		

1. 欢迎小朋友们再次来到 C.P.M. 教室，今天要给大家介绍一个新系列，是什么呢？一起先来看看吧！

2. 介绍西洋梨宝盒里的操作材料

益智家颗粒、题卡、操作卡。

3. 教师示范讲解正确玩法

（1）益智家颗粒需要正确使用，提醒幼儿不抠上面的数字贴。

（2）题卡上有什么？从 0～5 六个数字。

（3）6 格操作卡怎么用。

例：0～5 第一格放 0、最后一格放 5，中间的四个再找相应的数字；全部摆好则完成一页。

4. 介绍倒序玩法，与正序相反

例：10～5 第一格放 10、最后一格放 5，中间的四个再找相应的数字；全部摆好则完成一页。

5. 幼儿自主操作，教师巡回指导

6. 依收拾步骤完成操作格式布及宝盒整理

（1）按照正确顺序将操作材料收进宝盒。

（2）按逆时针方向走出 C.P.M. 教室。

大班园本课程教学设计（一）

课程名称	可乐系列	
课程目标	1. 1∶1~10∶1 的比例对应操作 2. 平均分配概念认知	
课程重难点	重点：拇指、食指拿取操作练习与小肌肉群控制 难点：理解平均分配概念认知	
所需准备	知识经验准备	幼儿见过生活中分配的现象
	物质准备	可乐系列宝盒

活动过程

1. 依前置步骤展开格式布（范例一）

2. 宝盒内教具：取出收纳盒、题卡、小盘子，依照图一位置放置

3. 将收纳盒盖放置在收纳盒左侧，紧盖宝盒盒盖，竖立宝盒放在格式布左上端

4. 从第一张题卡（卡上标有箭头符号）开始操作，依题卡图示先取正确量的串珠放在收纳盒盖内

5. 取正确数量的小盘子放置在格式布方格内，再将收纳盒盖内的串珠取出，平均放在小盘子内

6. 完成一张题卡需先将串珠／小盘子放回原来的位置，再将题卡翻至背面，继续进行下一张题卡操作

注意：操作强调一个题目的开始与结束概念的完整性及操作空间的完整性

7. 操作至最后一张题卡（卡上标有·记号），完成操作，保持现状，以手势请老师检查，若正确无误，老师以手拍拍幼儿肩膀，示意可以开始收拾整理教具及宝盒

8. 依收拾步骤完成操作格式布及宝盒整理

（1）按照正确顺序将操作材料收进宝盒。

（2）按逆时针方向走出 C.P.M. 教室。

大班园本课程教学设计（二）

课程名称	曲别针系列 9~13 盒	
课程目标	1. 物品多向形状变化与关系对应练习 2. 手眼协调能力	
课程重难点	重点：物品多向形状轮廓变化与关系对应 难点：被遮挡住的物体轮廓	
所需准备	知识经验准备	认识常见物体、动物、昆虫等
	物质准备	图片、曲别针系列宝盒

活动过程

1. 欢迎小朋友们再次来到 C.P.M. 教室，今天要给大家介绍一个新系列，是什么呢？一起先来看看吧！

2. 展示系列 9 ~ 13 盒的材料

小盒子、皮筋、小按扣，要求幼儿将不使用的辅材及时收回宝盒里，其他所有材料均在蓝色桌布上游戏操作。

3. 题卡中有图片及影子卡片（相对应的）

（1）辨别全部图片影子比较容易，但物体容易混淆。

（2）有遮挡关系的影子需要提醒幼儿仔细辨别。

（3）增加难度的题卡，会出现图片与影子的位置不一样。

4. 小按扣的作用

将图片与相应的影子卡片找到后，用小按扣连接。

5. 幼儿自主操作，教师巡回指导

6. 依收拾步骤完成操作格式布及宝盒整理

（1）按照正确顺序将操作材料收进宝盒。

（2）按逆时针方向走出 C.P.M. 教室。

大班园本课程教学设计（三）

课程名称	香蕉系列	
课程目标	1. 理解十位与个位的数量概念 2. 能用玩具与图形相对应的方法理解个位与十位量的关系 3. 理解图示的含义，发展幼儿数学思维能力	
课程重难点	重点：理解十位与个位的数量概念 难点：能理解图示及数字之间的关系	
所需准备	知识经验准备	认识数字，会进行 1 ~ 100 的点数
	物质准备	题卡放大图、香蕉系列宝盒

活动过程

1. 点数或唱数 1 ~ 50，出示数字卡，读出下面的数，5 与 50 的区别

2. 介绍香蕉系列

（1）看一看香蕉系列都有什么玩具。

题卡分为两组：①背面有红点；②背面无红点。

单个的小蓝丁。

（2）做题时可选择红点组，再选择无红点组，两组不能混乱。

3. 教师示范玩具玩法

打开魔毯，将蜗牛图标放置右下角。魔毯上有表格，最上面一排摆放材料，第二排摆放题卡；根据题卡数字摆放相应数量的小蓝丁。

4. 通过大图范例请个别幼儿上前演示

5. 幼儿自主操作，教师巡回指导

6. 幼儿完成玩具操作后，举手示意，教师进行记录

7. 依收拾步骤完成操作格式布及宝盒整理

（1）按照正确顺序将操作材料收进宝盒。

（2）按逆时针方向走出 C.P.M. 教室。

大班园本课程教学设计（四）

课程名称	桔子系列	
课程目标	1. 理解 5 以内数的分解及连加练习 2. 能够按图示找卡片，加强图形数的结合与对应关系	
课程重难点	重点：了解 5 以内的分解 难点：图、数、卡相对应	
所需准备	知识经验准备	有玩过其他宝盒的经验
	物质准备	大图范例、桔子系列宝盒

活动过程

1. 欢迎小朋友们再次来到 C.P.M. 教室，今天要给大家介绍一个新系列，是什么呢？一起先来看看吧！

2. 请幼儿看一看桔子系列都有什么材料，并向幼儿一一展示

串珠（红、黄、蓝）、数字卡片、题卡、对应格、活页夹。

3. 看到这些材料你觉得这个系列怎么玩呢？鼓励幼儿大胆说出自己想法

4. 教师示范介绍玩法

（1）题卡中的箭头及圆点标识，表示开始与结束。

（2）对应格选择 5 格还是 10 格，需要分清楚。

5. 依收拾步骤完成操作格式布及宝盒整理

（1）按照正确顺序将操作材料收进宝盒。

（2）按逆时针方向走出 C.P.M. 教室。

大班园本课程教学设计（五）

课程名称	面包系列	
课程目标	1. 了解时钟的数字排列规律，知道时针和分针 2. 知道时间是不可逆的 3. 发展小肌肉动作的灵活性，学会看图表	
课程重难点	重点：知道时针和分针、数字排列的规律 难点：范例、面包系列宝盒	
所需准备	知识经验准备	见过时钟，知道表盘上有 12 个数字
	物质准备	范例、面包系列宝盒

活动过程

1. 小朋友们，今天请出哪个宝盒系列呢，请听谜语猜猜看：弟弟长，哥哥短，两人赛跑大家看，弟弟跑了十二圈，哥哥一圈才跑完。你们猜出是什么了吗？（钟表）

2. 认识钟表及各部分的名称

（1）说一说你都见过什么样式的钟表。

（2）钟表上有什么？时针、分针，它们长得一样吗？哪里不一样？

（3）分针瘦瘦高高，跑得快；时针矮矮胖胖，跑得慢。

3. 了解钟表上的数字

（1）表盘上有几个数字？（12 个）

出示几种非全数字表盘的钟表，请幼儿唱数 1 ~ 12，知道其排列规律。

（2）钟表是从数字几向数字几转动的呢？

从数字 1 依次向数字 12 转动。

4. 教师讲解宝盒操作部分

（1）请幼儿观察宝盒中的材料有哪些。

题卡、益智家颗粒、操作卡。

（2）翻看题卡猜测玩法。

例如：根据题卡上 1 ~ 9 的数字，找出与之相应的益智家颗粒，按照正数的顺序依次摆放在操作卡上相应的格子内。

（3）理解时间的不可逆性。

例如：当题卡中出现 5 ~ 1 数字时要怎么摆？教师可出示两种摆法，让幼儿判断哪种正确，经过自己思考后的知识点记忆会更加深刻。

①5、6、7、8、9、10、12、1　　　　√

②5、4、3、2、1　　　　×

5. 幼儿自主操作，教师巡回指导

幼儿完成玩具操作后，举手示意，教师进行记录。

6. 依收拾步骤完成操作格式布及宝盒整理

（1）按照正确顺序将操作材料收进宝盒。

（2）按逆时针方向走出 C.P.M. 教室。

第二章

多元课程相关论文

运用多元化教学方法　促进幼儿剪纸能力的提高

◎ 王　爽

幼儿艺术教育的价值在于引发孩子的审美情趣，培养他们的创新意识，这将深深铭刻在幼儿的头脑中，成为他们人生的宝贵财富，使他们终身受益。在幼儿剪纸教育活动中，创新是主旋律。在剪纸过程中如何培养幼儿的创新能力呢？我在教学实践中尝试通过灵活多变的教学形式、丰富的教学手段以及综合材料的运用等，努力培养幼儿的创新能力，取得了一定的教学效果。

一、灵活多变的教学形式，促使幼儿体验和参与

1. 由室内到室外

长期以来，一些幼儿教师只注意提高幼儿的剪纸技能，而忽略了素质教育中最重要的一环——创造力的培养，导致幼儿认为评价一幅剪纸作品的"好"与"不好"，就是看剪得"像"与"不像"，幼儿也习惯了先画好要剪的物体，然后按照画好的线条剪，比如，老师手把手地教如何对折剪窗花。这种室内的训练模式，由于没有"心"的参与，只能是简单的由眼到手的过程，体现不出个性，更谈不上创造性。

在一次组织大班教学活动中，我以"我喜欢的活动"为题，引导幼儿开展剪纸活动。许多幼儿剪的不是放风筝的人，就是跳绳的人，实在想不出什么有趣的事来。也难怪，现在的孩子生活空间太小，自由支配的时间太少，成天关在钢筋混凝土筑成的高楼里，很少能看见充满灵性的山、溢满情趣的小河，取而代之的是公园、喷泉、花坛等人工建筑，孩子们跟大自然亲近的机会少了，童年失去了斑斓的色彩。教师在教学中要充分认识到这一点，尽量多带幼儿走出教室，到大自然中去，让幼儿多亲近大自然，多一点与大自然交流的机会。在他们眼里，一根狗尾巴草、一朵野花、一只草丛里的蚂蚱，都会引发无穷的兴趣和遐想，产生无尽的灵感。

于是，在另一次"我喜欢的活动"剪纸活动中，我改变了原有的让幼儿在教室里"闭门造车"的方法，而是带着幼儿到户外去游玩，鼓励幼儿在户外想做什么就做什么。他们都表现得异常兴奋，感

觉非常新奇，从来都没有如此轻松地"上课"。他们有的玩自制的玩具，有的玩捉迷藏的游戏，有的趴在地上看蚂蚁运粮食，有的围着花坛看蜗牛爬行。一节课下来，回到教室，我让每个幼儿讲讲感受，然后引导幼儿：这么多有意思的事情，你们应该用手中的剪刀把它们剪出来。很明显，通过自己亲身体验与实践，这一次创作与上一次截然不同，幼儿思维敏捷，剪出的形象鲜活了，就像手指弹出的流畅旋律一样，轻松、活泼又充满生活情趣，表现的内容也异常丰富，出现了《走平衡木》《踢足球》《捉迷藏》《踢毽子》《玩跷跷板》《滑滑梯》等许多佳作。

2. 由个体到小组

幼儿要进行剪纸创作，教师的启发引导非常重要，但灵活、新奇的剪纸方式也能够调动幼儿的积极性，激发幼儿的创造性思维。幼儿通常是老师启发引导下的一个个独立的创作个体，个体在创作过程中相互学习交流的机会较少，而剪纸教学活动本身应该是一种快乐游戏，教师应该尝试不拘泥于常规的、灵活多变的教学形式，让孩子们在快乐和新奇中表现心灵。多变的教学形式并非只为吸引幼儿的注意力，提高兴趣，更重要的是让孩子参与，因为他们是主体，应设法使幼儿的天性得以充分发挥。所以，在剪纸教学中，我经常安排一些合作剪纸，不仅可以让幼儿体验到成功的喜悦，感受到自身的价值，还能够培养幼儿的协作精神。

在一次剪纸创作教学活动中，我以改编《龟兔赛跑》故事为内容组织剪纸教学活动，让每一组幼儿共同改编作品，要求人人参与，积极动脑。刚宣布完，孩子们立即兴奋地欢呼起来，他们自发地组成四组，并且各自重新调整座位，准备一展身手，教学气氛异常活跃，或争吵，或沉思，或商议，就连平时表现平平、不善于发言的幼儿也在集体创作的过程中表现得那么主动、积极。幼儿纷纷为"自家"出谋划策，有的组先制定计划书；有的组先分工明确由谁来剪哪个形象，然后再编故事；有的组先改编故事内容，然后再分工剪……活动结束前，我让每一组幼儿展示了他们的作品，效果出乎意料，每一幅作品都那么精彩，那么生动，而且整幅内容粘贴得那么协调，真正体现了团队协作精神。

二、丰富的教学手段，保持幼儿的剪纸兴趣

以前有些人认为剪纸教学就是教师先在纸上画好短直线，然后幼儿按照画好的线开始剪，以剪刀刃不偏不斜正好剪在画好的线上为最佳。我们不难想象，长久下去，这种呆板的教学方法怎能激发幼儿学习剪纸的兴趣呢？与之相比，美国幼儿学习美术时，教师往往不设样板、不立模式，让幼儿在从现实生活到内心想象的过程中自由"构图"，使幼儿的好奇心和自我表现心理得到满足，幼儿的创造能力就会不断提高。因此教师应针对幼儿的心理特征，采取生动的教学方法，使教学活动保持新颖性，从而保持幼儿的学习兴趣，培养幼儿的创新精神。

1. 运用多媒体手段创设情景

现代教学媒体的引进为我们的教学注入了活力，能够取得事半功倍的效果。如在进行剪纸教学"美丽的鱼"时，我利用多媒体播放一些关于海底世界的录像，为幼儿提供各种各样的鱼的图像资料，引导幼儿了解一些海洋方面的浅显知识，丰富幼儿的感性认识。这样一来，幼儿剪出的鱼千姿百态，每个人剪的都不一样。在进行"动物比美"剪纸教学活动时，我让幼儿闭上眼睛，随着背景音乐的响起，故事便讲开了……这时，每个幼儿都闭上眼睛，静静的，脸上带着微笑。从他们脸上，我读出了兴奋和惊奇，我知道，随着音乐的响起，我已经把他们带进了一片美丽的大森林，大森林里正举行着一场选美大赛……他们个个都玩得非常开心。当音乐结束时，整个教室鸦雀无声，大家似乎仍沉浸其中。"能告诉老师你们看见了些什么吗？"随着我的引导，教室里一下子沸腾了，孩子们你一言、我一语，大家各抒己见。在随后的剪纸创作中，幼儿更是天马行空，尽情发挥。当然教师也要做到"风筝不断线"，虽然幼儿剪出的作品与说出的内容有一定距离，但我仍积极给予肯定，在鼓励的同时给予恰当的引导，以宽容的胸怀与幼儿进行沟通，了解幼儿的所思所想，对幼儿无奇不有的想法加以分析、引导，及时发现幼儿的闪光点。有位调皮的幼儿剪完大马后，又在大马的肚子上粘贴了一匹小马。他原以为我会批评他，我却不吱声地剪了几株小草在他剪的大马旁边，并告诉他，只有马妈妈多吃饭，肚子里的小马宝宝才能长得好。幼儿放下了怕被老师批评的心理包袱，顿时来了兴致，又接着剪了许多小草，放在了大马边上。其他幼儿也受此影响，分别拿起剪好的许多作品，边自言自语创编讲述、边组合粘贴，创作热情空前高涨，教学效果明显。

2. 欣赏名作，举办展览

在剪纸教学活动中，我经常引导幼儿欣赏优秀的剪纸作品、绘画作品、名家传世之作，并以此展开讨论。一方面拓展幼儿的创作思路，另一方面让幼儿心灵得到浸染。我还组织了幼儿"与大师比一比、赛一赛"活动。欣赏完大师的绘画作品后，幼儿有了"试一试"的冲动，这时我鼓励他们把大师的作品剪出来。在班级里，我不定期地开展幼儿剪纸作品展，使幼儿创新性的作品得到充分展示。全班形成了创新剪纸的气氛，对每个幼儿创造力的培养起到了很好的引导作用。

三、综合运用多种剪纸材料，激发幼儿勇于创新的热情

求异、好奇是幼儿的一个重要特点，一成不变的剪纸材料很容易使幼儿感到枯燥乏味，渐渐没了剪纸热情。在教学中，我有目的地指导幼儿尝试使用不同的剪纸材料，如牛皮纸、塑料牛奶袋、锡纸牛奶袋、冰棍包装袋、彩色卡纸、电光纸、即时贴纸、硬纸板树叶、挂历纸、吹塑纸等去表现不同的事物。幼儿对新材料很容易产生兴趣，我又继续引导幼儿通过各种感官来感知纸的特性：用眼睛看一看纸是什么样的；用耳朵听一听不同质地的纸抖动发出的声音；用手摸一摸纸的感觉是粗糙的还是光

滑的，是薄的还是厚的；用语言来形容摸各种纸的感觉像什么。有的幼儿说，摸皱纹纸的感觉好像在摸妈妈的纱裙；有的幼儿说，摸牛皮纸的感觉像在摸爸爸的脸。不同的剪纸材料表现出来的特殊效果让他们惊叹不已，在这种情况下要求幼儿进行创作，他们丰富的想象力会如泉水般不断涌出，真正激发了幼儿的兴趣和创作热情，使幼儿受到启发并勇于创新。

每个幼儿都有创造力，都有自觉探索的愿望，我们应当在教学中提高他们的创造力，点燃他们的创造力，充分挖掘剪纸教学中有利于创新教育的因素，针对每个幼儿的素质要求，营造教育的时间、空间、环境，为每个幼儿提供表现潜在探索欲、创造力的机会，调动他们的内在动力，使其创造力不断提高。

如何在美术活动中促进幼儿个性健康发展

◎ 尹 平

美术活动最易被幼儿接受，它以幼儿个体活动为主，使幼儿不受他人干扰便可完成艺术活动，更多地强调"个性"和"创造力"的表达。因此在实践过程中，我更加注重幼儿的个体差异，鼓励幼儿追求个性、表现自我，以促进幼儿身心和谐健康发展。

一、激发幼儿美术活动的兴趣，是促进幼儿个性发展的条件

在美术活动中，我们见过很多这样的场景：在涂色时，有的孩子把花朵涂得五颜六色，鲜艳又漂亮，但有的孩子却在那里摆弄颜料，似乎更乐于做一个调色师；新教的折纸游戏丝毫吸引不来他的关注，翻来覆去就只喜欢折一种飞机……面对这样的状况，教师是漠不关心还是任其发展？记得鲁迅先生曾说："没有兴趣的学习，无异于一种苦役，没有兴趣的地方，就没有智慧和灵感。"那么如何激发幼儿对美术活动的兴趣呢？

首先，要选取贴近幼儿生活的主题，以幼儿感兴趣的事物作为美术活动的内容，例如，综合制作《我的花围巾》、主题意愿画《夏天的夜晚》、泥工《我爱吃冰糕》等，与幼儿生活密切相关，幼儿亲身接触过，也较易表现，不会让幼儿去冥思苦想却不知从何下笔。其次，教师要从易到难、从单一向全面，逐渐提高幼儿能力，而非拔苗助长，从一开始就使幼儿望而生畏，抑制了动手的兴趣。再次，提供给幼儿多种操作材料，如各种材质的纸张、笔、废旧纸盒、水果网兜、牙签、毛线等，让幼儿自由选择，激发幼儿创作欲望，提高参与活动的兴趣。最后，通过多种活动和创设环境为幼儿提供展示自己作品的机会和条件，使幼儿获得成功，增强自信心，加深对美术活动的喜爱。

记得在小班末期，班上新转来一个比较内向的小姑娘，每天乖乖地坐在椅子上，安静得能让你忽略她的存在，我尝试着从美术活动入手，想拉近和她的距离。但这似乎比我想象中困难了一点，她对什么活动都兴趣索然，直到有一天我让小朋友们将画好的花瓶用剪刀剪下来时，她竟然第一个冲上去拿剪刀，我想：难道她对剪纸感兴趣吗？小班末期的美工区还没有让幼儿频繁使用剪刀，我走上去微笑着问她："琪琪

是不是很喜欢剪纸呢?"她"嗯"了一声,看到孩子闪烁的目光,我犹豫了一下,还是下定了决心:"那这样吧,以后到美工区时,你可以使用剪刀剪纸,但一定要注意安全,好不好?"她笑了,使劲地点点头。就这样,琪琪在快乐的剪纸嚓嚓声中开朗起来,也带动了全班小朋友剪纸的兴趣。通过琪琪,我也发现了很多以前没有关注到的事情,也产生了更多意想不到的点子,比如,有4、5个男孩子最喜欢画汽车,那么就给他们开一个汽车画展;洋洋和明明喜欢芭比娃娃,那么美工区可以多投放一些相关杂志和精美的包装纸,让她们去制作;还有3、4个孩子捏泥很不错,惟妙惟肖,真应该给他们提供一个展台,让更多的孩子惊讶于他们的作品。就这样,我们班的美工区也随之丰富起来,更多的孩子投入到了美术活动中。

二、尊重、理解幼儿的创作意愿,是促进幼儿个性发展的基础

美术活动是想象力和创造性极强的艺术活动,爱因斯坦说过:"想象力比知识还重要,因为知识是有限的,而想象力概括着世界上的一切,推动着进步,并且是知识进化的源泉。"幼儿的想象力是很活跃的,教师应对孩子富于想象的画面加以赞扬、鼓励,允许他们"想入非非",只有真正解读幼儿,了解幼儿美术作品背后的想法和感受,发现他们真正的需求,才能实实在在落实《纲要》精神。这就要求教师在工作中多了一项必不可少的环节,就是当看到幼儿行为之后问一句:"为什么?"也许结论会令你大吃一惊。在一次小蜗牛的绘画活动中,多数孩子都是将蜗牛一个一个地分开或并排画,可是媛媛却在一个小蜗牛上面画了一个大蜗牛,还在四周点了很多小红圆点,画面乱七八糟,我看了半天也百思不得其解,但我没有阻止她继续创作,直到活动结束后,其他小朋友都去喝水了,我走到媛媛身边,问她画的是什么。她指着画面给我解释说:"蜗牛妈妈生病了,小蜗牛看她流了很多血,背着她去看病……"我明白了,这些小红圆点就是蜗牛妈妈流出的血点儿啊?如果不是她亲自说出来,我想我是绝对猜不出的,我摸摸她的头说:"媛媛画的蜗牛是一个爱妈妈、乖巧懂事的小蜗牛。你画得棒极了!"我暗自庆幸自己多问了一句,没有武断地做出错误结论而伤害了孩子的爱心。之后,我在全班小朋友面前表扬了媛媛,并把她的作品展示给大家看,小朋友们报以热烈的掌声,媛媛腼腆地笑了。从那以后,班里的幼儿作品悄悄发生了变化;《快乐的母鸡一家》不再是鸡妈妈带着小鸡捉虫子了,也有小鸡捉虫给妈妈吃,也有妈妈张开翅膀为小鸡挡雨,还有公鸡、母鸡和小鸡一起快乐地搬家,越来越多的内容展现在眼前,孩子的思维逐渐扩展开来,创造性源源不断。当看到幼儿的表现时,很多教师都是从自己的主观来分析孩子,其实很多时候幼儿的行为都是年龄特点的反映,是正常的,关键是教师是否以接纳的心态去看待孩子。多问一句"为什么",收到的不仅仅是孩子的答案,更得到了孩子的信任,理解和尊重幼儿将是促进幼儿个性发展的基础。

三、学会欣赏、发现幼儿的闪光点,是促进幼儿个性发展的动力

每个孩子都是独立的个体,他们和成人一样,有着自己的思维方式和强烈的自尊,因此也更加需要得到别人的赏识。老师的赏识不能仅仅停留在表面,"你很棒,你画得好极了"这些空泛的词语随着

孩子年龄的增长会慢慢失去激励作用，如果说小班幼儿还能受到这些话的鼓舞，那么大班幼儿已经对此类词语"免疫"了。

对于幼儿美术作品来说，没有谁画得最好、谁画得最糟，换个角度去欣赏幼儿的作品，即便是一个不成形的纸盒机器人、一幅色彩略显单调的水粉画、一个只有大小窟窿的剪纸都能发挥孩子的才智，让他们在认识自身价值的同时体验快乐，增强信心，也让其他孩子能够看到他的过人之处。这样说来，也许每一个孩子都将不再平凡。在大班的一个主题意愿画"我的梦……"活动中，刚开始时，大家都七嘴八舌地讨论自己会画些什么？拿到纸笔后，小朋友们都迫不及待地动笔了。我巡视了一圈，有的画面主题突出，有的画面内容很丰富，也有的画面色彩很和谐。突然，我看到了瑄瑄的画，那是什么呢？一只猫吗？如果可以称之为猫的话，眼睛是怎么回事？为什么有一只眼睛是灰色的呢？少画了一条腿吗？不仅是我看到了，其他孩子们也都围了过来，有的孩子甚至开始嘲笑瑄瑄的画了。我请大家安静，也请瑄瑄讲讲她画的是什么。通过瑄瑄的描述，我知道原来她画的是一只流浪在她家附近的猫，眼睛瞎了一只，所以是灰色的，腿被狗咬伤，所以少了一条腿，她想告诉人们不要遗弃这些可怜的小动物。大家听了瑄瑄的话，刚才叫嚷得最欢的几个小朋友低下了头，而其他小朋友则向她投去了赞扬的目光。那只可怜的猫尽管皮毛脏兮兮的，神态哀愁，但正是瑄瑄把它描画得如此鲜活。这是一幅很有深度的作品，我把它放在了墙壁的展板上，让更多的孩子发现瑄瑄的这幅流浪猫。通过这个小例子，我们不难看出，要使孩子的潜能在各自的起点上得到充分发挥，教师要善于发现，用爱的目光去捕捉、欣赏孩子身上的闪光点，让孩子在积极良好的心态中成长。

总之，在美术教学活动中，教师要激发幼儿对美术活动的兴趣，进行全面系统的观察，在教育过程中做有心人，事事处处为孩子着想，站在孩子的角度上看问题、思考问题，最重要的是学会欣赏幼儿，让所有的孩子都能富有个性地发展，快乐地成长。

让生活中的科学探究活动促进幼儿学习品质的发展

◎ 尹　平

【案例背景】起床后，孩子们穿好衣服陆陆续续走出睡眠室。几个长头发的女孩子手里拿着自己的梳子正排队等着老师梳小辫。老师一个一个认真地梳着……这时，姜雯突然发现了什么，大声说道："快看快看，头发飞起来了！"正等待梳头的其他女孩子也都看了过来，惊讶地指着飞起来的头发说："真的呀，飞起来了！""头发真的飞起来了"她们的惊呼声引来更多的孩子围观，一个关于梳头发的探索活动就此开始了。

一、《头发飞起来了》活动案例（一）——头发为什么会飞起来

第二天，又到下午起床整理的时间了，老师还是和往常一样给长头发的女孩子梳头。

美美说："老师，你说头发为什么能飞起来呢？"

姜雯说："我告诉你，因为它带电了！"

美美说："什么？带电了？"

姜雯说："对呀，我妈妈说的，梳子带电了，就把头发吸起来了。"

多多说："我冬天摘帽子的时候，头发都飞到我脸上来了……"

恩熙说："这个叫静电，我妈妈洗衣服用柔顺剂，她说能把静电赶走……"

轩轩说："对，我妈妈洗衣服时也用。"

此时，楠楠着急地找到我问："老师，我头发怎么飞不起来呀？"恩熙看了看楠楠说："我帮你梳一梳吧！"楠楠把梳子交给了恩熙，我认真看了看楠楠的头发说："楠楠睡觉时出了很多汗，头发有点儿潮，所以飞不起来。"恩熙说："对，我洗完澡第二天，头发干了一梳就飞起来了，你要等头发干了才行。"

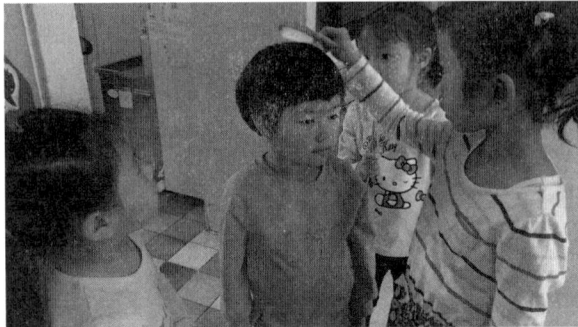

简要分析:

兴趣与好奇心是学习品质形成的基础。头发无风起飞，孩子们觉得非常有意思，于是便提出这样那样的问题，而提问恰恰是儿童好奇心与学习兴趣的重要表现形式。不难看出，孩子们的讨论成了这次意外发现的亮点，他们利用自己已有的经验解释了头发飞起来的原因。幼儿通过不断的尝试，一次一次地感受梳头发的动作，观察头发起飞的效果，体会摩擦起电带来的乐趣，专注性得到了充分的体现。我很庆幸自己捕捉到了这个教育契机，并支持和鼓励幼儿进行积极的尝试和探索，将活动深入开展下去。

二、《头发飞起来了》活动案例（二）——梳子还能吸起什么东西？

昨天发现了梳子起静电后能让头发飞起来的秘密后，孩子们就开始关注起这个静电的现象来。

美美说:"这是静电，起电了，梳子就吸起头发来了!"

玉轩说:"那是头发带电了吗? 还是梳子带电了呢?"

美美说:"头发吧? 不是，应该是梳子。"

多多说:"是梳子，不知道梳子能不能吸起别的东西来?"

美美说:"头发很轻，所以能吸起来，但是沉的东西肯定是不行的。"

多多说:"对，沉的吸不起来。"

观察到这里，我加入了她们的话题:"你们可以去试一试啊，看看带电的梳子还能吸起什么来。"于是，她们几个齐刷刷地来到了材料最为丰富的美工区，开始寻找轻的东西。小贝壳没有选，水晶钻贴也没选，她们选了毛球、皱纹纸、泡沫粒，并摆在了桌子上。先梳头发，然后尝试吸起这些东西。美美打算去吸毛球，可是梳了半天，吸不上来，她自言自语说:"肯定是太沉了……"玉轩说:"我试试。"玉轩使劲儿梳了几下头发，吸了半天还是不行。美美说:"你头发太少了，还是我来吧，我头发长，我多梳几下，应该能行的!"玉轩往旁边靠了靠，看着美美吸毛球。这时，多多惊喜地叫道:"我吸起来了，看! 皱纹纸，快看!"玉轩马上围过来，认真地看了看，之后她也去用梳子吸皱纹纸，但是好像没有成功，美美也把注意力转移过来:"让我试一下!"美美挑出了一块粉色的偏大一点的皱纹纸，吸了一下，虽然吸起来了但是没有离开桌面，维持了 1 秒钟就掉了下去。玉轩说："你的皱纹纸有点儿大，要小一点儿才行。"美美说："嗯，你说的对，应该选一个小点儿的。"说完，美美又去吸一片小一点儿的皱纹纸，果然成功了，她自言自语道："还是皱纹纸好吸，但是要小一点儿才行。"玉轩说："太沉的东西不行，毛球也不行，梳子吸不上来。"

简要分析：

　　孩子们通过观察提出了新的问题，作为幼儿的支持者，我鼓励孩子们去试一试，以激发起他们更强的探究欲望。我选择相信孩子们，所以我没有替他们寻找材料，我担心这样做会局限了幼儿的思维，让他们自己挑选适宜的材料，积极主动地学习，这是培养学习品质的关键所在。在寻找材料的过程中，幼儿能够将已有的生活经验及之前获取的直接经验进行判断和筛选，然后通过实践得到最终的结果。这种主动学习的品质是需要教师帮助孩子逐步养成的，同时教师也要为孩子创设主动学习的机会和条件，支持他们实现自己的想法。

三、《头发飞起来了》活动案例（三）——还能用什么东西来蹭一蹭？

　　孩子们现在再玩静电游戏时，已不再只是由上到下地梳一梳头发了，她们学会了来来回回蹭头发，这样的动作使得男孩子们也加入了游戏。这天不巧，梳子都拿去清洗消毒了，孩子们找到我说："老师，没有梳子了，怎么玩吸纸的游戏啊？"我思考了一下回答："没有梳子，可以换个东西呀，我们一起找找看，用别的东西行不行？"孩子们的兴致一下子被调动起来，美美找来了一个雪糕棍，姜雯找到了美工区的塑料泥工刀，东东找到了吸管，皮皮找到了娃娃家的小勺子，而我则挑中了打击乐器三角铁的小铁棒。我们把皱纹纸做的小鱼拿出来，大家都跃跃欲试，用这些新材料摩擦起头发来，然后小心翼翼地去靠近小纸鱼，只见姜雯的泥工刀、东东的吸管和皮皮的小勺子很容易地就把小纸鱼吸起来了，而我的小铁棒和美美的雪糕棍却没有动静。美美来回看了看，摇头说："我这个雪糕棍怎么回事？要不我还是换一根去吧！"说完，美美跑去了美工区。我故作为难地叹气说："我这个怎么也吸不起来呢？"东东说："老师，我来试一试……"我把小铁棒交给了东东，他认真地摩擦着自己的头发，一下一下来回蹭，然后很小心地靠近小纸鱼，此刻大家也都睁大了眼睛等待着奇迹出现，但是小纸鱼还是静静地躺在盘子里，一动不动。东东又换了一条小纸鱼，也是不行。美美已经重新拿了一根雪糕棍，但两次摩擦后还是无果。姜雯说："美美，你试一试我的这个泥工刀，看能吸上来吗？"美美有点儿不情愿地接过泥工刀，摩擦头发，刚刚靠近小纸鱼，那小纸鱼就一下子"跳"起来，粘到了刀片上，美美惊讶地说："泥工刀能吸小纸鱼，看来不是我的头发有毛病，是我的雪糕棍不行。"我接过话题："那泥工刀、吸管和小勺，它们为什么能吸起小纸鱼呢？"姜雯说："我这个是塑料做的，长长的，细细的。"东东说："我这个也是塑料做的，可以吸。"皮皮说："我这个也是塑料做的。是不是凡是塑料做的，都可以吸呢？"我问："那我这个是什么做的？为什么不能吸呢？"美美说："老师，您那个是铁做的，我这个是木头做的，咱们俩个都不能吸小纸鱼。"

经过这样一番讨论后，小朋友得出了结论：塑料做的东西容易起静电，能吸起小纸鱼来，而木头、铁做的东西摩擦不能产生静电，也就吸不起小纸鱼来了。接着我们又互相尝试了别人的材料，结论还是一样的。皮皮说："老师，是不是以后如果没有梳子，我们想玩钓鱼的游戏时，就可以用塑料的东西来钓了？"我笑着说："皮皮太聪明了，就是这样的，你们也可以再找找教室里还有什么是塑料做的，蹭一蹭头发，看看能不能吸起小鱼来。"孩子们又一次开启了探寻之旅，希望这一次的发现更为有趣……

简要分析：

在这次探究活动中，皮皮的一句话让我非常惊讶，他说："老师，是不是以后没有梳子，我们想玩钓鱼的游戏时，就可以用塑料做的东西来钓了？"在我们的探究活动中，遇到困难时，儿童是否会尝试用其他方法来解决问题，能在相当程度上看出儿童是否会运用想象与创造。有的儿童具有较强的想象力与创造力，但就是不去想、不去尝试新的方法，反观皮皮的行为，我觉得他非常勇敢，提出自己的假设，他将刚刚获得的直接经验即"塑料制品易产生静电，所以能钓上小纸鱼来"，迁移到"只要是用塑料做的东西都可以钓起小纸鱼来"，这一句总结性的提升，充分体现了幼儿学习品质中的想象与创造。所以真的是不能小看了孩子们的探究能力，他们的话语或行为总能让人眼前一亮。

【小结】在由孩子梳头发引起的一系列探究活动中，教师一直作为孩子们的支持者、参与者和引导者，不会走在孩子的前面牵着他们前进，也不会袖手旁观、置之不理，而是放手让孩子去大胆尝试，当遇到困难停滞不前时，会适时进行有效的引导，开拓幼儿的思路，一起寻找解决问题的办法，通过实际操作获取直接经验，提升了幼儿的探究能力，使他们获得自信与成就感。在探究过程中，教师的启发性提问和抛出难题请幼儿来解决的方式，将学习的主动权交给了幼儿，让他们成为游戏的真正主人。

游戏化的一日生活是小班幼儿的学习方式，这个案例再一次印证了"生活即教育"的道理，教师要关注幼儿一日生活的始终，因为在这里同样蕴藏着教育契机。作为教师，不仅要善于抓住这种难得的机会，更要做个有心人，利用和创设有利条件，在潜移默化中培养幼儿良好的学习品质，促进幼儿全面发展。

在看看、想想、玩玩中，体验美术活动成功的快乐

◎ 刘 珺

3岁左右的幼儿美术创造能力基本处于"涂鸦期"，他们喜欢随意画画、撕纸、玩泥。3岁半左右的幼儿开始进入"象征期"，他们尝试利用涂鸦时掌握的简单形状进行表现，但表现的动机和信心都十分脆弱。《纲要》中提出："通过画线、玩色、撕纸、玩泥等游戏活动，尽可能多地让幼儿接触各种易于使用的工具材料，喜欢操作这些工具和材料，逐步掌握它们的用法，进行自我表现。"根据《纲要》提出的目标，我们通过创设环境、投放适宜的材料、改变指导策略等方法，激发幼儿参与美术活动的兴趣，促进幼儿主体性的发展。

一、创设艺术环境，丰富幼儿的审美体验，激发幼儿参与美术活动的兴趣

《纲要》中提出："提供条件，引导幼儿从具有鲜明色彩和简单造型的生活用品、美术作品及环境景物中获得美的感受，并用语言、表情、动作表达对美好事物的亲近和喜爱。"小班幼儿喜欢色彩鲜艳的物体，我们将多种艺术表现形式呈现出来，激发幼儿参与艺术活动的兴趣。

我们创设丰富的艺术环境，引导幼儿自然地感知、欣赏、表达。在绘画方面，我们在美工区、楼道、美术长廊、活动室等展示了中国画、水彩画、水粉画、丙烯画、蜡笔画等儿童画。在手工作品方面，我们提供废旧物品制作、编织、泥塑、折纸、剪纸等供幼儿欣赏的儿童作品和部分成人作品。在一年中，我们根据季节变换和幼儿的发展水平，投放适宜的欣赏作品和操作材料，使幼儿在欣赏之余，大胆尝试，接触各种不同风格的美术作品，感受不同的材料带来的神奇的艺术效果。

二、创设无拘无束的绘画空间，提供多样化的工具和材料，激发独特情感的表达

结合小班幼儿年龄特点，投放适宜的绘画材料，鼓励幼儿大胆涂鸦。我们结合小班幼儿喜欢涂鸦的特点，创设了不同材料的涂鸦板，根据不同幼儿能力的需要，投放了纸箱、纸球等，幼儿可根据自

己的兴趣选择材料，大胆地进行涂鸦。玩色材料的投放，激发了幼儿参与美术活动的兴趣。幼儿天性好奇，喜欢探究，我投放了各种形状的碰子、印章、白菜心、塑料玩具和自制的海绵棒等拓印材料，让幼儿随意地拓印，感受颜色的美丽。幼儿拓印后，鼓励幼儿用水彩笔进行添画，把拓印的形状变成各种姿态的小动物、人物。

在无目的涂鸦之后，幼儿逐渐过渡到命名涂鸦。随着幼儿小肌肉的逐渐发育，我们投放了各种各样的涂鸦工具——水彩笔、油画棒、水粉笔、毛笔、丙烯，以及不同质地的纸张——宣纸、卡纸、水粉纸、报纸等；我们还鼓励幼儿尝试在不同材料上进行绘画，如葫芦、扇子、面具、盘子等，进一步激发幼儿主动参与活动的兴趣。对于色彩的感受，幼儿的内心世界远比成人丰富，因此，我们不用固有的颜色框架去遏止孩子的思维与想象。他们笔下的色彩可能与实际生活中的色彩有很大差别，如太阳的脸是绿的、下雨的天空是红的……但他们所画的作品常常是他们心中直观感受的即兴表现，其中带有一定的情绪色彩。例如，在绘画"大西瓜"时，西西刚开始尝试调色，于是他把自己调好的每一个新的颜色都染到西瓜的条纹上，形成了彩色的西瓜，这使得他对于色彩的变化产生了极大的兴趣。总之，重视幼儿期色彩的培养，可以帮助幼儿树立正确的审美观，提高他们对色彩的感受能力，唤醒他们潜在的色彩想象，依据色彩的基本审美规律，积累丰富的生活经验，使幼儿的想象天地更广阔。

让幼儿与泥工材料充分接触，小班幼儿制作的目的多是在与材料的接触中产生的，不同质地的泥料，手感不同，产生的艺术效果也不同，因此我们为他们提供与制作材料接触的机会。例如，在泥工活动前，我们投放了软陶、土陶、橡皮泥、彩面等材料，引导幼儿在团、搓、拉、挖、压等活动中，了解材料的可塑性。在幼儿掌握了基本形状后，我们开始在基本形状上添加材料，使它成为一个新的形象。例如，在圆形的基础上，我们和幼儿共同制作出螃蟹、花、小动物的头、毛毛虫、瓢虫、章鱼、蝴蝶等小动物；在搓条的基础上，我们变化出鱼、蛇、蜗牛；从锥形中变出萝卜、鲸鱼、孔雀等。同时提供丰富的辅助材料，如吸管、牙签、豆类、塑性棍等，帮助幼儿表现作品，使幼儿体验手工活动的乐趣。

三、改变指导策略，帮助每个幼儿获得成功的体验，获得自信

《纲要》中提出："创设自由、积极的氛围，提供易于掌握、色彩鲜艳的美术工具和材料，支持、鼓励幼儿参与美术活动的愿望，使幼儿在活动中感到快乐和满足。"

在绘画活动中，小班幼儿常凭主观直觉印象来描绘物体的粗略形象。由于他们兴奋强于抑制，情绪多变，很容易受外界因素干扰，因此绘画时没有明确的目的，往往由所画的图形联想到自己经验中的某些事物，绘画的内容不断地变化。因此，我们为幼儿创设一个绘画情境。例如，在引导幼儿画线段的活动中，我们创设了"下雨了"的情境，在画面上有小动物，教师讲完故事后，播放下雨的声音，教师和幼儿共同绘画"小雨"，充分调动了幼儿的多种感官。幼儿积极主动地参与绘画活动，直到雨声停止，画面也画满了线段。情境的引入为幼儿绘画活动创设了想象的空间。

考虑到每个幼儿的能力差异，我对幼儿提出了适合不同能力层次的要求。例如，在"画面具"的活动中，我们首先引导幼儿观察小朋友的脸，认识五官，发现表情的变化与心情的关系，然后提供大小不同的脸谱模具，引导幼儿观察绘画小朋友的表情。对于能力较弱的幼儿，我们的目标定位于鼓励幼儿大胆使用水粉进行绘画，表现人物表情。于是我们鼓励他选择较大的脸谱模具和较粗的水粉笔，这样在确定了五官的基本位置后，较粗的水粉笔使幼儿能够很快用色块将脸谱变得色彩鲜艳，随后我们再鼓励幼儿用勾边笔画线条。对于能力较强的幼儿，我们的目标是鼓励幼儿用不同的颜色、线条表现人物表情。于是鼓励他们直接用水粉笔画出人物的表情，同时鼓励他们选择较细的水粉笔，这样绘画的线条更加丰富。在画过表情后，鼓励幼儿自己设计面具，同时投放不同材料的模具，如扇面、皮球、葫芦、纸板等，鼓励幼儿不断进行尝试。这样一来，每个幼儿的能力在自己原有的水平上得到了提高，也从活动中获得了满足感和自信心。我们在活动中不苛求幼儿画出、做出像样的东西来，而是鼓励幼儿大胆尝试，引导幼儿在看看、想想、玩玩的过程中进行自我表现。

四、创设多元化的展示空间，增强幼儿的自信心

我们充分利用空间展示幼儿作品。我们对幼儿作品的展示，不局限于美工区，还扩大到主题墙面、娃娃家墙饰、表演区背景墙饰等，鼓励幼儿通过涂鸦、线条画、折纸、剪贴等多种方式，大胆表达自己的想法，使幼儿真正成为环境的主人。例如，娃娃家的功能性墙饰"快乐的一家"是幼儿自己制作的人物、绘画的脸谱，在幼儿游戏时潜移默化地影响着幼儿的行为；主题墙饰"小蜗牛"，在幼儿饲养、观察小蜗牛的基础上，用多种方式表现小蜗牛，创编小蜗牛的故事。幼儿在自己创设的环境中生活，更加自然，并能够主动欣赏、评价作品。我们用欣赏的眼光看待幼儿的每一件作品，并引导其他幼儿共同分享，逐步对作品加以组合，形成新的创意，激发幼儿继续创作的愿望。

《纲要》中提出："评价应在日常活动与教育教学过程中进行。承认和关注幼儿的个体差异，避免用唯一的标准评价不同的幼儿，在幼儿面前慎用横向比较。以发展的眼光看待幼儿，既要了解幼儿现有的水平，更要关注其发展速度、特点和倾向等。"我们注重对幼儿美术活动内容的评价。美术活动过程是从某一艺术表现的构思到完成作品的过程，其中既有内部的心理活动，又有外部的行为表现，这两方面在实际活动中是融为一体的。因此，我们在幼儿的柜子门上给每个人建立了展示作品的空间，相同的主题，不同幼儿的表现手法、表现形式都可能不同，我们引导幼儿相互交流、相互欣赏、共同提高。例如，在"我爱妈妈"的活动中，我们请幼儿用照片介绍自己的妈妈，然后选择绘画、撕纸粘贴、捏泥等方式进行表现，幼儿自己选择材料和方法，表现妈妈的特点，有的幼儿给妈妈画两个大眼睛、有的幼儿用彩色复印纸给妈妈贴一条漂亮的裙子、有的幼儿用彩泥为妈妈做出长长的头发等。在幼儿操作过程中，我们分组指导，鼓励幼儿大胆选择不同颜色的水粉进行绘画；对于不敢捏泥的孩子，帮助他一起制作，鼓励他完成作品。作品完成后，我们邀请家长一起欣赏、赞美孩子，互相表达爱意。我们尊重每个幼儿的想法和创造，肯定和接纳他们独特的审美感受和表现方式，分享他们创造的快乐。

幼儿和家长都非常高兴，幼儿感受到了成功，家长看到了自己孩子的大胆表现，感受到了关注幼儿发展的特点、适宜评价的重要性。

我们通过多种方法，使幼儿产生强烈的参与美术创造性活动的动机，发展了幼儿创造性使用美术材料的能力，使他们更加喜爱环境、生活和艺术中的美，激发了幼儿参与美术活动的兴趣，为他们提供自由表现的机会，鼓励幼儿用不同的艺术形式表达自己的情感、理解和想象，尊重每个幼儿的想法和创造。幼儿在活动中积极、主动地参与，大胆地表现自己的情感和体验。

培养中班幼儿科学能力的策略初探

◎ 刘　珺

《3~6岁儿童学习与发展指南》中指出："幼儿科学学习的核心是激发探究兴趣，体验探究过程，发展初步的探究能力。成人要善于发现和保护幼儿的好奇心，充分利用自然和实际生活机会，引导幼儿学习发现问题、分析问题、解决问题；帮助幼儿不断积累经验，并运用于的学习活动，形成受益终身的学习态度和能力。"对于中班幼儿科学能力的培养，我认为可以从以下三个方面进行培养：发现问题、提出问题的能力；自信、清晰的语言表达能力；富有个性的记录能力。

一、发现问题、提出问题的能力

中班的幼儿好奇、好问、好探究。但是幼儿发现的问题就像水里的小鱼，如果没有被及时发现，就会消失不见。在实际活动中，我们不难发现，孩子的问题千奇百怪、随处可见，有些教师可以通过引导让幼儿发现答案，有些却不能及时得到解答，而往往当时解决不了的问题，最后都会不了了之。这样的问题逐渐累积后，会严重影响幼儿提出问题的兴趣，不利于幼儿科学能力的形成。将发现问题、提出问题作为重要的能力，并不代表着忽略解决问题的能力。我们认为，只有幼儿具备了发现问题、提出问题的能力和兴趣，才能够促使幼儿有动力去解决这些问题，那么解决问题的兴趣和能力，也会逐渐得到发展。幼儿是个性发展的个体，有些幼儿喜欢提问，但是却不善于寻找答案；有些小朋友不善于表达，但是却知识丰富。如何能够让不同能力水平的幼儿都有所发展，既有问题的提出，又有结果的获得，同时获得成长的自信？结合幼儿的发展水平、通过思考，教师在班中创设了"你问我答"的问题墙互动环境。

？（发现、提出的问题）	！（答案）
学号：	学号：
（幼儿绘画记录）	（幼儿绘画记录）

教师将幼儿的提问与解决问题相结合，提出问题的小朋友将问题记录下来，标记学号，对该问题感兴趣的小朋友，可以通过自己的方法找到答案，并在问题后进行记录。若看不懂提出的问题，可以直接对应学号找小朋友进行交流，这样的方式促进了同伴间的交流，也提供了幼儿解决问题的机会。在问题墙创设的第一天，就有幼儿提出了问题：蚯蚓是两端都是头吗？宝宝是从哪里来的？睡眠室小朋友声音太吵怎么办？从这些问题的提出我们可以看出来，幼儿提出的问题有些是自己观察后经过思考感到困惑的点，有些是源于现实生活的身边的现象。当有问题出现的时候，关注的小朋友很多，乐乐对于蚯蚓、宝宝的问题作出了回应，对于涉及每个幼儿的睡眠室问题时，小朋友们进行了讨论，运用实际生活经验，提出用安静的标志提醒小朋友，并由幼儿实施。问题墙采用了可更换的设计，能够满足幼儿不断发现问题、解决问题的需要。活动中，为了激励幼儿发现问题、解决问题的愿望，我们设置了"问题达人"和"聪明达人"两个奖项，以此来鼓励小朋友根据自己的能力和水平参与到活动中，并获得有益于终身的科学能力。

二、自信、清晰的语言表达能力

语言作为交流的工具，对于我们日常表达和书面表达都是重要的技能。幼儿既要能够发现问题，同时也要能将内部的思维转化为外部的语言表达。通过幼儿的语言表达，教师会发现幼儿的不同水平：有的幼儿不能将思维的运转清晰地表达出来，需要教师根据幼儿的片段表述进行猜测，再由幼儿确认正确与否；有的幼儿表述重复、啰唆；有的幼儿表述逻辑混乱。之所以将语言表达能力归结为科学能力的一种，是因为幼儿在科学活动中需要相互交流经验。拥有自信是幼儿园教育的重要培养目标，幼儿只有拥有了自信，才能够将良好的语言表达能力发挥到极致。

参考《快乐与发展课程》中班的教育建议，我们在班中开展了"播报时间"的活动。为了保证每位幼儿都有相同的机会，我们将幼儿进行分组，每天都有一组小朋友进行播报。小朋友展示的内容也根据他们感兴趣的内容自主选择。有些小朋友学习电视新闻自己进行叙述性表达；有些小朋友将自己做的或见到的有趣的事情与同伴进行分享；有些小朋友采用复述故事的方式展示。为了在活动中鼓励幼儿大胆地在同伴面前展示，教师为幼儿准备了表演台、迷你扩音器，来激发幼儿表现的愿望；在幼儿展示的过程中，教师将播报的内容进行录制，与家长分享，家长能够看到幼儿的表现，这会让幼儿更加有成就感。教师进行指导的同时，家长也能了解幼儿发展的问题，并能进行有针对性的引导，发挥教育配合的重要作用。

在活动初期，大部分幼儿对在同伴面前展示还是比较胆怯的，所以活动初期教师对幼儿的点评和引导，重点在幼儿大胆参与活动、大声表达上。由于教师有侧重的引导，经过 2 周的时间，幼儿在大胆表现、大声表达自己方面有了很大的突破。这时教师将重点放在了幼儿的语言表达上，要求在展示后对小听众进行相关的提问，来检验播报者的表达能力与听众的倾听能力。针对表达逻辑性混乱、表达重复啰唆问题，教师给出的建议是：幼儿可以先从复述简短的故事开始，在潜移默化的倾听过程中，掌握表达的逻辑性和简洁性，从而提升自身的语言表达能力。在经过半学期的引导后，大部分幼儿在语言表达上有了一定的提高，但是这个过程需要教师长期提供机会和引导。

在科学活动中，幼儿会对现象进行描述性的表达，为此，教师利用过渡环节采用"猜谜语"的方式，让幼儿根据看到的图片，用语言进行表达，由同伴猜。在这个活动中，孩子们的兴趣很高，一开始使用的语言比较单一、浅显，通过游戏逐渐能够联系生活来形容所表达的事物。例如：描述椅子，开始时幼儿的表达是"你坐的那个"，发展到后期的表达为"四条腿，吃饭要用的，不能放餐具的"。幼儿对于事物形容词汇的丰富，说明幼儿在语言表达上有了一定的发展。

三、富有个性的记录能力

《指南》的科学领域中要求"4~5 岁幼儿能用图画或者其他符号进行记录"。这对于刚刚升入中班的幼儿来说有一定的难度，但是教师相信，当幼儿对记录活动产生兴趣的时候，这个问题将迎刃而解。为了提高幼儿的记录能力，我们投放了活动区观察记录表，内容涉及"今天你做了什么？""遇到了什么困难？""怎样解决的？"等。通过问题的提出和引导，帮助幼儿逐渐形成对自己活动的关注以及回顾，在表格内容的引导下，幼儿清晰地掌握了解决问题的步骤：发现问题、分析问题、解决问题。

记录是幼儿对自己活动过程的一种表达方式，是幼儿科学素养的一项重要内容。从小班升入中班后，幼儿对记录还较为陌生，教师为幼儿提供了活动区的记录表格。

活动初期，幼儿缺乏经验，为了不限制幼儿记录的方式，教师并没有为幼儿进行示范，而是将目标定位为"幼儿能够大胆、自信地进行个性的记录"，这是幼儿记录活动至关重要的一步。很多幼儿往往在刚接触新鲜事物的时候，会说"这个我不会，你帮帮我吧"。只有当幼儿有了自信，才能够激发出个性的记录方式。所以教师在初期的评价上，要重点点评能够大胆进行记录的小朋友，不管他用了怎样的记录方式，哪怕是一个点、一条线，只要幼儿能够讲述出自己的发现，这就是成功的记录。初期的幼儿能够记录下当天的活动内容，但是活动中遇到的困难与解决方法，幼儿还不能很好地发现并记录。

活动中期，幼儿对记录活动产生了兴趣，大部分幼儿都能够大胆进行记录活动。教师随机转变了目标，定位在培养幼儿发现活动中的困难能力。当教师的关注点转移并作出强调时，幼儿会跟随教师的转变而转变的。在活动区点评中，教师表扬了天天发现积木总倒的问题，并用自己的方法解决了问题。在第二天的记录活动中，我们就发现有一部分小朋友已经开始注意活动过程中的发现，并进行记录。虽然有些发现的问题和解决的方法是非常简单的，但是却能够说明幼儿已经逐步具有发现问题并解决问题的能力了。

活动后期，在中班幼儿马上就要升入大班阶段，教师逐步引导幼儿按照计划去活动，用标记的方式记录活动。在当天活动结束做记录的时候，要计划第二天活动的内容，并记录下来；第二天活动结束时，已按照计划完成内容的可以标记喜欢的图形、图案，没有按计划完成的内容则不能标记。这样在发展幼儿记录能力的同时能够促进其计划性的养成。

教师通过幼儿的实际水平不断定位幼儿的发展目标，在这个过程中，幼儿记录的能力是逐步培养起来的，同时记录的兴趣也是一直持续的。教师充当引导者，幼儿在引导下，主动地发展。

通过实施以上策略，幼儿具有了初步的科学能力，在幼儿发展的同时，对教师也是一种启发。虽然科学能力是科学领域的目标，但是却不能完全依靠在科学活动中培养，要通过多种途径去实现；在完成一个领域目标的同时，教师要深入地将目标进行分析，整合多个领域的可行目标同时进行，才能够达到全面协调发展的目的。

提高中班幼儿泥塑能力的方法初探

◎ 陈童胜

泥塑活动是我国传统的民间艺术，要让中班幼儿在泥塑活动中获得良好的发展，有效的指导是至关重要的。《纲要》中提出，教师要作为幼儿学习活动的支持者、引导者、合作者。可见，教师对幼儿的帮助是必不可少的，经过一年的观察和探索，我遵循渐进性原则，总结出了在开展泥塑活动中教师指导的相关策略。

一、教师指导的方法

1. 观察体验法

幼儿以感知、操作为基本活动，他们获取知识经验的手段和途径都是通过直观的操作实现的，因此，幼儿在进行泥塑活动的时候，教师一定要让幼儿多感知，使幼儿对所捏的物体获得充分的认识之后，然后再进行塑造。

例如，在捏小鸡前，教师让幼儿观察，在与小鸡游戏、喂养小鸡的活动中，幼儿熟悉了小鸡的外形，了解了小鸡的动态，再进行泥塑创作时，因为有了观察和体验，幼儿捏出的小鸡十分生动，富有童趣。

2. 突破难点，教师重点讲解示范法

为了提高幼儿的泥塑技能，教师要循序渐进地通过加大作品的难度，让幼儿逐渐掌握更多的泥塑方法。在突破难点方面，教师可以适当发挥自己的示范作用，让幼儿少走弯路。但在此之前要先鼓励幼儿尝试，以免使他们形成依赖心理。

例如，在捏小鸭子时，怎样捏出小鸭子的嘴巴是关键，教师要运用适当的讲解示范突破活动的难点。在教师示范时，将泥团圆、搓条、压扁，变成一个小椭圆形，然后将鸭子的头正对自己，用牙签把泥的中部压在小鸭子的头上。因为整个操作比较复杂，所以教师就运用示范讲解的方法，让幼儿掌握。

3.拓展幼儿泥塑的空间

在幼儿进行泥塑活动时，教师的教授十分重要，但是，如何发挥幼儿的自主性呢？我们要留给孩子一些想象和发挥的空间，让幼儿去思考一些方法，形成勤于动脑、勤于动手的好习惯。

4.用儿歌、故事帮助幼儿记忆泥塑步骤

把需要幼儿掌握的物体形象编成小儿歌，一方面帮助幼儿记忆，另一方面也可以提高幼儿学习的兴趣。

例如，在捏糖葫芦时，教师为了能够让幼儿清晰地记忆捏的方法，运用儿歌的形式说："揉啊揉，揉啊揉，揉成一个大皮球。揉啊揉，揉啊揉，揉成一个小皮球。"通过这种方法，让幼儿在朗朗上口的儿歌中学习泥塑方法。

每一个幼儿都喜欢听故事，甚至有些故事情节在他们的记忆中非常深刻，那么把这些要捏的作品用有情节的故事表现出来，幼儿是非常感兴趣的，这种方式还可以促进幼儿语言、动作、想象等综合思维的发展。当然这需要在具备一定技能的基础上进行，适合中班后期及大班幼儿。

二、利用同伴交流让幼儿学习泥塑的方法

幼儿之间有共同的语言，他们之间的交流要比成人与成人之间的交流更加简单。同伴也是一个强大的群体，通过同伴之间的交流，幼儿会将较难理解的东西简化、消化理解。这样，既能够加强幼儿之间的交流与合作，还能够促进幼儿语言、社会交往能力的发展。

1.欣赏同伴的作品

我带领孩子们参观美术长廊，欣赏大班哥哥姐姐的作品，通过欣赏作品，幼儿在说说、聊聊中增加了对艺术作品的美的感受，并且找到了解决问题的方法。例如，当幼儿不知道怎样将小猫的尾巴安在身体上时，在看到同伴的作品后，就让幼儿学习到了连接的方法，从而提高了幼儿的技能，增加了幼儿的自信。

2.通过同伴讲解掌握泥塑的方法，以强带弱

在进行泥塑活动时，教师可以灵活发挥幼儿同伴的作用，让幼儿充当"小老师"的角色，这样不但能够解决幼儿的问题，还能够加深幼儿制作作品步骤的印象。例如，幼儿在泥工区游戏时，教师可以请能力弱一些的幼儿和能力强一些的幼儿坐在一起，当操作过程中出现问题时，就可以请能力较强的幼儿带动能力较弱的幼儿一起活动，完成泥塑作品。

三、通过评价提高幼儿的泥塑水平

人们常说："好孩子是夸出来的。"由此可见，评价一个孩子，找到他的优点可以使他进步，通过评价幼儿的泥塑作品，也可以让幼儿取长补短，在反思中进步。

成果展评是幼儿提高认识的过程，是培养他们审美能力的过程，当然更是他们体验创新乐趣的过程。孩子不会独享个人的成功，他们总要想方设法与他人分享，让别人接纳并期待得到他人的赞许。为此，作为教师应根据不同年龄段幼儿的具体情况采取不同的评价方式，通过评价真正达到帮助幼儿提升经验、激发幼儿的创新意识、使幼儿体验成功快乐的目的。

1.过程性评价

幼儿在活动过程中能够看到作品，教师不但要注重幼儿捏的作品，还要注重在幼儿创作过程中进行评价，适时给幼儿鼓励，让幼儿感受到泥塑的过程是快乐的。

2.定期性评价

当幼儿的作品展示在同伴面前时，幼儿自己也会有一种喜悦的心情。但是，为了能够让所有的幼儿看到作品，可以利用固定的时间展示作品，让幼儿清晰地看到作品，并进行评价。

四、相信中班幼儿，鼓励幼儿创新

在幼儿泥塑活动中，教师不仅要提高幼儿的泥塑兴趣和泥塑水平，还应该把握好技能培养与幼儿创新能力培养的关系，不应把单纯的模仿作为泥塑的主要内容，要想让幼儿捏出生动有趣、活泼新颖的作品，教师应该解放幼儿的双手和头脑，敢于放手让幼儿去想、去捏。

总之，中班幼儿泥塑水平的提高不是短期内能够实现的，我通过一年的思考和实践，摸索了一些方法，希望为以后的工作提供借鉴与参考，为幼儿今后的学习打下良好的基础。

中班幼儿青花瓷泥塑游戏系列活动

◎ 陈童胜

我园是民间美术特色幼儿园，孩子们对于民间美术的喜爱渗透在每天的生活和游戏中。今年，我和中班的小朋友开展了"青花乐"泥塑游戏活动。

一、依托园所特色和幼儿兴趣，寻找青花瓷纹样

《纲要》中提出，幼儿艺术活动的能力是在大胆表现的过程中逐渐发展起来的，教师的作用在于激发幼儿感受美、表现美的情趣，丰富他们的审美经验。

开学初，幼儿刚刚升入中班，我常常带着孩子们来到幼儿园美术长廊区域，去欣赏长廊中大量的美术作品，当幼儿看到青花瓷绘画作品时，十分喜欢和惊讶。我也找到了很多青花瓷盘的纹样，和幼儿一起欣赏，为他们讲解青花瓷的知识。

二、开展青花瓷泥塑活动，探索青花瓷的奥秘

1.奥秘一——青花瓷为什么是蓝色的

秋天，我和幼儿一起用绘画的形式表现青花瓷，并让孩子们思考："为什么青花瓷瓶非常美，而且和其他花瓶不一样呢？"我和幼儿一起通过欣赏大量青花瓷作品发现：青花瓷瓶的花纹很美，而且都是蓝色的。为了使给孩子们的解读更科学，我和幼儿家长一起搜索资料，了解了在古代青色即是蓝色。随后，我们和家长一起收集了大量的蓝色泥，"青花乐"的活动开始啦！

最初，我提供了白色纸盘、白色纸碗、圆形的纸，孩子们只能够运用模仿的方式随意装饰。在区域游戏的时间，孩子们常常会来装饰青花瓷盘。

2.奥秘二——青花瓷花纹的规律美

逐渐地，我发现孩子们的装饰有了一定的规律性。第一次有规律的青花瓷作品是若曦和雯雯合作的作品。我惊讶于孩子们有了初步的合作意识，也惊讶于孩子们能够有规律地装饰花纹了。在区域评价的时候，我请两个孩子和全班幼儿一起分享自己装饰的青花瓷盘，其他孩子也都非常惊喜。我提问："为什么他们的作品更美？"有的孩子说因为线条好看，有的孩子说因为有一样的花纹，有的说既有点也有曲线，还有的说造型美。最后，我们通过观看青花瓷的图片，发现青花瓷瓶的花纹是一种有规律的装饰。

接下来，结合《纲要》中提到的中班幼儿数学方面的目标——"在日常生活和游戏中，引导幼儿学习按照简单的模式（如大熊小熊、大熊小熊……）进行循环排序"，我和孩子们一起寻找规律，按照规律对青花瓷盘进行了装饰。

3. 奥秘三——发现单纯模仿问题，开展创意花纹活动

初冬，经过两个月的学习，孩子们自己探索、记录、总结了很多花纹规律。于是我提出"还有什么花纹可以装饰"的问题。孩子们其实已经有了一些简单的想法，我鼓励孩子们大胆地在实践中尝试，"青花瓷花纹创意活动"就这样润物细无声地开始了……

孩子们用泥条捏出了车轮线、泡泡线、爱心线、蜗牛线等创意组合线条，青花瓷盘越来越美、越来越有新意了。窗台上和展示柜里都是孩子们画的、捏的、粘的青花瓷盘，小小的美工区俨然成了一个"青花瓷加工厂"。

参与美工区活动的瑶瑶自己捏出了一个杯子形状的青花瓷瓶。我在区域游戏评价的时候，请瑶瑶来介绍自己的"青花瓷瓶"，孩子们为瑶瑶鼓掌，都说她的作品很漂亮，瑶瑶也十分神气地说："你们想学吗？我可以当小老师教你们。"于是，在瑶瑶的带动下，很多幼儿都开始了"青花瓷瓶"的泥塑活动。

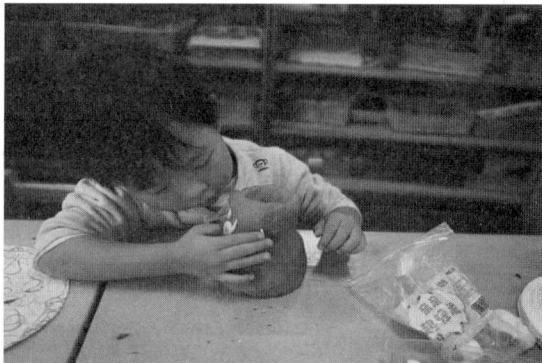

4. 奥秘四——将平面变化为立体，推进青花瓷活动

每天都有一些幼儿来到美工区，她们学着瑶瑶的样子，学习捏青花瓷瓶的方法。有一天，月月说："老师，我看到您给我们看的图片上有那种细脖子的花瓶，我不想捏瑶瑶教的花瓶了，我想捏细脖子的花瓶。"我惊喜地说："你的想法很好呀，你可以试试。"月月试了试，但是没有捏出来，她十分着急，找我来帮忙。于是，我和月月一起商量细脖子花瓶的捏法。通过探索，我们知道了用拉伸的方式可以将花瓶的"脖子"捏出来，但是不容易立住，因此"脖子"不能太细，这样才能够支撑住"瓶口"。当孩子们看到展示台上出现了不同样式的花瓶后，都围着作品仔细端详。第二天，又有一些不同样式的花瓶出现了，孩子们每天都在探索怎样捏出不同样子的花瓶。宽口花瓶、细脖子花瓶、带耳朵的花瓶、大肚子的花瓶……在孩子们的小手中孕育而生，可爱质朴。

5. 奥秘五——蓝色泥没有了之后，混色游戏真有趣

青花瓷的活动还在继续，但是我们的原材料——蓝色泥越来越少了。在美工区活动中，有的幼儿出现了争抢的现象，孩子们都一再强调："青花瓷一定要用蓝色泥，我也想用蓝色泥。"我问："孩子们，

咱们的蓝色泥没有了，怎么办呢？"有的孩子说从家里带，有的孩子说直接买一些，但是，今天的活动怎么继续呢？王雨欣说："可以用其他泥代替。"王雨欣的提议得到了孩子们的认可，他们找来了其他颜色的泥，开始捏花瓶，最后孩子们尝试了两种颜色的泥进行混色。王雨欣大声音说："老师，豆豆混色了，不能混色。"我问："到底能不能混色呢？我们试一试可以吗？"孩子们有的两人一组，有的自己尝试。在一段时间的美工区游戏中，孩子们探索着混色的小秘密，运用了红色、粉色、深蓝、浅蓝等颜色。渐渐地，他们发现相近色混色很美。

　　我利用区域游戏评价的时间，请混色成功的幼儿来介绍并演示，孩子们自己编出来了"揉面揉面揉揉，拉面拉面拉拉"的儿歌，更多的幼儿通过混色认识了相近色，提高了在美工区进行游戏的兴趣，也让"青花乐"的活动更加深入。

三、找寻幼儿新的兴趣点，探索新的"青花乐"活动

　　我们的"青花乐"活动已经快要结束了，孩子们还在火热地进行花瓶的创作，有的孩子还是非常喜欢青花瓷瓶，请爸爸妈妈在家中买蓝色的泥和纸盘，进行青花瓷的创作。有的孩子已经开始想到"可以在花瓶里装饰花朵"，还有的孩子学会了花瓶的"压坑、拉伸"的技能后，开始尝试笔筒、花盆、陶罐的创作。

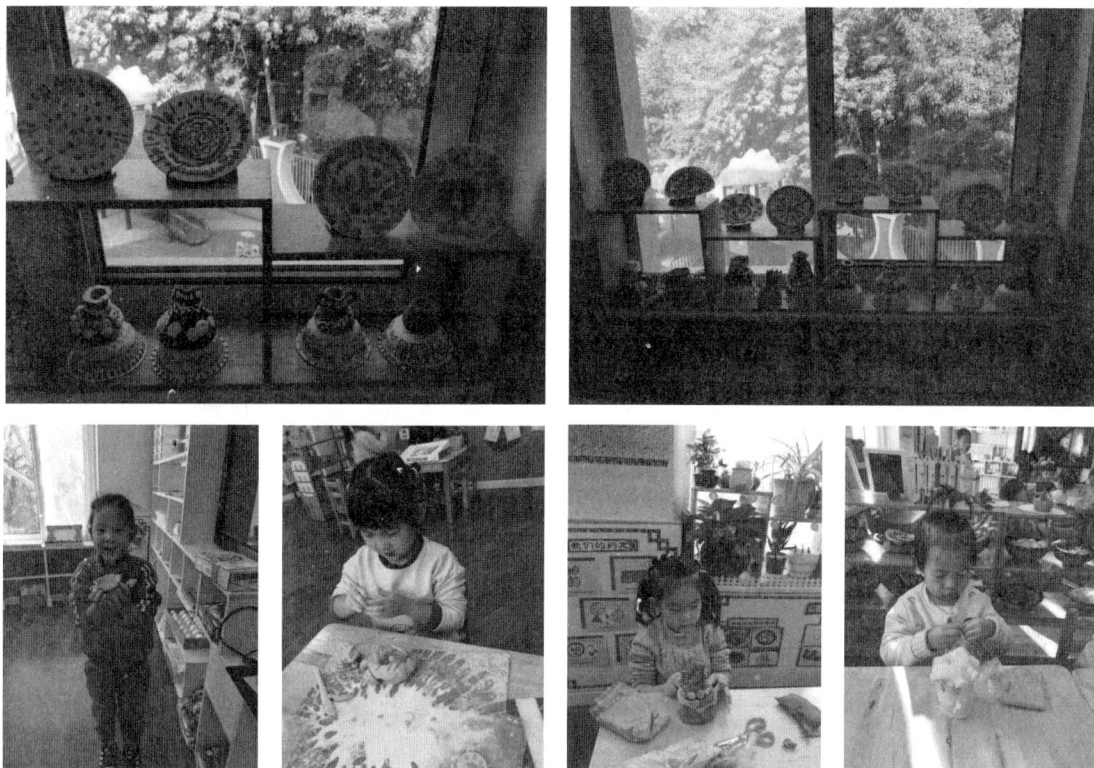

　　总之，在"青花乐"泥塑游戏中，孩子们从不会到会，从好奇到认真，从努力到成功，每天都在进步着。在他们的笑容中，我也得到了快乐，就像《纲要》中提出的一样，教师做孩子们的支持者、合作者、引导者。在这个过程中，我也逐渐地学会站在孩子们身后，等待他们探索；站在孩子们中间，和他们一起探索；站在孩子们前面，带领他们探索。我们师生一起成长，一起收获，一起探索，一起快乐！

浅谈培养小班幼儿对美术兴趣的策略

◎ 赵愉曼

教育家苏霍姆林斯基曾说过："兴趣是一个能量的激素，兴趣是入门的先导，是最好的老师，它往往胜过责任感。"小班幼儿年龄小，手肌肉尚未发育成熟，手臂动作很难控制，所以他们只能画出一些成人所认为的乱线、乱点或乱色块等，来体现他们对世界的梦想和认识。学前儿童对感兴趣的事物易于感知、记记、开展积极的思维和想象，能积极主动地探求知识。学习绘画能使幼儿聪明能干，心灵手巧，形成良好的个性品质，3 ～ 4 岁的幼儿年龄小，情感具有易变性和冲动性，对于美术活动没有目的性，只能受其本身的兴趣支配。有了兴趣，才会有学习的动力，因此，培养幼儿的绘画兴趣是最重要的，绘画的最初启蒙应以兴趣为主。根据幼儿的年龄特点和心理特点，从兴趣入手，开展美术活动，从兴趣入门，开发幼儿的智力，想方设法培养幼儿绘画兴趣，让幼儿在兴趣中学习绘画，陶冶幼儿的情操。

儿歌作为幼儿文学的一部分，属于艺术领域的范畴，它以内容简单、琅琅上口、篇幅短小深受幼儿的喜欢。《幼儿园诗画教学》的作者冯艳宏曾提出：将儿歌与美术活动相结合，符合小班幼儿的年龄特点和思维特点，儿歌既能帮助小班幼儿掌握绘画技能，同时在美术活动中贯穿儿歌，可以激发幼儿对美术活动的兴趣，并帮助幼儿进行经验的梳理。

因此，结合小班幼儿的年龄特点和实际情况，我将激发小班幼儿的美术兴趣作为切入点，在不同的美术活动中和美术活动的各个环节中渗透儿歌，将儿歌与美术活动有机结合，激发小班幼儿对美术活动的兴趣，让他们的美术技能有所提高，接触不同的美术形式，激发出创意的火花，将幼儿眼中的世界表现出来。

一、儿歌在美术活动环节中的不同运用

1.以儿歌的形式导入，激发幼儿绘画的欲望

导入环节是幼儿园教学活动的基础部分，不论是什么样的形式，最终的目的是结合幼儿的兴趣点，以不同的形式引出活动的主题。但是，在美术教学活动中，如果平淡无奇地"导入"，幼儿就不大感兴趣，以至于幼儿在整个美术教学活动中都处于被动地位，而不是主动地去学习。因此，在教学活动中一定要设计好"导入"部分。儿歌生动形象，顺口好记，用儿歌导入可引起幼儿学画的兴趣，使幼儿的记忆力和想象力得到发展。例如：在教幼儿绘画"吹泡泡"时，我先和幼儿一起玩吹泡泡的游戏，然后将游戏编成短小的儿歌，在活动的导入部分，我和孩子们一起复习儿歌，唤起幼儿的原有经验，"吹泡泡，吹泡泡，吹出一串大泡泡，五颜六色多美丽，小朋友们拍手笑"。幼儿在说儿歌的过程中联想到玩"吹泡泡"游戏时的情景，想到自己吹出的泡泡的样子，能够调动起幼儿想画泡泡的欲望，积极参与到活动中。

2.活动过程中的儿歌介入，帮助幼儿对美术技能的掌握

小班孩子理解能力差，语言表达能力也不强，因此在教学上对老师语言的要求比较高。趣味性的语言比较适合小班的孩子，特别是儿歌，琅琅上口，比较有韵味，利于孩子理解也便于孩子记忆。在绘画活动中，我常常根据活动的内容编一些儿歌用于教学活动中。例如，在泥工游戏"搓面条"中，我将搓面条的方法编成了一首儿歌："小面团，手里拿，两只小手揉揉它，前后用力使劲搓，变出面条乐哈哈。"这首儿歌不仅比较押韵，而且将搓面条的要点全都渗透在了里面，孩子们边念边搓，兴趣非常浓厚，而且掌握得比较好。

3.评价环节中的儿歌运用

（1）使幼儿体验成功的乐趣。

对幼儿美术作品的评价是对他们作品的再现，通过对幼儿作品进行适当的评价，不仅能够激发幼儿的美术兴趣，同时也能够让他们体验到成功的乐趣，在评价中给予孩子充分的肯定，帮助他们逐渐消除画不好、画不像的胆怯心理，还可以通过评价鼓励幼儿大胆尝试，只有在尝试中幼儿的情绪才得以释放，个性才得以张扬，好奇心才得以满足，从而才会有更大的进步，将孩子们的作品编成儿歌，他们在边欣赏作品边听儿歌的过程中，体验到展示作品的乐趣和自豪感。例如，在撕纸游戏"月亮的衣服"中，幼儿将纸撕成不规则的形状，然后粘贴在月亮身上，为月亮进行装饰，孩子们完成作品之后，我将其编成儿歌："月亮姑娘挂天上，我给她来做衣裳，五彩画布贴上去，编成彩纱披身上。"孩子们看着自己为月亮姑娘设计的衣服，一边指着自己的作品，一边和同伴交流着自己的感受，从他们的言谈举止中，我能体会到他们内心深处那种成功的喜悦。

（2）提升幼儿的经验技能。

小班幼儿的年龄较小，美术活动的重点在于激发他们的兴趣，同时在兴趣的基础上，还要让我们体验到美术活动的乐趣，作为教师要从幼儿的作品中提升幼儿的技能和经验，逐步帮助他们掌握美术技能。例如，在剪纸活动"给太阳公公的糖葫芦"中，幼儿用手中的剪刀剪出各种形状的水果后，粘贴出不同口味的糖葫芦，在随后的评价环节中，我将自己设计的糖葫芦编成儿歌："糖葫芦，香又甜，水果串成一串串，酸酸甜甜圆山楂，三角形苹果串上边，串上圆圆紫葡萄，正方形哈密瓜串一点，再串圆形猕猴桃，红红草莓最上边，太阳公公微微笑，小朋友们笑开颜。"通过儿歌，提升了幼儿对形状的认识，以及圆形与三角形、圆形与正方形、圆形与近似形的排列规律，孩子们不仅认识了图形以及排列规律，并且从感官上对图形有了直观性的认识。

二、结合儿歌，为幼儿插上想象的翅膀

爱因斯坦曾说过："想象力比知识更重要，因为知识是有限的，而想象力概括着世界的一切。"我在工作实践中也发现：培养想象力对幼儿来说真的很重要，想象在幼儿认识自然、认识世界的过程中起着重要的作用。把幼儿想象的作品创编成儿歌，在拓展幼儿想象思路的同时，也鼓励幼儿大胆想象。例如，在水粉画活动"像大师那样去画"中，结合大师米罗的作品，幼儿通过观察，讲述大师的作品，从大师作品的自由的线条中联想出不同的东西。在幼儿的头脑中没有正确与否，只要幼儿从自己的视角去联想就可以了。然后幼儿选择自己喜欢的颜色在画纸上随意涂鸦，再用记号笔画上不同的线条，幼儿在线条的变化中为想象插上翅膀，联想出与众不同的作品，教师将幼儿想象的作品编成儿歌："小画笔，手里拿，我像大师那样画。变棵椰树结椰果，变把手枪哒哒哒。变条小鱼水里游，变只狐狸真狡猾。变个桃子和小鸭，变成自己生气啦。"通过同伴间的分享，拓展了幼儿想象的空间，丰富了幼儿的想象力。

三、运用儿歌，培养幼儿良好的美术常规

小班孩子刚刚进入幼儿园，各项常规的培养显得尤为重要，孩子们只有养成了良好的常规，才能够使日常活动顺利开展。教师的提示只能起到临时的督促作用，久而久之，幼儿就会置之不理，因此，在培养小班幼儿美术常规方面，我利用儿歌的形式进行培养。例如，在培养幼儿剪纸活动的常规时，我将其编成儿歌："小剪刀，手中拿，大拇指住一间，其余手指住一间。剪刀对纸不对人，咔嚓咔嚓剪纸啦，剪下废纸不乱丢，放回纸盒它的家。"幼儿在学习儿歌的基础上，知道了废纸不乱丢，有用的纸

放进小盘里，养成了良好习惯。

爱因斯坦说："兴趣是最好的老师。"我国古代教育家孔子也说过："知之者不如好之者，好之者不如乐之者。"学习的兴趣是幼儿学习自觉性和积极性的核心因素，是学习的强化剂。对幼儿来说，有了兴趣，就是最好的学习动力。由于美术教育的内容在帮助幼儿建构审美结构方面应该是有序的、连续的、层层推进的，因此运用儿歌进行美术教学也应该由易到难、由简单到复杂，逐步深化。同时，还应把枯燥的学习融入游戏这种幼儿最喜爱的活动方式中，运用儿歌烘托氛围，引发幼儿进行整体想象，使幼儿在游戏中不知不觉步入艺术的殿堂。

如何使创造性美术与主题相结合

◎ 赵愉曼

"创新是一个民族进步的灵魂。"人的创新精神、创造性人格是需要从小培养的。幼儿园阶段创造性美术教育指的是 2 ~ 6 岁幼儿所从事的造型活动，它反映幼儿对周围现实生活的认识、情感、思想和体验，更反映幼儿的想象和创造。主题活动是以"解决问题"为核心的，针对生活中感兴趣的问题，让幼儿在一段时间内进行深入细致的研究，解决了一个问题再引发另一个问题。主题的生成主要是从孩子的兴趣和关注点出发，教师通过观察了解幼儿的需要，及时生成新的主题。将创造性美术教育渗透到主题活动中，有利于幼儿表达、交流自己对问题的理解和认识，表达自己的发现，表现自己的想象和创造，表达自己的内心情感；有利于幼儿主动参与环境的创设，与环境互动，在环境中获得发展。为此，我们开展了创造性美术教育与主题相结合的研究探索，在研究中教师与幼儿共同成长。

一、在活动中培养幼儿的创造思维能力

每个幼儿都有创造力，但不一定都能表现出来，这就需要教师善于发现、挖掘与培养。创造性美术教育的核心是培养幼儿的想象创造力，而主题活动是引导幼儿在操作、探索、发现的过程中感知学习。为此，在活动中教师要充分观察、了解幼儿，抓住幼儿的兴趣点，把美术教学有机地与主题活动相融合，使幼儿的创造思维更加活跃，有效地促进幼儿创造力的提高，并收到了较好的效果。例如，大二班在"迎新年"的主题活动中，结合幼儿共同学习的特点，组织幼儿讨论："可以搞什么活动迎接新年？怎样把教室布置得特别漂亮？"讨论后，幼儿分工协作承担了装饰、布置教室的任务。经过一周的努力，幼儿制作了多种不同的拉花、吊篮、贺卡、灯笼、窗花，画迎新年的连环故事等，教师根据小朋友制作的过程，共同创编了迎新年的诗歌……每一次活动结束后，教师都引导幼儿互相欣赏、介绍自己的作品，鼓励幼儿提出不同的意见和建议，孩子们在同伴的介绍中相互学习、相互借鉴、相互欣赏、相互提高，并在原有的基础上进行再创造。孩子们在用各种不同形状的纸制作拉花的过程中，逐渐探索出使用不同质地的纸、不同的粘剪方法、不同的工具进行制作。活动室到处挂满了不同质地、

不同形状、不同方法制作的拉花，孩子们沉浸在创造和成功的喜悦之中。大三班在"脸谱"主题活动中，充分运用美术的技能，在石头、蛋壳、皮球等材料上进行绘画、粘贴、制作。中一班在"变"的主题活动中，将颜色的有趣变化渗透其中，幼儿利用自己发现的不同的颜色进行创造，如染纸、绘画、吹画等。在"汽车"主题活动中，幼儿利用各种废旧材料创作出形态各异、功能齐全、富有想象力的汽车。小班在"我"主题活动中，建筑区需要大树，于是教师就组织幼儿自己绘画手掌大树，剪下后粘贴在薯片桶上，一棵棵高大挺拔的大树摆放在建筑区中，激发了幼儿创造的愿望。创造性美术教育与主题有机结合，不仅培养了幼儿的创造思维能力，而且发展了孩子们的语言表达能力、交往合作能力、任务意识，充分体现了幼儿玩中学、玩中做、玩中促发展的目的。在实践的过程中，孩子们的创造思维日渐丰富，作品富于个性表现。

二、在探索中提高幼儿的主动探究能力

"发现、探究、学习"是幼儿获得知识的重要途径，幼儿的发现探究活动有两种，一种是自然发现，一种是引导发现。好奇是幼儿的天性，为了进一步激发幼儿的好奇心，引导幼儿进行探索发现活动，促进幼儿的探究能力的发展，在开展主题活动中，我们将自然发现和引导发现巧妙地结合，引导幼儿将自己的发现用美术的形式表现出来，激发幼儿探究的兴趣，突出对幼儿探究能力的培养。例如，中一班在开展探究活动"有趣的颜色变化"时，我发现幼儿对颜色深浅变化的问题非常感兴趣，于是我注意引导幼儿进行深入的探究，启发幼儿利用图表将自己的实验结果记录下来，探索颜色与量的关系，并与同伴分享交流，绘画鸭宝宝的一家，用深黄、浅黄、淡黄分别表示鸭爸爸、鸭妈妈和鸭宝宝，同时将探究结果与环境创设相结合。

大二班在开展"小动物过冬"主题活动时，在研究探索小动物特性的过程中，教师积极鼓励幼儿通过操作不同的材料，大胆体验、尝试、创造，探索出不同的方法，孩子们在操作中体会着事物的变化，探索出多物多变、多物一变、一物多变的方法，同时探索出了许多变毛巾的方法（卷一卷、折一折、捏一捏、包一包等），并运用这种方法进行创造，体验成功的快乐。在这个过程中我们发现幼儿对毛巾的多变性产生了兴趣，于是围绕毛巾的变化又开展了深入的研究探索活动。大三班开展的"脸谱"主题活动中，开始时幼儿对美术书上的脸谱发生兴趣，进而教师引导幼儿围绕问题进行探索：脸谱是什么？为什么有不同的颜色？可以用哪些方法表现、制作脸谱？脸谱在生活中有什么作用？幼儿运用美术的表现手法，利用石头、葫芦、皮球、石膏、蛋壳等多种材料制作脸谱，在这个过程中幼儿始终处于主动探究的地位，自由选择操作的材料，自己商量完成任务，在没有任何压力的环境中积极探索进行创造，主动探究能力显著提高。

三、在实践中提高教师和幼儿欣赏美、感受美的能力

从一定意义上说，幼儿的美术作品就是内心世界的真实再现。在主题活动中，幼儿对问题的探索过程与结果，主要是通过美术的形式展现出来的，从而表达和宣泄自己的情感。在实践探索的过程中，教师与幼儿共同成长，欣赏美、感受美的能力逐步提高。

首先，我对幼儿美术作品的认知态度发生了转变。我以前总是站在成人的角度去审视孩子的作品，总觉得不美、不好看。现在我转变了观念，从孩子的立场和审美情趣出发欣赏幼儿的作品，有了许多意想不到的收获。例如，孩子利用旧毛巾，采用一物多变的方法创作各种栩栩如生的小动物，在石头、皮球上绘画的脸谱，以及线团的联想、小公鸡的一家等，出自幼儿稚拙小手的每一件作品，都是美好的，充满了童心童趣，使我感受到了孩子作品所具有的独特的美。其次，幼儿感受美、欣赏美的能力逐步提高。大一班在开展抽象画主题活动中，教师给幼儿创设一个欣赏的环境与空间，选取了米罗的《绘画》、毕加索的《亚威农少女》《三位音乐师》等作品，幼儿被画面各种奇特的、不规则的形状所吸引，激发了幼儿创作的欲望，我们引导幼儿利用手指、手掌、脚掌、拓印、滚动、甩色、滴色等方法进行创作，体现不同的材料、不同的表现手法所产生的不同的艺术效果。幼儿在艺术的环境中张开了想象的翅膀，在艺术的天空中展翅飞翔，欣赏美、感受美的能力显著提高。

通过开展"创造性美术教育与主题相结合"的研究探索，我们和幼儿都有了很大的变化。一方面，有效促进了幼儿素质的提高，在活动中幼儿运用美术的表现手法，充分表现了自己对问题的认识与理解，幼儿学会了发现，激发了幼儿对周围事物的兴趣，调动了幼儿学习的积极性，培养了幼儿的求知欲、想象力和探索实践精神，使幼儿在"想一想、玩一玩、猜一猜、试一试、做一做"等活动中各方面的能力得到发展。另一方面，班里教师的研究能力和创造性美术教育的实践能力也显著提高。

总之，在研究与实践中，我们有了一个初步的成效，但由于时间较短，还有许多问题需要进一步研究探索，例如，在创造性美术教育中如何渗透其他领域的教育目标，创造性美术教育有哪些指导策略与方法，等等。今后，我们将继续学习、深入贯彻《纲要》精神，在过去经验的基础上，深入研究探索，使创造性美术教育与各领域有机结合，真正达到促进幼儿全面发展的目的。

论绘画在幼儿语言发展中的促进作用

◎ 赵 洋

幼儿期是人的一生中掌握语言最迅速、最关键的时期，抓住语言发展这一关键期的有利时机，可以促进幼儿语言乃至其他方面的迅速发展。因此，幼儿期语言能力的培养是不可缺少的，更是不可忽视的。绘画作为一种图语，具有与口语相似的性质和功能，不仅是幼儿认识世界、进行交流的工具，也是幼儿语言教育的一种途径。绘画是一种比文字简单、形象的艺术符号，这种形象化的艺术形式成为幼儿表达交流最擅长的方式，使幼儿的语言学习始终处于有意无意中，从而获得语言学习的最佳效果。

一、绘画在幼儿语言教育中应用的必要性和可行性

绘画，可以作为一种语言教学方式，与讲述、讨论、谈话等方式有机结合。在绘画过程中，教师有意识地引导幼儿将非语言符号与语言符号相结合，不仅有助于幼儿更加深入理解语言的符号特性，同时也可使幼儿通过多种途径进行语言学习。

1. 绘画在幼儿语言教育中应用的必要性

绘画和文字一样，本身具有传递信息、承载意义的作用，也是人们自我表达的一种形式，这种形式在幼儿教育中表现得尤为突出。首先，从幼儿身心发展特点来看，3～5岁是幼儿书写和绘画的敏感期，幼儿往往对图画表现出痴迷的热情。幼儿喜欢色彩鲜艳、画面清晰的图像，强烈的表达欲望唤起了幼儿对绘画的兴趣，他们通过绘画描述着对世界的真实感受。其次，从绘画的特点和功能来看，绘画自身的开放性、自主性等特点为幼儿表现自我提供了丰富而广阔的天地；同时，自我表达也是绘画的主要功能。绘画是幼儿需求掌握、表达情感的形象语言，它既可以代替语言交流，也是幼儿表征世界的主要途径。因此，教师应将绘画与幼儿语言教育有机结合起来，充分挖掘绘画在幼儿语言教育中的价值，以达到最佳的教学效果。

2. 绘画在幼儿语言教育中应用的可行性

图画教学手段是从直观教学法中演化而成的，直观教学法最初应用在语言初学者的学习中，旨在通过直观的图画唤起初学者学习语言的兴趣。与其他领域的学习相比，幼儿语言教育具有一定的特殊性，语言既是幼儿学习的对象，也是幼儿学习的工具，并在学习过程中得以应用。幼儿语言教育中，最困难的是把握幼儿语言学习的水平。幼儿的语言、文字、逻辑能力尚未发育完善时，形象化的艺术形式成为其最擅长的交流方式。绘画是语言的活的源头，在绘画中，幼儿获得了智慧和思想，同时在表达和创作过程中也发展了语言。绘画结束后，让幼儿讲述图画作品的丰富含义，寻找幼儿作品中富有创造性的语言解释，能促进幼儿的创造性语言表达。绘画为教师了解幼儿语言学习过程及学习障碍提供了很好的突破口，为幼儿掌握准确、完整、丰富的语言提供了很好的机会。鼓励幼儿用绘画的方式进行语言学习，为幼儿提供了说话的机会和语境，会收到事半功倍的效果。在幼儿语言教育中，绘画作为幼儿独立探索、发现、交流的工具，必将在幼儿语言教育中广泛应用起来。

二、绘画在幼儿语言教育中的应用途径

1. 创设绘画环境，提供幼儿说话的源泉

良好的绘画环境不仅能营造一种舒适、愉悦的气氛，也能为幼儿提供说话的源泉。绘画环境主要包括心理环境和物质环境两个方面。首先，宽松的心理环境的创设，需要教师给幼儿提供安全、宽松的环境氛围，维护和谐的精神气氛和幼儿自主表现的时空；尊重幼儿的意愿，给幼儿提供自己选择绘画内容、方式的自由；根据幼儿的需要审时度势地为幼儿提供必要的指导。其次，物质环境的创设需要教师为幼儿提供尽可能丰富的绘画材料。幼儿的注意力发展不稳定，对新鲜事物表现出很强的好奇心。多样化的绘画材料不仅可以扩大幼儿的眼界、满足幼儿的心理需要、刺激幼儿的绘画欲望，也可以为幼儿构造一个想说、敢说、喜欢说的语言环境。在这样的环境中，幼儿急于表达自己的感受，教师启发幼儿先用语言描述看到的绘画环境，再用绘画表达内心美的体验。绘画环境创设的宗旨是吸引幼儿说话，让幼儿主动与环境对话，逐渐把环境要素融入自己的绘画中，成为幼儿说话的焦点。

2. 参与绘画指导，引导幼儿在绘画中随机渗透语言

根据教师参与指导的程度，幼儿绘画主要有命题画和意愿画两种形式。首先，在幼儿命题画中，先引导幼儿观察所画物体的大致轮廓，再鼓励幼儿从物体的形状、颜色、用途等多方面进行语言描述，最后引导幼儿把视觉体验和语言描述的东西用构图的形式表达出来。这一过程有助于幼儿丰富画面，建立语言和实物的关系，达到绘画教学中渗透语言教学的效果。其次，在幼儿意愿画活动中，只准备幼儿绘画用的笔、纸、颜料桶等用具，给幼儿自我表达的自由。幼儿在感受、体验生活的同时，把色彩、线条、形象活化为自己的声音，最终画出一幅新颖、奇异、优美的意愿画，将自己内心对世界的

理解展示出来。一开始，幼儿可能无从下手，教师可以用"提问—谈话"的方式帮助幼儿进行绘画构思。用语言解释作品的内容，并简要说明在完成作品的过程中自己的构思和如此构思的原因。幼儿完成绘画作品的过程也是幼儿隐性地进行语言表达的过程。把语言表达渗透在绘画活动中，既能顺利完成绘画活动的任务，又能提高幼儿口语表达能力，促进幼儿绘画、语言双方面共同发展。

3. 讲述绘画作品，提高幼儿语言表达能力

幼儿只有在亲身实践中，语言学习的积极性与主动性才能提高。教师要创设机会和条件，引导幼儿相互讨论，相互欣赏，共同提高。积极的讨论本身就是一种语言锻炼，为幼儿提供了说话的机会和语境，提高了幼儿的语言组织和表达能力。当幼儿完成作品时，教师不仅要对幼儿作品做出肯定、积极的评价，还要通过让幼儿用语言表达自己感受的方式引导其提高。讲述过程中，教师可以先单独请一部分幼儿讲述自己的作品；然后，同伴之间互换作品进行讲述；最后，集合全班幼儿的作品进行讨论，鼓励每个幼儿都积极发表自己的见解，使幼儿真正成为语言的主动建构者，提高语言表达能力。教师可以集中多幅作品，启发幼儿随着作品的讨论产生喜悦、担忧等相应的情绪反应。根据画面的线索展开想象，创造性地自编故事。因为幼儿画的是自己的内心感受，所以幼儿就有话可说，讲述的内容也非常生动有趣。在这一过程中幼儿既享受了表现自我的乐趣，也发展了自己的语言，不失为语言学习的极好机会。为了确保谈论、讨论、讲述的内容顺利进行，教师应对作品有深入的了解，并能找准作品讲述的切入点，真正让幼儿接住老师"抛出的球"。讲述绘画作品，一方面，加深了幼儿对作品的体验和理解，让幼儿感受到绘画语言的丰富和优美，唤起幼儿语言学习的兴趣；另一方面，同伴间的分享、交流无意间为幼儿创设了多样的语言交际机会，以达到促进幼儿语言发展的目的。需要注意的是，由于不同年龄阶段幼儿语言教育目标不同，讲述的方式和内容也有区别。小班幼儿只需要口齿清楚地讲出绘画作品的内容；中班幼儿不仅要讲出绘画作品的内容，还要充分发挥自己的想象，讲出与作品内容有关但在图面上没有表现出来的内容；对于大班的幼儿，教师可以引导幼儿迁移绘画作品，鼓励幼儿创造性地续编故事，并能用完整、连贯的语言讲述故事内容。

4. 运用记录与分析，增强幼儿语言学习效果

通过记录与分析，不仅有助于教师全面了解幼儿语言学习的过程，也有助于教师修正自己的教学行为、调整教学策略，最终达到增强幼儿语言学习效果的目的。教师要以笔记或录音的方式记下幼儿语言表述的内容、方式，尤其是一些关键性的语句。幼儿对词语的使用和解释来自真实生活，教师可以在生活中丰富幼儿的语言词汇，使幼儿的语言理解、表达能力更加趋于完善。幼儿讲述绘画作品是否准确、完整，外露的是理解、认知冲突的问题，教师需要对幼儿的语言进行解码，弄清幼儿的疑问。只有教师对幼儿的语言表达有详细的记录、细致的了解，才能不断地修正、补充、完善幼儿的发音、用词和句子语法，帮助幼儿正确地表达思想，使幼儿表达能力不断得到充实和提高。

鼓励幼儿运用绘画语言向成人展示自己的所见所闻，从而加深对事物的理解，对幼儿语言的发展

能起到很好的促进作用。绘画的过程是幼儿对生活世界再体验的过程，无形中给幼儿提供了说话练习的实践机会，同时也为教师掌握幼儿语言发展水平提供可观察的平台。在幼儿语言教育中，教师和家长应提高对幼儿绘画的正确认识，了解幼儿语言获得的基本规律，才能最大限度地发挥绘画在幼儿语言发展中的重要作用。偏狭地把绘画理解为一种教条传授给幼儿，既扼杀了幼儿的创造性，也限制了幼儿强烈的表达欲望。因此，只有将绘画恰到好处地融合在幼儿语言教育中，才能成为幼儿语言教育的新途径。绘画作为一种独特的读物形式，可以带领学前儿童进入一个奇妙又愉快的世界，对幼儿语言、想象、思维与记忆的发展都具有重要的价值，绘画将越来越多地成为学前儿童语言教育的重要资源和教学手段。幼儿语言教育实践中，如何把握幼儿绘画特点，鼓励幼儿大胆运用绘画表达自己的思想与情感，为幼儿的语言与思维发展创设条件，是幼儿教育工作者今后努力的方向。

第三章

多元课程相关学习故事

《雪孩子》故事剪纸

◎　于凤杰

班级：中三班	教师名称：于凤杰	时间：2017年12月6日
幼儿姓名：路一彤		年龄：4岁
有助于学习的心智倾向	动手能力、自信	
发展领域	艺术领域	

这里发生了什么

通过每天开展特色活动，我们发现孩子们比较喜欢剪纸活动，能力较强的孩子能剪出更加细致的作品，练习直线—半圆线—直线—半圆线剪纸组合，孩子们使用剪刀更加灵巧了，并且能够利用对折、镂空等方法剪出作品的细节。近期我们开展了孩子们比较喜欢的小猫、小兔的剪纸活动，猫和兔子的特点比较鲜明，耳朵一尖一长，尾巴一长一圆。

我们将剪纸活动与教育活动《雪孩子》的故事相结合，开展剪小兔的活动。

路一彤心灵手巧，喜欢剪纸活动，剪出来的作品也规整。特色活动时间，孩子们像往常一样开始取剪纸所需的剪刀、纸筐等，纷纷剪起了小兔子，有的剪得大，有的剪得小，我将孩子们的小兔子进行排列，孩子们自己就发现了差别。路一彤说："大的就是《雪孩子》里面的兔妈妈，小的就是雪孩子救的兔宝宝。"孩子们纷纷讨论起来。圆圆说："《雪孩子》里面还有雪孩子啊，现在还没有雪孩子呢！"听到孩子们的讨论，我觉得很有价值，顺势就问了一句："那雪孩子长什么样子？我们可以用小剪刀怎么呈现出来呢？"路一彤说："雪人嘛，圆圆的两个圆形摞在一起呗。""那你来试一试吧，大家觉得雪孩子是什么样子的，咱们都来试一试，一会儿咱们一起看一看。"我的话音刚落，孩子们就开始了雪孩子的创作。朵朵说："我剪出来了，我剪出来了。"朵朵几分钟的时间用就剪完了，兴奋地举起自己的作品。大家都被朵朵吸引了，纷纷走过去看，路一彤看了一眼说："你的雪孩子真好看，我的雪孩子是因为冬天天冷所以戴着帽子的。"孩子们又被路一彤的作品吸引了，又转去看路一彤的戴帽子的雪孩子。孩子们都觉得路一彤的戴帽子的雪孩子更加有趣，纷纷向她竖起了大拇指，路一彤自信地笑了。

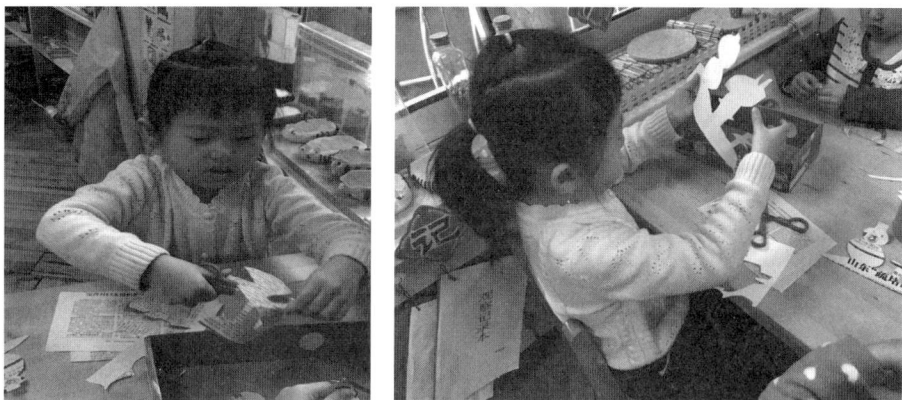

　　第二天的特色剪纸活动时间，孩子们自主剪起了《雪孩子》这个故事里出现的形象，我与他们一起一边剪一边回忆故事里面的主人公，路一彤说："有兔妈妈、兔宝宝，还有雪孩子。"我说："对，这是主要的三个故事里的人物，那大家想想这是发生在大森林冬天的故事，我们怎么去表现冬天呢？"话音刚落，路一彤抢着说："我看过《雪孩子》这个故事的视频，视频里有松树，我妈说冬天松树的松枝还有，别的树都没有叶子了。""你说得特别好，孩子们，咱们可以剪出松树，放在兔妈妈、兔宝宝还有雪孩子旁边。"多多说："老师，那松树是什么样子啊？"于是我们用电脑找到松树的图片，大家一起观察后开始了剪纸活动。不一会儿，路一彤就完成了一幅完整的剪纸作品，有兔妈妈、兔宝宝、雪孩子和松树，呈现出了冬天的景象。身边的孩子受到了启发，纷纷剪出了完成的故事作品。

　　这次剪纸活动是我们班第一次完成画面的剪纸，活动后我将幼儿作品展示在美工区的展示墙上，班里孩子看到了都十分高兴。路一彤也很骄傲，不时给大家讲起自己剪纸的好方法和《雪孩子》这个好听的故事。

这件事情告诉了我们什么

　　通过这次剪纸活动，孩子们不局限于剪一只小兔子，还开始思考剪纸的情景，这样一种艺术形式在锻炼幼儿小手灵活性的基础上，还培养了孩子们的观察能力与理解能力，孩子们开始自发地回忆故事的内容包括情景、人物等。在这个基础上剪出来的作品更加完整了，人物、情景相连不断，对于孩子们来说也是比较有难度的剪纸形式。

这个特色活动让我十分惊喜，因为孩子们能够自主地学习，之前我一直认为这种完整连续画面对于我们班孩子来说有难度，但是其实喜欢剪纸的孩子完全有能力去进行剪纸表达，她喜欢、有兴趣就是去进行的首要条件，另外，故事剪纸这种形式可以作为我班特色活动开展的新领域。除了剪纸动手能力，孩子们的观察、画面布局、语言、交往等能力都会一起发展。

机会和可能性

孩子们用自己灵巧的小手熟练去使用剪刀进行自我内心的表达：我看到了什么？我喜欢什么？我想到了什么？除了画笔以外，孩子们可以用小剪刀通过剪纸作品来表现。

借助孩子们耳熟能详的故事情景和人物，作为我们的剪纸活动的主题，这样剪纸作品的内容会更加生动有趣，孩子们可发展的能力也会更多。下一步我们将注重培养幼儿的综合剪纸能力，在进行细致剪纸的同时，注重培养孩子们介绍自己作品以及去评价自己和同伴作品的能力，进行剪纸活动中与结束后的评价，会使孩子们的收获更大。期待孩子们创作出更加有趣的作品。

奇奇的第 n 只兔子

◎　于凤杰

班级：中三班	教师名称：于凤杰	时间：2018年3月28日
幼儿姓名：徐桢奇（奇奇）		年龄：4岁
有助于学习的心智倾向	增强幼儿剪纸活动的自信心	
发展领域	艺术领域	

这里发生了什么

　　每天下午的特色时间活动按部就班地开展。本周我们的剪纸主题是"小兔子"，我们一起回忆自己见过的小兔子，又一起观察小兔子的实物照片，一起总结小兔子的耳朵、头、身体、四肢与别的动物相比，有哪些特征属性。我说："咱们观察一下小兔子的耳朵有什么特征。"奇奇迫不及待地说："耳朵长长的，兔子的耳朵最长。"我又继续追问："小兔子的耳朵长，具体是什么样子的呢？"奇奇说："小兔子的耳朵长，而且是下面连着头的地方粗一点儿，然后耳朵的尖是细细的。"在几次的观察与提问中，奇奇都十分积极，发言特别主动，并且能比较准确地说出小兔子的特征。

　　观察时间结束了，我们发放材料进行剪纸环节，奇奇迫不及待地拿起剪刀就开始剪小兔子，一边剪一边还在嘟囔："身体是圆滚滚的，软软的。"三下两下，奇奇就剪出了第一只小兔子，是一只椭圆形的兔子，他急忙举起来大声说："于老师，我剪出来兔子了。"我赶忙走过去说："奇奇，真好！你剪的小兔子的身形特别好，圆滚滚的，是个胖胖的可爱的兔子。要是上面的长耳朵剪出来就更好了。"奇奇听完点点头，又继续剪他的第二只兔子。我走过去看着他，他剪得十分认真、专注。他说："于老师，你快看看，小兔子有长耳朵了。"我说："这是一只侧面的小兔子，耳朵特别好，耳朵上面就是尖尖的，和我们观察的一样。要是兔子的耳朵再长点，就更加可爱了，你再试试。"

　　奇奇听完，又开始剪起来，第三只、第四只……他似乎对自己的要求也越来越高了。一边自己剪着，一边还在张望旁边小朋友的作品，不断地尝试。在剪到第 n 只小兔子的时候，奇奇大声地叫我："于老师，你来看看我的小兔子。"我走过去一看，一只身子圆滚滚、长耳朵、小尾巴的小兔子诞生啦！奇奇高兴极了！

这件事情告诉了我们什么

奇奇是一个活泼开朗的男孩，有一颗好奇之心，愿意去发现、去表达自己的想法，对于自己熟悉喜欢的小兔子，他有更多的认识，能去大胆的表达自己的心中所想，有了兴趣就愿意去尝试。第一只小兔子的样子，正是我们观察过程中总结的第一个特征——圆滚滚的身体，到第二只的时候体现了第二个特征——长耳朵。当这些特征一个一个表现出来的时候，就组成了越来越明显、越来越"像"的小兔子。教师在看到孩子的作品时先给予孩子一个肯定，再去读懂孩子作品所传达的信息，孩子就会与教师产生心灵联系，孩子的兴趣、优点就会不断放大，就会更加有自信，进一步去尝试与实践。

同伴之间的互相学习也是十分重要的，当奇奇看到席嘉艺的作品的时候，就开始一点点去模仿她的小兔子，他首先在心里认可了她的小兔子，并且产生了去主动学习的意识，最终得到了成功，这个过程对于奇奇来说是十分重要的，在方方面面也可以进行迁移，与身边的同伴共同学习。

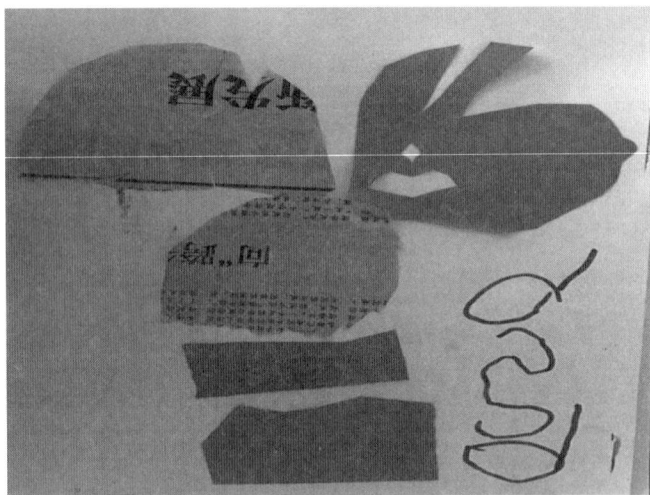

机会和可能性

在又一次的剪纸活动中，我们将剪纸的主题扩展到了"春天"，去发现和感受春天的景色的变化，通过回忆分享与观察实物照片的形式感受春天。奇奇把自己的感受、自己与父母外出游玩发现的春天的变化讲给大家听。剪纸的时候他比过去更加专注了，画面也更加丰富有趣了，小兔子在草地上玩，小鸟在树上唱歌。过去我担心他拿着剪刀会伤到自己或旁边的小朋友，而现在他有了兴趣，能自己踏实下来真正进行剪纸创作了，这是质的飞跃。看到孩子的变化我很欣慰。每个孩子都会有属于自己的可能性，也许他们的作品成人看不懂或者看不上，但是那些都是他们现阶段的理解，我们应该给予尊重和赏识，慢慢地孩子会有属于自己的理解，材料、环境、观察、互动有了，接下来我们就"静待花开"吧。

一场"互动式"剪纸游戏

◎ 刘　珺

班级：大一班	教师名称：刘　珺	时间：2019年12月
幼儿姓名：小禾		年龄：5岁半
有助于学习的心智倾向	培养幼儿剪纸活动创造能力	
发展领域	艺术领域	

这里发生了什么

今年本班的美工主题是剪纸，幼儿每天的活动区时间和下午特色活动时间都要剪纸。升入大班后，对幼儿剪纸的要求更高了，幼儿不能用笔画出外形，而是要用剪刀直接剪出外形，这对幼儿是极大的挑战，有些幼儿会通过对折剪来完成作品，但是当有一些不对称的动物和人物造型时，幼儿不能通过对折剪来完成，就会觉得更加困难，刚刚升入大班的幼儿对每项活动还没有那么大的耐心，对活动中遇到的困难大多也是选择逃避，抗挫能力较弱，所以在经历种种困难之后，幼儿对剪纸的兴趣明显不高，表现在每天都没有幼儿愿意选择剪纸区，每天下午的剪纸活动都会听到幼儿的抱怨："怎么又要剪纸！""怎么天天都剪纸！""哎呀，今天又要剪什么啊……""这么难！我不会剪！"

喜欢剪纸的孩子

虽然很多幼儿对于剪纸的态度很无奈，但也有非常喜欢剪纸的孩子，小禾就是这样一个孩子。小禾每天都主动进入剪纸区，并且每天都会剪出不同风格的作品，每天下午的特色活动，小禾也会积极帮助老师做剪纸前需要的准备工作，并且每天都会对自己的作品充满成就感和自豪感。小禾平时在班里是个内向的孩子，内向到老师问她的问题她都要想很久才会给出答案，对自己不自信，和其他幼儿沟通也不多，但每次剪纸的时候，她都会表现出超乎他人的自信和快乐，每次剪完纸，也很愿意和老师分享自己的作品，希望可以得到老师的夸奖和鼓励，也希望自己的作品可以展示在班里让其他幼儿观赏。

个体带动全体

经过对小禾的观察和了解，我们希望可以通过小禾对剪纸的兴趣，带动其他幼儿对剪纸的兴趣，改变其他幼儿对剪纸的态度，也可以让小禾变得更加开朗、自信。

于是，我们通过一次区域总结的机会，特意展示了小禾的剪纸作品，并鼓励小禾自己讲一讲自己剪纸时的心情和想法，讲一讲自己的作品是什么。我们发现小禾讲的时候很自信，其他幼儿听得也很认真，于是我顺着小禾的话说："谁想和小禾一起试一试呢？"果然有几个之前对剪纸不太感兴趣的幼儿举起了手表示愿意和小禾一起剪纸。第二天，剪纸区人就多了起来，大家每天轮流和小禾学习剪纸，和小禾一起探究剪纸方法，渐渐地，班上的幼儿对剪纸的兴趣明显提高了很多，小禾也通过剪纸更加开朗、自信了，和小朋友之间的互动也更多了。

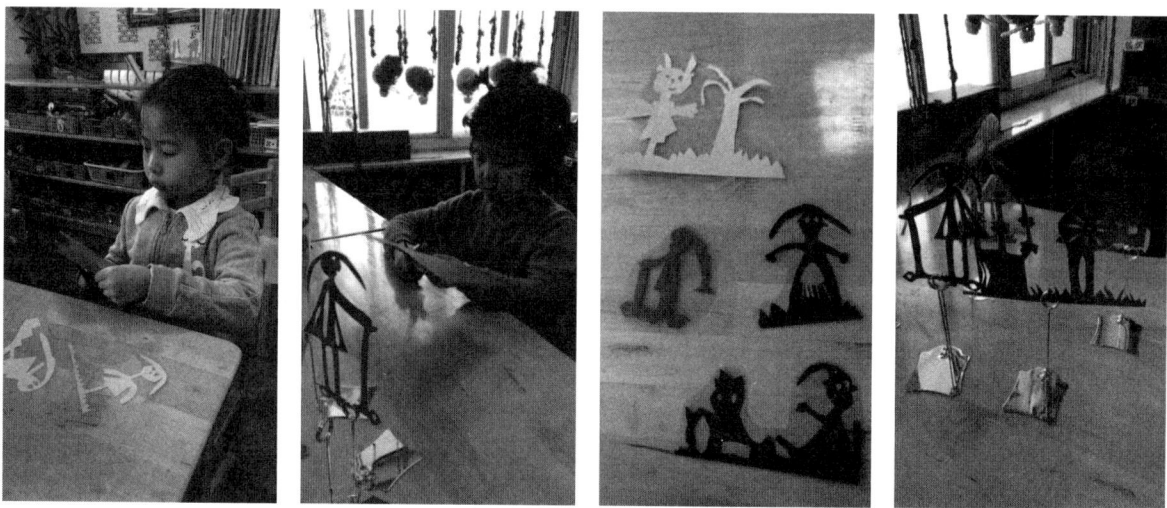

反思

大班幼儿抗挫能力较弱，面对困难大多选择逃避。无稿剪纸对于幼儿来说具有一定的挑战，很多幼儿把握不好外形，很难剪出预期的作品，所以对剪纸兴趣不高，而教师一味地引导不如幼儿之间互相影响、互相学习，这会让幼儿更有兴趣，更有新鲜感，也可以让幼儿提升自信心。

苗族娃娃

◎ 刘 珺

班级：大一班	教师名称：刘珺	时间：2019年4月25日
幼儿姓名：李奕宏（卡卡）		年龄：6岁
有助于学习的心智倾向	动手实践、创新能力	
发展领域	艺术领域	

这里发生了什么

泥工活动中，卡卡听完老师的讲解，取出一块泥就开始搓条装饰，先从头饰开始，从盘到贴，每个步骤都非常细致，很快就完成了苗族娃娃头饰的部分。

在装饰过程中，我不断提示幼儿根据苗族银饰的特点进行设计装饰，卡卡听后马上选择了一块大泥，做了一块厚重、精细的设计作品。全部装饰完后，用刷子蘸取银色的丙烯颜料对头饰和配饰部分进行涂色，作品完成。

这件事情告诉了我们什么

今天的泥工活动是为苗族娃娃设计装饰头饰和配饰，在装饰前，我给孩子们讲解了苗族银饰的特点：以大为美，以重为美，以多为美。然后通过银饰的不同图片，分析了各个配饰的外形特点，通过搓条装饰的示范，幼儿理解了设计头饰时应精细设计。

卡卡是个认真的孩子，老师讲的重点都记在了心里，在实际操作中，边搓条边设计，按照苗族银饰的三大特点进行了装饰，完美地表现出了自己的泥工技能。

机会和可能性

接下来，我们会继续带领幼儿完成其他泥工创意作品，卡卡已经掌握了这些泥工的技能，在实际运用的过程中，可以由卡卡在区域活动中带领能力较弱的幼儿一起，从简单的搓条开始练习，让幼儿在同伴间的学习中掌握新本领，体现大班幼儿合作化共同学习的特点。

区域评价时，我们让卡卡向全班幼儿介绍自己的操作经验，并请大家一起讨论卡卡装饰的优点，激发幼儿操作的兴趣，使活动的重点和难点在幼儿的讨论中得以解决，而不是老师一味地说教，这样幼儿会记忆得更加深刻。这样培养的学习能力有助于迁移到其他领域，使幼儿得到更好的发展。

蝴蝶引起的一场趣味谈话

◎ 赵愉曼

班级：小三班	教师名称：赵愉曼	时间：2019年12月10日
幼儿姓名：李明晨（晴天）、石晴一（云朵）、靳博涵（涵涵）、郭慕溪（小鹿）等。		年龄：3岁
有助于学习的心智倾向	社会交往、语言发展、情绪情感	
发展领域	社会、语言	

这里发生了什么

蝴蝶是孩子们非常熟悉的一种动物，所以，今天我带着孩子们制作了小蝴蝶泥工。在今天的活动中，我先带着他们认识了不同的蝴蝶，在掌握了蝴蝶的基本结构后，我们开始行动了。

当观察完图片以后，孩子们兴奋地取了自己喜欢的颜色，按照蝴蝶的基本结构开始捏泥。他们一边制作一边与同伴交流自己捏的是蝴蝶的哪部分。

晴天：涵涵，你看我的蝴蝶，它吃了好多东西，肚子都大了，你看胖不胖？

涵涵：嗯嗯，是挺胖的，你看我的蝴蝶，它的翅膀特别大，这样它就能飞到很远、很高的地方去了，那些坏人就抓不到它了。

小鹿：我的蝴蝶翅膀有很多颜色，我想让它每天都换一种颜色，我先把翅膀弄好了，这样它就可以每天换不同颜色的翅膀，好不好？而且我不能让我的蝴蝶吃太多，要不然它就该变成大胖子了，就不漂亮了，没法穿漂亮的衣服了！

云朵：嗯嗯，我也是，我也不想让我的蝴蝶变成大胖子，咱们俩让这两个蝴蝶当好朋友吧，这样它们就不孤独了。

——：我的小蝴蝶是个能吃的蝴蝶，这样它才能长得更快、更大，就能帮它的妈妈干活儿了！

……

就这样，孩子们边制作蝴蝶边跟同伴说着自己的想法，活动结束后，很多孩子都还沉浸在制作蝴蝶的过程中……

这件事情告诉了我们什么

教师需要耐心倾听孩子们之间的对话，因为对话可以让你更好地了解孩子们内心的想法，这样更便于自己走进孩子的世界，得到他们的认可。

机会和可能性

我认为，在以后的活动中，教师应该多为幼儿创设这种宽松的氛围，帮助孩子们养成愿意说、主动说的习惯，让孩子在技能和语言表达上有所提升。

植物大战僵尸背后的故事

◎ 赵愉曼

班级：小一班	教师名称：赵愉曼	时间：2019年12月18日
幼儿姓名：田靖琪、田楷琪（左左、右右）		年龄：3岁半
有助于学习的心智倾向	社会交往、语言发展、情绪情感	
发展领域	社会、语言	

这里发生了什么

最近我们班的双胞胎男孩情绪变化非常大，两个孩子从8月份开始入园，每天的情绪都非常不稳定。上个月，经过与班里老师协商，我已经在前两周的周六进行了家访，向家长了解了孩子在家的一些情况等。通过了解，我们知道这两个孩子的性格差异较大，弟弟经常被哥哥欺负。走进他们家，我发现孩子的玩具很多，并且多数都是植物大战僵尸的玩具和图书，于是我抓住了这个契机，打算用这些角色来吸引孩子入园。

我走进孩子们的玩具筐随便拿起了一个豌豆射手好奇地问："呀！这是些什么东西，长得这么可怕？"左左和右右赶紧走到我面前介绍："这是豌豆射手，它能喷射出许多豌豆呢！"我又问："它喷那么多豌豆干吗？"左左抢着说："它能用喷出来的豌豆打僵尸！"我问："这个游戏里面还有什么？"右右说："还有太阳花、三叶草、火爆辣椒、土豆地雷和白菜！"听到我已经被这个游戏吸引了，左左还拿来植物大战僵尸的漫画书，找到了他最喜欢的那页给我看。我知道我已经走进孩子们的世界了，我很欣慰。于是我有了一个想法，回去以后给孩子们做一面属于他们的"植物大战僵尸"墙面。

第一天，我请左左和右右拿着他们最喜欢的火爆辣椒来到了前面，给小朋友们介绍它的特点及功能，小朋友们听得津津有味，都被这个故事吸引了，于是我跟孩子们说了制作墙面的想法，孩子们都兴奋不已。就这样，我们的行动开始了，当我拿出橡皮泥的一瞬间，孩子们都高兴极了，因为到了他们最喜欢的捏泥时间，我问："你最喜欢植物大战僵尸里面的哪个角色？""火爆辣椒、土豆地雷、豌豆射手、太阳花……"他们抑制不住激动的心情，回答问题的声音越来越大。

直到现在，我和孩子们每天都沉浸在植物大战僵尸的活动中，我也是第一次走进了孩子们的世界。从那以后，左左和右右每天都特别期待来到幼儿园，跟老师和小朋友们一起制作角色，并在活动中体会到了自信和快乐，感受到了成功的喜悦。

这件事情告诉了我们什么

从左左和右右身上我看到了孩子们发自内心的开心，从制作到每天的讲述，孩子们眼睛都不眨地盯着，从他们的眼神里可以看出他们对植物大战僵尸的喜爱。现在，孩子们最喜欢的就是每天的特色时间，因为这个时间他们可以随意创想，随意捏自己喜欢的植物，通过这段时间的练习，孩子们能非常投入地捏出每个植物细小的部分了，经常是结束了孩子们还不愿意收。

作为教师，我们怎么才能真正走进孩子的世界？怎么才能让孩子们自己选择每天的活动内容？只有通过不断地观察、发现才能实现。现在我们已经能够捏出许多游戏里面的植物了，孩子们每天投入的表情告诉我：我要走进孩子的世界，从他们的世界里寻找秘密，使他们爱上幼儿园。

机会和可能性

　　游戏并没有结束，在下学期，我会为孩子们准备一面"植物大战僵尸"的墙，让他们充分发挥想象，制作自己喜欢的植物，带着孩子们走进游戏的世界，激发幼儿每天来园的愿望。

房子变身记

◎ 陈童胜

班级：中三班	教师名称：陈童胜	时间：2020年12月7日
幼儿姓名：孙轶淞（淞淞）		年龄：4岁半
有助于学习的心智倾向	坚持、努力、积极、好奇	
发展领域	艺术领域、语言领域、社会领域	

这里发生了什么

今天，淞淞选择了美工区游戏。在活动前，他主动将剪刀、彩色纸张和胶棒都准备好，然后开始认真地剪了起来。

他拿起一张淡黄色的纸，剪了一个房子，然后对我说："老师，昨天区域评价的时候说有的小朋友剪出了房子，我也想试一试。"

我肯定地点点头说："好呀，你可以和他们剪的房子不一样呀。"

说着，淞淞就开始剪了起来。他剪出了一个高高的房子，说："这是一个楼房。"接着，他在楼房的中部和下部剪出了方形的小洞，当作房子的窗户，然后又剪出了马路。

看着自己的作品，淞淞说："我想带回家。"我点点头说："老师可以给妈妈照一张照片看一看，然后咱们请小朋友欣赏一下这个作品可以吗？"淞淞点头答应了。

区域评价的时候，我运用"小记者采访"的形式，让幼儿一起和淞淞欣赏他的"房子"。淞淞有点胆怯地说："我今天剪纸来着，我剪的是房子，你们看看。"

小朋友们看着淞淞的房子，发出了疑问："老师，他这个房子为什么这么长呀？""老师，他的房子有窗户吗？"

淞淞辩解说："嗯，有窗户。这个洞洞是窗户。"

我说："大家都有自己的想法，那么淞淞今天剪的和昨天小朋友剪的一样吗？他有没有新的想法呀？"

小朋友们点点头，我接着说："对呀，淞淞有自己的想法，并且剪了出来，就很好。他的房子哪里好？我们先说一说吧。"

刘瑾依说："他的房子是楼房，昨天小朋友们没有人剪出楼房。"

大帅说："他的房子有很多窗户，他会掏洞了。"

陈墨瞳说："他的房子是自己剪出来的，没让老师帮忙。"

我肯定了孩子们的回答，并且说："对，你们很棒，我们首先要看到别人作品的优点。淞淞的作品是有创意的，和昨天区域评价时候的张恩笑的房子不一样，而且都是自己剪出来的。我们为他鼓掌。"

孩子们为淞淞鼓掌，然后我接着说："那么这次咱们说一说淞淞的房子要怎么剪更能突出楼房的特征呢？"

星谣说："应该把窗户剪得更多。楼房有很多窗户。"

贾晔说："楼房有楼梯，也可以剪出来。"

我说："你们为淞淞提的建议特别好。我们期待明天美工区区域游戏的时候，有更多的房子作品出现，并且不一样，有楼梯。"

这件事情告诉了我们什么

通过今天的观察，我们可以看到，淞淞是一个很专注剪纸的孩子，能够在区域游戏将近 30 分钟的时间里，都比较认真地做这件事，并且有一定的剪纸技能，但是技能有待提高。

通过连续性的区域游戏评价，美工区的幼儿一直热衷于剪房子，说明区域评价起到了促进幼儿连续剪纸游戏的效果。在今天的区域游戏评价中，我们通过"小记者采访"的形式，激发台上的小作者和下面的小观众一起发现"楼房可以怎样剪来更突出其特点"的讨论。在讨论过程中，幼儿知道了要尊重他人的想法，学会肯定他人的优点。

机会和可能性

将作品拍照发给家长，可以让幼儿在家中继续练习，加强幼儿对剪纸的热爱。

教师在美工区区域游戏的时候继续观察，鼓励幼儿剪出更加有创意的房子作品。

继续鼓励幼儿在美工区进行剪纸游戏，指导幼儿用更多的镂空方式剪出房子的窗户和门，增强幼儿的剪纸技能。

鳄鱼修补站的启发

◎　陈童胜

班级：中三班	教师名称：陈童胜	时间：2019年4月
幼儿姓名：翟晨皓		年龄：5岁
有助于学习的心智倾向	努力、坚持、	
发展领域	艺术领域、语言	

这件事情告诉了我们什么

通过观察，可以看出翟晨皓对捏鳄鱼还是很有兴趣的。当他不会捏的时候，老师并没有直接教给他，而是运用"鳄鱼修补站"的游戏，让他逐渐了解鳄鱼腿部的做法、牙齿的捏法，让他获得成功感。运用这种方法，让不太会捏鳄鱼的翟晨皓找到了自信。接着，在游戏继续的时候，我给他提出了更高的要求，让游戏不是简单的重复，而是有所提高和进步。我提出了捏出不同姿态鳄鱼的建议，翟晨皓欣然接受了。

通过"鳄鱼修补站"的游戏，孩子获得了自信，我也和家长进行了沟通和联系，让孩子更加有自信，更愿意参与泥工活动。

机会和可能性

　　每一个孩子都是有潜力的。作为教师，我们不能轻易放弃每一个孩子，孩子生来就是与众不同的。正是因为他们的与众不同，才需要我们更加个性化的指导。翟晨皓以前对泥塑活动没有什么兴趣，通过捏鳄鱼的活动，激发了他的兴趣，通过"鳄鱼修补站"的活动，他知道了捏鳄鱼的方法。接下来，我需要鼓励他更加认真地投入到泥塑活动中去，鼓励他捏出不同姿态的动物。

参考文献

[1] 刘宛鸟，林凤鸣 . 幼儿语言教育实践探索 [J]. 教育理论与实践，2007，（S2）：155-156.

[2] 孙瑞雪 . 捕捉儿童敏感期 [M]. 北京：中华妇女出版社，2010.

[3] 格罗姆 . 儿童绘画心理学——儿童创造的图画世界 [M]. 北京：中国轻工业出版社，2008.

[4] 屠美如 . 向瑞吉欧学习什么——《儿童的一百种语言解读》解读 [M]. 北京：教育科学出版社，2010.

[5] 许晓敏 . 在绘画教学中提高幼儿的语言表达能力 [J]. 教育实践与研究，2013，（36）：41-42.

第二部分
乐于交往　共享成长

第一章

北路照相馆

一、活动目标

1. 能积极主动地参与游戏活动，感受角色扮演游戏的乐趣。

2. 有序取放照相、装扮等工具，体验规则的作用，初步养成遵守规则的意识。

3. 引导幼儿在游戏中尝试使用较为连贯、有序的语言进行表达。

4. 知道相机的基本用法，能较形象地扮演摄影师和照相馆的工作人员，模仿基本的角色语言。

5. 初步理解并使用简单的礼貌用语。

6. 学习简单的形象搭配，对顾客进行形象设计。

7. 引导幼儿学会用心灵去感受和发现美，用自己的方式去表现和创造美。

8. 创造交往的机会，让幼儿体验交往的乐趣。

9. 同伴之间能够通过协商、合作等方式解决遇到的问题。

二、环境创设

1. 整体环境

2. 幼儿参与创作

角色职责：

欢迎光临牌：

工作宣言：

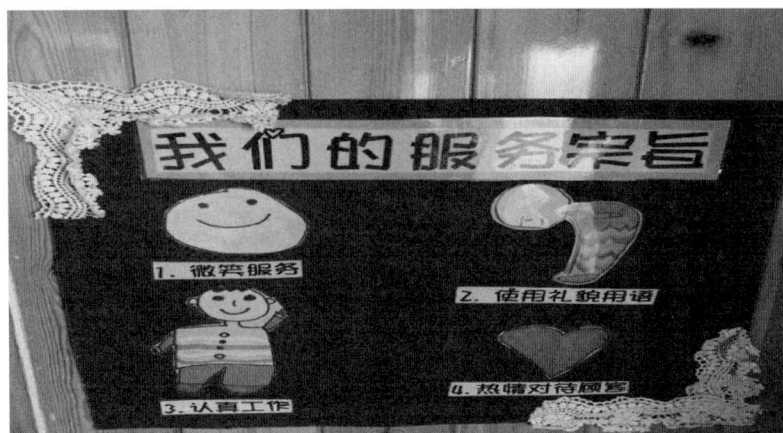

样片欣赏区（幼儿的形象设计）：

幼儿设计的造型装扮相册

三、功能区域及投放材料

化妆间：

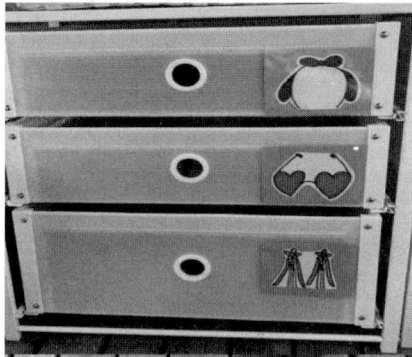

更衣室：

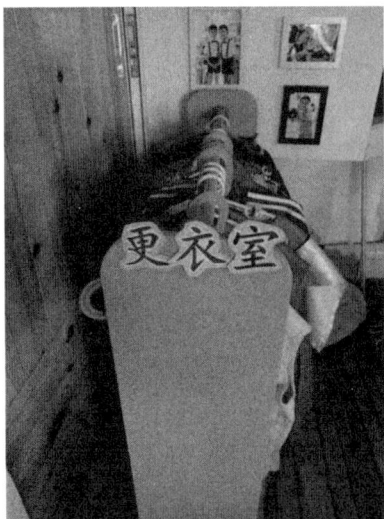
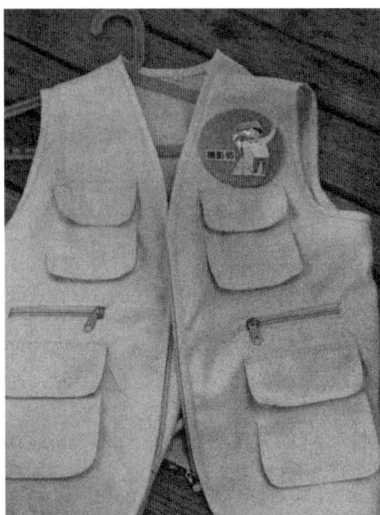

装饰间：

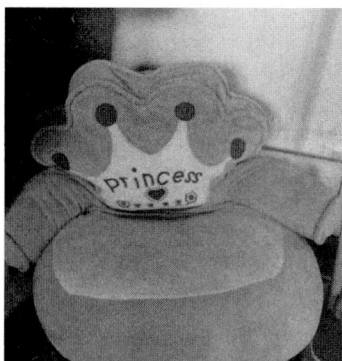  

照相背景：

收银处：

照片存取处：

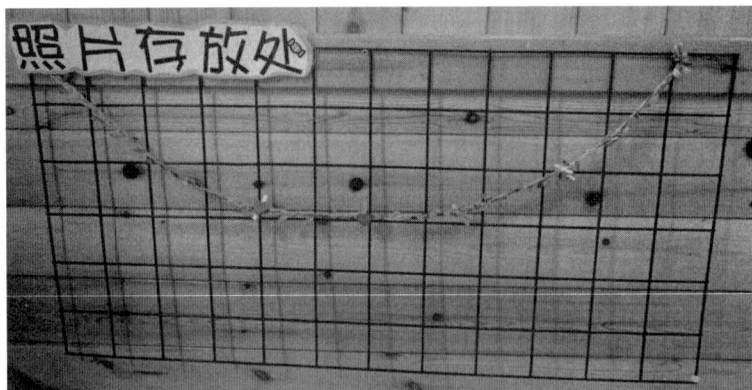

摄影道具：

四、游戏内容

1. 师幼共创区域环境

《指南》指出："幼儿的学习是以直接经验为基础，在游戏和日常生活中进行的。要珍视游戏和生活的独特价值，创设丰富的教育环境，最大限度地支持和满足育儿通过直接感知、实际操作和亲身体验获取经验的需要。"通过了解幼儿的兴趣，我们确立了创设摄影屋的想法，在与幼儿不断沟通不断互动的过程中，请幼儿按照自己平时去照相馆的经验，在幼儿园中与老师小朋友进行分享，用绘画等形式，创设属于我们孩子们的"北路照相馆"。随着游戏内容的变化和需要，孩子们可以随时创作、调整环境内容。在环境创设中，充分发挥幼儿的主观能动性，使幼儿积极、主动地参与到环境创设活动中来，这样才能有效地发挥环境在幼儿身心发展中的教育影响作用，要为幼儿提供机会，让他们成为环境创设的参与者和创造者。初次来到照相馆进行游戏时，环境创设可以引导幼儿先熟悉照相馆，了解各个功能区以及相应规则。

2. 角色扮演

幼儿可在照相馆自主选择角色进行扮演，如摄影师、摄影助理、接待员等。幼儿间自由选择角色，开展游戏。

3. 职责内容

通过墙饰或讨论的形式了解各个角色的职责内容，包括如何与顾客交流，介绍摄影内容，最近摄影套餐活动，根据顾客选择的不同照相类别介绍相关的内容及收费，操作摄影工具等。

摄影师职责：会操作使用相机、相片清晰完整、根据客人需求进行服务、使用礼貌用语与客人交流。

摄影助理职责：为客人提供服装道具、分类收纳道具、帮助客人换衣服、使用礼貌用语与客人交流。

接待员职责：宣传屋内活动、介绍照相套餐、介绍最近的优惠活动、使用礼貌用语与客人交流。

4. 角色服务用语

幼儿在游戏中的语言要围绕自己所扮演的角色进行。各个角色通用的礼貌用语，如"您好""欢迎光临""您需要什么服务？""谢谢您""请坐""欢迎下次再来""您对我们的服务满意吗？"

还包括区域的服务用语："欢迎您来到北路摄影馆，我是为您服务的造型师，您有什么需要？我们有艺术照、生活照、出外景这些照相类别，您需要什么服务？（艺术照）艺术照请您看看效果图，我们将会根据您的选择为您设计推荐相关服装、饰品、造型等。如果您还需要参考一下请看看我们的相册，里面有我们的模特的摄影照片，提供给您作为参考。"

五、指导策略

游戏是幼儿的天性，角色游戏是幼儿期的典型游戏，它是幼儿以模仿和想象，通过扮演角色，创造性地反映现实生活的游戏，是个体内在需要的自发自主性活动。角色游戏是幼儿依据自己的兴趣和意愿，借助模仿和想象，通过扮演角色创造性地反映其生活环境、生活体验和生活感受的游戏。幼儿按照自己的兴趣爱好选择角色，在自由、宽松、愉快的环境中，他们不断地尝试探索，获得成功和快乐。在与同伴一起学习的过程中，获得多方面的经验，得到全面发展。照相馆的游戏通过扮演摄影师和顾客的角色重现了生活中家长或老师经常给幼儿拍照的经验，让幼儿感受了不同角色的不同感受，整个游戏贯穿在顾客与其他角色之间的互动中，为幼儿提供了沟通、交流、合作的机会。

《纲要》中指出："教师在教育过程中的角色绝不仅仅是知识的传递者，而应成为幼儿学习活动的支持者、合作者、引导者。"在活动中孩子们是自主的，教师的地位和作用是支持者和解决问题的引导者。教师在活动中观察、引导幼儿，深入地促进每个幼儿在原有水平上的提高。及时发现幼儿的需要并给予支持、引导以及要尊重孩子的个体差异，当幼儿确实因其本身经验与能力的局限而落后时，教师要把握时机，适时介入指导，让孩子们能真正体验到角色扮演活动的快乐。

（1）示范法

摄影屋中各区域的材料使用，教师通过示范的方式，帮助幼儿掌握操作方法，如如何使用照相机、如何进行造型装扮以及饰品的使用等。

（2）观察法

教师观察幼儿游戏时要对观察到的内容进行分析，以便真正了解幼儿游戏行为背后的原因及其需求，及时地介入指导，促进幼儿在游戏中得到真正的发展。

（3）交流分享法

每次游戏结束时进行点评，主要以幼儿分享经验为主要内容，整理和提升幼儿的个人经验。在讲评时共同分享游戏的体验，一起探讨游戏中的问题，共同推进下一次游戏的开展。

（4）激励法

通过"开工资"的游戏形式，鼓励幼儿多服务顾客，挣到的游戏币多了，游戏结束后工资发放币自然会增加，从而激励幼儿积极地参与到游戏中来。

六、游戏精彩瞬间

七、活动案例

社会角色体验小屋日记录表

北路照相馆（一）

时　　间	2018 年 4 月	指导教师	杨　童
参与幼儿	中大班幼儿		
活动目标	1. 了解摄影师和照相馆的工作人员职责以及材料的使用方法 2. 鼓励幼儿大胆与顾客交流		
材料准备	照相机、打印机、背景布、服饰、饰品道具、相册等		
活动内容	（一）开始部分 谈话引入，引导幼儿根据生活经验了解照相馆。 教师："你照过相吗？""你到哪里去照相呢？"引导幼儿回忆与照相相关的生活经验。 （二）基本部分 1. 带领幼儿了解工作职责内容。 2. 了解照相机的基本功能与作用以及各个材料的使用方法。 3. 引导幼儿正确地使用照相机，知道要让客人看镜头，在什么地方按快门，等等。 "如果你是摄影师，给客人照相的时候要做些什么呢？"引导幼儿扮演摄影师的时候一定要注意顾客的表现，提醒客人表现出最佳的状态，再进行拍照。 4. 与幼儿讨论玩的注意事项。 5. 幼儿按意愿选择游戏，并通过协商分配角色。 6. 过程指导： 幼儿游戏，教师巡回指导。重点指导在活动过程中要多用礼貌用语交流，比如"欢迎光临，您有什么需要？"要让客人的眼睛看镜头、身体挺直些、脸上要有表情等，没有客人的时候可以跟店里的工作人员互相练习。 （三）结束部分 1. 引导幼儿说说：今天你在照相馆里扮演了什么角色？做了什么？ 2. 表扬积极参与游戏并认真扮演的幼儿。 3. 提出下次游戏要求、发放工资。		

反思经验（回顾刚才做了什么事情？学到了什么？遇到什么问题？）

教师反思：

　　由于现在的孩子大都接触过照相机或者会使用手机、平板电脑的拍照功能，因此扮演摄像师的小朋友扮演得有模有样，并且和客人互动得很好，会使用基本的礼貌用语进行交流。但是摄影助理扮演者的表达能力和交流能力就相对弱一些，和客人的互动不多，只是简单地进行表述。通过观察，我发现在本次活动中，孩子们与客人交流过程中有些害羞胆怯，不敢大方地表达介绍自己角色屋内的特色，对于角色屋的了解不够扎实。向顾客介绍、装扮等用时稍长，导致后面排队的孩子等了很久，影响了游戏效果。幼儿的学习方式是在操作的基础上进行的，同时在与同伴一起互相学习的过程中，获得多方面的经验，得到全面发展。所以在点评环节，我们一起讨论游戏中出现的问题，请幼儿分享经验，通过整理提升幼儿的个人经验。

　　下次游戏将注重幼儿口头表达能力和交往能力的培养，并且引导幼儿更清晰地了解屋内游戏材料以及使用方法，进一步推动游戏的开展。

社会角色体验小屋日记录表

北路照相馆（二）

时　间	2018 年 4 月	指导教师	杨　童
参与幼儿	中大班幼儿		
活动目标	1. 掌握各个材料的使用方法 2. 能够运用礼貌用语与顾客交谈		
材料准备	照相机、打印机、背景布、服饰、饰品道具、相册等		
活动内容	（一）开始部分 谈话引入，回忆上次活动内容。 教师：上次照相馆里我们都遇到了什么问题？怎么解决的？ 小结改进方法。 （二）基本部分 师幼共同讨论： 1. 摄像师该如何拍照，才能让客人拍出来的照片更漂亮？（提醒客人要面带微笑、帮助客人摆出好看的姿势） 2. 如何与顾客用礼貌用语交流？（热情招待，大方地说礼貌用语） 3. 提出本次活动要求。 4. 幼儿按意愿自主选择游戏，并通过协商分配角色。 5. 教师以游戏者身份介入游戏，重点指导照相馆工作人员保持良好的服务态度以及积极用礼貌用语招待客人。 6. 提示幼儿角色之间要相互交流，增进角色间的交往。 （三）结束部分 1. 引导幼儿说说，今天你在照相馆里扮演了什么角色？做了什么？遇到什么问题？是如何解决的？（总结今日工作） 2. 表扬积极参与游戏并认真扮演的幼儿。 3. 引导幼儿安静、快速、整齐的收拾整理玩具。		

反思经验（回顾刚才做了什么事情？学到了什么？遇到什么问题？）

教师反思：

　　摄影师和顾客之间的互动有了很大的进步，有的小顾客太不明白照片种类、装扮造型而要求重新拍照的时候，工作人员耐心地为顾客服务。但是由于有些幼儿的经验不够充足，当店里没客人的时候工作人员就没事情做。我们通过共同商讨，整理出其实这时可以留摄影师"看店"，其他两人出去寻找客人、宣传活动，从而吸引更多的顾客来照相馆。找到客人后，招待员、摄影助理就可以将客人带回店里继续拍照、换装换造型等。也可以区域联动，为其他角色屋拍工作照，从而拓展游戏内容，增进角色之间的交往。下次游戏将在这个方面进行进一步引导，丰富游戏情节，进一步推进游戏的开展。

社会角色体验小屋日记录表

北路照相馆（三）

时 间	2018 年 5 月	指导教师	杨 童
参与幼儿	中大班幼儿		
活动目标	1. 知道不随意走动、不擅自离开自己的岗位，热爱自己的"职业" 2. 学会分类整理玩具，养成爱惜玩具的好习惯		
材料准备	照相机、打印机、背景布、服饰、饰品道具、相册等		
活动内容	（一）开始部分 谈话引入，回顾上次活动过程，提出本次活动的要求。 教师：上次游戏的时候，有小顾客和我说，他们想到照相馆拍照，可是摄影师全都跑到外面招揽生意去了，照相馆里没人拍照。当我们遇到店里没有客人、需要出去找客人的时候，要怎么做比较好呢？（摄影师不能都出去，需要分工合作，有的人留在店里，有的人出去，外出的人要及时回来。） （二）基本部分 1. 师幼共同讨论：照相馆的摄影师除了可以给来店里的客人拍照，还能到哪找客人呢？（到各个角色区、外面操场宣传角色屋的活动招揽客人等。） 2. 请幼儿说说自己想扮演的角色，想想如何充实角色的工作。 3. 幼儿按意愿，自主选择游戏，并通过协商分配角色。 4. 教师重点指导工作人员与他人的互动。 （三）结束部分 1. 引导幼儿安静、快速、整齐地收拾整理玩具，有序地根据标志收放材料。 2. 总结今日工作，梳理经验办法。 3. 表扬积极参加活动的幼儿。 4. 发放工资。		

反思经验（回顾刚才做了什么事情？学到了什么？遇到什么问题？）

教师反思：

　　这次游戏中，工作人员没有擅离职守，当没有顾客的时候工作人员合理分工出去招揽顾客、介绍活动，增进了各个角色间的互动，照相馆的生意变得越来越好，一会儿有美发屋要拍工作集体照、一会儿有人刚从木工坊组做出作品后来合影留念、一会儿警察局有人穿警服来照工作照，小吃店也需要摄影师帮他们拍照片做宣传海报。幼儿游戏的情节也越来越丰富、生活化，摄影师还会带着客人到外面风景好的地方拍外景，但是也有小朋友提出："平时到照相馆拍艺术照，那里都有好看的衣服，我们也可以穿着漂亮的衣服出去照吗？"为了满足孩子们的需求，下次游戏将在照相馆增加放一些服饰、道具及一些饰品等，丰富游戏情节。

　　活动结束后我们一起梳理经验，总结遇到问题时的解决办法，一起有序地收放材料，根据标志上的图案将材料放回。

社会角色体验小屋日记录表

北路照相馆（四）

时　间	2018 年 5 月	指导教师	杨　童
参与幼儿	中大班幼儿		
活动目标	1. 在丰富拍照的动作基础上能大胆地表现出不同的表情 2. 角色之间能够积极交流互动、互帮互助		
材料准备	照相机、打印机、背景布、服饰、饰品道具、相册等		
活动内容	（一）开始部分 1. 谈话导入，回忆上次游戏中遇到的问题。 2. 鼓励幼儿大胆地表达自己的观点。 3. 教师帮助幼儿总结梳理。 4. 顾客摆的动作有些单一并且有的人脸上没有表情。 5. 摄影师和摄影助理、招待员、顾客之间的沟通交流有些少。 （二）基本部分 1. 提出新要求 角色之间要相互交流沟通，摄影师和摄影助理首先进行沟通，并且和顾客交流，明白顾客想法。 2. 摄影师提示顾客摆出各种各样的造型动作，表情丰富。 3. 幼儿按意愿自主选择游戏，并通过协商分配角色。 4. 教师根据需要参与游戏，适时指导。 5. 重点指导幼儿角色之间的沟通交流。 （三）结束部分 1. 游戏结束时指导幼儿安静、快速、整齐地收拾整理玩具。 2. 总结今日工作。 3. 鼓励幼儿说说今天的游戏情况。 4. 请摄影师根据今日照片呈现效果来说一说为顾客摆的造型及动作。 5. 幼儿相互交流自己的心得、乐趣。		

反思经验（回顾刚才做了什么事情？学到了什么？遇到什么问题？）

教师反思：

　　幼儿现在可以自主招揽顾客并且能够运用礼貌用语与顾客积极交谈，上一次游戏后，我们改变方法、梳理经验、共同探讨解决方法，在这一过程中不仅增强了幼儿同伴之间交往的能力，也增强了幼儿的自信心。幼儿之间能够自己积极动脑思考，解决实际发生的问题，大家共同商讨，最后找到解决办法，体现了幼儿的自主性。我们在游戏过程中发现问题、解决问题，提高了游戏质量，丰富了游戏活动。现在摄影师拍摄的照片不再单一，顾客的表情动作丰富起来，摄影师会去给顾客摆造型，做出表情供顾客参考，还会合理运用配饰帮助顾客进行搭配。这些提高了幼儿之间的游戏水平，增大了照相馆的可发展空间。

社会角色体验小屋日记录表

北路照相馆（五）

时　间	2018 年 6 月	指导教师	杨　童
参与幼儿	中大班幼儿		
活动目标	1. 学习用协商的方式与同伴解决游戏过程中遇到的问题 2. 能够大胆设计新造型		
材料准备	照相机、打印机、背景布、服饰、饰品道具、相册等		
活动内容	（一）开始部分 谈话引入，介绍新材料。 教师：今天照相馆新添置了好多好看的衣服、帽子、道具，大家在拍艺术照的时候可以利用这些服饰，把顾客打扮得更好看。 （二）基本部分 1. 师幼共同讨论：有的小朋友在拍照或者打扮的过程当中，如果没有想法不知道该怎么装扮怎么办呢？（可以参考相册或者看我们的样片欣赏区。） 2. 师幼共同探讨游戏规则。 （1）游戏过程中遇到问题先和小朋友们协商解决。 （2）游戏中要积极互动。 （3）游戏后要将材料收拾归位。 3. 幼儿按意愿自主选择游戏，并通过协商分配角色。 4. 幼儿游戏，教师观察"上门服务和户外拍照"的情况以及各游戏主题间语言交流的情况，适时进行指导。 5. 教师重点指导幼儿充分利用游戏材料帮助顾客进行造型装扮。 （三）结束部分 1. 游戏结束时指导幼儿安静、快速、整齐地收拾整理玩具。 2. 总结今日工作。 （1）鼓励幼儿说说今天的游戏情况，特别是与其他角色之间的互动情况。 （2）请幼儿分享自己今天用了哪些物品帮助顾客装扮。 （3）对积极游戏的幼儿给予表扬。		

反思经验（回顾刚才做了什么事情？学到了什么？遇到什么问题？）

教师反思：

　　经过这一段时间的游戏，幼儿在游戏过程中，教师提供适当的引导，不需要过多干预，他们就能玩得有声有色。照相馆贴近幼儿的生活，而且准备的材料形象、丰富。在前几次的游戏中，教师发现游戏中摄影助理为顾客设计的造型有些单一，比较喜欢使用已提供好的套装进行推荐，但经过我们一起共同协商讨论，孩子们在游戏中已经学会寻找可相互使用搭配的游戏材料，有些幼儿在拍照的时候就会利用手环、项链等进行装饰。这些想象、扮演都是幼儿角色游戏的特征，这些特征恰好给幼儿带来身心最大的愉悦，同时也为游戏主题内容增添想象、虚拟的色彩。幼儿在自身生活经验的基础上，可以发挥想象、创造。教师应当鼓励这种想象，激发这种想象和创造，并创造条件满足幼儿的愿望，在结束游戏时还要及时进行评价，肯定幼儿的想象和创新，从而不断发掘幼儿的游戏潜力，体现幼儿的自主性。

第二章

木工坊

一、活动目标

1. 能积极主动地参与游戏活动，感受角色扮演游戏的乐趣。

2. 有序取放木工工具及防护用具，体验规则的作用，初步养成遵守规则的意识。

3. 引导幼儿在游戏中正确使用木工工具进行操作，有创意地制作一些木工艺术品。

4. 初步理解并使用简单的礼貌用语：您好，欢迎来到木工屋；欢迎您下次再来玩游戏。

5. 能够正确使用防护用具，培养幼儿具有一定的安全意识。

6. 讲究卫生，保持木工坊干净整洁。

二、环境创设

1. 整体环境

2.幼儿参与创作

游戏规则：　　　　　　　　　　　认识工具：

做好防护准备：

三、功能区域及投放材料

操作前的准备区域：

防护用品区：

护目镜　　安全帽

围裙

手套

欣赏区域：

工具架及材料：

辅材：

操作台和长板取材处：

四、游戏内容

1. 师幼共创区域环境

在幼儿园，我们不难发现，孩子很喜欢敲敲打打的动作。在建筑区有时也能听到他们说："要是再锯短点儿就好了……""如果有钉子，我就给它钉结实一点儿，总是倒……"，再加上近几年动画片《熊出没》里伐木工光头强的形象深入人心，孩子们对木工特别感兴趣，于是在创设角色屋时，我们就设定了一个角色屋——木工坊，希望孩子们能在木工坊里实现他们想亲自动手锯木头、敲钉子的愿望。

角色屋设定的风格以木质结构为主，我把孩子们带到木工坊，请他们观察，并一起商讨木工坊还需要准备什么东西、怎么布置更漂亮，让小朋友都愿意来玩。孩子们思考了一会儿，就七嘴八舌地讨论开了：

"必须要有工具，不然怎么玩啊？"（我问："那都需要什么工具呢？"）

"锤子啊，钉子，锯。"

"还得有打眼的那种叫……电钻！"（我问："电钻怎么用？"）

"就是长得特别像枪，但是它前面有一个很粗的像针一样的东西，是弯弯曲曲的、螺旋形的（指钻头），然后插电，对着木头扎眼，等到这个针都扎进木头里了，然后再拔出来，那个眼儿就扎好了。"（我问："你是怎么知道的？"）

"我见过啊，我爷爷弄过，我见过的。"（我说："那叫电钻，但是用电很危险，钻头破坏力也很大，小朋友可是用不好的，我这里有一种手摇钻，也很好用，回头让你们看看。"）

"我觉得必须得有木板，要不我钉什么东西啊？"

"我觉得应该分类摆放这些东西，还得有胶水，乳胶吧，白色的、黏的。"

"得有游戏规则，咱们积木区都有规则。"（我答："说得好，必须得有这个。"）

我继续引导："你们现在了解到这些工具了，可是别的小朋友还不了解这些工具怎么用，他们万一出现错误操作，受伤怎么办？"

"有游戏规则啊！"（我继续说："游戏规则是告诉大家怎么玩游戏、可以玩什么、注意什么的，但是工具怎么用他们不会。"）

"那就贴一张纸，告诉他们怎么用工具！"（我答："这个可以。"）

就这样，在我的耐心提示下，我们完成了木工坊的材料准备、环境创设、规则设置、工具使用方法、安全防护等内容，木工坊可以开始游戏了。

2. 角色扮演

幼儿在木工坊里大多数都是小木工的角色，只有一名"安全检查员"。

3. 职责内容与服务用语

小木工的职责：正确使用工具，轻拿轻放，遵守木工坊的游戏规则，做好自身防护，游戏中要知道谦让和安全。

安全检查员的职责：迎接每一位来到木工坊的小朋友，说："欢迎光临木工坊，您想做个什么东西呢？"

介绍木工坊的工具、防护穿戴、工具位置及使用方法，例如："这里是工具，如果你不会使用，可以看看这个工具提示，如果你还是不会使用，我可以教你，或者看看别的小朋友怎么使用的。""这里是防护用具，必须穿戴好，保护好自己，然后才可以玩！"

在游戏中指导或纠正其他幼儿的一些不正确的操作行为或安全问题。幼儿来到木工坊可以自由选择工具、材料，独立或合作开展游戏。

五、指导策略

（1）示范法

老师通过示范讲解的方式引导幼儿掌握工具的正确使用方法和注意事项，如何使用木工坊的工具——手摇钻，老师先示范一次，边示范边讲解什么地方要注意、怎么拧、怎么转、怎么对齐等，手把手地交给幼儿，这是最简洁、最直接也是幼儿最易掌握的一种方法。

（2）分享法

通过交流分享游戏中自己发现的有趣的事情或通过"自学"掌握的技能，使得其他幼儿跟着一起学习，将直接经验转化为间接经验展示给大家。

（3）家庭辅助法

向家长介绍"木工坊"的游戏目的和意义，并取得家长的支持，鼓励家长带领幼儿去有关木工制造的地方看一看，让幼儿近距离接触木工制造；还可以带幼儿上网浏览一些木工制作过程，这个相对容易完成一些。这样可以拓宽幼儿的眼界，使他们获得最真实、最直观的经验，对完成游戏有很大的帮助和提升作用。

六、游戏精彩瞬间

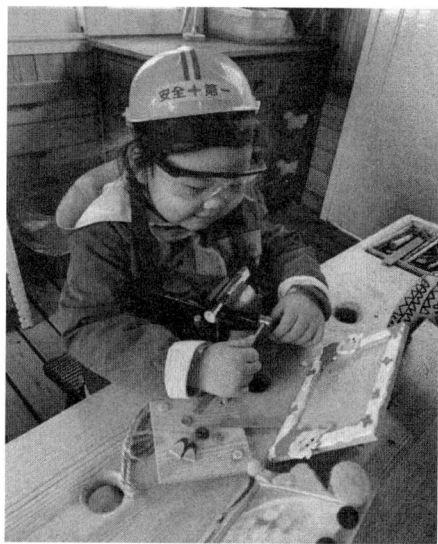

七、活动案例

社会角色体验小屋日记录表

木工坊（一）

时　间	2018 年 9 月 14 日	指导教师	尹　平
参与幼儿	萱萱、洋洋、美美、灵灵、萌萌等		
活动目标	1. 能够通过介绍木工坊的环境及游戏规则，了解木工坊的基本游戏内容 2. 愿意尝试木工操作，并学习正确使用木工工具		
材料准备	木工工具等		
活动内容	（一）开始部分 带领幼儿（第一次来）来到木工坊，观察木工坊的标志：你觉得这是个什么地方？看看咱们门口的标牌是用什么做的？小木偶匹诺曹在干吗？ （二）基本部分 1. 走进木工坊，你看到了什么？你现在能说出这里是做什么的吗？（幼儿自由讨论，货架商品不全，摆放有点乱。） 2. 介绍木工坊 工具：幼儿容易辨识的如锤子、钉子等，请幼儿说一说它们如何使用，安全方面要注意什么？ 不容易辨识的如手摇钻，需要教师示范操作，并讲解注意事项，同时可以让幼儿尝试一下，说说使用时的感觉，需要注意什么。 3. 如何摆放？看标志进行分类摆放，挂着的、放第一层格子里、放第二层格子里的。 （三）结束部分 请幼儿一一尝试使用这些工具。教师纠正不正确的动作。		

反思经验（回顾刚才做了什么事情？学到了什么？遇到什么问题？）

教师反思：

今天重点引导幼儿认识木工坊的工具。想要开心地玩游戏，安全必须是第一位的，所以不同于其他角色屋的游戏安排，木工坊首先要进行的是介绍游戏的工具——锤子、钉子、锯、手摇钻及乳胶等。

初次进入木工坊里，幼儿感到特别新奇，眼睛都不够用，看什么都新鲜，尤其是对工具最感兴趣，所以我们的第一次活动就是认识工具。幼儿不待我提问就能准确地说出锤子、钉子、乳胶这三样他们平时都能看到的物品，但是对于锯，部分幼儿的印象中应该是光头强那样的拉绳子的电锯，当我说到"这不是电锯，就是普通的手动前后来回推拉的锯"，他们都感到惊讶，而且又细又短的锯齿和动画片里的也有很大差距，我示范给他们使用方法时，他们明白了。至于手摇钻，幼儿见到的机会就更少一些，但是手摇钻却是最有意思的一个工具，幼儿很喜欢操作。

介绍完所有工具后，孩子们都跃跃欲试，有的孩子小心尝试、一点点操作；也有的孩子先反复琢磨观看，之后再按要求操作；也有的孩子先看别人操作，然后自己再尝试。总之，孩子们都很用心地去游戏、去使用工具。

下一步的计划：为了提高游戏的效率，我把工具拍照，并在过渡环节中引导幼儿集体认识，这样下次再进入木工坊就能马上进入游戏状态，而非先认识工具、学习操作方法了。

社会角色体验小屋日记录表

木工坊（二）

时　间	2018 年 10 月 26 日	指导教师	尹　平
参与幼儿	萱萱、大齐、美美、小月、萌萌等		
活动目标	1. 通过老师讲解，能够独立做好游戏前的自我防护措施 2. 有一定的安全意识，在游戏中能够正确使用工具进行游戏活动		
材料准备	木工工具、围裙、防护镜、手套、头盔等		
活动内容	（一）开始部分 出示防护用具，提问这些是用来做什么用的？请幼儿思考并讨论。 （二）基本部分 1. 你知道怎么用这些东西吗？试着穿戴一下。 2. 为什么要穿戴好这些东西呢？它们都有什么用？ 3. 这些防护工具我们应该怎么样摆放，请幼儿寻找一处合适的地方分类，并将工具摆放整齐。 4. 制作防护工具示意图，用以提示其他小朋友穿戴整齐，做好自我防护措施。 5. 幼儿都亲自穿戴一次，看看你做对了没有。 （三）结束部分 今天我们的游戏过程中一定要注意安全，不仅保护好自己，还要保护好别人。		

反思经验（回顾刚才做了什么事情？学到了什么？遇到什么问题？）

教师反思：

　　今天我们的游戏重点是通过教师启发性提问，引导幼儿树立安全第一的意识，做好游戏前的准备工作和自身防护措施，学习保护好自己。在实施过程中，我发现孩子们对头盔、手套、围裙还是比较熟悉的，因为生活中常见；家长骑电动车，都会戴头盔，孩子们也能很轻松地说出头盔的作用；手套是保护手指的，这一点也毋庸置疑。有点困难的是护目镜，有的幼儿说："戴上镜子不清楚……"有的说："镜子总往下掉，很麻烦。"很明显孩子们比较抵触护目镜，我也是费了一番口舌，一再强调护目镜的重要性，幼儿才重视起来。

　　有一个幼儿没有穿好围裙，结果使用手摇钻时，钻下来的碎末有一半都撒在了他的裤子上，他择了半天，才弄干净。其他孩子看到了，终于也明白穿上围裙的必要性了。

　　下一步的计划：为了提高游戏的效率，我把一套防护用具带到班级里，并在过渡环节中让幼儿集体认识如何穿戴，请去过木工坊的小朋友介绍并示范穿戴，引导幼儿说出为什么要做这些事情，它们都有什么用，提高幼儿安全意识，为游戏的顺利开展奠定扎实的安全基础。

社会角色体验小屋日记录表

木工坊（三）

时　　间	2019 年 3 月 5 日	指导教师	尹　平
参与幼儿	壮壮、丽丽、强强、豆包、小柠檬等		
活动目标	1. 通过分享其他角色屋的购买经验，幼儿主动提出制作木质工艺品并出售来赚取游戏币的想法 2. 发挥幼儿想象力		
材料准备	木工工具、围裙、防护镜、手套、头盔、辅材等		
活动内容	（一）开始部分 提出问题："你们来木工坊，每次都敲敲打打，钻眼儿锯木头，也没有游戏币，咱们要怎么做也能像别的小屋一样有游戏币呢？"启发孩子们讨论。 （二）基本部分 1. 讨论制作可以出售的工艺品，木质的可以做什么？（玩具、摆件、镜框、钥匙扣、风铃等。） 2. 制作工艺品需要什么材料？ 3. 幼儿收集材料，到各班取一些辅材、工具，如剪刀、彩纸等。 4. 制定价格：工艺品可以卖多少游戏币？ 5. 幼儿开始有目的地进行工艺品的制作。 6. 没有做完的作品放在哪里？可以出售的作品放在哪里？引导幼儿进行作品分类并有序摆放。 （三）结束部分 游戏结束，分享今日的作品制作感受。		

反思经验（回顾刚才做了什么事情？学到了什么？遇到什么问题？）

教师反思：

　　幼儿对于木工坊的好奇可以说完全来自工具的使用，因为这是他们平时接触不到的，即使接触过，也是在爸爸妈妈的多方帮助下进行，而幼儿园开设的木工坊更注重的是让幼儿独立完成，感受操作的过程。

　　在进行了几次的工具体验后，幼儿的兴趣会随之减弱，于是我提出了"如何赚取游戏币"的问题，引导幼儿主动开展有目的的工艺品制作，调动幼儿们的积极性。让幼儿赚取游戏币是一个很有效的方式，幼儿们去参观别的小屋，会发现可以用游戏币买东西，但是木工坊就是自己做自己的。通过我的提问，幼儿想到了用自制的工艺品换取游戏币，比单纯的自己玩有意义得多，他们就欣然接受了，并积极筹备起来，找材料、定价格、货架摆放等，木工坊又活跃起来。

　　幼儿们这次在动手制作前，就要思考我做什么、用什么材料、怎么做、锯多少、用什么粘贴等，有目的地使用材料工具。

　　玩到最后，没有做完的半成品要怎么处理，这是孩子们遇到的又一个问题，于是我们开始思考怎么放这些东西，讨论的结果是进行分类：第一层的是半成品、第二层的是成品。孩子们摆放完又说："不行，看不到啊，还是第二层是成品，第三层放半成品吧。"于是我们又再次调整。

　　当游戏进行到瓶颈区的时候，必须拓展思路，从其他角度出发，提供给幼儿更多、更有趣的引导和帮助，甚至有时需要前期的准备和铺设。

社会角色体验小屋日记录表

木工坊（四）

时　间	2019 年 4 月 22 日	指导教师	尹　平
参与幼儿	美琪、大军、乖乖、溜溜、月牙等		
活动目标	1. 能够结合幼儿园的实际需要进行木工制作，提升幼儿操作的成就感和责任心 2. 有计划有目的地使用材料，在游戏中正确使用木工工具		
材料准备	木工工具、辅材、防护用具等		
活动内容	（一）开始部分 引导幼儿发现木工坊的工艺品销售不出去，怎么办？（可以赠送或学习超市做买一赠一活动。） （二）基本部分 1. 我们的木工作品除了卖出去还能做什么用？ 2. 提示：小朋友们去公园玩，会看到很多木质的指示牌，这个你们见过吗，有什么用？（指路的，告诉人们卫生间在哪里。） 3. 我们是不是也可以做一些指示牌和安全标志牌，除了这些，还可以做些什么？确定接下来要制作的物品，寻找材料、设计图案等。鼓励幼儿一起合作制作，这样既能有更好的设想，又能提高效率，快速完成，促进社会交往。 4. 将制作好的牌子发到需要的地方。 （三）结束部分 整理木工坊，将辅材、工具、用具等分类收放好。		

反思经验（回顾刚才做了什么事情？学到了什么？遇到什么问题？）

教师反思：

　　今天我们的创意来自美发屋和照相馆，孩子到照相馆拍照之前，先去美发屋做发型，于是我想到了，可以将我们的木工作品真正投放到实际生活中，成为有意义、有价值的东西，而不是制作一个镜框、一个简易的钥匙扣那么简单。在我的提议和引导下，幼儿积极响应，并开始讨论可以做些什么东西，我引导他们做公园里的指示牌，他们马上想到了班级牌，随即又想到了卫生间的指示标牌，还有"爱护小草"的提示牌，于是我们便开始创作这些牌子。

　　最开始制作的就是一个箭头，慢慢地我们开始把自己的绘画示意图剪下来，贴在木板上，但是木板不防水，一下雨就湿了，后来塑封，但是不够美观，孩子们一直在不断改进。班级牌就相对简单一些了，由老师在木板上写上"中二班"，之后孩子们进行简单的装饰。

　　下一步的计划：为了使作品更具有价值，我们会继续开发，制作更精美的装饰品，并不断寻找需要我们木工区制作的标牌等，使制作目的性更为明确。

社会角色体验小屋日记录表

木工坊（五）

时　间	2019 年 5 月 14 日	指导教师	尹　平
参与幼儿	小琪琪、汤圆、乖乖、跳跳、月牙等		
活动目标	1. 通过观察，能够发挥想象，一形多变 2. 独立完成，满足幼儿的成就感，提升自信心		
材料准备	木工工具、围裙、防护镜、手套、头盔、各种辅材等		
活动内容	（一）开始部分 出示木工装饰画——小鸟，引导幼儿进行观察。 （二）基本部分 1. 一形多变：如果是你，你会用什么形状的木片来做小鸟的头，还可以用什么形状？还有鸟的身体、翅膀、尾巴等，逐一讲述，发散思维，开拓幼儿的思路。 2. 请幼儿找来适宜形状的木片拼贴小鸟。 3. 尝试用乳胶粘贴，并愿意分享自己的做法。 4. 除了小鸟，我们还能用这些碎木片做些什么呢？启发幼儿思维。 5. 提供小树枝，短枝，可以作为小动物的嘴巴、腿、脖子等。 6. 将作品放入相框中，装饰相框，最后完成成品，摆于展示架上。 （三）结束部分 结束游戏，说一说你今天的收获。		

反思经验（回顾刚才做了什么事情？学到了什么？遇到什么问题？）

教师反思：

今天我们的游戏重点是通过教师启发性提问，引导幼儿发散思维，创造出不同造型的小动物形象。刚开始时，从简单的动物入手，我提供给幼儿一只小鸟的范例，请幼儿观察，并通过提问引导幼儿将鸟的各部位形状分解，一形多变，完成不同形态的鸟的作品。然后再加大难度，变成其他小动物，还为幼儿提供小树枝，材料的增加会激发幼儿更多的想象。

因为不仅有碎木片，还有一些从美工区带过来的辅材，如羽毛、亮片、毛根等，这些辅材颜色鲜艳，正好弥补了木片单一的原色，使作品更生动鲜活起来。孩子们在使用工具时也比刚开始时得心应手得多、灵活得多，也尝试用尺子，用笔画线、点点儿，看着孩子们认真操作的样子我深感欣慰。

下一步的计划：为幼儿提供更多可以参考的木工作品造型，以积累幼儿的操作经验和造型素材等，提供更为新鲜有趣的辅材，激发幼儿的想象力和创造力，把木工坊游戏开展得有声有色。

第三章

美发屋

一、活动目标

1. 能积极主动参与游戏活动，感受角色扮演游戏的乐趣。

2. 有序取放美发工具，体验规则的作用，初步养成遵守规则的意识。

3. 引导幼儿在游戏中尝试使用较为连贯、有序的语言进行表达。

4. 初步理解并使用简单的礼貌用语。

5. 学习使用发卡等简单的装饰品，进行美发造型。

6. 引导幼儿喜欢操作发卷梳子等美发材料，掌握它们的用法进行美发创作。

二、环境创设

1. 整体环境

2. 幼儿参与创作

角色职责：

 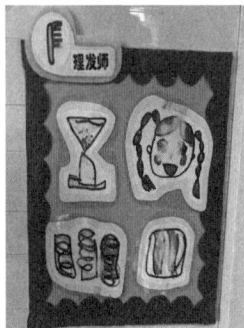 

怎样当好服务员：

幼儿设计发型画册：

幼儿创作：

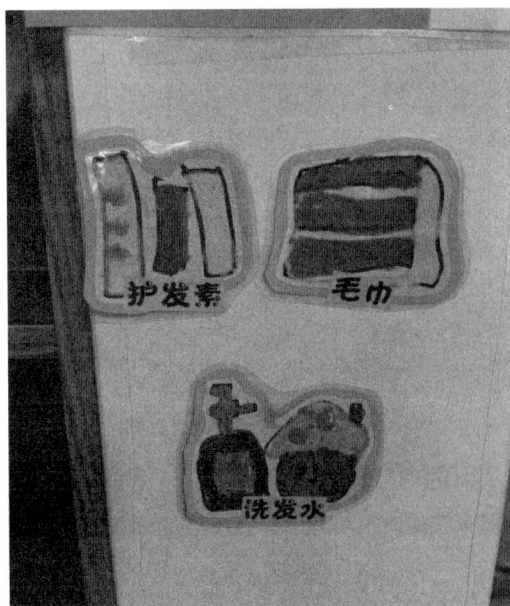

三、功能区域及投放材料

美甲区：

美发区：

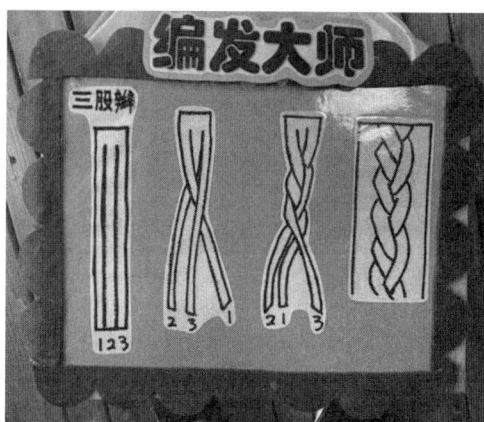

烫发区：

等待区：

收银区：　　　　　　　　　　　　　　　　　　　洗发区：

四、游戏内容

1. 师幼共创区域环境

通过了解幼儿的兴趣，我们确立了创设美发屋的想法，在与幼儿不断沟通、不断互动的过程中，请幼儿按照自己去美发店的经验，在幼儿园中与老师小朋友进行分享，用绘画等形式创设属于孩子们的美发屋。随着游戏内容的变化和需要，孩子们可以随时创作、调整环境布局。初次来到美发屋进行游戏时，可以先熟悉美发屋环境，了解各个功能区。

2. 角色扮演

幼儿可在美发屋自主选择角色进行扮演，如造型师、美甲师、理发师、收银员、宣传员等，开展游戏。

3. 职责内容

通过墙饰或讨论的形式了解各个角色的职责内容，包括与顾客交流、介绍美发项目、操作美发工具、带顾客到收银处交费等。以美甲师为例，职责包括：使用礼貌用语与客人交流，询问客人的喜好和想法，使用美甲贴纸，介绍美甲区的美甲项目，结束后将客人带到收银处交费。

4. 角色服务用语

幼儿在游戏中的语言要围绕自己所扮演的角色进行，各个角色通用的礼貌用语有："您好，欢迎光临！您需要什么服务？""谢谢您，请坐。""欢迎下次再来，您对我们的服务满意吗？"区域的服务用语如："欢迎您来到美发屋，我是为您服务的造型师，您有什么需要？""我们有造型、烫发、编小辫、剪发这些项目，您需要什么服务？""烫发请您选择效果图，我们将给您使用中号发卷，先给您梳头发、喷水、上发卷，请您到烫发区域，需要烫五分钟，等沙漏中的沙子漏完，就烫好了。"

五、指导策略

1. 实地参观

通过家长的支持，我们来到了一位中班幼儿家长开的理发店，实地参观了美发店的环境，并且体验了洗发、美发的流程，还发现理发店里面有美甲区域，孩子们也体验了美甲项目。通过实地参观，孩子们有了经验的积累，也更加喜欢美发屋扮演游戏了。

2. 示范法

编发需要孩子掌握编三股辫的技能，教师通过示范的方式，引导幼儿理解手法特点，慢慢掌握方法。

3. 激励法

通过"开工资"的奖励形式，鼓励幼儿多服务顾客，他们挣到的游戏币多了，游戏结束后工资发放币自然就增加了，从而激励幼儿积极地参与到游戏中来。

六、游戏精彩瞬间

美发师们正在给顾客编发、烫卷：

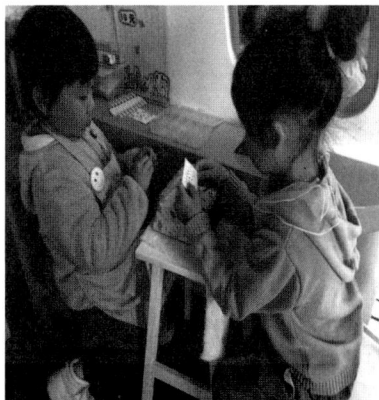

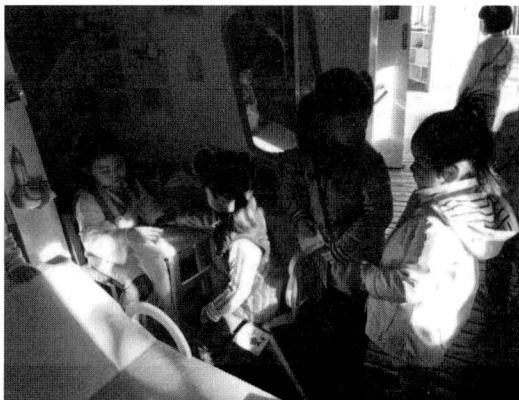

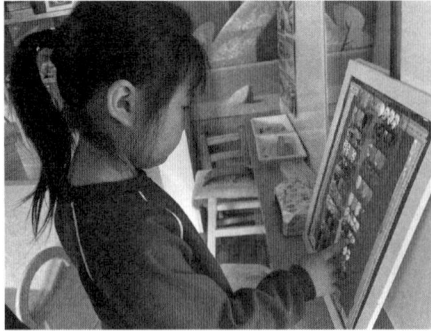

外出实地参观：

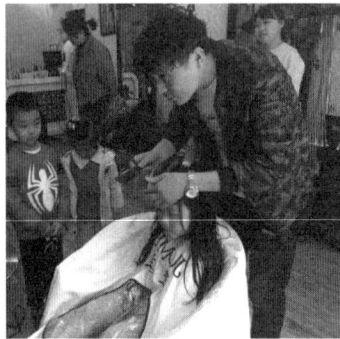

亲子互动：

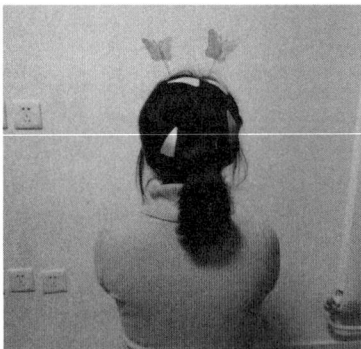

七、活动案例

社会角色体验小屋日记录表

美发屋（一）

时　　间	2019 年 5 月 9 日	指导教师	于凤杰
参与幼儿	中二班、大二班部分幼儿		
活动目标	1. 尝试为顾客编三股辫，学习三股辫编发技巧 2. 鼓励幼儿大胆与顾客交流		
材料准备	烫卷材料、美发工具、美甲贴纸等		
活动内容	（一）开始部分 1. 请幼儿自主选择角色，熟悉角色职责。 2. 查看所需材料是否齐全、有无破损。 （二）基本部分 1. 模拟接待客人，熟悉礼貌用语。 例如：您好、欢迎来到美发屋、您需要什么服务、请到收银区、欢迎下次光临等。 2. 练习美发技巧。 编发：三股辫编发方法。 卷发：上卷手法练习、使用烫卷器、学习使用沙漏计时。 3. 幼儿自主开展游戏。 （三）结束部分 1. 收拾整理物品。 2. 总结今日工作。 3. 按照制度发放工资。		

反思经验（回顾刚才做了什么事情？学到了什么？遇到什么问题？）

教师反思：

　　今天选择美发屋的幼儿兴趣很高，一进入美发屋就商量自己想扮演的角色，有三个孩子想扮演美发师，最后孩子们自己商定采取轮流的形式。今天由萱萱来扮演美发师，因为萱萱自告奋勇说自己会编发，所以得到了大家的一致同意。

　　通过观察幼儿选角色的情况，我了解到幼儿对于角色的兴趣点，在选择角色的时候，大班幼儿更有优势，针对观察到的情况，美发屋将做以下调整。第一，幼儿进入美发屋选择游戏角色时，让中班幼儿大胆地表达自己的想法，多给中班幼儿创造机会。帮助大班幼儿树立哥哥姐姐的意识，多谦让中班弟弟妹妹。第二，鼓励幼儿多尝试，对于收银员、宣传员的工作内容，加大宣传力度，可适当提高"工资"，吸引幼儿来选择。第三，面对一个角色有多个幼儿想选择的情况时，可以进行轮替的形式，或者是两名幼儿扮演美发师，一名做正式美发师，另一名做学徒美发师，两名美发师相互帮助，共同服务客人。

社会角色体验小屋日记录表

美发屋（二）			
时　　间	2019 年 5 月 16 日	指导教师	于凤杰
参与幼儿	中一班、大一班部分幼儿		
活动目标	1. 练习三股辫编发技巧 2. 鼓励幼儿用礼貌用语与顾客交流		
材料准备	烫卷材料、美发工具、美甲贴纸等		
活动内容	（一）开始部分 1. 请幼儿自主选择角色，熟悉角色职责。 2. 查看所需材料是否齐全。 （二）基本部分 1. 模拟接待客人，熟悉礼貌用语。 例如：您好、欢迎来到美发屋、您需要什么服务、请到收银区、欢迎下次光临等。 美甲师：我们最近到货的迪士尼公主系列美甲贴纸，您可以试一试，现在选择迪士尼系列还赠送手部按摩服务，欢迎选购。 2. 练习美发技巧。 编发：三股辫编发方法。 3. 幼儿自主开展游戏。 （三）结束部分 1. 收拾整理物品。 2. 总结今日工作。 3. 按照制度发放工资。		

反思经验（回顾刚才做了什么事情？学到了什么？遇到什么问题？）

教师反思：

今日幼儿活动孩子们遇到了小困难，游戏开始时孩子们通过商量选择了自己喜欢的角色，并且都来到自己负责的区域等待客人，但是客人迟迟未来，孩子们开始窃窃私语，钟灵说："今天怎么没有小朋友来了，我给谁卷头发啊？"黄宇轩说："我这也没有客人，我最喜欢美甲了，我给谁美甲啊。"

面对没有客人的情况，我加入到了孩子们的讨论中："小朋友们都非常的聪明，那你们来想一想为什么今天没有客人呢？今天和平时比有什么不一样的地方？"黄敬轩说："我知道我们班有很多小朋友没来幼儿园，所以我们班的人数比原来就少了。"钟灵说："对，人少了，就没人来玩了，像咱们一样都在小屋里呢，就没有人来出来玩了。"我又说："原来是班里小朋友来的少了，没有顾客了，没关系，没有顾客我们今天美发屋可以进行调整，生活中真正的理发店也有没有顾客的时候，这个时候正好是一个难得的机会，通常可以打扫卫生、整理材料，或者是练习美发的技能。"

萱萱说："那也行，我还没有当过烫发的顾客呢？"钟灵说："那我就给你卷发吧，我也能练习。"之后孩子们分别根据自己的兴趣分配了任务，各自进行着游戏，其中有打扫卫生的、有来做美甲的、有体验卷发的，每个人都忙碌起来。

社会角色体验小屋日记录表

美发屋（三）

时　间	2019 年 5 月 23 日	指导教师	于凤杰
参与幼儿	中二班、大二班部分幼儿		
活动目标	1. 能使用礼貌用语与顾客交流 2. 熟悉角色服务项目操作规范		
材料准备	烫卷材料、美发工具、美甲贴纸等		
活动内容	（一）开始部分 1. 自主选择角色。 2. 了解各角色的职责和工作流程。 （二）基本部分 1. 熟悉各角色所使用的礼貌用语。 2. 教师个别指导，鼓励美发师向客人推销烫发项目，向顾客介绍烫发的价格，可以为客人进行"试烫"，让客人体验一下。 3. 熟悉烫发方法。 （1）先请顾客来到烫发区域，向顾客介绍烫发的价格。 （2）询问顾客对于烫发的要求和想法。 （3）先用梳子将头发轻轻梳通。 （4）取一小撮头发从下至上卷在烫发卷上。 （5）用烫发卷外扩卷夹好，以此方法全部卷好头发。 （6）请顾客到烫发器下面，用夹子夹住卷好的发卷。 （7）使用沙漏计时器，计时即可。 （三）结束部分 1. 游戏时间到，收拾整理物品。 2. 总结今日工作。 3. 按照制度发放工资。		

反思经验（回顾刚才做了什么事情？学到了什么？遇到什么问题？）

教师反思：

　　本次活动幼儿参与性比较高，每个角色都发挥着自己的作用，自主开展游戏，在今天的活动中，孩子们发现选择美甲项目的顾客较多，美发区选择编发和烫发的顾客也多，而选择造型项目的顾客很少，造型师等不到客人，与此同时编发和美甲区域的顾客都开始排队了，非常热闹。这时就有了小问题，美甲区的顾客太多了，队已经排得很长了，这时就需要有人来帮忙维护秩序，就在这时造型师乐乐主动走到了美甲区，引导顾客排队。乐乐说："做美甲的顾客在这边排队，旁边有小沙发可以坐下等一会儿。"他还帮等待的客人拿来了美发图册，每一个完成美甲的顾客，他都会主动带到收银区。

　　时间过得很快，转眼就到了游戏结束时间，最后是发放"工资"的环节，我给了工作量最多的美发师和美甲师最高的"工资"，同时我也给了造型师乐乐一样高的工资，乐乐看着我说："哇！我有这么多'工资'啊，可是我没有给顾客戴假发造型。"我笑笑说："小朋友们想一想，为什么乐乐能得到这么多工资呢？"美甲师说："因为乐乐也一直在工作，他在帮助我工作，我美甲的时候人太多了，乐乐帮我照顾顾客了。"孩子们一听纷纷向乐乐竖起大拇指。我赶忙说："咱们美发屋是一个小集体，虽然小朋友们选的角色不一样，每个角色的作用也不一样，但是不管哪个区域有了困难，我们都应该像乐乐一样主动地给予帮助，这样咱们美发屋的生意才会越来越好，顾客才会满意。"

社会角色体验小屋日记录表

美发屋（四）

时　　间	2019 年 5 月 28 日	指导教师	于凤杰
参与幼儿	中二班、大二班部分幼儿		
活动目标	1. 练习使用发卷进行烫发游戏 2. 能积极招揽顾客，大胆向顾客介绍美发项目		
材料准备	烫卷材料、美发工具、美甲贴纸等		
活动内容	（一）开始部分 1. 自主选择角色。 2. 了解各角色的职责和工作流程。 （二）基本部分 1. 教师：我们近期美发屋的顾客减少了，美发师们你们觉得是什么原因呢？如果想让更多顾客来咱们美发屋，可以怎么办？ 2. 招揽顾客小技巧。 （1）主动向小顾客介绍美发屋的服务项目。 （2）介绍美发屋的优惠活动。 （3）可以不用游戏币来进行体验。 （4）面带微笑，用礼貌用语与顾客交流。 （三）结束部分 1. 教师个别指导，鼓励美发师向客人推销烫发等服务项目。 2. 收拾整理物品。 3. 总结今日工作。 4. 按照制度发放"工资"。		

反思经验（回顾刚才做了什么事情？学到了什么？遇到什么问题？）

教师反思：

　　针对上次幼儿游戏情况，今天我们在游戏过程中针对美发造型区顾客少的情况，调整游戏内容。游戏开始前，我请幼儿回忆上次的情况，孩子们说到了美发区的编发和烫发以及美发区的顾客很多，都需要排队，但是造型区这边比较冷清，没有顾客选择，当没有顾客的时候可以学习造型师乐乐的做法，去客人比较多的区域帮忙，这是一个好办法。但是怎样解决造型区顾客少的问题呢？我将这个问题抛给了孩子，孩子们你一言我一语开始讨论起来。

　　王梦轩说："现在的顾客喜欢编头发和美发，不喜欢戴假发了，等过几天他们可能就又喜欢造型了，到时候造型区这边就有顾客了。"小花说："可是他们要是老不想造型，那造型区就没有顾客了，那怎么办？"乐乐说："我可以拿着墙上的照片去找客人，给客人看看戴上假发多好看，他们就会想来造型区了。"我说："乐乐说的是一个好办法，我们可以主动去找客人，那孩子们咱们想想戴上假发造型完，顾客们都能去干什么？"王梦轩说："他们想去什么小屋就去什么小屋啊，找自己喜欢的地方玩。"乐乐说："其实戴上假发做好了造型他们应该照张相，这样他们就知道自己多好看了。"抓住了乐乐得这个好想法，我说："乐乐说得非常有道理，戴上咱们的假发顾客会变漂亮，但是不像烫发和美甲能够保留到回家让爸爸妈妈看一看，我们可以请顾客做完造型去咱们的照相馆照个相。这样就能把自己美丽的样子带回家了。"孩子们纷纷表示同意，于是我们一起来到了照相馆，和照相馆的老师、小朋友们说明了情况，请他们为我们美发屋做造型的小朋友提供漂亮的服装、拍摄美丽的照片。相信我们美发屋的造型项目生意会越来越好的。

社会角色体验小屋日记录表

美发屋（五）

时 间	2019 年 5 月 30 日	指导教师	于凤杰
参与幼儿	中三班、大一班部分幼儿		
活动目标	1. 巩固使用美发屋各类美发工具的方法 2. 能大胆使用礼貌用语与顾客交流		
材料准备	烫卷材料、美发工具、美甲贴纸等		
活动内容	（一）开始部分 1. 自主选择角色。 2. 了解各角色的职责和工作流程。 3. 请幼儿准备自己角色所需的物品，佩戴围裙。 （二）基本部分 教师："请发型师们想一想，比如编三股辫、烫发、贴美甲贴纸，我们能怎样让咱们的这几项服务做得更好呢？" （1）三股辫可以编好后请小顾客挑选发饰，进行装饰。 （2）烫发后可以佩戴发饰，或是烫发后再梳辫子，询问小顾客的想法。 （3）在美甲前可以给小顾客进行手部按摩，放松手部。 （三）结束部分 1. 收拾整理物品。 2. 总结今日工作。 3. 按照制度发放"工资"。		

反思经验（回顾刚才做了什么事情？学到了什么？遇到什么问题？）

教师反思：

今天的美发屋游戏，幼儿在互动过程中自发谈论到了关于在家里给家长进行美发的话题，孩子们聊得非常热闹。嘟嘟说："我现在已经会编三股辫了，我可以当编发师。"乐乐说："我没看见你会编三股辫啊。"嘟嘟忙说："我在家给妈妈编三股辫了，我已经会了。"乐乐也说："我在家给奶奶做过发型，我奶奶的头发可长了。"一旁的赵微宇说："除了给咱们幼儿园小朋友做发型，我更想看你们给家里人做发型。"听到孩子们说得热闹，我也加入进来："我和赵微宇一样，我也想看看你们在家里给家人能做出什么样的新发型。这可怎么办呢？"听到我们的谈话，更多的孩子也被吸引过来。谢一帆说："那可以在家给妈妈做发型的时候，用手机录像或者照相再发给老师呗。"嘟嘟说："我觉得这样行，我给我妈编辫子，让爸爸给我们照相，再给大家看。"乐乐说："我在家已经给奶奶编过小辫了，我想给奶奶烫发，可是我们家没有发卷。"我问："小朋友想一想，我们可以怎么办呢？"赵微宇说："乐乐你可以借咱们美发屋的发卷，拿回家用一下，再还回来呗。"我忙说："这个想法非常好，我们可以试一试。"于是小发型师回家给家人做发型的活动诞生了。

今天的活动结束后，我设想待孩子们发来在家做发型师的照片或者视频后，可以在美发屋游戏时大家一起观看，请孩子们进行交流，谈一谈自己设计发型的想法，用了哪些工具或饰品，还有家人对自己的评价。后续我们会将这些珍贵的照片装订成册，放在美发屋，请大家欣赏。

第四章

北路体检屋

一、活动目标

1. 对体检中心游戏有兴趣，有积极参与角色游戏的愿望。

2. 初步了解医生工作的简单经验，有参与医生和体检游戏活动的积极性。

3. 主动讲解体检流程，向体检者介绍游戏的内容。

4. 基本了解医生的工作流程，引导体检者完成体检活动。

5. 尝试用简单的符号将体检结果进行记录。

6. 培养幼儿养成良好的饮食习惯，了解食物的营养价值。

7. 乐于帮助同伴，合作游戏，解决体检中心游戏中的问题。

8. 能够创造性地开展游戏，体验成功和自信。

二、环境创设

1. 整体环境

2. 幼儿参与创作

角色职责：

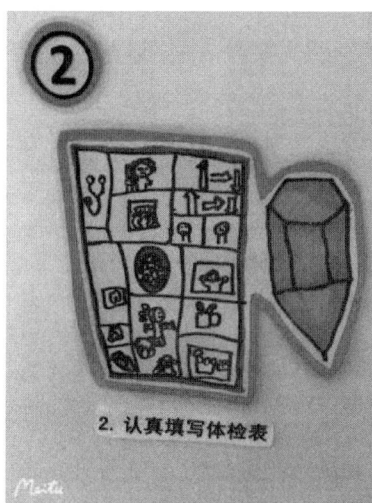

微笑服务　　　　　　　　认真填写体检表　　　　　　耐心解答问题

体检流程：

挂号、收费　　　　　　　　测量身高　　　　　　　　测量体重

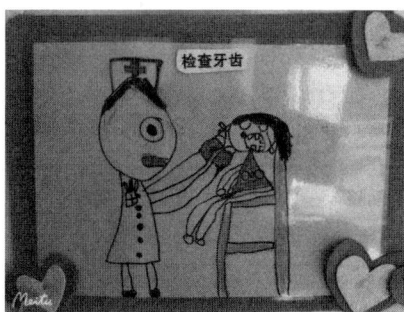

检查牙齿　　　　　　　　检查视力　　　　　　　取体检结果

三、功能区域及投放材料

挂号、收费：

挂号、收费

导医

内科：

内科

听诊区

测身高体重

眼科：

眼科

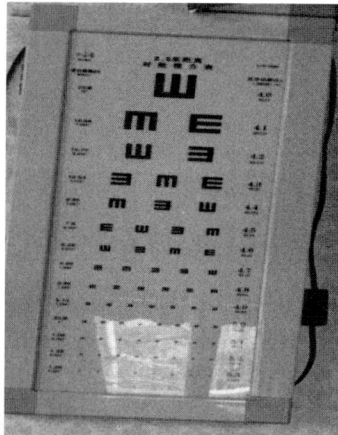

检查视力

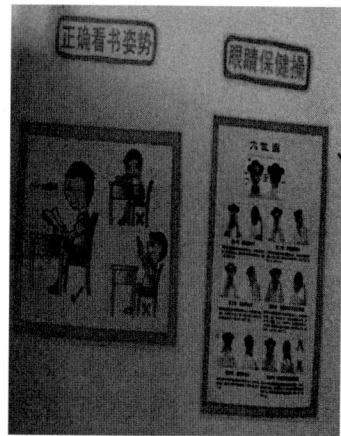

正确看书姿势、眼保健操

牙科：

牙科

检查牙齿

八大护牙秘诀

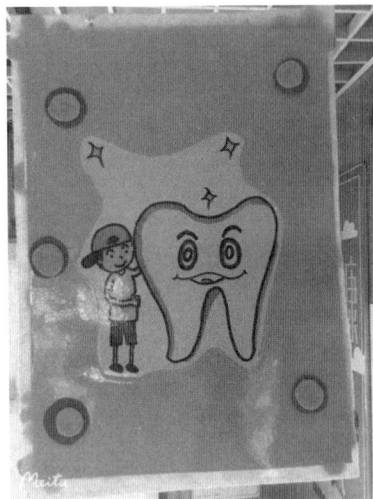

材料：

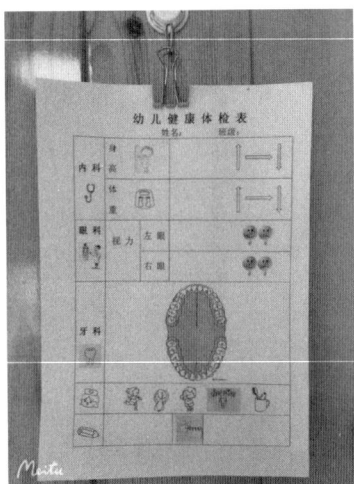

幼儿健康体检表

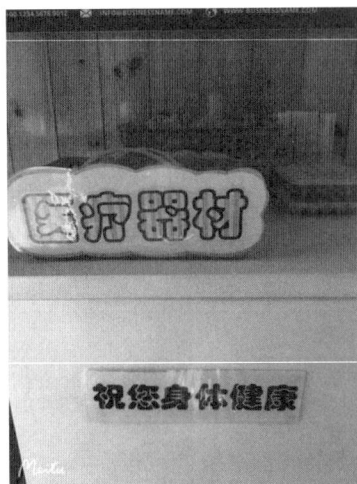

医疗器材

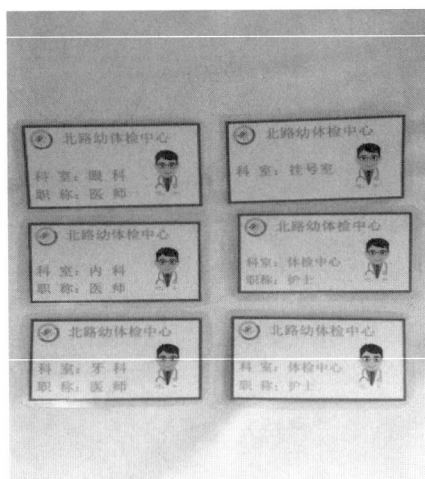

胸牌

服装

医生服务评价表

今日值班医生

健康知识宣传：

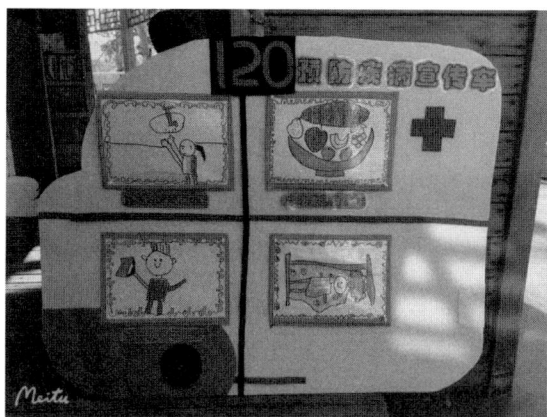

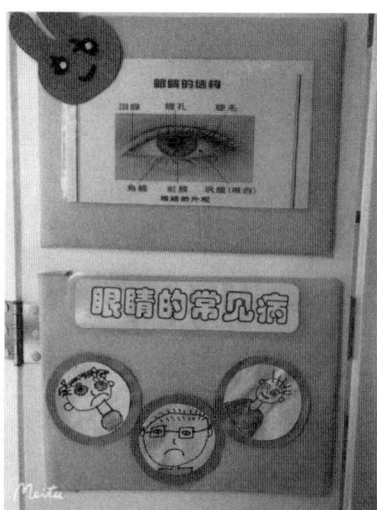

身体常见病　　　　　　　　眼睛常见病　　　　　　　　牙齿常见病

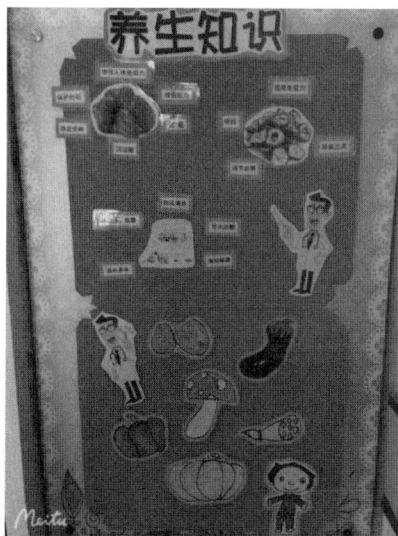

健康饮食　　　　　　　　　养生知识　　　　　　　　　补充维生素

四、游戏内容

1. 创设环境

《纲要》指出："幼儿园应为幼儿提供健康、丰富的生活和活动环境，满足他们多方面发展的需要，使他们在快乐的童年生活中获得有益于身心发展的经验。"通过了解幼儿的兴趣，我们确立了创设体检屋的想法，在与幼儿不断沟通、不断互动的过程中，请幼儿按照自己去医院体检时的经验，在幼儿园中与老师小朋友进行分享，用绘画等形式创设属于我们自己的体检屋。随着游戏内容的变化和需要，孩子们可以随时创作、调整环境内容。在环境创设中，只有充分发挥幼儿的主观能动性，使幼儿积极、主动地参与到环境创设活动中来，才能有效地发挥环境在幼儿身心发展中的教育影响作用。在环境创设中，要为幼儿提供机会，让他们成为环境创设的参与者和创造者。

2. 游戏角色分配

幼儿可在体检屋自主选择角色进行扮演，如挂号室护士、体检护士、内科医生、眼科医生、牙科医生等。幼儿之间自由选择角色，开展游戏。

3. 职责内容

在环境创设中已经与幼儿讨论出体检的流程以及各角色的职责，并且通过墙饰形式体现了各角色的职责内容。

导医的职责：使用礼貌用语与顾客交流，介绍体检项目。宣传健康知识，负责接待、引导、协调体检人员有序进行体检等。

体检护士的职责：帮助各科医生为病人体检。引导病人交费、取药、取体检单。

各科医生的职责：认真为病人体检，为病人答疑解惑，宣传健康知识，开药。

4. 角色服务用语

幼儿在游戏中的语言要围绕自己所扮演的角色进行。各个角色通用的礼貌用语，如"您好""欢迎光临，您需要什么帮助？""我有什么可以帮您的？""谢谢您""请坐""欢迎下次再来""您对我们的服务满意吗？"

区域的服务用语："您好，我是牙科医生，您请坐。现在由我为您检查牙齿，请您配合我，把嘴巴张开我要帮您检查牙齿情况。根据您的情况，我建议您……"

五、指导策略

　　角色扮演活动能提供给孩子们更多的个体活动空间，幼儿按照自己的兴趣爱好选择角色，在自由、宽松、愉快的环境中，他们不断地尝试探索，获得成功和快乐。在与同伴一起学习的过程中，获得多方面的经验，得到全面发展。 在活动中孩子们是自主活动的，教师的地位和作用是观察者和解决问题的鼓励者。教师在活动中观察、指导孩子，深入地促进每个孩子在原有水平上的提高。让孩子们能够自主参与活动，结合幼儿实际水平和需要，灵活选择，并进行创造性的指导，了解每一位幼儿的兴趣特点，尊重孩子的个体差异，让孩子们能真正体会到角色扮演活动的快乐。幼儿的学习过程需要得到老师的支持、帮助，但这并不意味着教师可以不分时机地随意提供帮助。只有当幼儿确实因其本身经验与能力的局限致使活动难以继续的时候，才需要教师给予一定的支持。所以，教师一定要具有敏锐的观察力和判断力，在活动中把握时机，适时介入指导。

　　（1）观察法

　　教师观察幼儿游戏时要对观察到的内容进行分析，以便真正了解幼儿游戏行为背后的原因及其需求，及时地介入指导，促进幼儿在游戏中得到真正的发展。

　　（2）交流分享法

　　每次游戏结束时进行点评，主要以幼儿分享经验为主要内容，整理和提升幼儿的个人经验。在讲评时共同分享游戏的体验，一起探讨游戏中的问题，共同推进下一次游戏的开展。

　　（3）示范法

　　体检屋中各科室的材料使用，教师通过示范的方式，帮助幼儿掌握工作方法，如填写体检表、如何使用身高体重测量仪等。

　　（4）激励法

　　通过"开工资"的游戏形式，鼓励幼儿多服务顾客，挣到的币多了，游戏结束后"工资"发放币自然会增加，从而激励幼儿积极地参与到游戏中来。

六、游戏精彩瞬间

七、活动案例

社会角色体验小屋日记录表

体检屋（一）

时　间	2018 年 6 月 25 日	指导教师	闫雪毓
参与幼儿	中大班幼儿		
活动目标	1. 了解医生的职业特征，知道医生的辛苦 2. 能够利用语言、动作等扮演医生，与同伴进行游戏		
材料准备	医生图片、听诊器、针头玩具等		
活动内容	（一）开始部分 穿上白大褂，扮演医生，说一说医生职业的特点。 教师：你看过病吗？你看到医生有什么感受？ 教师：老师就认识一个医生，医生很辛苦。 （二）基本部分 通过教师的故事《我知道的医生》介绍医生一天的生活和工作，让幼儿感受医生的辛苦。 1. 教师：你们知道医生多辛苦吗？医生为什么会在走廊里吃饭呢？ 2. 教师：医生为什么穿着拖鞋？他们是做手术的医生。为什么要消毒？ 3. 教师：医生为什么要站在手术台上那么长时间，不能上厕所，不能吃饭喝水。 4. 教师请幼儿扮演医生，来说一说医生看病的过程。 5. 教师：怎么看病呢？你可以说什么呢？问什么？然后可以怎么说呢？ 6. 教师：谁想来试一试。 （三）结束部分 教师和幼儿一起玩病人和医生的游戏。幼儿和幼儿一起玩病人和医生的游戏，体会医生的语言、动作。		

反思经验（回顾刚才做了什么事情？学到了什么？遇到什么问题？）

教师反思：

　　幼儿对于医生这个职业的理解和概念不强，只有表面的理解，知道医生是给病人治病、打针、开药的，但是不了解他们的工作是如何进行的。医生很辛苦，工作要很认真，不能有一点儿马虎的地方。他们在做手术的时候要长时间站着，不能坐下休息。由于刚进行体检屋的角色游戏，幼儿对于医生的职责还不能理解，于是我就扮演医生，带着孩子们初步熟悉医生的职责，教他们遇到病人可以如何询问，遇到想做健康体检的人可以怎么说，请孩子们轮流当病人和医生，让他们互相理解各自角色的实际意义。

社会角色体验小屋日记录表

体检屋（二）

时　　间	2018 年 5 月 24 日	指导教师	闫雪毓
参与幼儿	中大班幼儿		
活动目标	1. 知道为他人服务的礼貌用语，对体检屋的游戏感兴趣 2. 能够按照体检的流程介绍体检屋的工作，欢迎体检者参与游戏		
材料准备	体检表、绶带、体检宣传车等		
活动内容	（一）开始部分 教师通过提问，引发幼儿对体检屋服务人员的关注。 请曾经来过体检屋的幼儿介绍自己的工作，通过观看照片，请幼儿分析医生的工作。 了解了体检屋的工作，知道如何按照活动流程进行游戏。 （二）基本部分 1. 教师和幼儿观看曾经来过体检屋的幼儿的游戏情况，作为参考和示范。 2. 教师提问：体检屋的服务人员怎么介绍体检屋招揽顾客呢？ 3. 鼓励幼儿自己说出宣传的话：快来我们体检屋吧，不打针不吃药，体检知道身体好不好。 4. 教师提问：体检屋服务人员怎么介绍体检项目呢？ 5. 请幼儿了解检查的时候可以分批排队，减少等待，并且带领体检者到不同的科室去。 6. 鼓励幼儿大胆表现，说出体检屋服务人员服务得好不好，做出评价，鼓励体检屋的服务人员热情服务。 7. 请幼儿轮流担任体检屋的服务人员。 8. 教师以院长的身份和幼儿对话，提示幼儿介绍体检屋的科室的时候要注意站位。 （三）结束部分 教师和幼儿一起分析：怎样的服务人员是让大家满意的人员？ （四）活动延伸 幼儿下次交换角色进行游戏。		

反思经验（回顾刚才做了什么事情？学到了什么？遇到什么问题？）

教师反思：

　　在游戏过程中，我们发现来体检的人很少，因此，我们又加入了导医的角色，目的在于帮助大夫去招揽体检者。对于导医这个角色幼儿比较陌生，经验比较少。我通过提问，引发幼儿对体检屋服务人员的关注。请曾经来过体检屋的幼儿介绍自己的工作，通过观看照片，请幼儿分析导医的工作职责。幼儿在了解了体检屋的工作之后，知道如何按照活动流程完成导医的职责。请幼儿轮流担任体检屋的服务人员，教师以院长的身份和幼儿对话，提示幼儿介绍体检屋的科室的时候要注意站位。

　　幼儿的学习方式是在操作的基础上进行的，同时在与同伴一起互相学习的过程中获得多方面的经验，得到全面发展。所以在点评环节，我们一起讨论整理出导医的文明礼貌用语，以及如何更好地指引患者进行体检的方法。提升幼儿的个人经验，共同推进下一次游戏的开展。

社会角色体验小屋日记录表

体检屋（三）

时　　间	2018 年 6 月 19 日	指导教师	闫雪毓
参与幼儿	中大班幼儿		
活动目标	1. 知道保护牙齿的重要性，愿意参与牙医的工作和游戏 2. 能够按照体检的流程为体检者检查牙齿，告知其龋齿数量		
材料准备	体检表、手电筒、牙齿模具等		
活动内容	（一）开始部分 教师和牙科的幼儿一起商议，怎样检查牙齿，做好小牙医的工作。 1. 请幼儿说一说怎样查牙齿。检查的时候注意什么？ 2. 请幼儿说一说自己检查牙齿的经历。害怕吗？ 3. 作为牙医应该怎样对待查牙的患者或者体检者？ 4. 鼓励幼儿说出：要有礼貌地交流，注意语气，注意检查动作要轻。 （二）基本部分 教师和幼儿一起为幼儿检查牙齿，知道检查牙齿的过程和方法。 1. 教师提问：你们应该怎样说呢？ 2. 鼓励幼儿自己说出检查的注意事项。 3. 教师和幼儿一起进行游戏，教师示范，给幼儿一个参考。 4. 请小牙医为幼儿检查，教师个别指导。 5. 鼓励幼儿大胆表现，用点数的方式说出龋齿的数量。 6. 对于牙齿健康的幼儿，牙医要鼓励继续刷牙，告知刷牙的正确方法。 7. 对于牙齿不太健康的幼儿，牙医要告诉幼儿注意少吃甜食，注意牙齿卫生。 （三）结束部分 教师和幼儿一起发"工资"，进行评价：小牙医今天有什么体会？怎样服务更好呢？ （四）活动延伸 幼儿下次交换角色进行游戏。		

反思经验（回顾刚才做了什么事情？学到了什么？遇到什么问题？）

教师反思：

　　今天我们活动的目标是让幼儿知道保护牙齿的重要性，愿意参与牙医的工作和游戏。能够按照体检的流程为体检者检查牙齿，并告知体检者龋齿数量。在刚开始谈话时，因为大部分幼儿都有去医院看牙的经验，所以对于如何保护牙齿都可以说出几条方法和建议，但是幼儿对医生如何检查牙齿知道得很少，所以我亲自示范如何给患者检查牙齿，并详细讲解了检查牙齿的过程和方法，鼓励幼儿说出检查的注意事项。请小牙医为幼儿检查时，进行个别指导。对幼儿在活动中表现出的行为及时肯定并鼓励，比如要礼貌用语、轻轻地为患者检查等。

　　在游戏时，大多数"大夫"可以给患者检查牙齿，并用点数的方式说出患者龋齿的数量，检查表也可以很快地填写，但是个别"大夫"不敢和患者沟通，检查完不知道说些什么。

　　幼儿的学习方式是在操作的基础上进行的，同时在与同伴一起互相学习的过程中获得多方面的经验，得到全面发展。所以在点评环节，我们一起讨论刚才游戏中出现的问题，请幼儿分享经验，整理和提升幼儿的个人经验，共同推进下一次游戏的开展。

社会角色体验小屋日记录表

体检屋（四）

时　间	2018 年 5 月 19 日	指导教师	闫雪毓
参与幼儿	中大班幼儿		
活动目标	1. 了解眼科医生的工作，萌生对眼科医生的崇敬 2. 能够动手操作，学会眼科医生检查眼睛的方法		
材料准备	眼科需要的小棍子、眼勺		
活动内容	（一）开始部分 1. 教师通过提问，引发对眼科医生的关注。 2. 教师介绍眼科医生的工作，通过观看照片，请幼儿分析医生的工作。 3. 引出角色小屋游戏的内容。 （二）基本部分 教师和幼儿观看角色小屋的眼科设置，知道眼科医生需要说的话。 1. 教师和幼儿一起看看角色小屋眼科医生的玩法。 2. 幼儿说一说怎样进行游戏。 3. 介绍眼科医生的小棍子、眼勺的作用。请幼儿尝试。 4. 说一说：怎样检查眼睛？可以说什么？ 5. 请幼儿扮演医生和体检者，进行游戏。 6. 选出表演得好的幼儿，进行全班展示。 （三）结束部分 教师和幼儿通过 PPT 一起观察生活中的眼科医生的工作，通过故事《受伤的医生》体会要尊重医生的道理。 （四）活动延伸 和爸爸妈妈一起在家中进行"小小眼科医生"的游戏，体会游戏的乐趣。		

反思经验（回顾刚才做了什么事情？学到了什么？遇到什么问题？）

教师反思：

　　体检屋是为了让幼儿了解体检的重要意义，知道爱惜自己的身体，有一定的自我保护意识。体检屋游戏的角色分为两部分：一部分是参与体检的幼儿，另一部分是扮演医生的幼儿。因此，体检屋的另一层目的就是让游戏中的幼儿大胆表达，敢于和"体检者"及"医生"进行交流，让扮演医生的幼儿了解简单的医学常识。

　　在体检屋，我们发现，其实孩子们知道如何游戏，例如，孩子们知道捂住眼睛去测查，然后告知体检者结果。但是有的"医生"不敢和体检者沟通，不知道说些什么。于是我就亲身示范，让孩子们学会基本用语。我们还采取轮换角色的形式，这样虽然幼儿在两周之内是固定来体检屋的，但可以让不同幼儿在不同岗位上都体验怎样去说。

　　在游戏中，我们发现了以下问题。

　　（1）幼儿不喜欢来体检屋，我们运用了导医的角色去招揽体检者，有效果，但是不明显。

　　（2）幼儿的沟通、表达能力比较弱，不知道如何和来体检的幼儿沟通。固定游戏的幼儿表现会好一些，为其他幼儿树立了榜样。

　　（3）体检单记录的大夫书写太慢，大大影响了幼儿的游戏进度。辨认数字和记录都有一定困难，需要教师个别指导。

社会角色体验小屋日记录表

体检屋（五）

时　间	2018 年 5 月	指导教师	闫雪毓
参与幼儿	中大班幼儿		
活动目标	1. 喜欢在体检屋游戏，感受体检屋游戏的快乐 2. 能够了解牙科的主要内容，学习询问、检查、告知等几个游戏部分		
材料准备	牙科检查仪器、手电筒、牙齿模具		
活动内容	（一）开始部分 教师和幼儿一起说一说游戏的内容，分析帮助体检者检查的时候需要说的内容。 （1）你看到这些仪器怎么检查呢？ （2）你是怎么看出来的？ （二）基本部分 1. 教师和幼儿一起模仿牙医和体检者进行游戏，体会人物的对话特点。 2. 教师来当牙医，请幼儿扮演体检者，体会游戏的几个部分。 3. 幼儿和幼儿之间互相游戏，一个扮演牙医，一个扮演体检者。 （1）提问：您好，我是体检中心的王大夫，我来帮助您查一下牙齿好吗？ （2）提问：请您张开嘴巴，您的牙齿健康吗？ （3）提问：请您按照我说的方法，好好保护牙齿。 4. 请幼儿说一说具体保护牙齿的方法和措施。 （三）结束部分 教师引导幼儿看图示、墙饰和牙齿模具，感受保护牙齿的重要性。		

反思经验（回顾刚才做了什么事情？学到了什么？遇到什么问题？）

教师反思：

　　幼儿的游戏状态良好，但是有点缺乏体检的生活经验，对于仪器的使用能力还是有一点儿薄弱。

　　在我发现了这些情况以后，及时对这种情况做出了调整，代替幼儿扮演牙医的角色，让幼儿了解牙医如何给病人看牙、什么样的牙齿是有问题的、应该怎样询问小体验者牙齿的问题、怎样加以预防和调整、如何告诉小体验者保护牙齿的好方法。

　　经过对这些细小问题的调整及示范讲解，幼儿对于如何当好牙医、如何履行职责又有了新的认知和理解。在今后再遇到同样的问题时，孩子们也能根据之前已有的经验进行调整和改进，学习能力有了明显的提升。在玩的同时也学习了很多游戏的经验，孩子们在玩中学、学中玩，丰富了幼儿的游戏体验。

第五章

小超市

一、活动目标

1. 能积极主动参与游戏活动，感受角色扮演的乐趣。

2. 有序取放超市商品，体验规则的作用，初步养成遵守规则的意识。

3. 引导幼儿在游戏中尝试使用较为连贯、有序的语言进行表达。

4. 初步理解并使用简单的礼貌用语。

5. 学习使用钱币进行换算游戏。

6. 讲究卫生，保持超市干净整洁。

7. 尝试进行商品卖出的基本统计，能够按照商品的属性分类摆放货架。

二、环境创设

1. 整体环境

2. 角色职责

三、功能区域及投放材料

服务台：

装扮角色区：

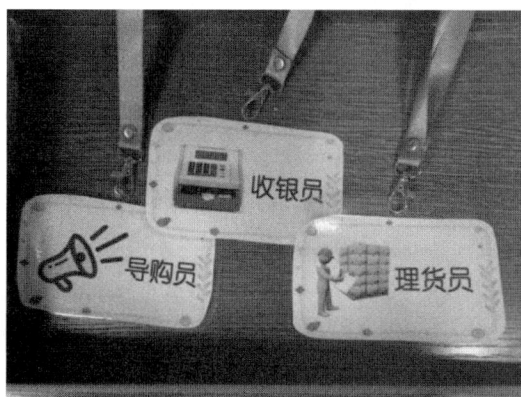 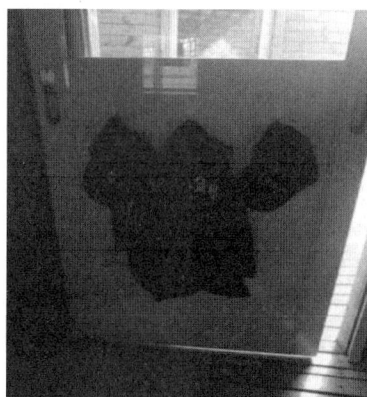

材料区：

文具区：

自制小饰品区：

玩具区：

服装类及自制区：

四、游戏内容

1.师幼共创区域环境

根据幼儿已有的生活经验，结合超市参观活动，通过绘画、泥工及综合制作等形式，教师与幼儿一起进行小超市的环境创设，内容包括：制定各功能区及位置划分；货架上的商品分类及摆放；商品价格及标签的制作；商品赠送、打折等促销海报的制作；员工守则（游戏规则）及其他相关内容。

货架上的商品来源：幼儿动手制作的作品；幼儿园实物提供；幼儿自带的物品（毛绒玩具等）。

随着游戏的不断深入开展及应时应景的需要，小超市可以根据实际情况进行调整和改动，如根据传统节日推出应季小吃、夏天遮阳帽、冬天毛线手套等。

2.角色扮演

小超市中的角色扮演：超市促销员、理货员、收银员。幼儿可在超市中自主选择或协商确定角色扮演，并根据游戏规则执行角色任务，开展相应的游戏。

3.职责内容

通过环境创设及温馨提示等形式，让幼儿了解并熟悉各个角色的职责内容。

超市促销员：欢迎顾客光临超市，并提示顾客选购多个商品可以使用购物小筐；向顾客介绍超市的最新促销活动、上新商品及所在的区域或货架层数；收回购物小筐，并和顾客说再见。

超市理货员：记录新进商品及卖出商品的数量；商品摆放、增补。

超市收银员：根据顾客购买的商品扫码、输机、计算价格、交费（找零）、装袋。

超市顾客：遵守游戏规则，有礼貌地进行购物、询价、拿取、排队结账等。

4. 角色服务用语

幼儿在游戏中的语言要尽量符合自己所扮演的角色，教师在引导幼儿参观超市时，会特意提醒幼儿注意观察，回来后结合已有生活经验进行分享，并梳理出各个角色通用的礼貌用语。

促销员：您好，欢迎光临，今天我们超市有促销活动，您可以了解一下。这边是我们新上的商品，这边是我们今天打折的商品，还有买一送一的活动，看一下有您需要的吗。东西请拿好，欢迎下次再来。

收银员：您好，有会员卡吗？您消费共计××元，这是找您的钱，请收好。（根据游戏需要，暂不支持微信、支付宝交费。）您购买了××元商品，可以加1元换购一个钥匙扣，需要吗？好的，谢谢您的光顾。

五、指导策略

1. 实地参观

利用社区资源，我们来到了社区物美超市，实地参观了超市的环境，并且体验了挑选、购买、排队结账等工作流程，并且还发现了超市里正在发放促销宣传单。通过这次实地参观活动，孩子们对独自逛超市有了更深刻的认识，也有意识地对超市各类工作人员进行了观察，他们对自己将要开展的小超市活动非常期盼，而且很有信心能玩得很棒。

2. 示范法

超市中如何理货盘点，需要教师通过示范的方式引导幼儿学习进行商品的统计，如今天卖出去多少、新摆在货架上多少、如何填写、具体要求是什么，在不断的实践中熟练掌握。

3. 激励法

通过"开工资"的游戏形式，鼓励幼儿多售出商品，挣到的币多了，游戏结束后"工资"发放币自然会增加，从而激励幼儿积极地参与到游戏中来。

4. 评比法

创设"明星职员"奖项，通过顾客投票的形式，评选出最优秀的超市员工，评选条件有介绍商品语言清晰、收银又快又正确、礼貌周到等，将该"员工"照片贴在"光荣榜"上，让更多参与游戏的幼儿学习。

5. 师带徒法

如果幼儿经常扮演某一项角色的超市工作人员，对服务语言及工作流程已经非常熟练了，那么他就可以作为"师傅"带一带"徒弟"，以幼儿教幼儿的形式，对新入职的"员工"进行培训，发挥"师傅"的作用。

6.家庭实践法

向家长介绍"小超市"游戏的目的和意义，并取得家长的支持，鼓励家长带领幼儿去超市购物时让幼儿尝试介绍所购的商品，增强职业意识，为游戏的深入开展积累更为丰富的经验。

六、游戏精彩瞬间

服务员向小顾客推销特价产品

小朋友们一起到物美超市"进货"

七、活动案例

社会角色体验小屋日记录表

小超市（一）			
时　　间	2018 年 9 月 5 日	指导教师	尹　平
参与幼儿	小燕子、美美、菲菲、汤圆、小乐乐等		
活动目标	1.结合已有生活经验，创设"小超市"的各功能区 2.对现有的材料进行分类摆放		
材料准备	货架、部分商品		
活动内容	（一）开始部分 引导幼儿回忆超市的环境、工作流程。 （二）基本部分 1.与幼儿一起商量小超市的各功能区，并尝试区域设置或分隔。 2.超市都有什么功能区：卖菜的、卖水果的、卖零食的、卖日用品的、收钱的和存包的功能区。 3.查看已有的材料，商量如何摆放，并分工合作摆放在货架上，看一看是否合适，并做出相应调整。 （三）结束部分 总结今天的工作，按照制度发放"工资"。		

反思经验（回顾刚才做了什么事情？学到了什么？遇到了什么问题？）

教师反思：

今天是我们第一次进行小超市的游戏，虽然里面的设施都在，但是为了让孩子们产生一种主人翁的意识，我们特意只摆放了基本的材料，如货架、购物小筐、收银机等，但货架是空的，没有任何商品，等待幼儿亲自来操作。

首先是各功能区的设置和摆放，因为地方有限，所以我们只设置了三个区域——惊喜盲盒区、文具区、玩具区。然后根据孩子们的提议，布置好三个区域的位置，开始摆放材料。

刚开始摆放时，先进行一级分类，即三个区域，没有遇到困难。之后进行二级分类，此时就出现了问题，如毛绒玩具，是按照大小分、名称分，还是按价格分；又如拼图，是按大小分，还是按图形分，还是按拼块的多少分。后来通过孩子们协商，最终达成一致，这时候就要考验促销员对每一层货架的分类规则的熟悉程度了。

从幼儿分类摆放可以看出，幼儿都有自己的想法，并能遵循一定的规律或原则进行分类。如毛绒玩具，大个的熊是 20 元、小一些的熊是 10 元、最小的熊是 5 元，那么孩子们会把熊都放在一起，贴价签时就有价可依了。同样，文具货架上都是彩笔，但是有一盒 12 色的，也有一盒 36 色的，那么这时候价格又不同了，孩子们在摆放商品时就会自然而然地贴上不同的价签，这是孩子们在实践中感受体验到的，孩子们能够举一反三，是一个大大的进步。

教师在指导游戏时，不要忽略这些小细节，往往是这些小细节更能反映出孩子们的游戏水平和认知能力，在反复的实践中习得这些技能，会让孩子更有成就感，游戏也会更加有趣和生动。

社会角色体验小屋日记录表

	小超市（二）		
时　　间	2018 年 9 月 16 日	指导教师	尹　平
参与幼儿	豆豆、美美、球球、多多、小乐乐等		
活动目标	1. 通过观察，了解"小超市"的两个重要的角色职责 2. 尝试用自己的话介绍促销的商品等		
材料准备	货架、促销商品、胸牌、蓝色坎肩		
活动内容	（一）开始部分 出示胸牌，引导幼儿想一想这个胸牌是做什么用的。 （二）基本部分 1. 与幼儿一起讨论角色的职责：促销员、收银员都是做什么工作的。（简单介绍一下理货员。） 2. 分别讨论三个角色应该如何服务来超市的顾客，说什么话、可以有什么动作，并请幼儿学一学。 3. 尝试进行角色扮演，老师来扮演顾客，其他幼儿注意观察同伴的游戏对话。 4. 开始正式的超市游戏。 （三）结束部分 结束今天的工作，按照制度发放"工资"。		

反思经验（回顾刚才做了什么事情？学到了什么？遇到什么问题？）

教师反思：

在小超市的游戏中，促销员是一个非常重要的角色，是超市活动能否开展得热火朝天的关键要素，所以对于促销员这个角色，要求就相对高一些。孩子们在进行角色扮演过程中，一开始的描述相对简单，只用一句话、两句话就结束了商品的介绍，实在是吸引不了顾客的购买欲望。我便有针对性地进行语言引导。

（1）促销、打折是什么意思？

（2）怎么表达才能让顾客来买呢？比如"打折最后一天了，明天恢复原价（原价自然是贵的）"，还有"剩下的数量少，就最后 2 个啦，再不买就没有了"。

（3）介绍质量特别好、颜色好、手感好、大品牌、新鲜，等等。

（4）最后由教师整体示范（语言、动作、神情……），请幼儿尝试说一说。

——说："铅笔促销，可以说铅笔不易折，而且图案卡通，非常漂亮，现在还在打折便宜，您可以买两根铅笔用一下，特别好使。"

嘟嘟说："那我说毛绒玩具，现在打折促销，就到明天，然后恢复原价，今天 10 个币一个，大家快来选呀！"

经过这样的"集中练习"，幼儿的促销语言得到了有效的提升，介绍起商品来比之前好了很多，而且词汇量越来越丰富。下一步的计划是：把"促销员应该如何吸引顾客"的问题抛给全体幼儿，让他们思考、寻找答案、分享交流，并进行实地角色扮演，积累幼儿促销语言的素材，使游戏更为形象生动。

社会角色体验小屋日记录表

小超市（三）

时　间	2018 年 11 月 20 日	指导教师	尹　平
参与幼儿	花花、小然然、大凯凯、小美、欢欢等		
活动目标	1.通过前期的视频学习，了解理货员的工作 2.能够理解图示及表格，并进行超市商品的统计等		
材料准备	商品供货单、胸牌、蓝色坎肩		
活动内容	（一）开始部分 教师带领幼儿观察货架："上次游戏结束后，你们看一下，有没有发现什么问题？"（货架商品不全，摆放有点乱……） （二）基本部分 1.引出超市新的角色——理货员。你认为理货员是做什么的？之前我们讨论说理货员就是整理货架上的商品，摆放整齐，但是有几个问题：今天卖了多少件商品？要摆上去多少件商品能把货架补充满？这就需要进行记录，理货员就是做这项工作的。 2.怎么进行记录？你觉得应该用什么方法？自由讨论：用纸笔记录，用表格记录。 3.出示表格，请幼儿观察："你能说说这个统计表是什么意思吗？"请幼儿讲解，并示范填写，操作。 4.教师进行纠正及补充。 5.幼儿按照正常的流程进行超市游戏。 （三）结束部分 总结今天的工作，按照制度发放"工资"。		

反思经验（回顾刚才做了什么事情？学到了什么？遇到了什么问题？）

教师反思：

　　今天重点引导幼儿进行统计的学习与应用。平时我们也开展一些统计的活动，但都是以集体教育活动呈现，在小超市的游戏中，统计的工作与现实生活紧密相连，道理是一样的，看幼儿是否能够尽快掌握这个本领。

　　幼儿看到统计表格有三列，第一列是总数，第二列是售出数，第三列是剩余数。我问幼儿："这一列是什么意思？"小美反应很快，说："今天新摆上货架一共有多少个，第二列是卖出去了多少个，最后一列是还剩下多少个。"我问其他小朋友："小美说得对吗？"其他幼儿都点头。看来孩子们的理解能力和图文结合的能力都不错，于是我又拿起一个玩具熊，增加了难度，说："咱们的货架上就 1 个这样的熊，如果卖出去了，要怎么填？"大凯凯说："先自己画一个熊，然后在第一列里写 1，就是有 1 个，第二列再写一个 1，就是卖出去了 1 个。"我继续问："说得非常正确，那我货架上就空了，这怎么办？摆上 1 个兔子，我要怎么写呢？"小然然说："因为摆上的是小兔子，不是熊，所以肯定不能在小熊的这一行，要在小熊下面新的一行画兔子。然后对着第三列写 1，就是说，我今天新摆在货架上了 1 个兔子，但是我今天没有卖出去兔子。"回答得条理清晰又完整，给孩子们点赞！

　　我表扬了小然然，并告诉其他孩子就是这样进行统计的，孩子们都明白了。今天的目标完成。

　　下一步计划：把"超市记录单"分享给全体幼儿，让他们思考如何进行统计和记录，学习看记录表，并能够按照实际买卖进行统计，发展图文结合能力及逻辑思维能力。

社会角色体验小屋日记录表

小超市（四）

时　间	2019 年 9 月 9 日	指导教师	尹　平
参与幼儿	豆豆、多多、巧克力、小美、大乐等		
活动目标	1. 能够发挥想象，结合已有经验，设计出中秋节的超市促销活动 2. 能够根据节日创新超市的环境布置及出售应季的食品、商品等		
材料准备	商品供货单、胸牌、蓝色坎肩		
活动内容	（一）开始部分 1. 教师提问引起幼儿兴趣："本月有一个重要的传统节日，你们知道是什么吗？"（中秋节） 2. 启发幼儿思考中秋节超市都可以搞些什么活动。（猜灯谜，猜对了送一个小装饰品；卖月饼；自制花灯拿到超市来卖……） 3. 肯定幼儿的想法。但是如何实施呢？"猜灯谜我们怎么来做？月饼要怎么卖，需要礼盒吗，还是需要托盘？花灯怎么做，谁来做？"这些问题都和幼儿一起思考，想出解决问题的办法。 （二）基本部分 1. 猜灯谜：可以请家长帮忙出灯谜，并打印出来，做成小纸条，拴在钥匙扣上，哪个幼儿答对了，这个钥匙扣就送给他。 2. 月饼：可以和蛋糕房的面点师们共同完成，他们做月饼，我们付钱，然后拿到超市来卖。 3. 花灯：可以请大班的小朋友在美工区时做，谁做好了，可以拿到超市来，我们给他 1 个币。 4. 布置好任务，就分组去和蛋糕房的老师还有大班的小朋友进行联系，商量共同完成中秋节的超市促销活动。 （三）结束部分 总结今天的工作，按照制度发放"工资"。		

反思经验（回顾刚才做了什么事情？学到了什么？遇到什么问题？）

教师反思：

中国传统节日很多，节日是人们消费的高峰期，作为角色屋小超市的游戏，更是要充分利用这一时刻来扩展幼儿游戏的内容，以提升他们的游戏水平。当我提出问题后，幼儿都能说出中秋节有猜灯谜、赏花灯等风俗活动，于是我们的问题自然就转到"超市在中秋节可以怎么搞促销活动"上来。幼儿们根据之前的答案想办法搞活动、吸引顾客、制作材料，如灯谜、月饼、花灯等。有些幼儿提议可以利用家长资源，这一点倒是我没有想到的，又一次刷新了我对幼儿们的认知，他们非常有自己的想法，还能用币来买花灯，再拿到超市去卖，支付给制作花灯的幼儿报酬，看来一年多的超市工作让他们对货币的使用很有体会。

最让我惊讶的是，我想到了幼儿们会说制作月饼，想到了他们会用超轻黏土制作精美的、装饰得很漂亮的月饼，但我没有想到的是孩子们会想到去蛋糕房，联合蛋糕房的老师和小面点师们一起做可以食用的月饼，再拿到超市去卖。幼儿们能够充分利用现有的资源，这让我觉得太意外了，也说明幼儿园的 8 个角色屋不再只是单独开展游戏，完全可以互动起来。

下一步计划：可以把"中秋节的超市如何布置"这个问题抛给全体幼儿，让他们思考。老师可以提示：穿上嫦娥的衣服，装扮成嫦娥指引顾客买月饼、拍照、参与超市的促销活动；将灯谜布置在超市外墙的窗帘处，既美化超市，又能作为宣传。

社会角色体验小屋日记录表

小超市（五）

时　间	2020年1月13日	指导教师	尹　平
参与幼儿	大凯凯、小美、小月月、多多、球球等		
活动目标	1.制作宣传海报，发放宣传海报 2.愿意用多种美术表现形式制作海报，发挥想象力和创造力，提升幼儿审美能力和动手能力		
材料准备	大白纸、彩笔、其他辅材、胶棒等		
活动内容	（一）开始部分 1.谈话：小朋友们最近去过超市吗？你们发现超市有什么变化没有？大家说一说（超市播放的音乐是过新年唱的音乐；到处都是礼盒，红色的礼盒；有好多的福字、春联；很多糖果都摆出来了）。 2.你知道为什么要这样吗？因为快过年了，超市又要搞促销活动了。 （二）基本部分 1.你们见过这种东西吗？（出示海报）你们知道海报的作用吗？（自由发言，并鼓励幼儿自己制作一份关于春节的海报）。 2.怎么制作海报？（首先要想好了哪些东西是打折的、哪些东西是买一送一的，还有时间的限制。） 3.请幼儿集体制作一份大海报；邀请大班幼儿每人制作一份小海报。 4.发放海报，引导顾客前往超市购买。 5.幼儿按照正常的流程进行超市游戏。 （三）结束部分 总结今天的工作，按照制度发放"工资"。		

反思经验（回顾刚才做了什么事情？学到了什么？遇到什么问题？）

教师反思：

今天主要是引导幼儿制作宣传海报，通过观察近期的超市变化，感受节日的氛围，从音乐、视觉、氛围、色彩方面感受过年的喜庆和红火。海报的制作要点是老师和幼儿一起总结出来的，也是幼儿已有经验的一种再现。海报的制作过程中，幼儿一开始就是想起什么画什么，没有一定的分类和排列，后来我带领孩子们仔细研究了一下真正的超市发放的海报宣传单，都是分类设计的：生鲜类、清洁类、日用品类、服装类、零食类……所以第二遍设计时，孩子们就知道要分类了。

发放海报很简单，孩子们都兴高采烈地拿着他们自制的海报，特别自信地分发给中班、小班的弟弟妹妹们，还不忘说："周四超市开放，你们来超市买东西啊，都便宜，打折呢！一定要来啊……"

经过一年多的时间，孩子们的游戏水平大有进步，在角色扮演、礼貌服务、商品介绍、节日促销设计、宣传海报制作等方面，都能够积极思考并努力找到解决问题的办法，其创新与协作能力均有所提高，孩子们的自信心得到了满足，并获得了成就感玩起来也像模像样，小超市开展得红红火火，热闹异常。

第六章

烘焙屋

一、活动目标

1. 能积极主动地参与游戏活动，感受角色扮演游戏的乐趣。

2. 有序取放烘焙工具，体验规则的作用，初步养成遵守规则的意识。

3. 引导幼儿在游戏中尝试使用较为连贯、有序的语言进行表达。

4. 初步理解并使用简单的礼貌用语。

5. 初步了解烘焙所需要的原料及工具名称。

6. 学习简单的烘焙工具使用方法。

7. 尝试根据比例将原料进行正确配比，制作饼干。

8. 能够将使用过的工具清理干净，放回原处。

二、环境创设

整体环境

幼儿参与创作游戏规则等

制作美食的方法步骤

三、功能区域及投放材料

品尝区：

材料收纳区：

揉面机

棉花糖机

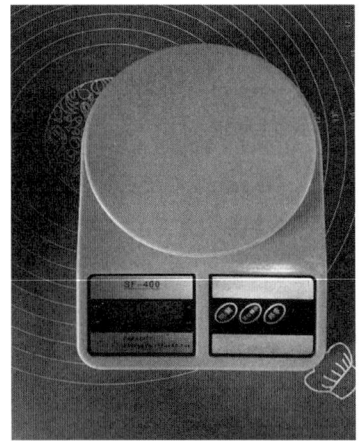

电子秤

爆米花机

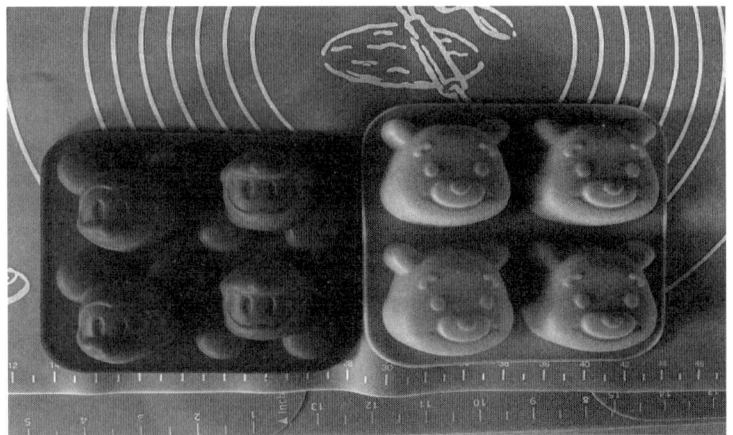

饼干卡通模具

四、游戏内容

1. 师幼共创区域环境

通过了解幼儿兴趣、与幼儿商讨，我们制定了烘焙屋的环境主题颜色，孩子们觉得自己去过的蛋糕房都非常干净、温馨、甜美，所以我们选择了粉色和蓝色作为烘焙屋的主色调，请孩子参与游戏规则、角色职责的制定。

2. 角色扮演

幼儿可在烘焙屋进行角色扮演游戏，选择蛋糕师、服务员、宣传员等角色，也可以进行体验式游戏，尝试制作杯子蛋糕、溶豆、饼干、爆米花、棉花糖等。

3. 角色服务用语

游戏过程中扮演角色的幼儿要使用礼貌用语与顾客交流，如"您好！""欢迎光临！""本店的新品请品尝！""您喜欢我们的蛋糕吗？""口味怎么样？""您还喜欢什么蛋糕？"

一方面与客人沟通，另一方面征求客人对美食的意见。

五、指导策略

1. 实地参观

在与幼儿进行烘焙屋内容沟通的过程中，很多孩子都提到了幼儿园旁边的味多美。于是我们决定实地参观一番。在参观之前，我们制定了参观计划，从简单蛋糕饼干的制作方法，到与客人的沟通服务技巧，都提出了问题。带着这些问题，我们来到味多美实地参观，现场我们观看了蛋糕师傅制作饼干的流程，也品尝了美味的蛋糕和饼干的流程，同时收集到了服务员阿姨与客人沟通所使用的语言。

2. 示范法

教师以蛋糕师傅的身份带领孩子们一起制作简单的美食，在此过程中，会示范配比的方法以及学习看电子秤和使用棉花糖机、爆米花机的方法等。

3. 激励法

熟练制作烘焙屋美食的孩子，可以"升职"，扮演蛋糕师傅去教不会制作的小朋友，从而激发幼儿游戏的兴趣，获得成功的体验。

六、游戏精彩瞬间

外出实地参观

观看蛋糕师制作饼干和面包的过程

制作面团

教师在班级讲解饼干配比制作方法

调配原料

烘焙饼干

七、活动案例

社会角色体验小屋日记录表

烘焙屋（一）

时　　间	2019 年 4 月 10 日	指导教师	于凤杰
参与幼儿	中三班、大二班部分幼儿		
活动目标	1.有序取放烘焙工具，初步养成遵守规则的意识 2.体验溶豆的制作方法		
材料准备	烘焙屋操作材料、电子秤、容器、奖励贴纸等		
活动内容	（一）开始部分 　教师引导幼儿了解烘焙屋环境以及所需材料。 （二）基本部分 1.出示所需材料：柠檬、奶粉、玉米粉、蛋清。 2.将柠檬榨出柠檬汁备用。 3.按照比例将柠檬汁、奶粉、玉米粉混合。 4.用搅拌器将蛋清打发。 5.混合后放到装裱袋中，备用。 6.挤在烤盘上，放入烤箱。 （三）结束部分 1.回顾制作溶豆的所需材料、制作方法。 2.收拾整理物品。 3.总结今日工作。		

反思经验（回顾刚才做了什么事情？学到了什么？遇到什么问题？）

教师反思：

　　今日活动幼儿们积极性很高，他们对溶豆比较感兴趣，在家中也吃过，乐乐还和我们分享了自己和妈妈去超市买溶豆的经历。在制作的过程中，幼儿们动手能力还是比较强的，因为有了前期对于电子秤的认识，所以在对奶粉进行称重的过程中，很快就掌握了如何称 40 克奶粉的重量。

　　幼儿们在用搅拌器的使用上有一些困难，幼儿力气太小，不容易固定住盆。通过观察，我发现乐乐今天就遇到了这个难题，于是旁边的瑞瑞主动过去帮着乐乐紧紧固定住了盆，两个人配合，最终将所有食材成功混合。

　　溶豆的制作还是比较好掌握的，今天来游戏的幼儿掌握得也比较快，下次活动的时候可以鼓励已掌握溶豆制作方法的幼儿扮演"甜品大师"的角色，来组织想学习的幼儿们进行游戏，从而使得幼儿们自主制作。

社会角色体验小屋日记录表

烘焙屋（二）

时　间	2019 年 4 月 17 日	指导教师	于凤杰
参与幼儿	中二班、大二班部分幼儿		
活动目标	1. 有序取放烘焙工具，培养遵守规则的意识 2. 学习制作饼干方法，掌握配比方法		
材料准备	鸡蛋、面粉、白砂糖、黄油、盆、搅拌棍等		
活动内容	（一）开始部分 1. 教师引导幼儿了解烘焙屋环境以及所需材料。 2. 与幼儿商讨今日制作内容。 （二）基本部分 1. 出示所需材料：鸡蛋，面粉 40 克，白砂糖 20 克，黄油 20 克。 2. 将所需食材按照标准进行称重备用。 3. 按照比例将黄油搅拌，依次加入白砂糖、鸡蛋，搅拌成糊。 4. 用饼干模具印出喜欢的图案。 5. 摆放在烤盘上，放入烤箱。 6. 烤制 15 分钟后即可。 （三）结束部分 1. 回顾制作饼干的所需材料、制作方法。 2. 收拾整理物品。 3. 总结今日工作。		

反思经验（回顾刚才做了什么事情？学到了什么？遇到什么问题？）

教师反思：

今天烘焙屋迎来了大二班的 4 名小朋友来做饼干。孩子们先熟悉烘焙屋游戏的流程，各自换上了围裙、洗了手，就开始和我一起准备所需材料，开始制作饼干。大班的小朋友理解能力强，很快就学会了配比方法；他们最喜欢用模具制作饼干的环节，孩子们选择了小动物形状的模具，制作出了一个个可爱的动物形象饼干，一起满怀期待地将饼干放进了烤箱；在等待的过程中，我们一起回忆了制作饼干的步骤，以及重点的配比方法。王芊一说："老师这个饼干能带回家吗？我想给妈妈尝尝，我还没自己制作过饼干呢。"我说："当然可以了，一会饼干烤好了，咱们大家都一起品尝品尝，然后每个小朋友都可以带走一块给家长。"梁瑞佳说："太好了，我妈妈吃到我在幼儿园做的饼干肯定特别高兴，我还想给我们班郝老师、李老师、张老师每个人带一块，我喜欢她们。"我忙说："佳佳你真是个好孩子，懂得把自己亲手制作的饼干分享给妈妈还有老师。孩子们别着急，一会儿你们也可以给老师们带回去品尝品尝。"话音刚落，孩子们都高兴得直拍手。说话间，饼干烤好了，浓浓的香味太诱人了。我取出饼干，晾一晾，孩子们就迫不及待地开始品尝起来。"我们的饼干真香啊！真美味，太好吃了，就跟在蛋糕店卖的饼干一样的好吃。我们太棒啦！"听到孩子们的话我又问："孩子们，我们的饼干这么好吃，那怎样能让更多的小朋友们吃到呢？"小朋友们一致觉得我们应该把饼干卖出去，这样还能挣到"钱"。我肯定了孩子们的想法，于是开始讨论定价问题，孩子们你一言我一语讨论得非常热闹。有的说五个游戏币，有的同意一个游戏币，最终我们统一了想法，两个游戏币买一块饼干。我们还相约在下次游戏时间统一进行包装，先拿出几块饼干让小朋友们品尝，再开始售卖。

社会角色体验小屋日记录表

烘焙屋（三）

时　间	2019 年 4 月 24 日	指导教师	于凤杰
参与幼儿	中二班、大二班部分幼儿		
活动目标	1. 能积极主动参与游戏活动，感受角色扮演游戏的乐趣 2. 鼓励幼儿使用礼貌用语主动与顾客交流		
材料准备	围裙、帽子、饼干包装纸、餐具等		
活动内容	（一）开始部分 1. 与幼儿商讨今日游戏内容。 2. 确定游戏主题，进行分工。 （二）基本部分 1. 出示包装材料鼓励，幼儿尝试动手包装。 2. 注意：饼干的正面放在包装袋的正面，用束口绳规整地系好。 3. 与幼儿商讨出售饼干时与客人的沟通用语。 4. 开始卖饼干和试吃游戏。 （三）结束部分 1. 回顾今日游戏内容。 2. 收拾整理物品。 3. 总结今日工作发放"工资"。		

反思经验（回顾刚才做了什么事情？学到了什么？遇到了什么问题？）

教师反思：

　　今天孩子们如约而至，我们的计划是将之前制作的动物饼干进行包装并售卖，孩子们来到烘焙屋熟练地系围裙、戴帽子、准备包装材料、洗手。准备工作完成，就开始包装了。高梓育说："老师，我会包装，咱们的包装袋和味多美的饼干包装袋一样，都是有胶的，一粘就行。"我说："对，都是非常方便的包装袋，撕开贴条，再粘上就行了。"于是四个孩子开始尝试包装起来，与此同时，我开始询问孩子们关于卖饼干的想法："孩子们，你们把咱们的饼干包装得真漂亮，你们想想一会儿咱们怎样能把饼干卖出去呢？"王芊一说："我们的饼干包装得太漂亮了，我要是顾客我就会非常喜欢，我就想买回家。"梁瑞佳说："而且我们的饼干也好吃啊，上次做完咱们也尝过了，现在都能闻到香味呢。"我又说："你们说得真好，咱们的饼干包装好看，味道又好吃，都能闻到香味，小朋友们也一定会喜欢，那一会儿你们去推销饼干的时候，怎么介绍呢？"孩子们听到我的提问就来了兴致，说了很多方法，比如可以说："您好，欢迎来品尝，我们的饼干多好看啊！我们的饼干非常香，特别的好吃，快来买啊！"

　　准备工作还没有结束，小顾客就来了，于是孩子们有的继续包装，有的迫不及待开始请小顾客品尝试吃，不一会儿有更多的客人来到我们烘焙屋，孩子们忙碌的同时每个人都获得了成功的体验。

　　游戏结束后，我们清点了今天的收入，一共 25 个游戏币，孩子们非常开心。最后我们将游戏币分给了每一个孩子，孩子们获得了成功的体验，相约下次还要来烘焙屋继续游戏。

社会角色体验小屋日记录表

烘焙屋（四）

时　　间	2019 年 5 月 13 日	指导教师	于凤杰
参与幼儿	中三班、大一班部分幼儿		
活动目标	1. 培养幼儿使用棉花糖机的安全意识 2. 鼓励幼儿大胆与顾客交流		
材料准备	砂糖、棉花糖机、纸签子、小勺等		
活动内容	（一）开始部分 1. 幼儿介绍今日所需工具。 2. 了解使用棉花糖机的安全小知识。 （二）基本部分 1. 将准备好的白砂糖 10 克放于盆中，准备好小勺一把、签子两根，做好操作前的用料准备工作。 2. 先用小勺盛取 10 克白砂糖，倒入机器出糖器内，待糖丝飞出后，手拿一根签子顺时针旋转，将糖丝缠绕到签子上，缠绕过程中保持平衡，并且保持前后移动的状态，均匀地将糖丝全部缠绕到签子上。 3. 品尝棉花糖。 （三）结束部分 1. 回顾今日制作棉花糖的方法和所需材料。 2. 收拾整理物品。		

反思经验（回顾刚才做了什么事情？学到了什么？遇到了什么问题？）

教师反思：

　　孩子们都非常喜欢和熟悉棉花糖，很多孩子都说到在商场、公园吃过棉花糖，并且也看过制作的过程，觉得很神奇、很有意思，但是自己没有体验过。乐乐说："我吃的棉花糖很大，叔叔还能把它做成花的形状，又好看又好吃。"西西说："我也见过棉花糖是怎么变出来的，放上有颜色的糖，转啊转，就出一丝丝的糖了，特别好玩。"孩子们对于能在幼儿园亲手制作并品尝棉花糖感到非常高兴，制作结束后，孩子们高兴地品尝棉花糖，还引来了其他小屋的孩子们，他们看到棉花糖也非常兴奋，我们也邀请他们一起品尝。

　　通过今天观察幼儿制作棉花糖的过程，我发现孩子们掌握制作方法并不难，但是要注意使用棉花糖机的安全，安全事项要提前给孩子们进行讲解，下一次活动可以请幼儿取材料制作棉花糖，并且增加售卖和品尝的游戏，带动更多的幼儿参与到烘焙屋的游戏中来，孩子们在与顾客交流的过程中也能锻炼表达能力，增加游戏的乐趣。还可以引导孩子们将亲手制作的棉花糖带回班中，给班中没有来到烘焙屋的小朋友们品尝，一起分享美味和快乐的同时，可以带动更多的幼儿来到烘焙屋体验，促进孩子们之间的交流。

社会角色体验小屋日记录表

烘焙屋（五）

时　　间	2019 年 4 月	指导教师	于凤杰
参与幼儿	中二班、大二班部分幼儿		
活动目标	1. 练习爆米花机的操作方法 2. 鼓励幼儿大胆参与游戏，感受游戏的乐趣		
材料准备	围裙、帽子、饼干包装纸、餐具等		
活动内容	（一）开始部分 1 向与幼儿介绍今日所需工具。 2、了解使用爆米花机的安全小知识。 （二）基本部分 1. 将爆米花机开关打开，预热五分钟。 2. 与幼儿观察爆米花机的安全注意事项，如通电后不用手碰机器、不摸电源等。 3. 放一小勺油，放入玉米后放两勺砂糖。 4. 不间断地摇动爆米花机手柄。 （三）结束部分 1. 回顾今日制作爆米花的方法和所需材料。 2. 邀请小顾客品尝。 3. 收拾整理物品。		

反思经验（回顾刚才做了什么事情？学到了什么？遇到了什么问题？）

教师反思：

　　制作爆米花游戏操作简单，准备材料相对简单，幼儿随时可以开展活动，只要注意用电安全，幼儿就可以自己进行操作，烘焙屋选用的爆米花机是适合孩子游戏用的，机器包裹严实，不存在机器伤害幼儿手的情况，今天的活动内容稍显单一，可以在幼儿制作爆米花的同时，再开展另一项游戏，这样孩子们可以有选择地进行游戏，游戏内容会显得更加丰富。今天石头在烘焙屋制作爆米花的时候，看到了窗外别的小朋友在看我们操作爆米花机，他主动地邀请小朋友来一起游戏，石头说："老师你看，这是我们班的美玲，她在看我们呢，我能邀请她来一起玩吗？"我说："当然可以了，你还可以邀请她来到咱们的品尝区，一会儿做好了，给美玲品尝一下。"话音刚落，孩子们就迫不及待地想把自己制作的爆米花给好朋友们尝一尝了。

　　下次的活动我们可以同时开展两种游戏，这样我们可以容纳更多的幼儿一同游戏。鼓励孩子们在注意操作安全的前提下自己动手操作，养成良好的使用工具的规则意识，渐渐延伸出制作、售卖等更多的角色，使得幼儿在体验的同时锻炼与人沟通的能力，使烘焙屋的游戏更加多元，更有趣味性。

第七章

北路警察局

一、活动目标

1. 对角色游戏有兴趣，有积极参与角色游戏的愿望。

2. 有初步的社会生活经验和知识经验，有参与游戏活动的积极性、主动性和创造性。

3. 掌握基本的行为规范，遵守游戏规则。

4. 尝试进行简单的统计和记录。

5. 能够结合自身游戏角色进行表达，使用符合角色的用语。

6. 养成使用礼貌用语的好习惯。

7. 能够看懂提示性画面，体验符号的功能。

8. 能使用礼貌用语与同伴交流。

二、环境创设

1. 整体环境

2. 幼儿参与创作

（1）巡逻员的职责：

帮助走失同伴

使用礼貌用语，微笑服务

维护游戏屋安全规则

阻止不遵守规则的行为

接待群众举报

发现危险及时汇报老师

主动询问热心帮助他人

（2）宣传员的职责：

 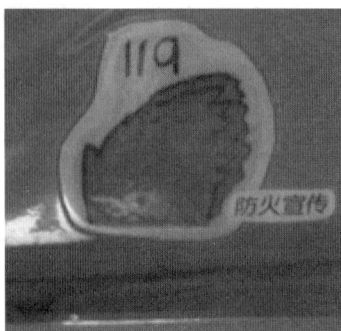 

游戏安全宣传 　　　　　　防火宣传 　　　　　　防走失宣传

（3）我们的荣誉：

（4）北路派出所幼儿记录档案：

有群众报警丢失钱包记录 　　　　　　与同伴走失报警

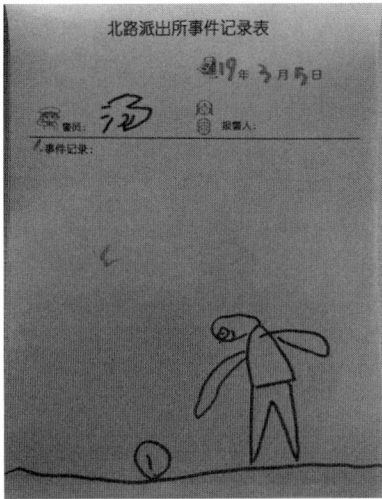

在路上捡到一枚硬币交到警察局

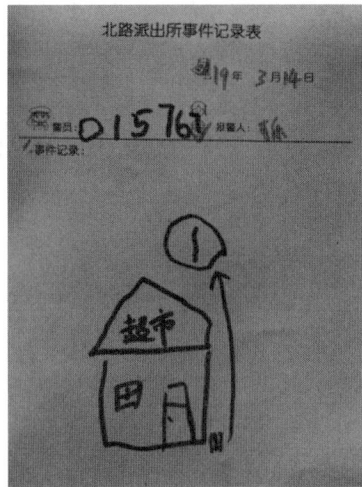

在超市捡到一枚硬币交到警察局

行人逆行被警察提醒记录

车辆超速行驶记录

三、功能区域及投放材料

（1）接待区：

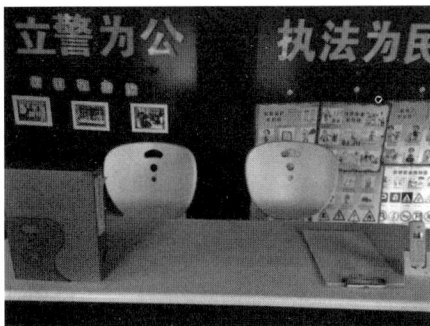

接待前台

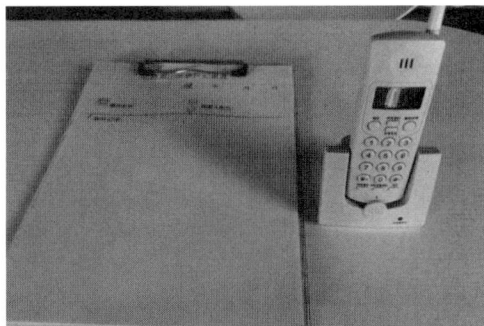

报警电话及记录本

记录档案册及记录笔

等候、讲座区

（2）失物招领角：

（3）更衣准备区：

仪容仪表整理镜

警察服装

防爆盾牌

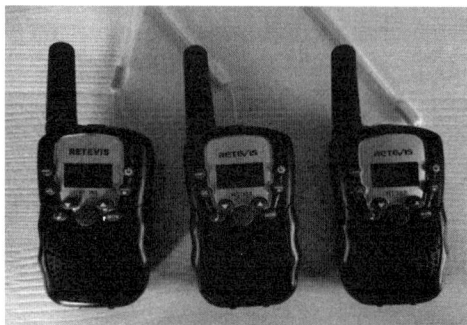

对讲机

警察帽子

（4）讲座学习区：

交通安全宣传板

人身安全宣传板

走失宣传板

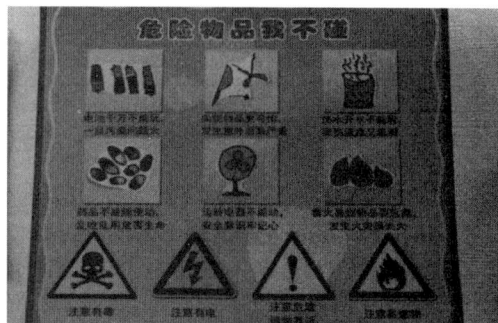

危险物品宣传板

区域活动安全宣传板

消防安全宣传板

（5）警员风采区：

警员之星

四、游戏内容

1. 师幼共创区域环境

通过了解幼儿的兴趣和初步的社会经验，幼儿总结出社会需要警察局来维持秩序、保障安全，因此我们确立了创设警察局的想法。确定设立警察局后，我们与幼儿不断沟通，在沟通过程中，请幼儿按照自己了解警察局的初步经验，回家与爸爸妈妈一起上网查找资料，共同学习，在幼儿园与老师和小朋友进行知识分享，在之后的学习中，我们带领幼儿一起到附近的警察局参观，亲身感受，了解警察局的各个功能区，回来以后通过讨论、总结、绘画的形式一起创设了属于八角北路幼儿园的警察局。幼儿结合实际体验，发现问题，共同改进，随时更换，增加不同角色的体验，丰富警察局各个区域的环境。

2. 角色扮演

幼儿可在警察局自主选择角色进行扮演，如巡逻员、接待员、讲解员。幼儿自由选择角色，开展游戏。

3. 职责内容

通过去警察局了解，结合经验，以绘画的形式创设墙饰，了解不同角色的职责内容，例如：巡逻员的职责是要使用礼貌用语帮助需要帮助的人，帮助小朋友寻找丢失的物品，帮助商店店员解决一些问题等；讲解员的职责是要使用礼貌用语请行人来警察局学习安全知识，并通过提示板为大家讲解学习内容等。

4. 角色服务用语

幼儿在游戏中的语言要围绕自己所扮演的角色进行，包括各个角色通用的礼貌用语："您好，我能为您做些什么？""请坐，注意安全，您对我们的服务满意吗？"还包括区域的服务用语，如接待员用语："您好，请问您有什么需要？""您别急，我们现在来帮助您解决。您稍等。""请您跟我来。"巡逻员用语："请注意安全靠右行。""请问您需要什么帮助？"

五、指导策略

1. 实地参观

通过幼儿园与警察局的联系，我们来到了八角北里警察局，实地参观了警察局的环境，并且通过警察叔叔的介绍，让老师和幼儿了解了警察局里不同的岗位和职责以及各个区域的用途。通过这次活动，孩子们有了经验的积累，也更加喜欢警察扮演游戏了。

2. 示范法

警察局中老师通过实际讲解的方式来帮助幼儿了解讲解员讲解的方法，例如语言简单明了、语气生动，在讲的过程中要分图片进行讲解，让观众可以学懂。

3. 激励法

通过"开工资"的方式，鼓励更多的幼儿加入到警察局的游戏中来，鼓励幼儿完成不同角色的工作职责，感受职业的重要性，也让幼儿在这个社会游戏中体会到挣钱的辛苦。

六、游戏精彩瞬间

扮演接待区的小警察等待处理事务

巡逻员们带领丢失钱包的行人来警察局报案，
警察们正在做笔录

认真帮助小朋友解决困难，并做好记录

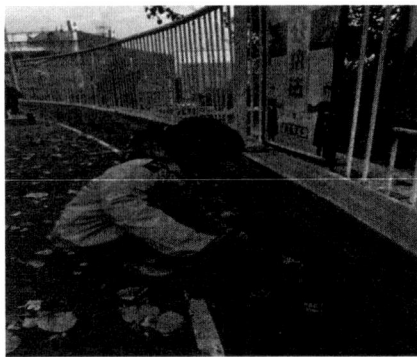

小警察齐心协力，一起清扫落叶

七、活动案例

社会角色体验小屋日记录表

	警察局（一）		
时　　间	2018 年 10 月 30 日	指导教师	刘晓璇
参与幼儿	中一班、大一班幼儿，共八名		
活动目标	1. 了解警察工作内容 2. 学习穿脱并整理服装物品等		
材料准备	服装、记录表、彩笔、宣传板		
活动内容	（一）开始部分 教师为幼儿介绍游戏规则。 例如："小朋友们，今天我们一起来到了八角北路幼儿园警察局。让我们一起参观一下吧。" （二）基本部分 1. 教师带领幼儿了解警察局的工作内容，如记录表如何使用、巡视警察该怎样做、接待员接待时应注意的文明礼貌用语。 例如："孩子们，身为一名警察局的工作人员，我们都应该做什么工作呢？" 2. 教师带领幼儿巡视、引导幼儿学会询问，提示他人注意安全等问题。 （三）结束部分 教师带领幼儿总结今日工作内容，发放"工资"。		
反思经验（回顾刚才做了什么事情？学到了什么？遇到了什么问题？）			

教师反思：

在游戏过程中，通过角色扮演的方式让幼儿增强规则意识，懂得表演角色和使用物品、场地等应遵守游戏规则，能较形象地模仿警察在工作中的语言和行为，反映他们的工作职责，运用礼貌用语和同伴进行交往。

幼儿对警察职责基本了解，幼儿在玩的过程中能有意识地以警察的身份要求自己，在巡逻的过程中，能寻找有问题的地方，并上前询问，但还存在目的不明确，提示行人安全方面意识比较薄弱。教师不能及时指导巡逻员，在今后的活动中，教师可以在游戏开始前，带领幼儿明确各角色的职责，例如：宣传员在户外宣传的时候是如何带群众来警察局收听讲座的，巡逻员在巡逻中如果发现了问题，是怎么解决的，等等。帮助幼儿巩固职责内容。在户外活动中，提醒幼儿要注意安全，遵守游戏规则。养成良好的规则意识。巡逻员也要提醒来往行人注意财产安全和交通安全。

社会角色体验小屋日记记录表

警察局（二）

时 间	2018 年 11 月 12 日	指导教师	刘晓璇
参与幼儿	中一班、大一班幼儿，共八名		
活动目标	1. 熟悉工作职责，能够在游戏中主动询问和帮助他人 2. 学习了解安全展板的内容		
材料准备	服装、记录表、彩笔、宣传板		
活动内容	（一）开始部分 教师带领幼儿一起观察新的板块，如最佳小警员，最佳宣传员、最佳接待员，激发幼儿兴趣。 例如："小朋友们，今天我们一起来看一看怎样才能被评选为最佳小警员、最佳宣传员、最佳接待员呢？" （二）基本部分 1. 教师请幼儿主动去寻找需要帮助的人，并正确使用礼貌用语进行询问，了解情况，帮助解决问题。 2. 教师引导幼儿观察展板，并尝试用自己的话大胆表达。 3. 教师与幼儿一同探讨宣传员的职责。怎样工作，做好宣传工作。 4. 熟悉展板内容，熟悉后请幼儿携带展板外出，为其他幼儿讲解安全知识。 5. 教师鼓励接待员面带微笑，正确使用礼貌用语为他们解决问题。 （三）结束部分 在结束前，教师与幼儿一起总结今天的活动内容，评选出最佳小警员，最佳宣传员、最佳接待员。		

反思经验（回顾刚才做了什么事情？学到了什么？遇到了什么问题？）

教师反思：

在今天的活动中，为了给幼儿创设了一个良好的游戏环境，让幼儿能按意愿选择角色、主动热情地与同伴交往、明确岗位的职责，我们设置了"优秀警员"这个板块，孩子们对评选优秀警员有着很高的兴趣，在活动时，所有的小警员都会严格要求自己，主动使用礼貌用语，这一点从宣传员和接待员的身上很明显可以看出，幼儿的兴趣很好，能积极地参与到游戏中去，大多数幼儿的角色意识较强，能很好地扮演属于自己的角色，游戏中教师能以角色的身份参与游戏，指导幼儿丰富游戏情节。

警察局游戏中，幼儿通过角色游戏将对现实生活的印象再现出来，但限于社会生活经验的缺乏，有时并不能正确地反映出来。如在"警察局"的游戏中，幼儿扮演警察，在外面巡逻，宣传安全知识。但是因为孩子们自身对于一些安全标志不熟悉、不了解，所以在讲解的过程中就会出现一些错误介绍或者无法表达出来的情况，其实这些都是因为幼儿的生活经验还不够。生活经验越丰富，游戏水平就会越高。所以我们还会安排孩子们外出参观、学习，通过视频等形式了解安全知识。

社会角色体验小屋日记录表

警察局（三）

时　　间	2018 年 11 月第二周	指导教师	刘晓璇
参与幼儿	中一班、大二班，共八名幼儿		
活动目标	1. 了解警察局角色屋各职位的工作职责及服务要求 2. 在游戏中，能大胆地与同伴互动、使用礼貌用语		
材料准备	经验准备：了解警察局的简单游戏规则 物质准备：服装、职责表、图示等		
活动内容	（一）开始部分 教师与幼儿共同协商讨论确定游戏角色。 （二）基本部分 1. 教师引导幼儿在活动前更换警察服饰，整理仪容仪表。 2. 说一说游戏中自己所选择的职员的规范及注意事项。 例如："孩子们，在活动开始前，谁能说一说警察都需要做什么工作？怎样才能做一名合格的警察？" 3. 教师请幼儿自由选择自己喜欢的角色开展游戏，在游戏中鼓励幼儿使用礼貌用语，规范游戏中的文明行为，规范幼儿的角色意识及职责。例如：巡逻员负责巡视户外行人及车辆，发现违反规则的行为进行劝阻，讲解；讲解员选择讲解宣传牌的内容，并在户外为行人进行知识讲解。 （三）结束部分 与幼儿共同讨论游戏中遇到的问题和学到的知识，结束后及时进行重点指导和调整。		

反思经验（回顾刚才做了什么事情？学到了什么？遇到了什么问题？）

教师反思：

　　孩子们玩角色游戏越来越投入了，因为有了相关的生活经验，幼儿对自己角色游戏已经丰富了很多，警察局游戏从一开始的巡逻，到现在有的幼儿会去警察局报案了，游戏的内容不断丰富，孩子们对警察局的游戏也越来越感兴趣。接待员能够很热情地招待客人，但是面对其他班级的幼儿，可能还有点害羞、内向，声音不够洪亮、自信，在老师和小朋友的不断鼓励下，孩子们能尝试与其他班级的同伴进行交流。

　　孩子们玩角色游戏每一次都能够深入一些。不过，孩子们玩游戏还是停留在已有的经验之上，缺少创新，部分幼儿在面对外班的幼儿时，缺少自信表达，没有放开，教师应尽可能满足幼儿合理的需求，与幼儿一同讨论在游戏活动中遇到的一些问题，共同商讨解决问题的办法，必要时提供他们需要的游戏材料。有一些幼儿对新的角色游戏还不熟悉，可以用孩子教孩子的方式来解决。

社会角色体验小屋日记录表

警察局（四）

时　　间	2019 年 4 月第 1 周	指导教师	刘晓璇
参与幼儿	中二班、中三班，共八名幼儿		
活动目标	1. 提高观察能力，体验帮助他人的快乐 2. 发展幼儿的思维和口语表达能力		
材料准备	经验准备：了解警察局的简单游戏规则 物质准备：服装、职责表、图示等		

续表

活动内容	（一）开始部分 教师与幼儿谈话，激发幼儿兴趣。 例如："小朋友们，谁能说一说我们今天的身份是什么？警察是做什么的呢？我们应该如何为大家服务呢？" （二）基本部分 1. 教师与幼儿了解各岗位的职责。 例如："谁能说一说我们都有哪些警察的职位呢？（宣传员、巡逻员、接待员）他们都是做什么工作的？" 2. 教师与幼儿共同分配任务，执行任务。 例如："有一位小朋友丢失了自己的钱包，我们怎么帮助他解决呢？破案需要什么？（线索）首先我们要知道的是什么？（他的位置）那我们问问小朋友在哪里？" 3. 小警察们到案发现场。 例如："现在就跟我一起到案发现场寻找线索。" 4. 检查现场，采集信息。 例如："我们一起看看有什么发现？" （三）结束部分 1. 教师与幼儿一起通过分析观察，找到线索，帮助幼儿找到遗失物品。 2. 总结经验，了解应当如何帮助行人寻找物品。

反思经验（回顾刚才做了什么事情？学到了什么？遇到了什么问题？）

教师反思：

　　警察局这个幼儿角色游戏的设计主题是要引导孩子们从小要勇敢，乐于助人。如果对主题进行升华引导，那么这一游戏的效果不容置疑。围绕游戏中幼儿的生活经验、角色意识、材料使用水平、交往与解决问题的能力等，让幼儿一起参与讨论、分享经验，以推动幼儿游戏的深入开展。

　　整个活动不是停留在简单的说教上，而是帮幼儿解决活动中遇到的问题，进行角色换位，寻找解决问题的方法，即授之以渔，使幼儿能了解游戏中遇到的问题应当如何解决。大多数幼儿能够使用正确的礼貌用语与同伴沟通。

　　但是在活动中也存在一定的问题。例如，幼儿真正寻找线索的时候，还不能够很好地从问题中寻找线索，有一些盲目，还需要老师在今后的活动中引导幼儿学会询问。

社会角色体验小屋日记录表

警察局（五）

时　　间	2019 年 6 月第 1 周	指导教师	刘晓璇
参与幼儿	中一班、大一班，共八名幼儿		
活动目标	1. 进一步感受警察工作的重要和辛苦，激发对警察的尊敬之情 2. 理解警察在指挥交通时的手势信号，尝试学习简单的交通指挥手势		
材料准备	警察衣服、警察工作的录像、左转弯手势图、警察帽子、交通手势图片四组		

续表

活动内容	（一）开始部分 1.教师扮演警察，向幼儿问好。 （二）基本部分 1.谈话回顾警察的工作。指导语："你们知道我们北路警察管理交通的工作地点在哪吗？我们主要做哪些工作？" 教师总结："管理交通时工作的地方在马路上，最主要的工作就是指挥交通，保证道路畅通，让车辆安全行驶，防止交通事故的发生。" 2.观看录像，进一步感受警察工作的辛苦 请幼儿观看录像，提问："你看到了什么？觉得我们警察的工作怎么样？"教师总结："对，不管是炎热的夏天，还是寒冷的冬天，我们警察都坚持认真地工作。虽然很累很辛苦，但我们保证了道路通畅和人们的安全，心里也很快乐。" 3.学习简单的警察指挥交通的手势信号。说一说知道的手势信号。 4.幼儿自主学习。出示交警指挥手势图，依次介绍直行、停止、减速慢行信号及意义。请幼儿分组自主学习，老师个别指导。 5.纠正动作。"刚才小朋友都学得特别认真，你们做一做，让我看看你们是不是真的学会了。"教师喊口令，请幼儿做手势，并及时纠正、练习。 6.请幼儿到室外开始工作，指挥来往行人和车辆。 （三）结束部分 今天巡逻员不单单在街上进行了巡逻，还指挥了北路的交通，让大家都可以顺利到达自己的地点。

反思经验（回顾刚才做了什么事情？学到了什么？遇到了什么问题？）

教师反思：

《纲要》和《指南》中都提道："教师要满足幼儿多方面的发展需求，引导孩子们在生活和活动中生动、活泼、主动的学习。"通过这次活动，帮助幼儿在懵懂的头脑里建立社会化角色意识和规则意识。在这次活动中，服装尤为重要，要准备丰富的幼儿警察服饰和执法装备。这一阶段是幼儿对自己所扮演的角色的认知阶段。因为角色游戏的特点是进入角色，每个人都有自己的角色，警察是负责社会治安的，孩子们换上服装之后，老师要适时讲解剧情和每个人角色的分配。

游戏活动中，孩子们一般都会进行治安管理而忽视了交通的管理，在这次活动中，孩子们积极参与讨论，发现了小车和行人之间容易发生的危险，小车与小车之间怎么才能更好地行驶。通过观看交通指挥视频和图片的形式，让孩子们感受到交通警察的职责的重要性。

第八章

小吃店

一、活动目标

1. 愿意参与小吃店角色游戏，能与同伴友好相处。

2. 能够认识几种生活中常见的老北京小吃，掌握其基本的制作方法。

3. 了解我国首都北京的传统文化，培养幼儿爱祖国、爱家乡，具有初步的归属感。

4. 愿意与人交往，与同伴之间能主动大胆表达自己的所见所知、所感所想。

5. 掌握基本的礼貌用语，具有文明的语言习惯。

6. 尊重他人的劳动成果，养成不浪费的好习惯。

7. 在图示的提示下，能够遵守小吃店的游戏规则。

8. 在教师的引导下，能够进行简单的钱币换算。

9. 在买卖游戏过程中，通过价格来理解数的概念。

10. 认真倾听并能听懂日常用语。

二、环境创设

1. 整体环境

2. 幼儿参与创作

（1）角色职责：

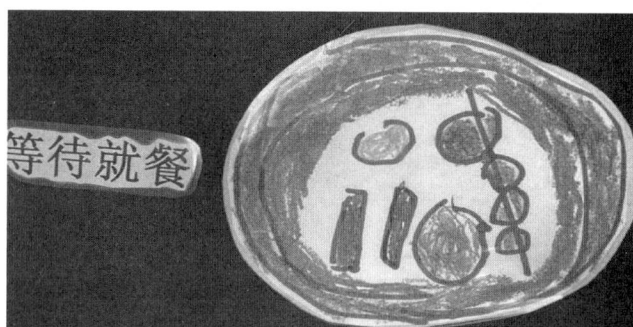

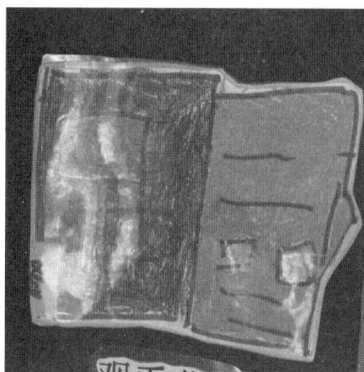

角色一：顾客

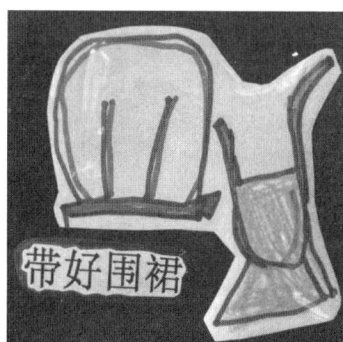

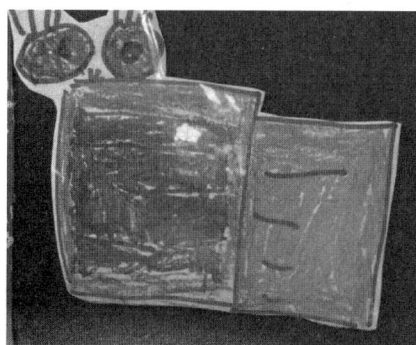

角色二：厨师

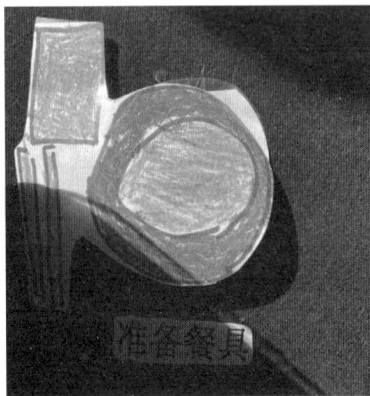

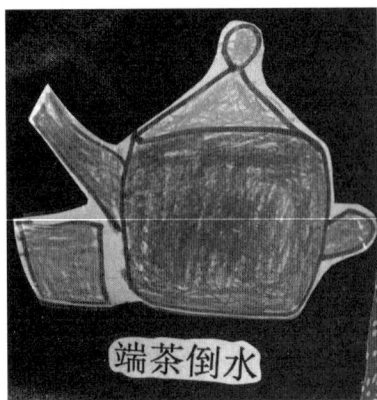

角色三：服务员

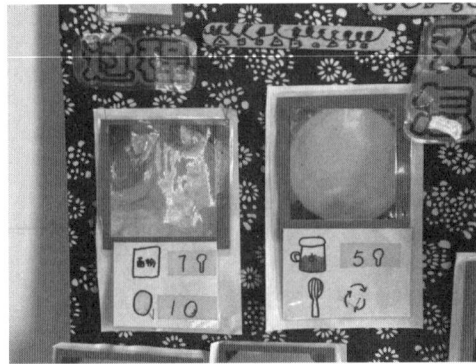

食物材料以及制作方法

（2）安全卫生提示

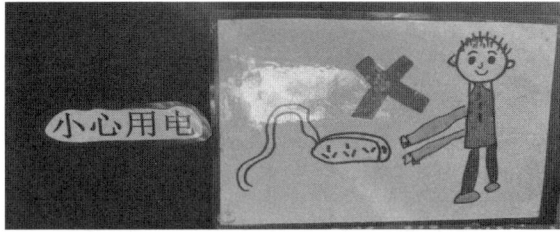
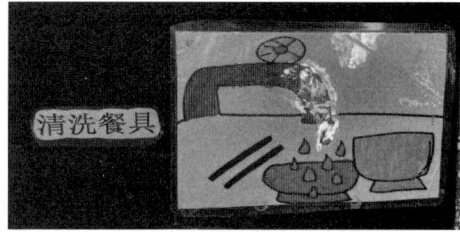

（3）宣传板

三、功能区域及投放材料

点餐区

就餐区

操作区

配餐区

四、游戏内容

1. 九月份

（1）熟悉小吃店的基本玩法和角色职责，重点培养收银员、安保员和理货员。

（2）养成游戏常规，逐渐形成分类摆放商品的意识。

（3）基本掌握游戏币的使用方法，能够与商品价格进行对应。

（4）明确自己的角色职责，并能坚守岗位。

2. 十月份

（1）回顾国庆节假期，师幼协商组织小吃店节日庆祝活动。

（2）通过协商分配角色，认真履行职责，做事有始有终。

（3）学会运用礼貌用语与人交往，评选"小吃店礼貌之星"。

（4）记录商品售出情况，简单统计现有库存，根据需要讨论订货进货事宜。

3. 十一月份

（1）开展打折促销主题游戏，通过协商制定约定内容。

（2）愿意为顾客介绍商品，主动吸引同伴与自己一起游戏。

（3）能够为顾客介绍特色商品，并善于倾听别人的想法。

4. 十二月份

（1）开展顾客满意度调查，虚心接受别人的意见和建议。

（2）改进小吃店经营方式，根据顾客需求进行调整。

（3）记录商品售出情况，简单统计现有库存，根据需要讨论订货进货事宜。

五、指导策略

1. 实地参观

为了让孩子们能够更加了解小吃店工作人员的职责，我们来到了石景山区庆丰包子铺八角北路分店参观。出发前，我们先对孩子们做了安全教育，使幼儿了解路途中以及参观过程中的要求，同时发放了参观任务，请幼儿带着任务有目的地进行参观。在店门口，王老师对我们提出了参观要求，孩子们安安静静地走进了包子铺，店长安排了一位店员为小朋友们讲解，大家争先恐后地提出自己的问题，店员为我们一一耐心地做了解答。之后我们又参观了服务人员的服务流程，在一位热心的服务员阿姨的讲解下，小朋友们了解了作为一名服务人员不仅要求勤劳能干，因为要收拾桌面地面的卫生；也要记忆力超群，因为要记住客人的点餐；还要热情，因为要招待客人。大家纷纷赞叹服务人员的不容易。了解了包子铺工作人员的工作后，小朋友们对服务人员有了更加深刻的认识，在今后的小吃店游戏中，也有了更多的感悟与触动。

2. 亲身体验

（1）通过看一看、猜一猜、摸一摸、闻一闻的方式认识材料，了解制作鸡蛋饼需要的材料。

（2）幼儿分组操作实验，通过亲自动手制作，了解了各种工具的使用方法，同时在活动中初步学会协商分工。

（3）鼓励幼儿自己选择物品进行叫卖，了解销售员的工作职责及叫卖方式。

3. 家园共育

好的活动离不开家园共育。由于幼儿园材料有限，不能满足每个孩子亲自动手实践的愿望，于是我们通过与家长共同合作的方式，帮助幼儿熟练掌握鸡蛋饼的制作方法，生动有趣的实操活动贴近幼儿的生活，获得了家长们的一致好评。

六、游戏精彩瞬间

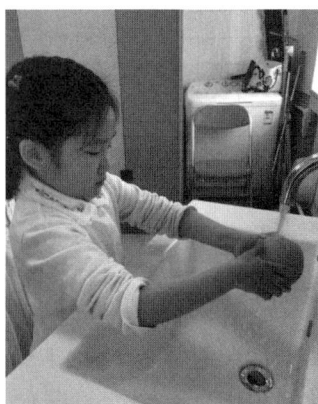

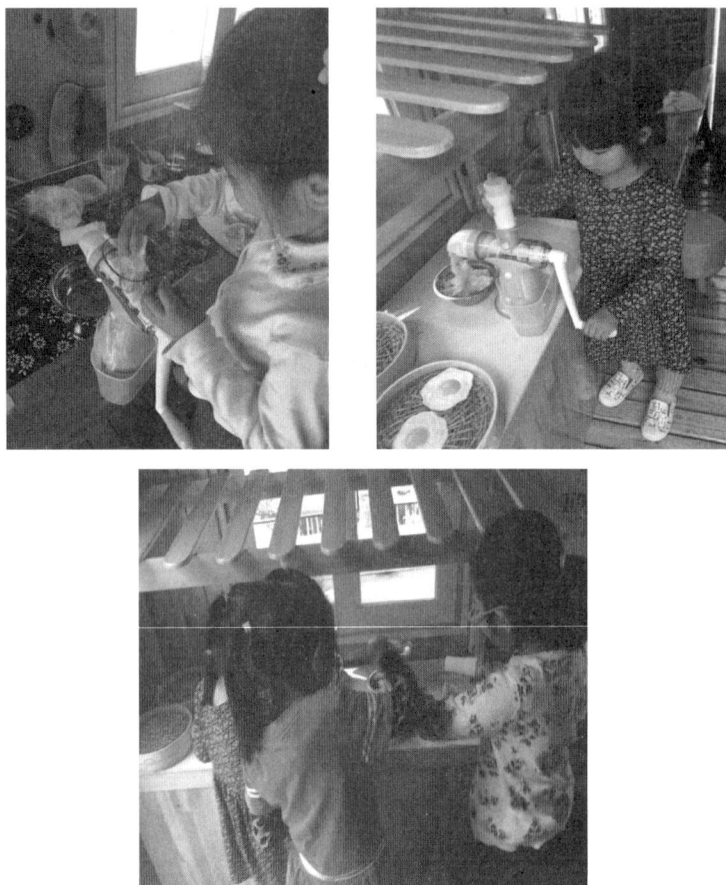

榨橙汁

制作鸡蛋饼

烙饼

推销（美食做好啦！请小朋友们来品尝。）

体验面食制作方法

七、活动案例

社会角色体验小屋日记录表

小吃店（一）

时　　间	2019 年 4 月 10 日	指导教师	叶　晔
参与幼儿	中一班、大一班幼儿		
活动目标	1. 了解小吃店角色屋的游戏规则及游戏方法，知道员工组成及职责 2. 幼儿喜欢参与分组活动，在活动中初步感受分工的快乐		
材料准备	角色屋游戏材料		
活动内容	（一）开始部分 谈话导入活动，激发幼儿活动兴趣。 例如："小朋友们到饭店吃过饭吗？" （二）基础部分 1. 回顾已有经验，探索角色屋内人员的组成。 例如："请小朋友们想一想，你在饭店吃饭的时候，饭店都需要哪些工作人员呢？" 通过讨论总结出小吃店内需要厨师、配菜员、服务员、宣传员四类工作人员。 2. 讨论小吃店内工作人员的职责。 例如："说一说，每个岗位的人在小吃店都需要做什么呢？" 3. 教师帮助幼儿梳理总结的职责，结合环境中的规则提示进行总结。 （三）结束部分 活动自然结束。		

反思经验（回顾刚才做了什么事情？学到了什么？遇到了什么问题？）

教师反思：

　　在活动开始部分，我们通过谈话活动激发幼儿的活动兴趣，大家热烈地讨论着自己在外就餐的情景，每个人都能说出令自己印象深刻的饭店和美食，甚至就餐时的一些小细节都能描述得一清二楚。之后我们通过讨论形式调动幼儿已有经验，引导幼儿积极回忆自己在饭店就餐时的场景以及在包子铺参观时的感受，鼓励幼儿大胆表达自己的所见、所知、所想，幼儿在活动过程中都能够大胆表达自己的经验及看法，勇于参与各种讨论。由于有了参观包子铺的前期经验，幼儿能够说出自己在包子铺内观察到的工作人员的职位以及相应的工作内容，但是对于没有参加参观的幼儿来说却比较困难，大部分孩子在外出进餐时很少会关注到周围的工作人员，因此可以在前期作为知识经验准备，请幼儿提前进行观察和了解。

　　在活动的最后，为了加深幼儿对小吃店各个角色以及各个角色职责的印象，我请幼儿将各个角色的职责通过绘画的形式表现出来，并为以后进小吃店的幼儿做讲解。

社会角色体验小屋日记录表

小吃店（二）

时 间	2019 年 4 月 17 日	指导教师	叶 晔
参与幼儿	中二班、大二班幼儿		
活动目标	1. 掌握鸡蛋饼的制作方法 2. 喜欢参与社会交往活动，在动手操作中获得成就感		
材料准备	材料准备：鸡蛋、面粉、盐、饼铛、蔬菜、小菜刀、菜板、大小不一的盆、制作鸡蛋饼的步骤图 知识准备：了解小吃店的基本规则		
活动内容	（一）开始部分 谈话导入活动，激发幼儿活动兴趣。 例如："小朋友们吃过鸡蛋饼吗？你知道鸡蛋饼是怎样做的吗？" （二）基本部分 1. 出示材料，请幼儿一一辨认。 例如："这是什么？你在哪里见过？它是做什么用的？" 2. 出示制作鸡蛋饼的步骤图。 引导幼儿认真观察，说一说步骤图里面的鸡蛋饼是怎样制作的。 请幼儿尝试操作，教师个别指导。 教师重点提示幼儿在制作过程中要注意各种材料的比例是否正确。 将幼儿制作好的面糊一一摊成鸡蛋饼。 （三）结束部分 品尝鸡蛋饼，感受成功的喜悦。		

反思经验（回顾刚才做了什么事情？学到了什么？遇到了什么问题？）

教师反思：

鸡蛋饼是幼儿最熟悉、最喜爱的食物之一，制作方法十分简单，所需材料也是生活中随处可得的。幼儿园时期的幼儿大多数都没有在厨房做饭的经验，对于他们来说，食物是摆在桌上或者超市柜台上的，能亲自动手参与制作食物小朋友们都十分兴奋，看着自己能亲手将原材料变成美味的食物，孩子们获得了满满的成就感。

在活动开始，我请幼儿猜测鸡蛋饼的制作材料，大多数幼儿都能说出鸡蛋和蔬菜，只有少数幼儿能说出盐，基本没有幼儿说出面粉和水。幼儿对于事物的感知最先是视觉与味觉，在听名字和看图片中能发现鸡蛋和蔬菜，结合自身经验可以知道里面会有盐，对于隐性的面粉和水由于生活中接触和了解得偏少，所以猜不出来。在制作过程中，有些材料是没有严格的配比的，例如蔬菜和食盐，所以导致幼儿在制作完成后出现了菜太多或者盐太少没有味道的现象。发现这个问题后，我们积极寻求解决的方法，通过讨论，大家一致认为先少加一点蔬菜，搅拌后如果觉得少可以再加一些；而盐的问题有的孩子指出可以先少放盐，如果味道不够可以通过蘸番茄酱的形式来进行调味。

在活动结束后，我们将幼儿制作好的蛋液摊成鸡蛋饼，并与大家一起分享，孩子们吃到了自己的劳动成果，感觉收获满满，十分兴奋。我请参与制作的幼儿在班级中通过照片分享自己制作鸡蛋饼的过程和经验，并且在回家后继续练习制作鸡蛋饼，以便在今后的活动中能够顺利进行。

社会角色体验小屋日记录表

小吃店（三）

时　间	2019 年 4 月 24 日	指导教师	叶　晔
参与幼儿	中一班、大一班幼儿		
活动目标	1. 能够使用礼貌用语与他人交流 2. 了解自己的职责内容，并根据自己的角色进行游戏		
材料准备	材料准备：服装、饼铛、基本厨具等 知识准备：会使用简单的礼貌用语		
活动内容	（一）开始部分 1. 确定自己的游戏角色，穿上相应的工作服。 2. 确定今日活动开展的内容及相关要求。 （二）基本部分 1. 分工协作开展活动。 2. 幼儿在教师的帮助下了解自己的职责及制作鸡蛋饼的基本流程。 3. 进行买卖活动，并使用礼貌用语。 （三）结束部分 师生共同讨论回顾游戏所获得的经验及遇到的问题，教师帮助幼儿记录游戏过程。		

反思经验（回顾刚才做了什么事情？学到了什么？遇到了什么问题？）

教师反思：

　　通过之前制作鸡蛋饼及讨论职责活动的铺垫后，幼儿已经能够熟练掌握鸡蛋饼的制作方法，对于各个角色及他们的职责也十分清楚，今天我们开始开展正常的角色游戏。幼儿在活动刚开始的时候，对于角色分工有一些小的分歧，原来是因为大家对于制作鸡蛋饼感觉更有成就感，所以导致两位幼儿都在争抢着做厨师。我问孩子们可以怎么解决？有的孩子说轮流，先让一个人来做，再让另一个孩子来做，马上就有小朋友反驳："可是咱们游戏的时间比较短，如果一个人没有做完时间就结束了怎么办？"最后在大家共同协商下，使用猜拳的形式解决了这个问题。在活动过程中，幼儿发现了一个小问题，由于没有专门的收银员，也没有收银柜台，收银这项重要的工作便由招呼顾客的服务员来完成，今天扮演服务员的曦曦小朋友在收银过程中将钱币暂时放了自己的钱包里，活动结束后清算时不记得自己原来钱包里面有多少钱了，导致大家无法算出今日一共赚了多少钱。孩子们发现问题后积极思考处理问题的方法，有的幼儿提议数一数来过多少人，但是大家都记不清了，最后通过清点垃圾桶内用过的盘子和杯子才算出今日的营业额。为了避免再次出现这个问题，大家提议在以后小吃店活动时，准备一个专用的钱包，这样就不会与服务员自己的钱币搞混。

　　在活动中幼儿能够发现问题，并且积极动脑解决问题，不仅锻炼了社会交往能力，也锻炼了处理突发事件的能力。而教师在活动中还应该更加细致地观察幼儿，发现幼儿身上的闪光点并及时给予肯定，在幼儿出现矛盾和问题时，教师应及时发现，将问题抛给孩子，帮助幼儿锻炼解决问题的能力。

社会角色体验小屋日记录表

小吃店（四）

时　间	2019 年 5 月 13 日	指导教师	叶　晔
参与幼儿	中一班、大二班幼儿		
活动目标	1. 能够正确使用礼貌用语与客人交流 2. 喜欢参与小吃店游戏，能积极参与，明确自己扮演的角色的分工和职责		
材料准备	材料准备：服装、饼铛、基本厨具等 知识准备：熟悉小吃店的工作流程，会使用简单的礼貌用语		
活动内容	（一）开始部分 1. 确定自己的游戏角色，穿上相应的工作服。 2. 确定今日活动开展的内容及相关要求。 （二）基本部分 1. 分工协调开展活动。 2. 幼儿在教师的帮助下了解自己的职责及制作鸡蛋饼的基本流程。 3. 进行买卖活动，尝试推销自己的食物。 （三）结束部分 师生共同讨论回顾游戏所获得的经验及遇到的问题，教师帮助幼儿记录游戏过程。		

反思经验（回顾刚才做了什么事情？学到了什么？遇到了什么问题？）

教师反思：

　　角色屋游戏已经进行了一段时间，幼儿能够熟练掌握各个角色的工作以及职责，厨师们的鸡蛋饼也越烙越好，但是在最近的活动中，幼儿发现客人逐渐少了，无论用什么方法去宣传和推销，都等不到客人上门，眼看着热腾腾的鸡蛋饼慢慢变凉，孩子们再也坐不住了，于是我们共同分析，并请大家到"街上"去调研，寻找原因。经过一番询问，原来是因为小朋友们每次都吃鸡蛋饼，已经吃腻了，为了让小吃店的生意重新火爆起来，我们开始寻找新的出路，根据小吃店现有材料和玩具探索新食物的制作。经过探索，我们发现用酸奶可以做出不同风味的鸡蛋饼，有了这个前车之鉴，孩子们纷纷出主意，有的孩子说可以在鸡蛋饼里夹火腿，有的孩子说可以加水果，我们利用小吃店停业整顿的机会，试验了各种不同口味的鸡蛋饼；之后我们又引进了榨汁机，可以榨果汁，食物也推出了烙饼。有了这些新型食物，小吃店又恢复了以往的喧闹。

　　在活动中，教师要随着活动的开展逐渐调整游戏方式，千篇一律的游戏方式会让孩子们失去新鲜感，从而降低游戏的质量，因此要在游戏方法以及游戏内容上面寻找突破口，使幼儿活动的内容更加丰富有趣，从而提升幼儿参与活动的愿望。

社会角色体验小屋日记录表

小吃店（五）

时间	2019 年 5 月 20 日	指导教师	叶　晔
参与幼儿	中一班幼儿		
活动目标	1. 能够按照自己的职责进行游戏 2. 愿意参与叫卖活动，勇于表达自己的想法		
材料准备	材料准备：服装、饼铛、基本厨具等 知识准备：会使用简单的礼貌用语		

活动内容	（一）开始部分 教师提问，明确各角色分工及职责。 厨师、招待员分别是怎么工作的？小吃店里有哪些人？ （二）基础部分 1.引导幼儿根据厨师的工作步骤和顾客的就餐程序进行游戏。 2.教师以小吃店经理的身份介入游戏，协助幼儿布置小吃店场景。 3.提醒招待员及时收拾餐具，并保持餐桌的整洁。 （三）结束部分 引导幼儿说说今天在"小吃店"的游戏中扮演什么角色，是怎么工作的。

反思经验（回顾刚才做了什么事情？学到了什么？遇到了什么问题？）

教师反思：

　　为了调动大家的积极性，我将游戏币作为奖励，每次活动结束后都会与小吃店的工作人员"分红"，在基础工资的基础上，如果能够挣到一定数量的钱币，额外的部分可以作为奖励，平均分给每一个小吃店的员工作为奖励。为了能够挣到更多的奖励币，工作人员们每天都会尽心尽力地为顾客服务，想尽一切方法招揽顾客。在之前的活动过程中，我们发现了一个问题，由于近期上楼游戏的班级不多，导致流动的顾客很少，怎样让大家都了解小吃店的食物、让我们的顾客多起来，成了孩子们探讨的话题。经过协商后，我们决定派出一位服务人员做推销员，招揽远处的顾客。由于活动已经开始进行了，大家已经选择了自己的游戏区域，没有多余的小朋友可以胜任这份工作，我们只能选择店内已有的工作人员来做推销员，派出哪位工作人员又成了小朋友们的难题，大家争先恐后地推荐着自己。我带着孩子们一一进行了分析：厨师这个角色了解食物的制作过程，能够更好地推销，但是如果没有厨师，只有客人也无法接待；服务员也是店内必不可少的；只有配菜人员可以在顾客少的时候有空闲。协商完毕，配菜员在提前准备好店内所需的物品后马上出发，还带上了一些刚刚出炉的鸡蛋饼，很快，小吃店的顾客开始多了起来。

　　活动结束后，我带着孩子们总结今日的活动，大家一致认为可以在小吃店内增设推销员这个职位。我带领孩子们继续商讨新角色的职责和工作的注意事项，通过梳理思路及今日推销员的分享，我们得出了推销员不仅要胆大心细，勇于和别人打招呼推销，还要掌握一些小技巧，例如了解鸡蛋饼的营养、通过各种语言引导顾客前来就餐等。